中国工程院院士
是国家设立的工程科学技术方面的最高学术称号，为终身荣誉。

中国工程院院士传记

李佩成传

杜仲棋 著

人民出版社
中国农业出版社

李佩成　中国工程院院士

李佩成院士接受本书作者采访

1990年李佩成（右）向国务委员陈俊生（中）汇报旱区研究（左为林季周副省长）

李佩成向地质矿产部张文岳副部长（左）汇报工作

1999年6月10日李佩成与诺贝尔奖获得者李政道先生（右）在黄土高原讨论会后合影

2009年陕西省委王侠副书记（右）向李佩成院士祝贺教师节

2005年李佩成在人民大会堂与周绪红院士（左一）、汤中立院士（左二）、雷达书记（右一）合影

2010年李佩成（左一）与来华友人（由左向右）O．A．里蒙彩娃、Rob．哈里森、M．B．罗蒙诺夫、K–D巴克、K·巴斯凯琳在学术会议上

1963年在莫斯科学生城宿舍楼前

1963年冬李佩成（左二）与留苏同学在莫斯科

李佩成（右二）在莫斯科与同学合影（左一为好友王世华）

1964年11月10日周恩来总理在莫斯科接见中国留学生（最后排右三为李佩成）

1995 年李佩成
夫妇在西安植物园

2003 年李佩成
在乾县与姐姐合影

2008 年李佩成
全家合影

1983年李佩成（右一）陪同日本岩佐教授（左四）等考察富平地下水库试验工程

1988年李佩成（右一）与外国专家在黄土高原考察

2002年李佩成（左一）与莫斯科地质大学科诺洛夫教授（左二）、国务院参事王秉忱教授（左三）在西安合影

李佩成（左二）与国际干旱半干旱地区水资源与环境研究培训中心德方主任K-D Balke（右二）、秘书郑西来教授（右一）访问德意志学术交流中心驻京办事处

1986年李佩成（左二）团队在黄土高原考察

1996年李佩成（前排中）和博士生在一起

2007年李佩成（后排左四）与毕业的硕士生在一起

1997年李佩成（前排右三）率西安市供水水资源系统优化调配研究组在秦岭考察水源

2003年带领学生在甘肃庄浪实习

2004年在甘肃考察再造山川秀美

2011年李佩成带领青年教师和研究生在甘肃考察黄土高原再造山川秀美

2008年与前来西安开会并考察陕北再造山川秀美的工程院院士及长安大学领导合影（由左向右依次为高战军处长、杜向民书记、李佩成院士、方智远院士、白玉良秘书长、马建校长、管华诗院士、戴景瑞院士、山仑院士、向仲怀院士、孙九林院士）

2010年李佩成（左一）在新疆玛纳斯河流域进行旱区水文生态与水安全考察

2010年冒雨考察俄罗斯伏尔加河（右二为 А．Б．里森科夫教授）

2010年与美国加利福尼亚州立大学王智教授（左一）在泾惠渠考察

中国工程院院士传记系列丛书

总　序

20世纪是中华民族千载难逢的伟大时代。千百万先烈前贤用鲜血和生命争得了百年巨变、民族复兴，推翻了帝制，击败了外侮，建立了新中国，独立于世界，赢得了尊严，不再受辱。改革开放，经济腾飞，科教兴国，生产力大发展，告别了饥寒，实现了小康。工业化雷鸣电掣，现代化指日可待。巨潮洪流，不容阻抑。

忆百年前之清末，从慈禧太后到满朝文武开始感到科学技术的重要，办“洋务”，派留学，改教育。但时机瞬逝，清廷被辛亥革命推翻。五四运动，民情激昂，吁求“德、赛”升堂，民主治国，科教兴邦。接踵而来的，是大革命、土地革命、抗日战争、解放战争。恃科学救国的青年学子，负笈留学或寒窗苦读，多数未遇机会，辜负了碧血丹心。

1928年6月9日，蔡元培主持建立了中国近代第一个国立综合科研机构——中央研究院，设理化实业研究所、地质研究所、社会科学研究所和观象台4个研究机构，标志着国家建制科研机构的诞生。20年后，1948年3月26日遴选出81位院士（理工53位，人文28位），几乎都是20世纪初留学海外、卓有成就的科学家。

中国科技事业的大发展是在中华人民共和国成立以后。1949年11月1日成立了中国科学院，郭沫若任院长。1950—1960年有2 500多名留学海外的科学家、工程师回到祖国，成为大规模发展中国科技事业的第一批领导骨干。国家按计划向苏联、东欧各国派遣1.8万各类科技人员留学，全都按期回国，成为建立科研和现代工业的骨干力量。高等学校从中华人民共和国成立初期的200所增加到600多所，年招生增至28万人。到21世纪初，高等学校2 263所，年招生600多万人，科技人力总资源量超过5 000万人，具有大学本科以上学历科技人才达1 600万人，已接近最发达国家水平。

中华人民共和国成立60多年来，从一穷二白成长为科技大国。年产钢铁从1949年的15万吨增加到2011年的粗钢6.8亿吨、钢材8.8亿吨，几乎是8个最发达国家（G8）总年产量的两倍。20世纪50年代钢铁超英赶美的梦想终于成真。水泥年产20亿吨，超过全世界其他国家总产量。中国已是粮、棉、肉、蛋、水产、化肥等世界第一生产大国，保障了13亿人口的食品和穿衣安全。制造业、土木、水利、电力、交通、运输、电子通信、超级计算机等领域正迅速逼近世界前沿。“两弹一星”、高峡平湖、南水北调、高公高铁、航空航天等伟大工程的成功实施，无可争议地表明了中国科技事业的进步。

党的十一届三中全会以后，改革开放，全国工作转向以经济建设为中心。加速实现工业化是当务之急。大规模社会性基础建设，大科学工程、国防工程等是工业化社会的命脉，是数十年、上百年才能完成的任务。中国科学院张光斗、王大珩、师昌绪、张维、侯祥麟、罗沛霖等学部委员（院士）认为，为了顺利完成中华民族这项历史性任务，必须提高工程科学的地位，加速培养更多的工程科技人才。中国科学院原设的技术科学部已不能满足工程科学发展的时代需要。他们于1992年致书党中央、国务院，建议建立“中国工程科学技术院”，选举那些在工程科学中做出重大创造性成就和贡献、热爱祖国、学风正派的科学家和工程师为院士，授予终身荣誉，赋予科研和建设任务，指导学科发展，培养人才，对国家重大工程科学问题提出咨询建议。中央接受了他们的建议，于1993年决定建立中国工程院，聘请30名中国科学院院士和遴选66名院士共96名为中国工程院首批院士。于1994年6月3日，召开了中国工程院成立大会，选举朱光亚院士为首任院长。中国工程院成立后，全体院士紧密团结全国工程科技界共同奋斗，在各条战线上都发挥了重要作用，做出了新的贡献。

中国的现代科技事业比欧美落后了200年。虽然在20世纪有了巨大进步，但与发达国家相比，还有较大差距。祖国的工业化、现代化建设，任重道远，还需要数代人的持续奋斗才能完成。况且，世界在进步，科学无止境，社会无终态。欲把中国建设成科技强国，屹立于世界，必须持续培养造就数代以千万计的优秀科学家和工程师，服膺接力，担当使命，开拓创新，更立新功。

中国工程院决定组织出版《中国工程院院士传记》丛书，以记录他们对祖国和社会的丰功伟绩，传承他们治学为人的高尚品德、开拓创新的科学精神。他们是科技战线的功臣，民族振兴的脊梁。我们相信，这套传记的出版，能为史书增添新章，成为史乘中宝贵的科学财富，俾后人传承前贤筚路蓝缕的创业勇气、魄力和为国家、人民舍身奋斗的奉献精神。这就是中国前进的路。

宋健

序　言

为《李佩成传》作序，我感到非常荣幸！佩成是我的挚友，也是我最敬慕的学者。有道是“人生难得一知己”，我们是相交数十年的知己。我深知他的大半生一直在为水的事业奋斗，殚精竭虑、兢兢业业、为国分忧、为民解难，我既深受感动又极为敬佩。

我比佩成年长两岁，他称我为学兄，因我们两人同为著名学者原苏联莫斯科地质勘探学院水文地质工程地质系主任П·П·克利门托夫教授的学生。佩成是他的研究生，而我则在20世纪50代以助手身份协助教授作为来华专家在中国工作过两年。佩成天资聪颖，思维敏捷，又能刻苦钻研，深受克利门托夫教授喜爱；他的同师好友后来成为该院系主任的B·M·科洛诺夫教授也很赞赏他。1991年苏联解体前，我去莫斯科地质勘探学院时曾在科洛诺夫教授家里居住过一段时期，教授多次向我说起他与佩成同学时的情景，他们感情很深，反映出中苏学者之间的笃厚友谊。

我最爱听佩成教授讲课、作报告，他总是用他那纯朴的关中话，生动、形象又深入浅出地讲解他所悟出的道理、所研究出的重要理论与学术见解，以及他对社会上涉水问题的真知灼见。他的话语铿锵有力，幽默风趣，很受听众欢迎，在很多情况下都能达到“一语中的”和“令人茅塞顿开”的效果。

李佩成院士在水文地质学和水资源、水环境领域的学术造诣很深，且博学广识。他治学的一个很大特点就是善于运用哲学思维对一些重大问题进行剖析，并敢于提出自己的创新见解、观点与同行探讨，切磋琢磨。他十分关注我国水资源紧缺的严峻形势，并为水问题的解决深思熟虑，苦心钻研。我作为国务院参事室城建与水资源组的组长，带领几位参事，为调查研究解决我国水资源紧缺与水环境污染形势日益严峻的问题，向国务院领导同志提出多份国务院参事建议，受到重视和采纳。这是我长达15年国务院参事经历中的重要工作内容。由此可见，我和李佩成院士是在各自工作岗位上为同一项事业努力奋斗的亲密战友。

我国水资源严重紧缺，同时又是水资源严重浪费的国家，水问题已成为制约我国经济和社会发展的重要因素。我国历届领导对此十分关注。1994年3月25日，经国务院第十六次常务会议审议通过的《中国21世纪议程》中，已把“水资源的保护与开发利用”列入中国可持续发展战略。因而，编辑出版李佩成院士传记无疑具有非常重要的时代价值与现实意义，因为他在这本传记中传递给后人的“水神”风采与为水事业奋斗的大无畏精神会使读者受到极大激励与鼓舞，进一步为合理开发与可持续利用我国宝贵的水资源做出更大贡献。

我仔细拜读了佩成院士传记《李佩成传》，激动不已，深受感动。他的成长过程非同寻常，他的聪明智慧和坚强拼搏是他在前进过程中战胜一切困难的重要基础，他所做出的超人的突出贡献令人赞羡，足以为国增光，为民造福。这本传记共包括十六章，内容极其丰富，涉及我国水土资源开发利用保护与管理的全方位研究，有发明有创新，而且把水事活动比较全面系统地与我国的生态环境建设任务紧紧联系，既有重要的学术理论意义，又有很大的实际应用价值。他在40年前提出的三水统观统管理论，现在已成为共识。李佩成院士的这些重要著作，充分反映出他对水的至爱之情和他对国家与民族发展前景的由衷关切。我对其中的一些著作比较了解，如我曾担任他主持过的国家重大项目“中国西北地区再造山川秀美科技行动计划基础调查与战略研究”的技术顾问和由他主编的《地下水动力学》(统编教材)的主审等。他的一些重要学术概念和理论问题的提出，包括他毅然“归队”，调西安地质学院任教等重要决策都征求了我的意见，我都是他的坚定支持者。我认为，李佩成院士从水安全角度出发，来研究水资源环境问题的观点是完全正确的。国务院参事室城建与水资源组参事们调研所掌握的实际资料说明，我国有多达4亿的城乡居民饮水不安全。2007年中秋节前夕，我们将这些情况如实向国家领导人做了汇报，受到高度重视，也使我们深受鼓舞。

我怀着欣慰的心情热烈祝贺《李佩成传》的问世，并寄希望于这本传记的出版能引起有关各界人士和政府部门的高度重视，能进一步推动我国水资源与水环境问题的尽快解决，这也是李佩成院士作出的又一重大贡献。

王秉忱

2017年7月11日　北京

目　录

第一章

童年，良好的教育

接受耕读家教的童年

农历1934年腊月二十六日（公历1935年1月30日），李佩成出生在陕西省乾县一个以耕读为训的家庭。

说起乾县可能有人不知，提起乾县境内的乾陵则无人不晓，乾陵是中国唯一女皇武则天与唐高宗的合葬墓，以梁山主峰为陵，颇为壮观。尤其是主峰两侧的乳峰，酷似母亲的乳房，引起人们的畅想，有人便把乾陵称为奶头山，当地人们十分喜爱和尊敬武则天，而将乾陵爱称为“姑（gua瓜）婆陵”。民间传说挺拔清秀的乾陵显露，肯定是晴好天气，下田出门平安无事。“乾陵戴帽，长工睡觉”是说云雾像帽子一样，遮盖了乾陵，天将下雨，不能下田，做长工的可以休息了。

李佩成的家在县城内的北部太平巷，正对着乾陵，加之那时县城北部仍为田野无甚遮挡，朝北望去，远山近野，古往今来。李佩成的童年就是在这种挖乾陵前的野菜，躲乾陵山涧的野狼，观乾陵的山色，判断天气阴晴的人与自然和谐相融环境中度过的，这也是他日后喜爱和研究大自然的原因所在。

李佩成受“耕读”家教熏陶，所以小时候他经常参加一些力所能及的农活。他常常提上粪筐捡拾马车路上牲畜的粪便，拾回家或晒干当燃料，或堆积作肥料，他还叫卖过桃杏。据父辈说这可以锻炼孩子不怕脏累，热爱劳动的习惯。

读书学习更是家教的组成部分，有时还被大人反锁了门关起来背书，渐渐地学习的自觉性也提高了，后来发展到了对学习如饥似渴的程度。

李佩成不满六岁便上小学，三年级还越级一年。

九十二岁的姐姐在回忆弟弟佩成当年上学的情景时，依然记忆犹新："那时候佩成念书，早晨天不亮就去上学。一手提个玻璃菜油灯，一手提只小木凳，一边走一边背书。常常走到学校校门还未开，他就靠着校门背课文。从学校回来作业不写完不吃饭，晚上作业不做完不睡觉，他说睡早了学不到知识。不管刮风下雨，还是天寒地冻，他从不缺课……"

李佩成的二哥李修成上大学前便在西安参加了中共地下党，后就读于抗日战争期间的兰州大学，继续从事地下党的工作。李佩成的嫂子也是地下党员，兄嫂们的这些经历对于李佩成院士后来的成长起到了潜移默化的影响。

无价的赠品

1946年7月，越级一年，只读了五年小学的李佩成毕业了。

五年小学求学过程中，他年年都赢得了"优秀学生"的美誉，每一学期考试，总排在年级的前三名。

五年小学生活，不仅使他学到了丰富的知识，更使他懂得了许多做人的道理：忠诚、宽厚、勤学、爱祖国、爱科学……他的班主任张文选老师、范绍曾老师都很喜欢他。小学毕业前夕的两件事，让李佩成终生难忘。

一件事是班主任范绍曾老师给全班毕业生每人赠送了一支毛笔，笔杆上刻着"誓不当贪官污吏"七个字。这七个字让李佩成铭记在心，成为他一生廉洁奉公、遵纪守法的座右铭。

另一件事就是语文老师侯从远对他进行的爱国主义教导和民族

气节的培养。

李佩成在敬业小学上学时，正值抗日战争期间。中国人民抗战的英雄事迹，时时激励着神州大地上的每个公民，特别是血气方刚、富有民族气节的青年，他们高唱着“抗战”的歌曲，呼喊着“打倒日本侵略者，誓死捍卫中华民族”的口号，许多青年投笔从戎，惜别课堂，扛起钢枪上前线，为保卫祖国献出鲜血甚至生命，谱写了一曲曲可歌可泣的英雄赞歌。

而李佩成和他的同学们虽然年龄尚小，但也经历了无数次防空袭、躲防空洞的警险与突袭侵扰，时时提心吊胆地生活着，受尽煎熬……

侯从远老师始终和同学们在一起同甘苦共患难，时时关爱他的学生们。无论在痛斥日本侵略者的讲堂，还是在防空袭、躲防空洞的艰险困境中，学生的安全时刻牵挂在侯老师的心上。后来，侯老师把一个封存的木箱交给了李佩成要他保管，并对他说：“老师要去需要我战斗的地方了，我虽然离开了讲堂，但我的心和同学们永远会在一起，为打败日本侵略者共同战斗！”李佩成把这只木箱一直保管着，他虽然不知箱子里装的什么，但老师对他的信任使他十分感动。他将小木箱一直珍藏着，此后一直没有侯老师的任何消息。到了“文化大革命”期间，箱子被打开，里边只是几件旧衣服和几本宣传抗日的书籍。李佩成终于明白，侯老师当年临别留言的真正含义：我去抗日前线打鬼子了，也许永远再也见不到你了，这只箱子就作为纪念留给你吧！

侯老师的拳拳爱国之心，大义凛然的民族气节，也激励了李佩成热爱祖国、为中华民族奋斗终生的意志。

"水神"之梦

李佩成9岁那年7月，借小学放暑假的日子，他的一位在西北农学院打工的表哥彭俊杰，领他去西农逛世事（观光）。就是这个偶然的机会，竟奠定了李佩成终生学水、治水的坚定信念。

在他多姿多彩的童年梦想里，曾想当精忠报国的岳飞；他也崇拜过天文学家伽利略；也曾想当一名航空员，驾驶战斗机去打击日本侵略者；他还梦想长大当诸葛孔明，能掐会算，上通天文，下知地理。

然而，当他走进西北这所唯一的农业高等学府时，被那大楼前五颜六色的奇花异草和喷珠吐玉的水龙头吸引住了，他惊奇地问表哥："哪儿来这么多水呀！"表哥说这是从地下40多丈（1丈≈3.33米）深的井里抽上来的。

李佩成百思不得其解：地底下怎么会有这么多抽不完的又清又亮的水呢？他在去试验农场的路上又看到了岸边绿树成荫，渠中大水流淌的渭惠渠，他问表哥："咱乾县干得没水喝，而这里却花红草绿，渠流井喷，莫非龙王在这里下凡了？"

表哥告诉他："这不是龙王下凡，而是水利专家李仪祉的功劳。"

李仪祉！年幼的李佩成，第一次听到"水利专家"的称谓和李仪祉的大名，他太兴奋了，他决心长大了要学李仪祉兴修水利，改变乾县的干旱面貌！

日有所思，夜有所梦。这天晚上，他竟然做了一个奇怪的梦。李仪祉先生穿着长袍马褂向他走来，右手握着一支明光闪闪的自来水笔，摸着佩成的头说："你既然有志于治水，吾愿收汝为徒。但必须在你的背部刺上‘精忠水利，为民造福’八个大字。”佩成欣然应诺。只见先生锋利的笔尖在小佩成的脊背上刺起来。此时东海龙王赶来，夺过李先生的钢笔，说到：“既要他铭记在心，便要深刻不忘！”说着便夺过笔去深深地猛刺，疼得佩成惊叫一声，翻身落地，猛醒过来，满头是汗……

就是这场被表哥费解的梦，却成为李佩成终生奋斗的目标：立志要做一名治水专家，让生命之水服务人民。

在童年往事中，还有一件值得回顾的事。1948年春，乾县曾获得第一次解放，李佩成在中共党员哥、嫂的指引下参加了少年宣传队，据当年参加该队的刘中夏同志（现为陕西师范大学教授）回忆：李佩成表现积极，为他日后较早的入团入党打下了基础。

考入乾县中学，担任校团分总支副书记，为上大学学水利做准备

1949年8月，李佩成考入陕西省立乾县中学（简称乾中）。乾中创立于抗日战争期间的1939年。抗日战争爆发后，我国东北、华北地区相继沦陷，因此，许多流亡学生迁至抗战大后方陕西求学。因为陕西省城西安也屡遭日寇空袭，流亡学生也难以安宁就读，陕西省政府决定在周围县城建立几所中学。在此形势下，乾县社会各界鼎力相助，乾中于当年7月创办招生。据强文祥先生编著的《乾县民国史稿》记载：在张润泉首任校长的努力下，一批从沦陷区流亡来陕的博学多才之士便到乾中任教，在这些优秀教师苦心经营和身体力行下，学校校风纯正，学风优良，曾跃居陕西省一流中学行列，

培养了一批又一批优秀人才。

李佩成当年同窗学友陕西师范大学张少庭教授回忆说：“我和佩成是同年考入乾中的，而且是1949年12月第一批加入共青团组织的——当时叫新民主主义青年团。1950年我俩还担任学生干部。佩成任团分总支副书记（校长赵宏道任书记），我担任学生会主席。我们两个住在同一个宿舍，互相协助，努力完成学校交给的各项任务。因为刚刚解放，潜伏的反革命分子还伺机报复，旧社会的土匪残余分子还十分猖狂。因此，学生们经常参加一些政治活动，也为了增强学生参与社会实践的能力，有一次，曾步行30多里（1里＝500米）路参加镇压一批反革命分子的宣判大会。佩成登台演讲，显露出对人民政府的热爱和保家卫国的激情。

“佩成由于受地下党员哥哥李修成的影响和培养，政治素养比一般人高，他热爱党，热爱国家，热爱人民，品学兼优，好像对新中国有着特殊的感情。从中学生时代，就表现出忠于党，忠于人民的坚定信念。”

中学时，李佩成对两位老师的印象特别深。他从校长兼语文老师祝宽先生那里领悟了学习语文的重要，也学到了写作的技巧：什么“开门见山”“烘云托月”等写作方法，他的文学功底主要是在中、小学时培养的。另一位是接任校长的赵宏道老师，赵老师是中共党员，除担任校长外还兼任中国新民主主义青年团乾中分总支书记，李佩成担任副书记，赵校长对李佩成悉心培养。赵校长常说：“娃娃勤，爱死人；娃娃懒，抠了鼻子挖了眼！”非常形象地指出了勤恳与懒惰的不同后果。他教导李佩成要抓紧时间勤学苦练，不但要做好繁重的团分总支工作，还要学好功课，大学物理许多内容就是他在上高中时开夜车自学的。他的社会工作能力也是在中学培养的。

由于中华人民共和国成立初期百废待兴，教育事业也迅猛发展，需要大批教师。1951年秋季，国家决定从在读的高中二年级学生中动员一批提前进入师范大学学习。陕西省教育厅也决定从乾中选拔一批高中二年级学生，免试保送到陕西师范学院学习。李佩成那一班的15名学生中，大部分都报名进入陕西师范学院学习。李佩成经过深思熟虑之后，决定继续读完高中，再上大学，实现他立志为水利事业奋斗的夙愿。

他的同班同学张少庭在回忆李佩成经过平生的奋斗，并取得显著成果，对国家做出了重要贡献之时，他很赞赏李佩成当年的选择，认为是非常正确的。“人只要立志，就一定会成功！”张少庭说。

周陵中学高中毕业

因为乾中高中二年级学生大都提前上了师范学院，高中二年级不再开班，李佩成与另外两位同学转学到咸阳的周陵中学。

周陵中学创办于1939年，也是一所具有光荣历史传统的全日制公办高级中学。虽然李佩成只在周陵中学读完高中的最后一个学期，他却意外地获得了逻辑学的启蒙。这要从该中学的校长说起。

1952年高中毕业考入西北农学院

周陵中学校长梁益堂先生是一位学识渊博的民主人士。他思想解放，慧眼独具，有着超前的育人思想。他认为人的思维方法训练应当从青少年开始，他决定在高中班开设“逻辑学”课，并亲自讲授。他在讲授中指出，逻辑学是关于思维形式及其规律的科学；逻辑学研究概念、判断和推理及其相互联系的规律、规则，以帮助人们正确地思维和认识事物。李佩成一接触“逻辑学”，便对它产生了极大的兴趣。短短一学期时间，他对逻辑学的基础知识由初学到兴趣，产生了热爱哲学的深刻变化，为他以后学哲学、用哲学打下了基础。思想方法有了一次飞跃，从理论上加深他对共产主义和共产党的热爱，李佩成认为这是一个重大的意外收获。

这段经历使他认为在中学增设哲学基础课的可选择性。

周陵中学地处咸阳市北塬的周陵乡，建在周文王陵区前，地理上也属黄土旱塬，当年周陵中学7眼井供不上800名师生用水，每到夏天，每个学生每天只能分到五茶缸水……因而李佩成对旱塬缺水的理性认识比以前更明晰了：防旱抗旱、兴修水利这是新中国建设的重要任务之一，具有非常的战略意义。正是因为这样，周陵高中毕业后，他毅然在填报大学志愿时填写了西北农学院水利系，并被录取。师长的教导和帮助使他梦想成真，走上了学水利、干水利之路。

第二章

青春，在大学中度过

朝气蓬勃的大学校园生活

1952年9月，李佩成第二次来到西北农学院（西北农林科技大学前身）。这次他是来高等学府求学深造的，绝非像他9岁那年来西农游玩时的感受。在这里，他将要经过4年艰苦学习和锻炼，为将来成为一位又红又专的水利专家获取知识，积累智慧，这让他由衷地感到光荣而神圣。

李佩成是新中国第一代读完高中进入大学的大学生。他们不再把上大学看成光宗耀祖，自我成名的摇篮，而是以“为祖国的强大昌盛，为人民过上幸福生活”为奋斗目标的。正因为如此，从踏进大学校门的第一天起，他就全身心地投入到紧张的学习中去。为了充分利用时间，无论是吃饭、走路，都不忘学习，把一切可以利用的时间都利用起来。为了争分夺秒又不违反作息制度，他天不明就轻轻地穿上衣服，和衣躺在床上，单等起床铃声一响，就翻身起床，在琅琅书声中，开始新的一天。

曾做过中学新民主主义青年团分总支副书记的李佩成，从迈进大学那一刻起，就积极向学校的党组织靠拢，他希望自己能早日加入中国共产党，在政治上得到更多的培养和教育，将来为祖国、为人民做出更大的贡献。

作为老同学和好友的西安理工大学退休教授王友仁先生这样回忆李佩成：“佩成是我一生交往最多的好朋友，他英俊潇洒，睿智聪慧，和蔼可亲，与人为善，为人正派，面带微笑。1953年的新生欢迎会上，李佩成听说我是新生中唯一一位共产党员时，甚为敬佩。迎新会刚一结束，他就主动来到我的宿舍找我聊天，我们一见如故，宛若好友重逢一般。我比佩成低一年级，却比他大五岁，他称我为大哥，经常到我的宿舍谈学习、谈国家大事以及对党的认识，总之，我们亲密无间，无话不谈。那时候佩成正申请入党，我恰好负责学生入党的组织工作。

“虽然我们不是一个专业，我学农学，他学水利，但共同的志向是一致的。感谢共产党，感谢毛主席给我们带来了幸福的新生活。我们要努力学习科学知识，为新中国的光辉事业做出应有的贡献！相同的政治抱负和报效祖国的宏图大志，缔结了我们永久的友谊。”

因为品学兼优，性格和蔼可亲，待人忠厚诚恳，李佩成大学二年级时，就被选为学生会的宣传部长，他能写会讲，活跃在学校的各种场合。为办好学生食堂常常起早贪黑。广播站里，时常能看到他编辑广播稿件的身影。特别是每天中午刚一下课，他顾不上吃饭就和广播组的编播同学直奔广播站，编写文稿，宣传党的方针政策。学校“每日新闻”“好人好事”一经播出，常常反响强烈，受到全校师生的称赞。

当然，有时候李佩成和他的同窗也能制造出颇有戏剧色彩的小插曲。

李佩成上大学那些年是学生自己办灶，各系轮流比赛谁家灶办得又省钱又好吃。1954年黄瓜上市的那个月，李佩成为农业经济系学生办灶拟写了一副对联：

学经济　念经济　真会经济

炒黄瓜　煮黄瓜　顿顿黄瓜

横额：经济小吃

本想开个玩笑，但他们班的同学将其贴在了灶房的门上，引起一场不小的风波。

当时，全党全国正在批判分裂党内团结的政治错误，有人认为水利系的对联不利于两系的团结，要调查编写对联的始作俑者。玩笑开大了，李佩成想自告奋勇承认错误，但其他同学却说，佩成是咱们系的优等生，应当保护名誉。执笔书写对联的朱斗银同学主动出面承担了责任，这事才算了结。然而，李佩成内心却深感不安，多次找朱斗银同学道歉。

喜遇名师，坚定了“水神”梦想

李佩成在总结自己成长经历时，悟出了一条至真至贵的道理，人的成长需要“五有加一有”：一有好的父母家庭，二有良师，三有同心协力的益友，四有好的领导，五有相濡以沫共度一生的伴侣。对从事科研的人还需要有个良好的团队。

李佩成在小学、中学的几位老师已有介绍，这里主要说说他大学以后所遇到的几位良师。

沙玉清先生是我国杰出的农田水利学家和教育家、著名泥沙专家，李佩成上大学时，喜遇名师沙玉清。沙先生曾于1956—1966年间任西北农学院农田水利系教授兼西北水利科学研究所所长。

李佩成是沙玉清老师最喜欢的学生之一，沙玉清教授编写的我国第一部农田水利学专著《农田水利科学》蜚声中外，首次阐明把农田水利当一门科学对待，这一领先理论，为我国农田水利学的发展奠定了基础。

也许因为沙老师也很崇拜李仪祉先生的缘故，李佩成更尊崇沙老师。有一次，沙老师在家里给李佩成介绍大西北的广袤美丽，一望无际，蓝天白云，一种豪爽广博的胸怀，一种热爱大自然的豪情，可谓表现得淋漓尽致。他对李佩成说：“你是学水利的，要像李仪祉先生一样，为你们陕西，为黄土高原解决水利问题奋斗一生，永不退缩。”他还风趣地告诉李佩成：“将来我百年之后能在李仪祉先生的塑像旁占个位置就心满意足了。”

“为水利奋斗终生”“关爱大西北”是沙玉青先生最早教导给李佩成的。沙先生对水利和水利科学的热爱，对西北的热爱及其为之奋斗的表率，深深地教育和鼓舞着李佩成，为圆他的“水神”之梦指明了方向。

李佩成勤奋谦恭，虚心求教，在4年的大学生活里，老师们都十分喜欢他。系主任蒋咏秋、水力学教授吕振洋、力学老师康福华、水工建筑老师郭嗣显等，都十分关怀和爱护他，使他深深地感悟到老师是育人的楷模，导师是领路的带头人，恩师是终生效仿的表率。这是李佩成4年大学的深刻体会，他对每一位老师的教诲与培养，终生难忘。

大学毕业　四喜临门

1956年7月，李佩成以优异成绩取得了西北农学院的毕业文凭。经过4年刻苦努力，他不仅学习成绩全优，还被选拔参加了由沙玉清教授指导的学生科研小组，并在校刊上发表过小论文，推导出“悬槽水力计算”的一种新公式。他向国家提出的《关于建立水文气象观测站的建议》，得到肯定答复；他还面对流水在漆水河畔研究测流装置，也许这些就是他后来一系列科研成果的前奏曲。

大学毕业前夕，李佩成好事连连，先后遇到了4件开心的喜事。

第一件事是他被评为全校“三好”学生。这在当时，是件很光荣的事。“三好”是毛泽东主席提出的青年学生要做到德、智、体全面发展，要“身体好、学习好、工作好”。后来教育部颁布了小学、中学评选“三好”学生的制度，作为表彰德、智、体三方面优秀学生的荣誉称号。将“三好”定为“身体好、学习好、品行好”三项标准，之后大学也开展评“三好”活动。李佩成凭着他健康的身体，优异的学习成绩，良好的品德操行，荣获此项殊荣。

第二件事就是他光荣加入了中国共产党。1956年3月17日，是李佩成终生难忘的日子。这一天，他站在鲜红的党旗下举手宣誓：“我志愿加入中国共产党，承认党纲党章，执行党的决议，遵守党的纪律，保守党的秘密，随时准备牺牲个人的一切，为全人类彻底解放奋斗终身。”

宣誓会虽然不是在炮声隆隆的战场，虽然没有白色恐怖下出生入死的考验，但依然充满庄严隆重的气氛。这一天来得并不容易，是他多年积极努力、不断上进、严格要求自己的结果。加入中国共产党是当时青年学生政治上的崇高理想，自己能光荣地被批准加入中国共产党成为一名中国共产党党员，说明党组织对自己的信任与期望。他下定决心，要继续加强世界观的改造，树立为党的事业奋斗终生的坚定信念。他决心克服自己有时主观、急躁的缺点，做一个名副其实的共产党员，永远记住《钢铁是怎样炼成的》主人公保尔·柯察金的名言：

“人最宝贵的东西是生命，生命对于每个人只有一次。人的一生应该这样度过：当他回首往事时，不因虚度年华而悔恨，也不因碌碌无为而羞耻；在临终时，他会说‘我已经把我的整个生命和全部精力，献给了人类最壮丽的事业——为解放全人类而进行斗争’！”

第三件开心事就是大学毕业前夕，他被选拔为赴苏联留学深造的预备生。但因兴奋紧张，血压升高不符标准而搁浅，留苏未成。但组织对他的信任，已使他深受鼓舞。

第四件喜事是他毕业留校任教，这也是他喜欢从事的事业。1957年高校专业调整时，西北农学院的农田水利系合并到西安交通大学水利系。李佩成也随之被调到西安交通大学（以下简称西安交大）水利系任水工建筑教研室秘书。

幸运的是在西安交大，他遇到了当时任副校长的田鸿宾教授。田教授是著名的水利大师和教育家，他非常喜欢李佩成好学、能吃苦、有创造性思维的品质。田教授决定要培养这个“苗子”。

田鸿宾教授早年留学美国，获得美国康奈尔大学水利卫生工程硕士学位。1931年“9·18”事变发生，他怀着满腔热情和爱国之心，毅然谢绝了在美国任教的挽留，回到祖国。他先后担任过西北工学院院长、西安动力学院副院长、西安交通大学副校长及陕西工业大学校长等职务。在工作岗位上，他全身心投入工作，倾注了全部心血。他刚正不阿，光明磊落；他学识渊博，高瞻远瞩。在大西北的考察使他认为应设立新专业培养地下水开发利用人才。在他的建议下，西安交大决定兴办“地下水及冰川雪水利用专业”，并为新设专业在全校选拔青年教师作为师资培养。李佩成正是他看中的一位青年，遂将李佩成从水工建筑教研室抽出，作为地下水利用专业教师进行培养。正因为西安交大主管教学的田鸿宾副校长的建议，李佩成的专业面得到了扩展，从地表水扩展到地下水，为成就既懂地表水又懂地下水的真正的水科学家创造了客观条件。

田教授为了给他倡办的“地下水及冰川雪水利用专业”培养高级人才，决定选派青年教师李佩成赴苏联进修学习。

1958年6月，经过国家组织的严格考试，李佩成8月接到录取通知，于9月底进入北京外国语学院留苏预备部学习培训。

第三章

留苏预备，深造锤炼基本功

在人生的道路上并非一帆风顺，有时会遇到狂风大浪，有时会碰上险滩暗礁；在遇到挫折时能否将坏事变好事，这是能否继续前进的关键。在1956年大学毕业到1963年赴苏联留学预备班的这6年多时间里，李佩成遇到不少的好事和机遇，但也遭遇到挫折，有些挫折还非自身力量所能回避和抗拒，在这种情况下，如何应对？如何变坏事为好事？对李佩成来说是人生成长道路上真正的考验和锻炼！

1956年选拔留苏，但因血压偏高而落榜

1956年李佩成大学毕业前夕，西北农学院选拔他为国家公派的留苏预备生，但在查体时血压偏高而不合标准，留学资格被取消。对青年学生来讲，这也算一次不小的挫折。李佩成在组织和老师同学们的鼓励下，继续努力学习，加强身体和意志锻炼，毕业时被留校任教。

1958年考入北京外国语学院留苏预备部，任学生会主席

1957年夏，由于院系调整，西北农学院水利系与西安动力学院水利系等合并迁入西安交通大学，成为西安交大水利系，系主任是沈晋教授。李佩成担任水利系水工建筑

教研室秘书，张海东教授担任教研室主任。

1958年5月，西安交大又选派李佩成为公派留苏预备生，这次通过了身体检查，在西北大学参加了由教育部派人主持的留苏学生选派考试，8月接到录取通知，9月赶往北京外国语学院留苏预备部（以下简称“预备部”）报到入学。

入学后不久他被挑选为学生会干部，起初是宣传部长，不久任学生会主席，这一届有近千名学生，当时正值大炼钢铁和下乡劳动的“大跃进时期”，社会工作十分忙碌。预备部的学习是十分紧张的，尤其是俄语，每个小班不足十人，几乎天天考试，堂堂测验，实行滚动式分班。繁忙的社会工作对俄语学习有一定影响，李佩成被分配到第38班，这个班的俄语水平偏下，因此，无缘参加第一批出国，需要继续学习预备，计划1959年出国。

这里对留苏预备部略作介绍。

留苏预备部始建于1951年。中华人民共和国刚刚成立，百废待兴，急需大批经济建设人才，国家决定派遣各方面的人才去苏联学习。当年7月，第一批来自祖国四面八方的375名优秀青年便云集北京，集训一个月，就匆匆踏上奔赴莫斯科的国际列车……

因为这批人才来自不同岗位，年龄参差不齐，从20几岁的高中学生，到40来岁的中年干部和军队将领，文化程度也不一致，所以一到苏联，就困难重重。

为了克服这些困难，国家遂筹备成立留苏预备学校，也就是后来的北京外国语学院留苏预备部，不论在硬件设施、教师配备、生活环境等方面，留苏预备部都是高校外语教学中最先进、最优越的。

李佩成利用留苏预备部的条件，努力学习俄语、哲学，学业有了较大的进步，社会工作也干得很好，深得领导、老师和同学们的喜爱，1959年出国的条件已充分具备。

然而，这时，中苏两国关系围绕对国际共产主义运动有关问题的看法不同，开始出现裂痕，苏联政府迟迟不予批准中国向苏联派遣这届留学生的计划。

包括李佩成在内的留学生问题，我国与苏联方面多次交涉未果，留苏学习一拖再拖。于是国家作出留苏预备生暂回原单位待命的决定。这样，1960年5月，李佩成又回到西安，在由西安交大调整组建的陕西工业大学水利系任教并担任党总支委员和系秘书。

当时国家正处于三年自然灾害最严重的困难时期，系秘书的工作异常繁杂。除正常的行政事务外，还要兼管师生的各种票证（粮票、油票、布票）的发放；还要帮管办灶、统计浮肿病等。李佩成尽力做好每一样工作。饥饿的阴影笼罩着大江南北，为了给学生灶增加食物，李佩成还要带领学生在晚上人拉着借来的马车去20里（1里=0.5千米）以外的菜地拉萝卜，为的是连萝卜缨一起拉回来吃。

再次赴苏受阻

1961年9月，他忽接上级通知，要他立即到留苏预备部集中，准备赴苏留学。然而到了北京后形势的变化又使赴苏计划遇阻，继续留在留苏预备部学习俄语和哲学等候出国。直至1962年春节，眼看出国学习一时难于实现，西安交大决定让李佩成在国内先进修，一旦时机成熟再出国学习。于是，李佩成被派到中国农业科学院灌溉研究所进修学习，由地下水开发利用专家葛荫萱直接指导。

碰巧的是，李佩成去灌溉所进修的时候，正遇北京为长期抗旱而开展的打井会战，在万里副市长的领导下，掀起了全国规模最大的开发地下水高潮，全民动员，热火朝天。

在北京这次打井找水热潮中，北京市郊各个区县都参与了打井会战，李佩成的导师葛荫萱教授担任技术总顾问，人称“葛总”，李佩成担任他的助手，并被安排在位于东交民巷的北京市“打井办公室”上班。他跟随导师葛荫萱跑遍了北京郊区所有郊县。风雨无阻，饥一顿饱一顿，跑瘦了身体，锻炼了意志，增长了知识，开阔了眼界。

有一天，受北京“打井办公室”的委托，他和葛总赴郊县调研。当葛总询问打井有什么问题时，一位县领导不屑一顾地回答：“打井有什么困难，钻个眼眼，下个管管，就这么简单。”葛总一听气青了脸，针对那位县长的浅薄和无知说道：“头脑简单的人看一切都简单，缺乏意志的人，感到一切都困难。”李佩成记住了这句语重心长的教诲，不做头脑简单和意志薄弱的人。

李佩成十分钦佩葛荫萱教授深入实际的工作作风。他虽是打井会战的技术总顾问，但无论工地上遇到什么难题，他总是立即奔赴现场研究解决。

有一次，陈毅副总理在北京当时的东郊机场送外宾，遇到了马桶无水冲洗的难堪场面，原因是机井抽不出水。葛荫萱教授接受了为井“出诊”的急迫任务，带着李佩成前往东郊机场，经葛总检修后，故障排除。李佩成事后进一步认识到：水看来平凡，但有时却关系到国家大事，社会的方方面面都离不开水呀！

葛荫萱教授性格耿直，但对诚心实意渴望求知的李佩成却另眼相待。葛教授喜欢读书，且善于积累知识。他经常到北京图书馆查阅有关地下水科学的各类文献资料，收录了数百张卡片，因为怕流失将它们保存在家里。李佩成渴望看到这些卡片。在一个周末，李佩成凌晨四点钟起床，从自己住处步行十几里路，来到葛教授的住处，站在门外静静地等着，朔风凛冽，雪花扑面。天微明，葛教授的夫人开门扫雪，忽然发现门外站着个雪人，吓了一跳。李佩成急忙答话：“师母你别怕，我是佩成！”师母急忙让他进屋坐下。当李佩成说明来意后，葛荫萱教授非常感动，二话不说，就把卡片给了李佩成，还表扬了他“程门立雪”的求知精神。

在灌溉研究所，李佩成还得到了农田水利大师粟宗嵩先生的直接指导和帮助。粟所长是位知识渊博的水利专家，曾留学国外。他给李佩成讲授综合治水的思路，讲述国内外农田水利存在的问题。他带领李佩成参与北京市水利规划，乘坐由聂荣臻副总理为他们特派的火车头，深入实地考察河北洪水现场，使李佩成第一次看到了无边无际的洪水给国家和人民造成的巨大灾难。粟所长为华北除旱、涝、碱、风四害，治理黄淮海的创造性思维，都给予李佩成很大的教育和启示！粟所长认定李佩成是位后起之秀，应当予以精心培养，他为李佩成耐心地修改文稿，有些改过的论文稿子，至今李佩成还保存着。

后来，时任陕西工业大学校长的田鸿宾教授还专程到北京拜会粟宗嵩所长，二人一见如故。田校长托付粟所长：好好培养李佩成，希望将来李佩成在地下水的研究和治水理论方面能有所继承和发展。

将近两年在中国农业科学院灌溉研究所的进修学习，给了李佩成研究地下水的最佳实习机会。既有优秀导师的指导，又有打井会战的实践；既学习了利用地下水的许多先进技术，又获得了一定的理论基础知识，也积累了宝贵的实践经验。这些理论和实践促成李佩成于1963年发表了他从事地下水科学的处女作《利用地下水灌溉的好处及其在国外的发展概况》。李佩成的名字，第一次出现在国家级学术刊物《中国农业科学》杂志上。

在这篇论文中，李佩成结合中外经验和教训，总结出开发利用地下水要做到“井渠结合、排灌结合、灌溉和农牧供水相结合”的新观点，为我国开发地下水资源、综合利用地表水和地下水发展灌溉事业，提出了理论指导，并为后来的治水理论的发展奠定了基础。

那时李佩成还是一位不满30岁的青年，但他的一些新观点、新思维在水利界已引起强烈反响。

第四章

莫斯科，梦想起飞的地方

1963年9月，回西安休假的李佩成，突然接到电报通知：速返留苏预备部准备出国。

从1958年拿到留苏预备部录取通知，到1963年10月正式乘上开往莫斯科的国际列车，为此李佩成整整等了5年。5年间中苏两党关系不断恶化，又经过修复缓和，李佩成就是在这种复杂的政治背景下，踏上了奔赴莫斯科的征途，月台上为他们送行的亲友，没有多少欢乐，也无多少笑语，像为奔赴疆场的战士送行一样，心情复杂沉重，依依不舍……

出国前，中央首长接见他们时予以特殊嘱咐："既要学好业务，还要做好同苏联人民的友好工作。"

李佩成中学当过团分总支副书记，留苏预备部当过学生会主席、党支部书记，具备了优秀的宣传才能和较高的政治素质。大学毕业8年来的社会实践，他从父老乡亲那里学到了艰苦朴素的生活作风；从导师学长那里学到了严谨的治学精神和高尚的道德情操；特别是北京打井运动期间，从工人师傅那里领悟了工人阶级坚定的立场和无私无畏的斗争精神。这一切使他坚信自己一定会圆满完成党和祖国交给自己的神圣任务。

1963年10月14日，李佩成和同行的其他12位中国留学生，走下国际列车，踏上苏联国土。

李佩成被分配到莫斯科地质勘探学院，学习水文地质工程地质专业，攻读副博士学位。异国留学的生活开始了，然而对李佩成来说，并非想象的那么随心所愿，他回忆说："开始学校指定给我的导师是著名学者H.A.普鲁特尼可夫教授。但入学后不久，该教授调动了工作。莫斯科地质勘探学院重新指定系主任П.П.克里门托夫教授担任我的导师。П.П.克里门托夫曾在中国作过援华专家，并在原长春地质学院举办过研究生班，为中国培养了一批水文地质及工程地质专家。我第一次和导师П.П.克里门托夫见面时，就感到十分亲切。当我选定研究课题时，导师对我说：'你选研究课题不一定关注我的特长，我的专长已被你们中国许多人学到了，现在你一定要选你们国家最需要的和有助于您未来发展的课题。’我听了很受感动，导师怎么会这样开放亲切，给了学生相当大的选择空间呢？我问导师：‘我随意选题会不会增加您的指导难度？’没想到П.П.克里门托夫教授非常诚恳地说：‘有些我不专长的内容，我可以邀请我的朋友协助指导你呀！’他也真的这样做了。在我选题研究地下水非稳定渗流理论时，П.П.克里门托夫教授为我邀请了几位协助指导的老师，其中有农田水利领域的大师С.Ф.阿维里扬诺夫教授、数学教研室主任Г.Ц.杜玛尔根教授和指导实验的И.К.伽维奇教授。这些专家的指导大大拓展了我的视野，扩大了研究深度和广度。以致在我后来指导研究生时，也采用了这种合作指导的方式，特别是在跨学科人才培养方面。”

1989年于莫斯科拜见首任导师H.A.普鲁特尼可夫教授

随着时间的推移，学习渐渐深入且较紧张，在将近半年的交往中，虽然政治形势比之想象的更加复杂，但苏联人民还是十分友好的。从导师、同学，到学校教职员工，大都非常通情达理，十分友好。

李佩成因为学习刻苦，踏实用功，颇受导师喜爱。П.П.克里门托夫教授每周辅导他两次，有意把对李佩成的辅导时间安排在最后一个。开始李佩成并未留意，后来发现导师有意安排他最后一个答疑，恰好是在导师吃中午饭前后。老师中午饭很简单：一块面包，一根香肠，一个从中国带来的小型暖瓶装着开水。他一边吃，一边和李佩成交谈。导师说："这样安排，是为了咱俩交流的时间更长一些……"可见导师用心何其良苦。

为了节省开支，留学生自己做饭。起初在学生城住的还有不同学校的中国留学生多人，每天两个人轮流做晚饭，吃完饭后听中央人民广播电台广播，交流见闻。一年之后，学生城只留下李佩成一人。为了节省费用，仍然坚持不去学校时自己做饭。他知道，祖国人民正处在三年自然灾害后的经济恢复时期，生活仍然相当困难。虽然助学金由苏联发放，但由中国政府结算。据说当时培养一个留苏学生的经费，相当于在国内培养10 ~ 15名大学生的费用。而且为了给苏联还债，毛主席、周总理带头省吃俭用，国内人民勒紧裤腰带过紧日子，留学生们也自觉地省吃俭用同祖国人民一起共渡难关。

既当优秀学生　又当友好使者

1964年10月，苏共中央撤销了赫鲁晓夫的党内外一切职务，从表面上看，中苏两党关系似乎曙光初现，有趋于缓和的迹象。但实际却并不乐观。

中苏继续互派留学生的协议仍然受阻，这一时期留苏学生毕业回国的多，新来的很少。1964年后的一段时间，有着8所大学留学生宿舍的学生城，只留下李佩成一人。

中国驻苏联大使馆的工作人员十分关心李佩成，并希望他继续努力，除搞好学习外，承接老同学的友好关系，多做友好工作。

确实，一年多的在苏学习生活，已经显示了李佩成良好的交际才能和敏捷的思维能力，颇受苏联友人的欢迎和包括苏联学生在内的同学们的拥戴。西部电影集团有限公司退休干部刘兴厚先生，回忆了他与李佩成在苏联留学期间那段值得怀念的经历，他亲切地称李佩成为“留苏时期的老大哥”。他说：“李佩成第一次和我见面，就邀请我去他的宿舍吃面条。一共有七八个留学生在他宿舍聚会。他谦和、朴实、真诚、热情。他看起来文质彬彬，却一口陕西地方话，极有乡土气息。他给同学们吃陕西的家乡饭，擀面条，揪面片，有时也包饺子。我身在异国他乡，却吃到了在国内都没吃过的面食，感到非常亲切。吃完面条，七八个人便开始拉家常，学习由使馆转来的国内文件资料，又相互交流对中苏关系的看法，探讨怎样做中苏友好工作。”李佩成敏锐聪慧，兴趣广泛，博才多艺。时不时唱两句秦腔，吟诵自己撰写的诗词，抒发情怀。1964年元月的一次聚会，他朗诵新写的一首诗：

莫城[注]风紧又飞雪，
已稀游人愁更多；
唯闻一处笑声起，
天寒地冻奈我何！

[注]莫城指莫斯科。

李佩成一个人留在大学城时，显得特别的孤独无助。而中苏两党、两国关系也变得更加紧张，他的友好工作做起来也更加困难了。

这时他回想起周总理来莫斯科接见留苏学生时的一段教导：“立场坚定，业务精通，体格健全，作风正派。”遵循这一指导思想，李佩成调整心态，应变自如地坚守阵地。在保证学习成绩优秀的同时，做好友好工作。他每天学习工作到深夜，早上四五点钟又起床学习。他练就了“动如猛虎、静如处子”的作风，说学习便能静下来，说工作便雷厉风行，这种作风保留至今。

提出“割离井法”理论

虽然那是一段令他最感孤独的日子，但苏联导师、同学、朋友反而更加关心他、爱护他。有些人和事，他是永远不会忘记的，“割离井法”理论的提出，就是一例。

他原本选择的攻读课题是“地下水开发利用研究”，但因中苏关系日趋紧张，没有去现场研究的条件，遂改为研究侧重理论的课题“地下水非稳定渗流运动研究”，主要针对农业方面排灌井群的非稳定渗流问题。比如，井打多深，井径多大为宜，井的出水量大小，浇地多少，井群如何布局，渗流参数如何确定等方面的理论问题，都要通过复杂的渗流理论和相应的公式确定。在当时比较公认的水井的非稳定渗流理论和公式是泰斯理论和公式，但在学习中一贯坚持追根问底的李佩成，对泰斯理论产生了怀疑。特别是当他联系到在北京打井运动中的亲身实践，他大胆地提出泰斯理论中的基本理论——含水层的弹性释放理论有片面不当之处。因此，他下决心对泰斯公式进行深入分析。H.A.普鲁特尼可夫教授和Π.Π.克里门托夫教授得知他的这一想法后，非常支持，给李佩成提供资料，帮助他进行新的探索，支持他提出新的理论——“割离井法”理论。

由于这些理论探索的推导牵扯到数学、物理、地下水动力学、水力学等多个学科，李佩成不遗余力博览群书，弥补自己之不足。他为了深入领悟数理方程，将一本《工程问题中的偏微分方程》一字一句地抄写出来加深理解。他还阅读了大量有关热传导方面的书籍，以便借助热传导的理论研究成果推进地下水渗流研究的创新。

在这些努力钻研过程中，他还得到莫斯科地质勘探学院数学教研室主任 Г.Ц.杜玛尔根教授的鼓励和帮助。Г.Ц.杜玛尔根教授是犹太人，出于政治考虑他在表面上好像与李佩成并不亲密，但私下却给李佩成买书相赠并一起讨论论文。

在各方的帮助和支持下，李佩成提出了新的井流理论，即“井群非稳定渗流计算的割离井法”，并推导出系列理论公式。

这是李佩成留苏时学术上获取的最大成果，该成果整理成《地下水非稳定渗流解析法》专著，已由中国科学出版社于1990年出版发行。

在那些艰难困苦阶段，李佩成特别关注与苏联同学建立友谊，广交朋友。

与李佩成在同一个专业学习的苏联副博士生B.M.科洛诺夫，是他留苏期间最好的苏联朋友之一。师兄弟感情融洽，互相帮助，共求进步。当李佩成一个人留在大学城期间，B.M.科洛诺夫处处关心、保护李佩成。当时的形势对中国人非常不利，常常会遇到人身安全危险。有一天，李佩成正走在大街上，迎面遇上一个苏联人，他当着李佩成的面斥问：“你们中国人没良心，苏联帮助你们建设，无私援建了那么多项目，你们中国人还反对苏联共产党，为什么？”

李佩成耐心解释道：“我们中国人民一直感谢苏联老大哥，不会忘记在斯大林时期苏联人民给予中国人民的援助，但我们也不会忘记赫鲁晓夫撤退专家中断援助给中国人民带来的麻烦……”那个苏联人听完后点点头表示理解地离去。

这件事让李佩成明白了一个道理：只要从公正立场出发，阐明中国的观点，是会得到苏联人民理解的。更何况苏联的知识分子绝大多数是通情达理的，对华是友好的。

因此，李佩成更感到作为一个中国公民，自己不远万里来到列宁故乡，来到第一个社会主义国家，为什么不能尽一个共产党员的义务，为党和祖国多做一些有益的事呢！这样，他更加全身心投入到他的“友好使者”的工作中，利用业余时间发送《今日中国》画报等宣传材料，出板报，运用自己的全部智慧，当一名出色的中苏友好使者。

李佩成的这些行动，深深感动了他的同学们，他们认为像李佩成这样优秀的青年人十分可敬。

B.M.科洛诺夫也是一位崇尚马列主义、有正义感的苏联青年。所以，他除了生活上关心照顾李佩成外，节假日还帮助他搞一些宣传活动，间接提供一些有价值的宣传资料。他还提醒李佩成一些自我保护的方法，遇见麻烦及时告知他，等等。

不仅是学生，就连学生城的执勤老太太也十分关照李佩成。她对李佩成说：“你们学习太辛苦，只知道学习，不知道休息，也不找姑娘一起去玩，真令人尊敬……”执勤老太太更是经常为李佩成更换床单用品，宿舍卫生打扫得干净舒适。

博览群书，巧学技术

李佩成在苏联留学期间，在研究本专业的课题时，获得了重大成果，但他本人并不满足，除了本专业课题的研究外，还感到扩大知识面，掌握更多信息的必要性。他决心运用“牛吃草”的方法，获取更多对未来有用的知识。所谓“牛吃草”的学习方法，就是利用一切能利用的机会，把能学到的知识像牛吃草一样先往肚里吞咽，等到回国后再像牛“反刍”一样细细咀嚼。比如，关于地下水开发利用、干旱研究方面的书籍，每见必买；有关地下水渗流和开发利用方面的资料，尽量收集。这些书籍资料为他后来从事水科学研究汇聚了丰富的知识源泉。

李佩成经常想起中国的旱灾，想起故乡乾县干旱缺水的景象。历史上的旱灾使多少人流离失所逃荒要饭。有的地方世代打不出一眼水井，靠水窖存点雨水度日，一家人洗脸用一盆水，洗完脸的水还要喂猪、喂牛。他还常常想起田鸿宾校长动员他学习地下水，解决大西北干旱问题时的谆谆教诲！每每想到这些情景，他就暗下决心，一定要学好本领解决祖国干旱缺水的难题。为了孩童时的“水神”之梦，他一步一个脚印地努力奋斗着。

中苏关系破裂之后，中国赴苏留学生失去了到厂矿工地实习的机会，甚至先进的实验室也不能进。

李佩成为了掌握大型水力积分仪技术，动了一番脑子。他利用自己与实验室工作人员关系好的条件，对他们说：“你们暑假去旅游，让我留下来看管实验室维修仪器！”

实验员们巴不得有人替他们干活，欣然应诺。

暑期假日，李佩成就待在实验室，把不让外人接触的大型水力积分仪拆了装，装了拆，反复操作。机器共有多少部件、组装步骤，他都牢牢记在心里。回国后，中国仅有的两台能够运行的大型水力积分仪，都是由李佩成主持加工组装的。

1966年4 ~ 5月，一场史无前例的无产阶级“文化大革命”在中国开始，国内形势的急剧变化，要求苏联在华留学生返回苏联。苏联政府也根据“对等原则”要求中国留学生离苏返回中国，李佩成的留苏学习也结束了，1966年11月7日，他乘上国际列车回到北京。

在六天六夜的归国旅途上，李佩成有足够的时间，搜索他的记忆。回顾三年经历，他的记忆之门像泄洪的闸门被打开，波涌浪滚，浮想联翩，难忘日日夜夜，难抑激动之情。特殊环境的复杂，发奋学习的艰辛，友好工作的风险，同学友谊、导师教诲……这一切，都勾起了他千般思绪，万般感受……

关起记忆之门，静心思索，李佩成总结他三年留苏经历，有以下几点收获。

（1）出色地完成了副博士学位论文。

在П.П.克里门托夫、Н.А.普鲁特尼可夫两位教授的直接指导下，提前完成了学位论文，并系统地提出了渗流计算的“割离井法”理论，推演出相应的计算公式，编绘出辅助计算图表，实际上已经完成了除参加答辩之外的全部学位论文工作，获得了中国教育部的发证确认。

（2）结识了一批世界著名专家，获得了先进的治学经验。

（3）广泛接触学者，获取科学信息，增强对自然和干旱灾害的认识，积累了防旱抗旱的知识和研究经验。

（4）收集了丰富的有价值的资料，掌握了一些先进仪器设备的操作方法及其构造。

（5）出色地完成了国家交给的充当“友好使者”的任务，得到中国驻苏联大使馆的表扬，并在大使馆为留学生和使馆人员作了《我是怎样做好对苏友好工作的》专场报告。

更进一步认识到国家利益高于一切，培养了崇高的热爱祖国、热爱人民的使命感、责任感。

（6）结识了一批苏联朋友、亚非拉朋友和欧洲朋友，一位德国留学生送给他的计算尺，至今还保留在他的书房。

回忆之门一经打开，便无法关闭。在列车渐渐远离莫斯科的铿锵声中，李佩成隐约意识到，这三年留学生活，远不止上述几点，他似乎感到有一种按捺不住的怦然心动，莫斯科——是我梦想起飞的地方！有几件令他难以忘怀的往事，又浮现在脑海。

他首先想起的是在莫斯科红场游行的一幕，那是最惊心动魄的一天。

1964年8月5日，美国借口军舰在北部湾越南沿海遭到越南民主共和国海军攻击，即所谓的北部湾事件，发动侵略战争。美军军用飞机侵入中国海南地区和云南、广西上空，打死打伤中国船员和解放军战士，威胁中国安全。为此，1965年4月，毛泽东主席决定向越南提供全面无私援助。

美国的侵略行动引起亚非拉人民强烈抗议，消息传到莫斯科，在苏联留学的亚非拉各国学生，纷纷走上街头，游行示威，抗议美国的野蛮侵略行径。

以“友好使者”闻名的中国留学生李佩成当然前往。当游行队伍经过美国驻苏联大使馆门前时，突然被一支骑兵队伍拦截，游行队伍并不屈服，他们一边高呼“打倒美帝侵略者”“保卫世界和平”等口号，一边手拉手绕行前进！被骑兵马队冲散的留学生，重新汇聚。此时，他们将李佩成抬了起来，让他发表演说，李佩成昂首挺胸，铿锵有力地喊道：“士兵同志们，你们知道今天在这里发生了什么事？我们是来抗议美帝国主义侵略罪行的，爱好和平的苏联士兵本应和我们一起游行，但遗憾的是你们却被派来冲击我们，请大家想想这是为什么？让我们前进吧，年轻士兵们！”

苏联士兵被李佩成慷慨激昂朗诵诗一样的演讲震惊了，连马队也停止了前进。

后来回到大使馆，使馆同志表扬李佩成好样的，赞扬他临场讲演宛如在朗诵激情的诗！

李佩成想起的第二件事，是为铁人王进喜访问莫斯科当向导。王进喜是中国第一代石油工人，关于“铁人”的英雄故事，李佩成在国内就多有所闻。“铁人精神”即“爱国、创业、拼搏、求实、奉献”，家喻户晓。李佩成视“铁人”王进喜为学习的楷模，虽然在莫斯科只是短暂相处，但李佩成亲身感受了这位英雄人物的高尚情操。比如，在参观莫斯科地铁时，当李佩成向王进喜介绍了苏联人民如何人工开挖，肩挑人抬运送铺铁轨的石子、钢轨等建筑材料的生动事迹后，王进喜感动地说：“虽然国家不一样，但劳动创造世界的真理都是一样的。我回国后要建议北京修地铁，我王进喜第一个报名参加，像当年搬运钻井设备一样，人拉肩扛，盆端桶提，也要把地铁修成。”一席肺腑之言，活灵灵再现了这位“铁人”的赤胆忠心和英雄气概。正是这种“铁人”精神，鼓舞李佩成在水利科学研究事业中，成功获得了一项又一项发明创造！

列车驶过满洲里车站，疾驰在呼伦贝尔大草原上，李佩成心中无比激动，每一次车轮滚过钢轨接缝时的“咣当”声，就意味着离首都北京又近了一步。北京，莫斯科的游子回来了！那雄伟的天安门，古长城，风景秀丽的颐和园、北海公园，每一处名胜古迹，无不牵连着海外游子的心……想到这里，李佩成心潮澎湃，油然想起归国前不久，收听到毛主席畅游长江的广播新闻时的热烈景象。

回国前的7月28日晚，他和同学们从广播里收听到中央人民广播电台的通讯报道："毛主席畅游长江!"

广播里传出激情满怀的声音：毛主席一面击浪前进，一面同周围的同志们谈笑风生，毛主席在浩瀚的江面上，时而挥臂侧游，拨开层层波涛，破浪前进；时而仰卧水面，看万里碧空……

按捺不住无限激动的心情，李佩成浑身充满力量，他暗自心想：毛主席畅游长江是全中国人民的幸福，我要歌颂毛主席不畏艰险、乘风破浪的革命英雄主义气概。

在当年国庆联欢晚会上，中国驻苏联大使馆工作人员和留苏学生欢聚一堂，特邀李佩成用陕西秦腔，颂唱了他创作的《颂毛主席畅游长江》的唱段，受到与会者热烈欢迎。

李佩成回忆着、回忆着，心中吟吟念叨着，祖国啊，我们回来了！

第五章 幸福婚姻，终身伴侣

恋爱结婚

婚姻是神圣的，这是历史赋予其最美的诠释，从其原始时代就已经成为人类生存活动中最为感动的故事。换句话说，婚姻本质上是一种希冀。新娘新郎一旦步入婚姻的殿堂，不仅是为了个人的愉快，也是为了在成为人生伴侣的漫漫长河中，达到人格的实现与完美。

然而对于中国20世纪50～60年代的知识分子，他们似乎忘却了这一最美好、最神圣的人生喜事，为他们的婚姻冠以最简朴、甚至“寒酸”的形式。如果用21世纪当代人的评价，用“裸婚”形容那个时代的婚姻，太恰如其分了。

李佩成恰恰是在那个时代谈恋爱的，也是在特殊的“大跃进”年代结婚成家的。

1958年4月，西安交通大学水利系党总支书记亓子祥先生一行三人到北京参观展览，在北京外国语学院看望李佩成时关切地说：“佩成同志，你年纪也慢慢大了，该找对象了！”李佩成回答道：“我不是准备去苏联留学嘛！”亓书记风趣地问他：“怎么，还想找个洋姑娘带回中国？”

李佩成急忙解释道：“不是，主要因为在北京短期学习，人生面不熟没机会找。”

亓书记是真诚关心李佩成的，就毫不掩饰地说：“你说，看上咱们学校哪一个姑娘，我给你牵线搭桥！”

李佩成随即脱口而出：“那就在咱们系的党员女同学中介绍一个吧！”经与大家商量，选择了农田水利专业59级的初阳瑞同学。

初阳瑞1955年考入西北农学院水利系，1957年随院系调整进入西安交通大学水利系学习。他们最初相识是在1956年3月李佩成入党前的支部讨论会上，当时初阳瑞作为申请入党的积极分子列席接受培养教育。李佩成因初阳瑞的沉稳、端庄、忠厚、秀丽而一见钟情，但因当时不提倡大学生谈恋爱，便将对初阳瑞的爱慕之情，暗藏心底，始终没有表露。

经亓书记等人的牵线，初阳瑞也表示同意。两人便开始鸿雁传书，谈恋爱了。没有花前月下的卿卿我我，更无柳荫湖畔的情意缠绵，仅凭一封封相互倾诉的书信来往。共同的志愿是为党为祖国多做贡献，为革命事业尽职尽责，为社会主义祖国奋斗终生。

1959年8月29日，利用暑假的几天时间，他们举行了极其简单的结婚仪式。当时的李佩成经济状况不好。他用同事朋友送礼的份子钱大约200元人民币，买了两斤（1斤=0.5千克）水果糖，两箱冰棍，还有几十斤西瓜举办了婚礼，招待了前来祝贺的亲友。

1959年8月29日结婚照

结婚后的第三天，李佩成就奔赴北京外国语学院留苏预备部了。

两地分居，共渡难关

结婚后，李佩成在留苏预备部继续学习，待命出国留学，而初阳瑞由西安交大毕业后被分配到陕西省水利厅灌溉处，不久调到泾惠渠管理局工作。单位在距西安百里外的三原县。

由此，他们开始了长达十多年的两地分居生活，也经历了他们组建家庭以后最困难的岁月。

从1960年开始，整个中国遭受了连续三年的严重自然灾害，人民生活处于历史低谷。“瓜菜代”（用蔬菜代替粮食充饥）成了当时生活的真实写照。

1962年，他们的大女儿李卫红降生人世。大女儿出生后，李佩成的岳母也随初阳瑞一同生活了。1962年暑假，李佩成由北京留苏预备部回到三原探亲，看到活泼可爱的女儿，对妻子感激不尽。

这次探亲仅有短短十几天。李佩成尽量承担一些家务：抱娃、做饭、干杂活。已经为人父的他，总想多为妻子干点活，尽一些做丈夫的责任。

在这短短十几天里，李佩成还受西安交通大学田鸿宾副校长的指示，向聂荣臻副总理写了一份为培养解决西北干旱缺水问题所需的人才而在西安交大建立“地下水及冰川雪水利用专业”的申请报告。

1963年9月他离开西安赴苏留学。

在苏联留学的那几年，初阳瑞支撑着家里的全部生活，里里外外一把手。她知道丈夫李佩成是肩负着祖国人民的重托去留学的，她更知晓李佩成是怀着宏伟志愿去深造的。同时她还听说中苏关系恶化给留学生带来的不利因素甚至使留学生有生命危险。她也为丈夫的人身安全担惊受怕。然而，作为妻子她更理解丈夫既是留学生，又是友好使者双重身份的责任重大。尽管家里困难重重，她从未抱怨什么，即使再艰辛，她也从不向任何人诉苦。

本来1965年暑假李佩成可以回国探亲，但碰巧的是大庆铁人王进喜要到苏联参观访问，大使馆要李佩成全程陪同当向导，回国探亲只好放弃。

到了当年寒假，大使馆特批李佩成回国探亲。短短十几天的团聚，让李佩成感到了家的温暖。初阳瑞把她平时积攒的红薯片、干馍蛋（块）拿出来给丈夫享用。虽然没有在国外的牛奶咖啡面包夹黄油好吃，但这是炙热的亲情。

李佩成的心也是肉长的，他虽身在万里之外，但也时常想念妻子和女儿。1964年1月16日在异国深夜写给两岁女儿的信中表露出这种思家的感情：

李卫红，好姑娘！
不哭不闹天天长；
现在在家中，
奶奶教你小本领，
“开汽车”“架飞机”，
“羊叫”却是爸教的！
明年长大了，
妈妈教你东方红，
从小热爱共产党，
毛爷爷的恩情记心中！！
要听妈妈的话，
不骂人，不吵架；
不说谎，不淘气；
多学好榜样，
不和坏人耍。

手要勤、腿要快，
多帮妈妈和奶奶！
再过几年长大了，
一手牵妈妈，一手牵爸爸，
背上小书包，
高高兴兴上学校！

1972年7月，初阳瑞由泾惠渠调到陕西工业大学（以下简称“陕工大”）工作，不久恰逢陕工大水利系合并到西北农学院，李佩成和妻子同时搬进西北农学院。十年多的分居生活终于结束，全家团圆。

1992年他们又一起调入西安地质学院。

2000年又合校进入长安大学。李佩成的成长与成功一直都有初阳瑞的支持、帮助与陪伴，正如长安大学原党委书记雷达先生戏言：“李老师成为院士一半的功劳都在初（阳瑞）老师的身上。”李佩成接过话说她占60%！

1992年8月李佩成夫妇在西北农业大学合影

其实，李佩成也操持家务，特别像一些重活，打蜂窝煤、挖菜窖、修理家具等，他还能做木工活，他家的小木桌、小木柜、小椅凳都是他自己动手做成的。

第六章

留学归来，“洋博士”走进黄土地

1966年11月，李佩成回到祖国，正值“文化大革命”时期。

留苏归来，“在游泳中学习游泳”

从苏联留学归国的李佩成一行50多人，确切地说，他们是因“文化大革命”被苏联政府勒令“休学”回国的。

李佩成回到北京，正赶上毛主席第六次接见红卫兵。他和他的同学们被安排在东观礼台上接受教育，那种狂热的场面，使他脑海里充满了疑问。回国后的第二天，陈毅副总理接见欢迎他们，他们问陈毅副总理：“‘文革’到底是怎么回事？应如何应对？”

陈毅元帅回答：“我也不知道，你们在游泳中学习游泳吧！”

李佩成反复琢磨陈毅副总理的话，心想陈毅元帅都不知道是怎么回事，这一定是需要深思的大事！他对自己定了原则：自己不明白的事不干，冷静观察，不盲目追随表态！

“保皇派”“造反派”等各种组织，封官许愿拉拢李佩成加入他们的组织。李佩成回来后不久的一天，北京工人体育场开批判大会，请他去作“反修”报告，但两派头头在会场争抢话筒，争办会权，互不相让。李佩成面对此情此景便悄悄然溜之大吉，他下决心不参与任何有关夺权的批斗会。

由北京回到西安前，西安的两派头头告诉李佩成只要加入他们的组织，到西安火车站后便会组织热烈欢迎的场面。李佩成婉言谢绝，到西安下车后悄悄地从车站偏门回到学校。

造反派组织是不甘心放弃李佩成这个有政治资本的“反修战

士”的，他们三番五次要李佩成在派性大会上作报告，李佩成都婉言拒绝了，造反派感到李佩成不好对付，便公开向他挑战。写大字报质问李佩成“你在摇晃什么？”批判李佩成走东家串西家“不分敌我”。李佩成立即写了《我在学习》的大字报予以回应，他在大字报里阐明了自己的立场：我留苏出国前，只知道加入中国共产党的组织，不知道还要加入别的组织。我在学校有许多朋友，久别重逢见见面，说说话是人之常情，我的确分不清这些老朋友中谁是敌人，我需要好好学习！

攻击李佩成的大字报接二连三地贴了出来，李佩成并不胆怯。他心想，在苏联都敢与赫鲁晓夫的“修正主义分子”斗争，几个造反派还怕什么。你打你的，我打我的，别人出大字报骂人打派仗，他却写大字报“夸泥浆糊”：

泥浆糊，真正好，
不用粮食不用熬，
土中加水搅一搅，
想用就用勺子舀，
又省钱，又牢靠。
不信试试就知道！

造反派们认为李佩成别有用心，转移视线，宣称他是“漏划老保”，要实行严格监视。

两派的斗争日趋激烈，而且从文攻发展到武卫，实际是武斗。李佩成和一些被认为是老保（保皇派）的人，被派在最前线守卫学校大门，大门对面的西安交通大学造反派楼上架着机枪，大门之后陕工大楼上也架着陕工大造反派的机枪，而李佩成他们只发了木棍守门，若两方打起来，他们的处境可想而知。李佩成看透了武斗者们的险恶用心，告诉和自己一起的同志提高警惕。

到农村去“接受贫下中农再教育”

值得庆幸的是，两派僵持多日未曾开火。不久，毛主席发出“最高指示”，要求知识分子到农村去接受贫下中农再教育。造反派觉得李佩成这位“反修战士”思想顽固，留下有害无益，没有利用“文攻武卫”消灭他，干脆让他第一批下乡去改造。对此，李佩成的内心持欢迎态度，他还想趁下乡之机将坏事变好事，摆脱城市争权夺利的喧闹到农村去，他相信工农的优良本质，相信自己为人民服务的精神和知识，能够得到乡亲们的欢迎和支持！

作为教师的李佩成是以教育改革（教改）小分队的名义下乡的，名叫“地下水小分队”，起初还有学生参加。从1967年冬天开始，到1976年“文化大革命”的结束，他被呼来唤去，但主要是在农村度过了十年，从事的事情有：跟着打井队打井、园田化规划与实施、寻找地下水、举办训练班、研发辐射井、提出人工引渗——人工补给地下水，策划修建地下水库、组织设计泾惠渠总干渠改线和种田劳动等。

转战的地方有临潼、渭南、富平、泾阳、三原、高陵、礼泉、武功、乾县等县的广大农村。住的场所有废弃的厂房、窑洞，破败的粮仓、灶房、庙宇、小学中学的教室、招待所、工地指挥部等。参加的农活齐全：拉过架子车、赶过马车；上过井架、下过井筒。群众能吃的他都能吃，群众能喝的他都能喝，这十年农村劳动的的确确深入到群众生活中去了！也得到了群众的欢迎、支持和鼓舞，使他更加关心和热爱农业，并决心为此而奋斗！

农民和工人也把这位被造反派视为难对付的“老保”留学生，当成了自家的教书老师和亲人。事事找他商量，分家请他调解，婚事请他说媒。有人争着为他烧炕，有的人还要孩子叫他干爹！在农村的十年，李佩成感到自己收获不少。

时刻不忘“水神”梦，思考治水之道

李佩成爱惜光阴，他习惯于利用一切时间学习和思考，决心把自己的知识奉献给祖国和人民。他说祖国选派自己出国留学，他一人在国外留学的费用，可供20多人在国内上大学。国家付出这么大的代价，其目的就是让留学生学成归国，更好地为人民服务。

李佩成初回祖国时由于形势干扰静不下心，现在到了农村，虽然吃住与在城里有些差距，但却用不着提心吊胆；体力劳动虽然累些，但却不太伤脑筋，也无家事操劳，李佩成认为这是静下心来观察自然、思考问题的大好机会。他跟随陕西省地下水工作队908、910钻井队，在临潼斜口打机井；在富平石川河岸的石桥村打大口井；在富平淡村塬和刘曲乡与赵尔慧、石怀理、李志耘等老师和农村青年一起测量地形，勘测评价地下水。暴雨来临时参与村民引石川河洪水淤灌土地，他与富平井灌管理站的同志同吃同住同劳动……这一切经历见闻使他深受启发，他深知干旱缺水，爱水如命的不仅是自己的家乡。也看到水利建设中存在的大量问题。例如，在临潼打井时，深井打成了，但原有的浅井干涸了；由于深层采水，上层渗漏，在大量开采深层地下水的地区，浅层地下水水位严重下降；泾河有余水又未充分利用，等等。受这些问题的启发，他联想国内外的所见所闻，认为有的问题出现在指导思想上，也就是治水方略问题；有的问题出现在技术方法上，例如，地下水如何增大补给等。

无论在皓月当空的夜晚，还是在细雨蒙蒙的歇工天，李佩成边想边写，提出了《三水统观统管，时空治水方略》和《人工“引渗”修建“地下水库”》人工调节地表水和地下水的理论技术方法和建议。

1.关于“三水统观统管，时空治水方略”

李佩成在1963年发表的《利用地下水灌溉的好处及其在国外的发展概况》一文中，已经提出过地表水与地下水联合运用的观点。现在联系治水中出现的问题，他认为不仅是地表水要与地下水联合运用，而且还应考虑天上降水——大气降水，或者说自然界的一切水体都应当联合运用，综合调节。

他认为自己的知识停留在感性上不行，还必须上升到理论层面。他找到理论依据，那就是水在自然界的循环规律，如图所示：

水循环示意图

从图中可以看出，自然界的水在太阳能的作用下，处在不断的循环转化之中，水可以在循环中改变存在形态——气、液、固，可以改变存在空间，但其水量守恒。人类的治水行为应当适应水的循环规律。

李佩成将自己的认识写成论文和建议多次油印散发，并于1975年正式在著名的国家级刊物《灌溉科技》上发表，题目是《关于水源问题及其解决途径的商榷》。此文一经发表，即在全国引起积极反响，并促成了1975年北方17省区水资源会议在西安的召开，李佩成在会上作了主题发言，该会议还作出开展我国水资源评价以及我国北方地下水开发利用攻关研究的决议。会后李佩成受邀在西安水利学会、河北地理研究所、清华大学等单位作有关报告。

更令人可喜的是，李佩成关于“水资源”的概念提出以后至今，依然具有现实价值。这一点在李佩成1999年发表在《中国农村经济》刊物上的《中国能够解决自己的水资源和粮食问题》这篇论文中体现得最为突出。这篇论文是针对美国地球政策研究所所长莱斯特·布朗先生等所发表的《中国水资源短缺将动摇世界的粮食安全》一文中提到的论点进行辩论性商榷的。

该论文的第四部分对布朗先生关于“中国的水资源短缺将动摇世界的粮食安全”的推论予以辩驳，李佩成指出：首先布朗文章的推论和命题立足于不确切的需水预测；二是布朗文章的推理表现出形而上学的简单化；尤其是第三点，布朗的推论缺乏对中国国家民情的必要了解。李佩成说：几千年来，中国坚持以农立国，确认“民以食为天，国以农为本”，始终把吃饭问题置于第一的地位。中国在粮食问题上“自力更生，丰衣足食”的方针是始终不渝的，正因为这种精神，中国才能以地球7.07%的国土面积养活22%的世界人口。至于布朗文章提到的“中国的缺水和缺粮就会变成世界的缺粮”的推论更是杞人忧天。李佩成举示了北京房山县周口店人民公社南韩继大队即使在无灌溉条件的旱地上，依靠雨养技术，也获得相当的丰收的实例。

在评价布朗先生关于解决中国水资源问题的建议时，李佩成指出他在25年前发表的论文中已经包括了布朗先生所提建议。这也充分证明了李佩成治水思想的超前性。

由此可见：李佩成关于“中国的水资源问题及其解决途径的建议”无论是论文发表在当时以及当下现实，都是有其重要指导意义的。

2.倡导“人工引渗，修建地下水库”

在提出三水统观统管、综合调节，时空治水思想以及在他下乡地陕西省富平县引洪淤灌的实践启发下，他认为在世界兴起的人工引渗，修建地下水库的理论和技术方法应当引入中国。

地表水和地下水是矛盾着的对立双方，但是，在一定的条件下是互相转化的。人工引渗，可以将地表水蓄积地下，形成地下水库。

浅层地下水、深层地下水或自流水的补给来源主要是大气降水的入渗，灌溉水的渗漏，以及其他自然的（河、湖、沟、川）或人工的（渠、库、塘、池）地表水流入渗。所有这些渗进地下的水，在地层的空隙、裂隙（或洞穴）中集聚起来，便形成了蕴藏着地下水的含水层。如果人为地引导洪水期或雨季的地表水，以及灌溉和供水未曾引完的多余河水，使其渗入地下，促进地表水和地下水的转化过程，便可大大增加地下水的储量。

这种人工引导地表水并使其渗入地下蓄积起来的办法，李佩成定义为“人工引渗”，或简称“引渗”。其原理如下图所示。

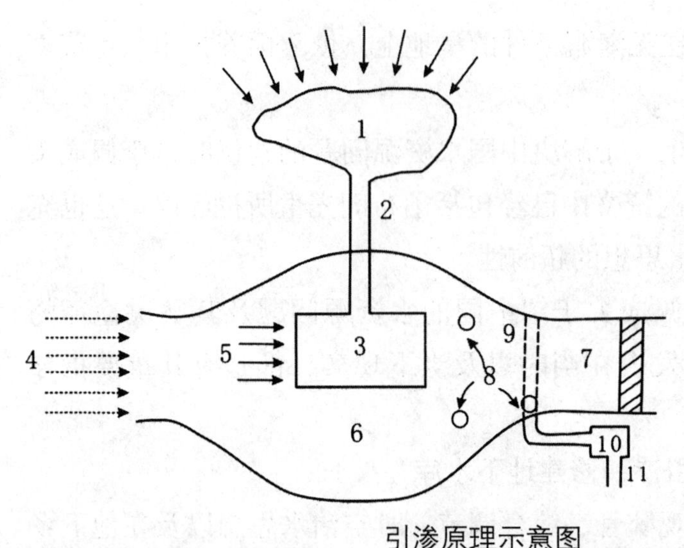

引渗原理示意图

上图表明：暴雨或洪水汇入临时性的蓄洪区“1”中，略为澄清之后（有时无此必要）经引水渠“2”流进引渗设施——坑塘、渠网或其他回灌系统“3”中；河流的季节性来水“5”也流入“3”中，在这里地表水渗入地下并贮存在原来无水的可含水层“6”中，形成“地下水库”；而河流的潜流“4”可直接进入地下水库含水层蓄存起来。对于修建地下水库来说，最理想的含水层当然是底部和两侧边界都是不透水或相对隔水的地层，其下游由地下坝“7”挡水，从而形成地下蓄水构造；如果水文地质条件能够满足不向下游大量漏水，也可不修地下坝；“8”代表抽水井；“9”是集水廊道；“10”是汇流工程；“11”是供水管网或渠道，由此将水输向用户。“引渗”如果是在地下水已被开采着的地段进行，则对该含水层起人工补给的作用，可称作“地下水的人工补给”。

“引渗”如果是在“空含水层”中进行，也就是把地表水引入尚未含水的空着的可含水层中，则可形成“地下水库”。之所以称其为地下水库，是指能将地表水通过引渗蓄存在可含水层中从而形成地下水体的蓄水工程。

不论是对含水层进行人工补给，或修造“地下水库”，都必须科学地把水引到确定的地段并使其迅速入渗，这是在地下蓄积地表水、扩大地下水量、合理地调节地表水和地下水整个过程的基本环节。因此，在含水层中人工蓄存地下水的所有综合措施可概括为“人工引渗”或简称“引渗”，也可称其为人工补给（地下水）。其他如“地下水库”等称呼只用于相应的具体场合。

李佩成将人工引渗形成地下水库的概念扩大至灌区，认为人们不能一概否定灌溉水的深层渗漏。从引渗的观点分析，灌溉水的渗漏有意无意地补给了地下水，有可能将自流灌区地层变为地下水库，从而形成地表水与地下水相互调节的井渠双灌区，进而实现“井渠结合，以渠养井，以井补渠，又灌又排，抗旱治碱，保证丰收的现代灌区”。

3. 修建地下水库

他还专门论述了地下水库，认为只强调修建地表水库的现代人应当重视地下水库。因为地下有着广大的蓄水空间——地层中的孔孔、洞洞、缝缝，利用它们通过引渗蓄水，不仅可以达到大量蓄水之目的，而且无需占用地面和耕地，无需移民搬迁，费省效宏、安全可靠。如图所示，地下水库有时需要修地下挡水墙体（坝），有时连坝也不需要。

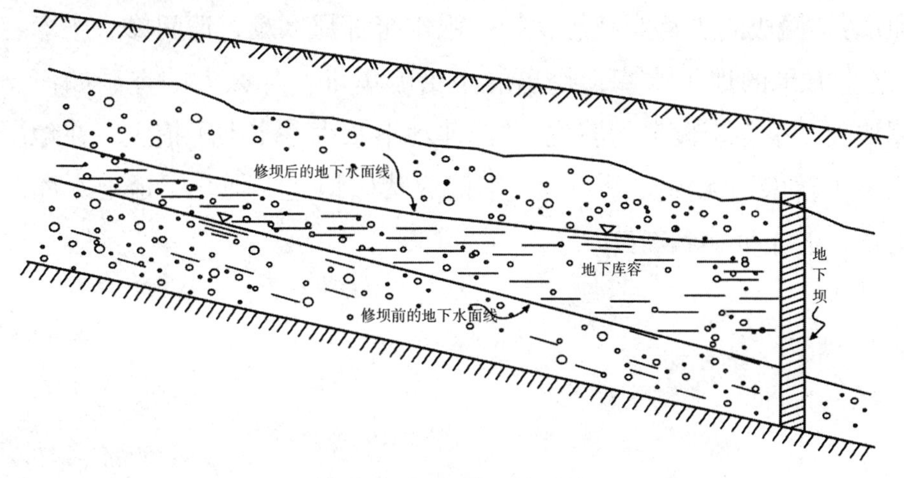

地下水库纵剖面示意图

李佩成将这些先进的思想和技术方法，一方面在实践中运用，一方面写成文章《人工“引渗”建立地下水库》发表在《陕西水利科技》1973年第3期。原编者写了这样的按语：“本文作者综合整理分析了国内外引渗（即人工补给地下水）的资料，综述了国内外引渗的技术经验；并对陕西省一些老灌区应用引渗原理改造工程布局，合理利用自然水源，综合调蓄水量，提高抗旱能力，进行了探讨。欢迎有关方面研究讨论。”

李佩成结合理论还提出在富平石川河修建蓄水1亿立方米的地下水库的建议，中央人民广播电台对此作了播报。

文章一经发表引起强烈反响，《河北科技》出专刊全文转载，河北地理研究所等单位发起修建南宫地下水库的倡议，并在河北立即组织开工，李佩成应邀前往作报告和开展工程讨论。

国家还决定拨付500万元，由陕西省科委主持，李佩成技术负责，在陕西省富平县石川河开展修建地下水库工程试验研究。

在“文化大革命”尚未结束的情况下，对一篇文章和科技倡议能得到如此的重视是十分不易的。

但任何新生事物的出现都会遇到来自误解和习惯势力的反对，在陕西有关方面组织的修建地下水库的讨论中，一位年长的总工程师说：“佩成同志喜欢狂想，打一眼水窖都那么难，请问修一座库容1亿立方米的地下水库，挖出的土给哪里堆？那么大的空洞如何支撑加固……”李佩成回答说：“修建地下水库基本上不挖土，在地层孔隙中蓄水，无需支撑……”李佩成恭敬地送上他介绍地下水库的文章，老先生感到新鲜。

提出水资源的确切概念，充实治水方略

1980年前后围绕水资源的有关概念，在世界范围内进行着热烈的争论；水源、水资源、水储量、社会水……，其说不一，面对这种情况，李佩成在西安市水利学会大会（1981年）、山东水资源学术讨论会（1982年）作了《认识规律，科学治水》的报告，在我国首次论述了水的社会属性。

（1）水是社会生产和社会生活的基本要素，为了满足社会经常增长的对水的需要，应当使有关的科学技术高度的发展。

（2）社会对于水的需求和消费，应当与社会生产力的发展水平相适应，不能超乎当时当地获取水的技能和条件，从而引起人为的水荒，要节约用水！

（3）自然界的水储量转换为用于人类社会经济活动的水资源，花费了人类劳动，与此同时，在一定的生产力水平条件下，水资源又是有限的。因此，人类对于水资源应当有计划地加以合理的利用和认真保护，并应采取各种有效措施，使水资源得到不断地恢复和再生产，以便多快好省地供应社会。

（4）作为用于一定阶段的人类社会经济活动的水资源，它具有历史范畴的概念，水资源不是指自然界存在的所有数量的水，也不是固定不变的，水资源指的是在当代开采能力和经济条件下能够合理开采利用的那一部分。

（5）水具有非商品性又具有商品性，而在现代社会更多的具有商品性，因为，人类为获取水花费了劳动。水既然是商品，它便应具有生产、交换、分配、消费等过程，也应具有合理的价格。

这些是我们对水应有的第二方面也就是经济规律方面的认识，这些认识，对我们做好工作，明确水资源的概念，认识水资源的社会属性，无疑也是十分重要的！它是加强水的经济管理的理论依据。

李佩成进而把治水方略推进为"'三水'统筹统管，综合调节，'时空'治水，经济治水"。

推动我国防旱抗旱及旱区研究

前已提及，在留学苏联期间，李佩成在围绕学位论文研究地下水非稳定运动的同时，还花费一些精力关注世界范围内有关干旱半干旱地区的研究，特别是旱区开发的研究。他想利用自己学习地表水、地下水以及对农业有较多了解的基础，以推动我国的旱区研究。干旱半干旱地区约占我国一半的国土。研究旱区的形成、旱区的特质，解决旱区的问题，包括治理开发策略与途径，对中国的未来发展具有重要战略意义。李佩成在收集苏联、美国、澳大利亚等国研究成果的同时，也研究了中国有关情况。现在回到国内，忙里偷闲，乱中求静，静下心来，思考中国的旱区研究开发和防旱抗旱问题，为此他写文章提建议，尽力推动我国防旱抗旱及合理开发利用水资源的事业。

早在1966年3月还在国外时，他通过大使馆给中央农办（即当时的国务院农林办公室）写建议（本书作者亲眼见到了当时的底稿），建议中提出"扩大水源，充分利用地下水"，"充分发挥各种水源效益，改进灌溉技术，经济用水"，"加强水土保持，积极植树造林”。提出了要使地下水和地表水相互补充和调节，“以井补渠，以渠养井”提高水源利用效益，扩大新灌区等建议。他还建议发展喷灌，倡议研究“注水灌溉”，像给人注射药物一样，把水注射到作物根部，进行节水灌溉，也就是后来发展起来的滴灌。李佩成还建议研究“播水灌溉”，也就是像播种作物种子一样，将水播入土层之中，他还在自家屋前的小片地上做试验。1973年曾在西北农学院农机系蔡逢水先生的帮助下在农场一站做过试验。

1970年他写出《对陕西省大力开发地下水的一些具体建议》，该建议针对陕西省开发地下水工作中出现的一些问题，明确提出在灌区划分“宜井灌区”和“宜渠灌区”、“宜渠灌期”和“宜井灌期”，对地表水和地下水在时间上和空间上进行调节，把灌区变为“地下水库”的主张，并希望在泾惠渠灌区进行示范和推广。

他的上述思考，包括人工引渗修建地下水库等，都围绕着一个主题，防旱抗旱，合理开发和高效利用水资源。李佩成将自己的研究成果，写成给中央的建议——《关于防旱抗旱的建议》，并由时任西北农学院革委会主任兼党委书记的刘敬修同志带到中央在大寨召开的农业会议上转呈中央有关领导，引起了重要反响。国家科技领导小组有关领导审阅后，指派当时的国家科技领导小组负责人杨廷秀赶赴西安组织召开了“中国北方17省区水源工作会议”，会上李佩成作了主题发言，汇报了他的防旱抗旱建议。会议决定：①组织力量开展全国水资源评价攻关；②组织开展中国北方地下水开发利用综合研究；③在陕西省富平县石川河下游开展修建富平地下水库试验研究，并拨付经费500万元。500万元在1975年是一笔巨大的资金。此后不久，为了支持李佩成直接参与此项工作，陕西省科委关照李佩成可买一辆吉普越野车，李佩成考虑到当时西北农学院的书记、校长才有吉普车坐，自己不应当获得这些待遇，他决定买一辆三轮摩托车，由团队的青年人驾驶使用。这辆三轮摩托车帮助李佩成奔忙在黄土地上，完成了一系列关于抗旱防旱的研究工作。

完装中国第一台大型水力积分仪

水力积分仪也称水力模拟机，原本是研究热力学的设备。20世纪50年代被改装直接用于研究地下水的运动，特别是地下水的非稳定运动（如下页照片所示）。在20世纪90年代以前电子计算机还不够普遍的年代，水力积分仪，特别是大型水力积分仪就成了研究地下水非稳定运动的先进有效设备。

水力积分仪的原理是将连续的含水层离散为阻容网络，也就是说根据对地下水渗流场的剖析，水在地层中的运动受制于地层阻力和蓄水（或排水）空间大小变化的影响，将地层阻力用阻力管模拟，将容水度用水容器模拟，再由边界条件柜模拟不同的边界条件，并通过特别的数学和渗流力学换算出模拟比例尺，将这些模拟部件在时间和空间上定位，形成渗流场的阻容网络进行模拟运算——渗流计算、动态预报和资源评价。在水力积分仪上可以直接观测到地下水的运动过程，可以直接变更渗流条件，可以进行逆运算，可以将漫长的运动过程大大缩短或将自然界的庞大水体通过体积比例尺大大缩小，从而缩短了运算时间和空间，这些特点便使水力积分仪成为研究渗流和地下水开发利用的重要仪器设备，但因它的部件，特别是用不锈钢加工成的阻力管精度要求高，数量大而昂贵，因此未能普及。即使在它的发明国苏联也未能普遍推广，莫斯科地质勘探学院也只有一部，而且控制使用。

在苏联与中国的合作项目中商定，由苏联为中国制造两台，原计划一台分配给南京水利科学研究院，一台分配给西安煤田地质研究所，并计划由留苏归国的胡长林负责协助苏联专家安装和讲授运用。仪器的部件只到了一部分，因中苏关系恶化而终止继续到货，不久胡长林同志也不幸逝世了！

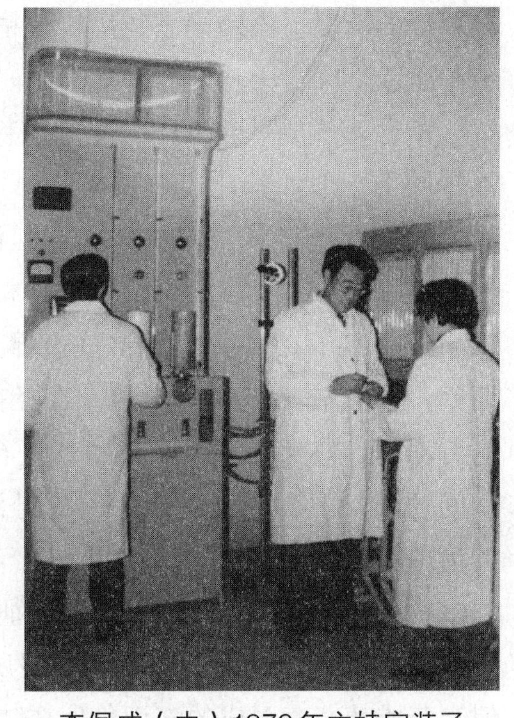

李佩成（中）1970年主持完装了我国第一台大型水力积分仪

由于上述原因，水力积分仪的引进和安装被迫半途而废，但随着煤炭开发的增加，矿山的防水和排水问题更加突出，迫切要求研究解决。特别在贯彻中央关于扭转北煤南运指示的情况下，解决煤田水文地质问题显得十分迫切，同时也为了给祖国争光，显示中国人的自力更生精神，西安煤田地质研究所（以下简称“煤研所”）派李竞生、刘志中等同志找到原陕西工业大学，商谈邀请从苏联回国不久的李佩成同志指导水力积分仪的安装工作。由于此事带有政治任务性质，陕工大同意了，李佩成便来往于农村和煤研所，除安装水力积分仪外，还协助该所开展煤田防治水患的攻关研究。此事从1969年秋天开始前前后后延续了将近5年时间。

为什么李佩成能熟练掌握大型水力积分仪的安装技术呢？这要联想到李佩成在苏联留学时的一段故事。已如前述，1964年留苏暑假期间，李佩成自告奋勇替实验员看管实验室，并负责维修仪器，让实验员们放心休假。李佩成利用这个机会将大型水力积分仪拆了又装，装了又拆，终于熟练地掌握了它。才能在没有图纸，只有部分部件的情况下团结同志，用拼搏精神完成了大型水力积分仪的安装和运行。

配合李佩成一起工作的李竞生、王延福、刘志中、张玉凤、姜本等同志，他们都比李佩成年轻，干劲十足，基础扎实，求知心切，大家合作得紧张愉快，经常工作到深夜一两点。终于在1970年12月26日毛主席生日那天将主体部分安装成功，作为献礼，大家十分高兴。接着又着手整理边界条件柜，联系工厂加工。在此期间，李佩成又被调回学校，在泾阳县崇文基地参加开挖排水渠的劳动；1971年年底又去煤研所进行安装边界条件柜的指导工作，期间还与徐卫国、张莲凤等同志赴湖南恩口煤矿下井调研岩溶水的治理问题。

由于李佩成工作认真努力，煤研所通过当时的燃料化学工业部与陕工大交涉，商调李佩成到煤研所工作，同志们也都十分期盼，但未获成功。李佩成的知识价值在陕工大也提高了，遂被调回学校参加校办农场的选址工作。到过泾阳县的崇文塔，去过富平和蒲城县的卤泊滩，路经高陵县时翻了车，险些送了性命，幸好半坡上长的大树将车架住才逃一劫。

1972年春节前夕，陕西省决定撤销陕工大，水利系并入西北农学院，李佩成在7月随水利系大队人马重返母校西北农学院水利系。“文化大革命”仍在进行，李佩成仍然大部分时间在农村劳动、接受贫下中农再教育和复课闹革命，探索治水方略。在此期间，李佩成经水利部、交通部、农业部商妥带领周建召、李昆、上存礼等同志由南京水利科学院运回第二台水力积分仪的部分部件在西农安装；有时一天变换几个身份——教师、专家、工人、农民，但尽心尽力为人民服务的精神始终坚持着。

在家乡圆"水神"梦，研发黄土辐射井

已如前述，李佩成的家乡乾县被外地人戏称乾（干）县，干乃缺水之谓也。童年李佩成的"水神"梦中就有为家乡兴修水利，解除缺水之忧的夙愿。1972年初，李佩成参加西北农学院教改调研小组回到故乡乾县，调查乾县的农田水利建设和地下水开发利用中存在的问题。调查组一行5人被安排在乾县招待所，他老家所在生产队队长杜希贤与他的侄子李养志前来看望时在街上遇见了他，他们便一起向招待所走去。走着走着，忽然有个四五岁的孩子拉着李养志的衣襟说"爸爸，我要了三块馍！"李养志打了孩子一个嘴巴，对着孩子骂道："混蛋！你给你留学回来的爷爷丢人，也给社会主义抹黑，谁让你去讨饭？"杜队长把他们祖孙三人推进招待所说："去年今年连续天旱，地里没打下粮，孩子没吃饱，上街讨点饭也不算什么丢人的事，我来找我佩成叔正是讨教打井抗旱的事，不知为什么咱们队打了五眼井都是'一锅烟'？"意思是说开泵后抽一锅烟的时间就没水了。杜队长接着说："天不下雨，又没水浇地，打井不成，乡亲们吃啥、喝啥？弄不好就会再现民国十八年的大饥荒……"

孩子讨饭挨打，侄子的话，杜队长的诉苦，让李佩成这个留洋的水利专家，五味杂陈，羞愧难当。他回答说："我多年不曾回家，许多事都不了解，我再想想，看看有无办法。"客人走后，他辗转反侧，一夜未眠。第三天回学校时，他告诉杜队长三天后来学校找他。第三天杜队长来到西北农学院，李佩成建议他和乡亲们商量，能否打口直径4米的辐射井？他向他讲述了什么是辐射井，为什么要在黄土地区打辐射井。给他画了草图，并答应打辐射井时他会亲自去现场，他还建议他们去西安参观，那里正在试打，去时可找他的朋友石文书或朱怀祖、彭素彬他们，那里有他给他们的资料。

难能可贵的是，李佩成在下乡劳动的10年间，也并非纯粹的应对体力劳动。他的脑子是闲不住的，常常思考一些科学治水的深层次问题，特别是对于黄土旱塬地区的缺水问题他早有所思，在国外留学期间，也为此收集了不少资料。他也思考过黄土旱塬地下水的问题，他对“黄土不能形成有开发价值的含水层”的传统认识一直抱有怀疑。他想，既然在黄土地层中打的渗井能容纳大量的雨水，为什么又说它不能有效含水？从他多年打井实践的观察中，他认为黄土地区打井失败的主要原因可能与井型不当和成井技术不妥有关，他推断利用辐射井的取水特征加以优化和改造，可能获得成功。他参考国外一般辐射井的介绍，利用黄土垂直渗透性强，水平渗透性弱的特点和古土壤层耐冲刷的工程特性，重新设计了辐射孔管的部位、长度、孔径及仰角。将其推荐给杜希贤队长和当时的乾县城关公社马宏良水利专干。

杜希贤召开社员大会，讲了要打辐射井的事，贫协主任孙志远将井的口径4米误听为4亩（1亩＝1/15公顷）。他急忙跑70里路，在西北农学院对李佩成说：“大家很相信您，但4亩大的井就是个涝池，要挖三四十米深，怎么个挖法？杜队长年轻胆大，我们可要拦他，借钱不说，这也是人命关天的事，……要不你回乾县指导我们打辐射井？”

李佩成向他耐心解释，讲清大口竖井的直径是4米，不是4亩，并答应自己一定回去和乡亲们一起打乾县第一眼辐射井。孙主任走后，李佩成联系了在西北水科所工作的他的得意门生刘才良工程师（现为河海大学教授），陕西省地下水工作队工程师王树珍（已故），一起到了乾县，在太平生产队开始打经过科学规划设计的第一口黄土旱塬辐射井。

且听被乾县人称为“马辐射”的乾县城关镇退休干部马宏良和杜希贤队长对在乾县打成第一眼黄土辐射井的精彩回忆。

马宏良回忆说：“我当时任城关公社的水利专干。早年就读于西北水利学校农田水利专业。1957年毕业后，分配到内蒙古水利厅。1962年困难时期，因精简机构回到乾县，到水电局当合同工，后到城关公社当水利专干，杜希贤把李佩成给的材料汇报给公社副主任王文清后，王文清非常重视。第二天，几个人骑自行车160里路去西安参观学习。参观完现场，我说从土质地貌分析和乾县差不多，可以试试看。杜队长说井好打，但水平钻机难搞，不然辐射管没法钻。王文清果断地说：‘造！他们能造，乾县人也能造。’在返回的路上，又到汽车修理厂找到了乾县人马继云。马继云又去打井现场考察一回，说我们可以制造，材料呢？关键是无缝钢管，100米长呢。恰好咸阳钢管厂有次品，管库的人说，做钻杆能用。”

“城关镇向县委汇报此事后，时任县委书记的董淼山大力支持，还特地划拨了两万元供打井使用。但水电局怕风险大，以缺乏技术指导为由迟迟不准破土动工。”

“杜队长又去西北农学院找李佩成。李佩成推荐由李佩成、刘才良、王树珍三位专家做指导。在公社书记康兆瑞的大力支持下，乾县第一眼辐射井于1973年春天正式开工了！”

据杜希贤的回忆：这眼辐射井的大口竖井采用沉降式施工，需要大量水泥浇注，还要用大量钢材箍井筒，这下又把人难住了。公社书记康兆瑞心急如焚，县委董淼山书记答应：“我给你们找！”

杜希贤回忆道：有天夜里，下着瓢泼大雨，公社康书记、李佩成、刘才良、王树珍、杜希贤冒大雨去找水电局局长龙成华，龙局长说：“这么大的雨，你们还来找我？”康书记说：“来求龙王赐福，再大的雨也不怕！”龙局长很受感动，但却为难地说：“仅有的一点钢材水泥是为全县各公社修补水库水渠备用的，不敢动呀！”康书记像乞讨一样："你就行行好，给一点材料，让老杜他们干吧！"龙成华感动地说："好吧，明天我查看库房，给你们挤一点出来。"

第二天清早，杜希贤叫人开了手扶拖拉机，拉上水电局支援的一点水泥钢材，又去县板金厂兑换了近一吨的半成品钢材……

而据马宏良回忆："水泥、材料问题解决了，工程进度非常顺利。群众情绪十分高涨，全大队40%的人力都用在打辐射井上，热闹非凡。正当井下将要出水时，又遇到了难题。一是浇铸的水泥底盘沉不下去；二是井下的泥水不利水平辐射管的钻孔；三是当打到距井底4米时，辐射孔最容易出问题。在这关键时刻，我本人的能力有限，有关参数计算方面的问题，需要渗流理论方面的知识，我只好求教于我的学长李佩成老师了。"

"作为黄土辐射井的研发主创人员，李佩成全身心投入到打井现场的各个环节，白天晚上都泡在工地上，实在累了，就在地头窝棚眯一会缓缓神。当遇到技术难题时，李佩成首先告诉我不要泄气，我配合他花了一天一夜的功夫，把三个问题全解决了。他说第一个问题是计算参数有误，下沉的井壁筒高度必须大于5米；第二个问题很简单，只需加30厘米的鹅卵石就可以将泥水变清；第三个难题的解决更为绝妙：为了防止因水流冲刷不稳定引起坍塌，可以在辐射孔内扦入5 ~ 10米长的竹管当护口管用。这三个难题就这样解决了，人们感叹，专家就是专家嘛！"

历经3个月的大会战，乾县历史上第一眼黄土辐射井终于打成了。

杜希贤激动地说："在正式抽水浇地的那天，成百上千的各地群众汇集到太平队的打井现场，等待喷水的那一刻。当井水从抽水胶管喷涌而出时，欢声笑语震响天空，人们手舞足蹈地跳跃着，激动的泪水挂满了一张张幸福的笑脸。"

"我当即给公社康书记打电话报喜，康书记电话里按捺不住激动，颤抖着说：'城关公社能否翻身，就看这辐射井了！'"

“原来一直劝说我不要胡折腾的大队贫协主任孙志远第一个沿着台阶下井，观看辐射管向井里射水的景象，上井后万分激动地说：‘咱们乾县人有救了，真没想到地下还有这么多神水啊！’”

“随后的几个月，辐射井现场每天像唱大戏一样，参观者从省到县，从陕西到河南、山西、河北、北京……可谓川流不息，应接不暇。”

1973年黄土辐射井的辐射孔在喷水

“第一眼黄土旱塬辐射井打成后，县委、县政府决定立即在全县推广。铁的事实让各级领导心悦诚服。东街大队井浇地玉米产量每亩高达1 000多斤，小麦亩产达到800斤左右，生产队的工分从1角2分提高到1元04分呐！这些在乾县历史上是闻所未闻的。”

1974年夏收前，省委书记李瑞山来乾县视察，看着长势喜人的大片麦田问我：老杜，你看这地里的麦株有多少株？我说每亩至少有30万株。李书记会心地笑了，且点头赞同。

从1973年春天打第一眼井起，到1976年夏末，短短3年多时间，乾县共打黄土旱塬辐射井1 600多眼，有效浇灌面积超过10多万亩。

最后，杜希贤十分感慨地说：“至今将近40年了，辐射井依然在发挥作用，这和李佩成的成功研发是密不可分的。这可真是解决了乾县千百年缺水干旱的难题啊。”

黄土辐射井是中国人的一大发明。

黄土辐射井在全国10多个省份推广，据乾县调查累计新增产值6.96亿元，造福亿万人民。

黄土辐射井揭示并利用了黄土的水文地质与工程地质奥秘！

1975年，由李佩成、刘才良、王树珍合著的《辐射井》一书，由水利电力出版社出版。

1978年，黄土辐射井获全国科学大会奖。

第七章

在科学的春天里

“日出江花红胜火，春来江水绿如蓝”。在经历了10年“文化大革命”之后的中国大地上，广大人民群众又在为实现“四个现代化”而拼搏，广大知识分子在1978年中央召开的全国科学大会精神鼓舞下，意气风发，拼搏进取，科学的春天到来了，它也为李佩成架起了通向科技创新道路的金桥，他的“水神”梦更加坚定，创造之火蓄势待发。

发明轻型井

1973年，李佩成和他的同伴们在十分困难的情况下，研发了黄土辐射井。这种井出水量大、效益大，但建造起来工程规模也大，需要较大量的人力物力。这在农村实行新的“家庭联产承包责任制”的经营条件下，它的建造和运行都有一定的困难。新的生产关系需要与新的生产力相适应。农村需要一种容易打、造价低、规模小、运行容易、管理方便、一家一户或两三户人家便可经营的，出水量在20 ~ 30立方米的新型井。李佩成将其称之为“轻型井”。

与此同时，在陕西省渭北地区又出现了大面积渍涝灾害。李佩成相约新华社记者景杰敏到武功县采访，在渍涝灾害现场，他亲眼看到大片土地被毁，目睹了农民家破人亡的惨痛景象。

有一户人家共5口人，夫妻两口和一儿两女，他们晚上商定，准备第二天把生活在乾县同样遭受渍涝灾害的岳母接到他们家避灾，因为他们家是新盖的房子比较结实，没想到半夜地陷房塌，睡在靠近炕边的丈夫和儿子掉进坍塌的深渊，连尸首都找不到了，母女三人坐在地上泣不成声，十分凄惨。好多村民的房屋院落遭到破坏，群众处于慌乱不安之中。面对此情此景李佩成夜以

1982年渍涝灾害考察激发了轻型井的发明（左二为李佩成）

继日地开展研究，提出治理渍涝的原则是“控渠增井，降低地下水位”，也就是“控制和减少地表水灌溉水量，增加开发地下水水量，发挥井灌的排水作用，适当降低地下水位，实现井渠结合的新型双灌区”。

为了实现上述目标，急需研发一种廉价、易打、配套容易、管理方便，每小时能抽水20 ~ 30立方米，可浇灌30 ~ 40亩地，用时开泵，不用时将泵抬走的井，李佩成称其为轻巧方便的“轻型井”。这种又要马儿快快跑，又要马儿少吃草的方案说起容易做起来难，需要多方面的突破。

李佩成经反复研究得出结论：如果能将井径变小，利用小拱原理，减小井壁侧压力，从而允许采用轻质优型塑料管材，采用清水钻进成孔工艺，以保持黄土天然的良好透水性，则有可能达到又快又好又省之目的。这便是在多种方案中产生的“轻型井”的构思。

"轻型"是借用作战中的轻型武器的意思。

1985年轻型井的钻井试验现场（右三为李佩成）

经过3年构思设计和室内试验，轻型井1985年5月开始野外初试，1986年7月通过阶段验收，1986年10月开始推广。

"轻型井"研究成功后引起国内较大反响，一些水利、地质、工厂、矿山等单位，尤其是广大农村纷纷来函来人询问，截至1988年共收到陕西、甘肃、宁夏、吉林、辽宁、山东、浙江、广东、广西、湖北、江西、四川等26个省份的来函，希望得到技术资料以便推广。为此，研究组举办了全国性的轻型井培训班。有关学术界也给予很高评价，专家鉴定认为："从滤水结构上是一种突破，大大降低了工程造价，在机井材料设备工厂化方面是个创新，在造井理论上有新的发展"，"对于在黄土潜水地区发展灌溉、排涝、农村供水，促进农业生产、改善人民生活有重要意义"。

关于轻型井的发明，李佩成在西北农业大学（以下简称"西北农大"）工作时的助手周建召先生回忆说："参加工作前我对地下水开发利用并无深刻认识。但李佩成老师热情地调我到他主持的西北农学院地下水教研室工作，我就跟着干了。这缘于1977年3月，跟随李老师赴南京水利科学研究院接收水力积分仪一事。当时国内仅有两台从苏联引进的技术设备，除前述煤研所未安装的一台外，另一台尚未安装的大型水力积分仪在南京水利科学院，由于在技术上负责该工程的胡长林同志不幸逝世，南京水利科学院报请上级批准将未安装的这一台部分已到部件调拨西北农大由李佩成主持安装。我们一行5人赶赴南京，在前后两个月的拆装过程中，李老师亲自动手和大家同甘共苦的带头精神，让我觉得跟这样的领导一起工作心里踏实。李老师不摆架子，性格谦和，穿着朴素，一看就是个干实事的人。"

周建召先生继续说："'轻型井'的发明过程，我始终和李老师在一起，而且更加坚定了我从事地下水工作的信心。一期工程在乾县薛录公社的东小章村进行试验，并在两年后通过阶段验收，后于1986年又在周城公社盐碱洼地进行二期试验。在将近3年的试验期，经历了无数次挫折，但李老师从不灰心。虽然轻型井比不上乾县黄土辐射井那样规模宏大，但李老师的压力并不轻。要想从手臂粗的井孔中，每小时抽出20～40立方米的水，如果没有'绝招'那是绝对不可能的。加上黄土辐射井蜚声中外，轻型井如果失败，对他的压力是可想而知的！"

"三年时间，李老师没有节假日，没穿过一身干净衣服，就睡在农村的土炕上，没吃过一顿像样的饭，但他还边吃边唱秦腔：'为打井我也曾喝过稀饭，为打井我也曾吃过搅团'，他说这叫苦中作乐。"

周建召说："大凡搞水利的人，特别是打过井的人，都知道'辛苦'二字的真正内涵，整天和泥水打交道，一年得穿破两三双胶鞋；干起活来总是连轴转，几天几夜不能停抽水机。我有个师弟小赵，由于过度疲劳，倒头便睡着了，睡到半夜李老师心疼他，叫'小赵，盖好被子再睡'，小赵迷迷糊糊地从炕上爬起来把窗子打开又睡着了，结果深秋的冷风吹醒了大家。"

李佩成用他的人格魅力，把大家团结在一起，再苦再累，没有怨言，不达目的，誓不罢休！

1986年7月，轻型井通过省级鉴定，单井出水量达到20 ~ 40立方米/小时，而造价仅为其他类型井的1/8 ~ 1/3。

轻型井受到广大农民的欢迎，缘于它具备了井径小、井管轻、性能好、施工易、造价廉、管理方便等优越性。同时对含水层尤其是黄土含水层的渗透性有了新的揭示，在造井理论上也有了新的突破。

1986年轻型井开始在全国推广，为了满足众多省份推广的需要，在西北农大举办了全国性的轻型井培训班。

"轻型井"项目于1989年获国家发明四等奖。

陕西省科学技术委员会《轻型井试验研究》鉴定意见认为：

（1）本课题紧密结合生产实际，选题依据充分合理，适应了黄土塬灌区地下水浅埋地带灌溉排水和联产承包责任制的需要，经过研究组多年努力及近两年室内外研究试验，提出四种形式的轻型井，构思先进，工艺合理，施工简易，管理方便。经审查，所提交的技术文件齐全，试验方法符合要求，数据可靠，技术经济指标均已达到原定要求，完成了计划任务书规定的试验研究任务，并有新的推进。单井出水量达到20 ~ 45立方米/小时［单井出水量7 ~ 8立方米/（小时·米）］以上［原定3 ~ 4立方米/（小时·米）］。四种井型按单位出水量计算，造价仅为同类地区其他井型的1/8 ~ 1/3，经济效益显著。

（2）研究组在对黄土水文地质和工程地质特性进行了比较深入研究的基础上，科学地利用了"小拱"的力学原理，首次选用了轻质薄壁乙烯双螺纹绞管作为竖井结构材料，从滤水结构上是一种突破，大大降低了工程造价，在机井材料设备工厂化方面是个创新，造井理论有新发展。

（3）研究成果具有一定的理论依据和较高的实际应用价值，对于在黄土潜水浅埋地区发展灌溉、排涝、农村供水、促进农业生产、改善人民生活有重要意义，就开发地下水利用总体而言，达到国内研究先进水平，就轻型井来说，实属首例。

黄土台塬治理开发研究获国家科技进步一等奖

李佩成在研发了黄土辐射井、排灌两用轻型井之后，他更加认识到："水不仅是农业的命脉、工业的饮料和粮食，而且直接关系到国土整治。"因此，他儿时的"水神"之梦应当扩展，应当由水利扩展到生态环境，扩展到国土整治。他认为自己生长、学习、工作的黄土高原便是急需治理和科学开发的广大地域。水土流失问题实际上也是个水问题，但更具综合性，必须动员农、林、水、牧多方面的聪明才智，组织攻关试验研究。他把他的认识汇报给中央有关方面，被采纳后，国家准备投资2 000万～3 000万元，由中国科学院牵头，开展"黄土高原综合治理研究"。具体由原国家计划委员会、中国科学院领导的自然资源综合考察委员会（简称国家综考会）组织实施。

为此，国家综考会张有实主任带领有关人员由北京专程到西北农大拜访李佩成。他问李佩成："黄土高原早在50年代就进行过考察，多年以来，也由西北水土保持研究所等开展了系列研究，水土保持工作也取得了不少经验，为什么你现在还要建议考察和研究？"李佩成回答说："考察对科研来说应当伴随全过程，对改造自然来说，尤其如此！它是不断深入的，我现在建议的考察是在已有工作和科技进步基础上进行的高层次再考察，应包括已有成果的集成分析，成功经验和失败教训的总结，存在问题的深化研究。”他强调：“新的研究要特别重视治理与开发的关系处理。要尽量采取先进技术，如采取先进技术对治理动态的监测，要建立不同地区的试验与示范区。”张主任对李佩成的回答十分满意。

在此后的工作中，李佩成除了参与一些共性讨论外，重点抓了由西北农大负责的“黄土台塬阶地枣子沟试验示范区建设”，李佩成担任试验区主任和项目负责人。

实际上，在枣子沟试验区成立之前，李佩成作为留苏归来的青年学者，深得时任校长万建中教授的关爱。他建议西北农大应建立代表不同地域的野外试验示范区，其中包括在乾县，也就是李佩成的故乡建立一个黄土台塬试验示范区。起初地点选在武则天陵——乾陵附近，已做了一些基础调查和初步规划，而且对未来有过憧憬。参加考察的人与万校长同坐在一辆车上欢声笑语大声唱道：“为农业大发展来到乾县……”；畅谈栽柿子树、栽枣树、培植葡萄园、酿出葡萄酒，取名“武则天”。后来，因为乾陵是一个未来的旅游区，出现征地困难，便在“七五”攻关期间移至以北的吴店乡枣子沟村一带。在建立试验区过程中包括试验区定位、征地、定编、确定试验区功能、多学科联合攻关、出成果、出经验、出人才等一系列行政、人事组织和学术研究工作，他都出谋划策，参与实施。李佩成不久担任西北农大科研处处长，1985年担任副校长。尽管公务繁忙，但李佩成尽量压缩自己的休息时间，迟睡早起，就连吃饭速度也加快了。他每次从外地出差回来接他的车子先开到枣子沟，在这里忙上一天一夜再回学校，星期日和节假日他大都是在枣子沟试验区渡过的。

关于“黄土台塬”的概念，是在20世纪70年代后期西北农大在乾县、永寿、礼泉一带开展黄土高原治理开发考察后逐步形成的新概念。传统的认识将黄土高原区划分为5种地貌类型：黄土丘陵沟壑区、黄土高原沟壑区、土石山地区、风沙草地区和河谷平原区。黄土高原沟壑区是在下伏平缓开阔的盆地或倾斜平原古地形之上堆积了厚层黄土形成的，发育有冲蚀沟壑，一般分布于半干旱和干旱地区，降水量小而蒸发量大，水土流失严重。

而广义的黄土台塬是在下伏的古侵蚀面和古堆积面等外部形态，以及决定这一外部形态的下伏阶梯状古堆积面和古侵蚀面上形成的，它与黄土高原形成有明显区别。黄土台塬主要分布于汾渭地堑（盆地）之中，属于半干旱气候区。是位于黄土高原沟壑区或古土石山地区与河谷平原区之间发育的一种过渡性地貌形态。虽然水土流失也很严重，但在自然地理条件方面则较黄土高原更具有发展农业生产的巨大潜力，面积约为5.3万平方千米，约占黄土高原总面积的1/10。

从狭义的角度分析，黄土台塬还可分为两种次一级的地貌单元，即下伏基岩或非河流作用形成的古堆积面（如洪积扇、冲、湖积物等）的黄土台塬和下伏河流阶地的黄土台地，二者都具有外表形态的多台阶性，而且这种外表的台阶性是由黄土堆积时模拟出原先形成的阶梯状古地形面，并在这一台阶状古地形面上堆积了厚层黄土层，构成了台塬或台地的主体。

黄土台塬的上述性质使它与黄土塬的其余部分有所不同。

“七五”期间在黄土高原综合治理开发研究分区中，李佩成团队明确提出“黄土台塬阶地”的概念，这一概念所包括的地域范围除上述的黄土台塬区、黄土台地区之外，还包括现代河流阶地，由于它们所处的农业生态条件十分相似，因此，在治理开发研究中划归一个研究范围。

关于黄土台塬的更多研究，在李佩成、包纪祥等编写的专著《黄土台原的治理与开发》一书中有着详细的论述。应当说明的是，在讨论黄土高原分区和分设试验示范区时曾有过争论，但讨论的结果还是肯定了黄土高原治理研究应当包括黄土台塬阶地。

由于黄土台塬阶地具有黄土高原的共性——土质疏松、水土流失严重等；但也具有特性，主要分布于汾渭地堑（盆地），有500毫米或以上的降水，气候条件较好，又分布着西安、太原等大中城市，有着巨大的农业生产潜力，又有着合理开发的迫切需要，因此，科学研究任务显得尤为重要。

台塬阶地研究的试验示范区选定在乾县境内与永寿县接界的吴店乡漠谷河东侧的枣子沟流域，核心区10.3平方千米，设有由平房和窑洞构成的生活区，拖拉机等农机具齐全，并建有气象站和水土流失观测站等试验观测设施，有试验田2 000余亩，其中1 000亩后来正式征用。当时那里常驻50多人，包括23个专业学科。有男有女、有老有少，还有博士生、硕士生。吃自己种的粮油，还有果园和猪场，吃饭不要钱。与学校来往有自己的班车，老师们上完课便可乘车到试验区搞科研，再按计划回校上课，一切生机勃勃，井井有条，把一个原本贫穷的山沟搞得生机盎然。作为担任西北农大副校长的李佩成教授与大家共同研究黄土台塬的治理与开发，他平等待人，毫无官气，与大家同吃、同住、同劳动，大家都喜欢与他在一起听他讲故事，说笑话，使人感到十分愉悦和谐。

经过5年的努力，在上级部门和领导的支持下，在乾县人民政府的通力配合下，完成了合同规定的任务，粮食亩产由1985年前的100千克左右提高到252千克。流域内166.7公顷（2 500亩）示范田，亩产提高到318千克，人均产粮由473 千克提高到867千克。种植业和养殖业逐步实现了良种化和技术规范化。流域内土地资源得到了初步合理的利用与保护，农业生产结构得到调整，生态环境有了明显改善，林草覆盖率由8.4%提高到36.1%，水土流失量由2 450吨/（平方千米·年），减少到1 135 吨/（平方千米·年），为流域治理提出了一系列配套措施，总结出一些行之有效的经验和规律。流域内农民科技意识明显增强，生活水平普遍提高，人均收入由原来的186元提高到414元，70%以上的农户由破旧的土窑洞搬进新建的砖瓦房。农村自给型经济已逐步向商品型经济转化。乾县北部推广区中1.67万公顷（25万亩）旱地小麦产量由每亩100千克左右提升到每亩约200千克。

枣子沟流域治理开发虽然距理想要求尚远，但其变化确实是显著的。为什么会在较短时间内出现较大变化，除技术进步作用外，值得强调的是理论认识方面的创新与提高。其表现为：

1. 坚持治理与开发相结合，以开发促治理，以治理保开发

试验区研究的具体对象虽然是10.3平方千米的枣子沟小流域，研究的第一个任务是建立模式区。然而，模式区的要求是保持水土，发展生产，达到生态效益、经济效益和社会效益的综合提高。通过解剖“麻雀”，为全面改造黄土台塬提出较为完整的技术、理论和方法措施。“没有实践证明的理论是空洞的理论，没有理论指导的实践是盲目的实践。”在研究工作中，李佩成他们十分重视理论提高，重视理论与实际的结合。中华人民共和国成立以来，我国有关单位在黄土高原进行了大量的治理工作。枣子沟试验区在立项之后的首要工作就是学习和总结国内外前人的经验和教训，分析自己研究对象的客观条件，确立研究工作的正确指导思想。从研究对象看，黄土台塬尽管水土流失依然严重，但土地相对平整，有平均580毫米的年降水量，有相对较好的农业生产条件，因此，在这里改造黄土高原，不能孤立地强调治理，不能一般地号召退耕还林（草），而应确立“治理与开发相结合，以开发促进治理，以治理保开发”的指导方针。方针的实施应使当地群众及时受益，从而激发治理黄土高原的持久精神和不断增强的物质投入能力，这就叫以开发促治理；而治理的成效又可使水土流失逐渐得到控制，农业生态不断得到改善，从而为进一步发展生产和深化治理提供保证，这就是以治理保开发。在治理与开发相结合循环促进的过程中，进而把研究工作和治理开发事业不断地引向深入。5年的实践证明，这种指导思想是符合客观规律的，也是卓有成效的。

2. 近期与长远相结合，以近期推进长远，以长远带动当前

治理开发黄土高原的最终目标是要充分合理地开发其自然资源，把黄土高原变成农牧基地和林果基地以及商品粮油基地，从而为发展提供物质保证，以便全面实现这一广大地区的现代化。

如此宏伟的事业显然不可能一蹴而就，也许需要三五个五年计划甚至半个世纪的时间。因此，人们如果企图在三五年内获得完全的成功，则会违背自然规律而欲速不达，或因局部的成功而冲昏头脑。相反，如果节奏太慢而不产生阶段成果，不能使群众及时获益，则会使自己和人民群众丧失信心，削弱前进的动力。

基于上述认识，李佩成他们在安排课题时尽量做到长计划短安排，长短结合。例如，在设计生物措施时考虑到开发的需要，确立了以农作物为主，而农作物中又以小麦为突破口。因为从自身和客观条件分析，先抓小麦生产比较有利也有把握，而在开发小麦中为了快见效早见效，研究团队又确立了“先选后育”的指导思想。他们从省内外引进100多个品种作小区试验，进行适地选优，2 ~ 3年内选出良种4个，配合相应的栽培技术，在不到5年时间内使当地小麦单产翻了一番还多，有力地激励了科技人员的攻关信心，也增加了群众的经济收入，大大提高了群众参与治理开发的积极性，取得近期推进长远的效果。

与此同时，他们也积极安排育种工作并开展国际合作，以期获得更适宜于黄土高原的小麦新品种，保证生产发展的不衰势头。他们对水果生产提出的“边改造（旧果园）边新建（果园）”，对牧业提出的“先小（兔、鸡）后大（牛、羊）”等一系列决策都是来源于上述的指导思想。

3. 单项与综合相结合，以单项实现综合，以综合平衡单项

黄土高原是一个整体生态系统，因此，黄土高原的治理开发研究，特别是模式区的建立是一个系统工程，既具有整体性，又具有可分性。既要从客观上全面地认识整体，又要从微观上科学地分解

课题，这样才能具体开展研究，实现总体规划目标。研究团队按照研究合同和规划中提出的目标和任务，将总课题分解为两大层次：第一个层次为课题层，该层包括5个课题，它们既有联系又相对独立，各攻各的堡垒，各有各的目标、方案、措施、进度和力量组成，最终实现总体目标。

第二个层次为子课题层，是在各课题之下，根据自己相对独立的目标、方案进一步分解而成子课题或相对独立的研究任务，以便更具体地实施。

这样的专题分解设计保证了母、子课题之间，课题横向之间密切联系，促成人自为战，发挥个人的聪明才智，又必然相互协作，鼎力配合发挥群体的优势，从而保证研究规划、课题计划得以顺利实施。

实践证明，实行全局综合，科学分解，以综合平衡单项，以单项实现综合，是科学有效地完成研究任务的必要方式。这样不仅有利于组织攻关队伍，而且，较易实现指挥和管理工作。

这里还要指出，在进行课题安排时，对理论性、知识储备性研究，也应给予足够重视，以保证研究工作的后劲。

4.攻关研究与示范推广相结合，研究支持推广，推广检验研究

攻关的目的是为了创造更多更好的科技成果，将其加以推广，从而推动科技进步和生产力的发展。

他们通过工作实践体会到研究工作虽以攻关为中心任务，但相应的推广工作也将有助于科研工作的深入，促进攻关任务的完成。因为推广工作不仅为检验攻关成果、发现新问题提供条件，而且会尽早地产生直接经济效益、社会效益和生态效益，从而提高群众配合的积极性，增强攻关人员的工作信心。

为了把攻关与推广更好地结合，他们采取了“中心开花、多点辐射”的办法，也就是说，以试验区为核心，强化研究工作。与此同时，以试验区为中心在较大范围内扶持若干示范点和试验户，以便群众就近接受带动，就近学习切合实际的科学技术，也有利于畅通信息反馈渠道。

从1989年开始，试验区又与乾县人民政府组成科学技术综合承包集团，对乾县全县的农业进行技术承包。由于试验区扎实的工作基础，全县粮食喜获丰收，受到国务院的嘉奖，并获得陕西省人民政府粮食丰产二等奖，研究成果也向台塬阶地的更大范围延伸推广。

5. 专职与兼职研究队伍相结合，专职巩固阵地，兼职扩大战果

李佩成干工作善于运用哲理与创新，他在人员组织上也有自己的经验。他在枣子沟试验区组织了一支专兼职结合，学科齐全，配套合理，乐于献身的研究队伍，他认为这是有效实现科技攻关的关键所在。总结西北农大几十年来在校外进行项目研究的经验教训，与科研单位相比，其短处大都在于缺乏必要的专职人员——包括研究人员和管理人员。而忽聚忽散，不仅严重影响研究质量，而且给地方的配合协作带来很大困难。为此，在承担国家"七五"攻关课题后，校党政领导下决心解决抽调专职人员问题，实施校县协商配合。自1986年以来，先后抽调了作物栽培、耕作、育种、土壤肥料、林业、果树、植保、植生、蔬菜、中草药、畜牧兽医、水土保持、水资源开发、土地利用、气象、农业经济、科研管理等20多个学科的近60名教师、研究人员及工人队伍联合攻关。这支队伍，学科配套，结构合理。专职技术人员常驻基地，以基地为工作单位，他们是试验研究的正规军。以基地工作为主的技术人员，他们大都具有高级职称，基本上是各课题负责人，他们是研究工作的指挥员。这些同志大都富有经验，刻苦钻研，经常夜以继日，废寝忘食，开展试验，在5年多的工作中做出了很大成绩。常来常往人员是试验区研究工作中的参谋和辅助队伍，这些人员定期轮换，在作出奉献的同时获得实际锻炼的大好机会，造就了一批包括院士、副校长、青年专家、劳动模范的人才队伍。

作为高等学校的一大优势，有大量的研究生、大学生，还有参加锻炼的青年教师。他们也是科研工作中不可忽视的力量.他们既可作老教师和研究人员的助手，又是创新的先锋，不少调查工作都是由他们组织进行的。

6.研究与培训相结合，以多种形式就地培养“二传手”“永久牌”，是使科研成果扎根农村的有效措施

回顾过去，我们国家搞过不少的攻关，建立了许多“样板”和“先进典型”，但能在农村扎根的比例很小。不少科研成果的鉴定之日，常常便是终结之时，“人一走茶就凉”。不少试点，一旦科技人员离开，样板也就不复存在。究其原因之一便是科研工作忽视了对当地农民的培训，使科研成果缺乏“二传手”，缺乏接替人，缺乏使科研成果变成持久生产力的智力要素。因此，伴随科研攻关工作也应提高农民智力。为达到这一目的，在开展研究工作的同时，基地始终把培训农村技术人员，提高农民科技水平作为重要的工作之一，使科技扎根农村。

多年来，台塬试验区坚持智力开发与资源开发密切结合，以资源开发促进智力开发，以智力开发推动资源开发，其具体办法是：以现场为课堂，以示范样板为榜样，结合生产环节，利用观摩机会，分别由各学科教师向干部、科技人员和农民群众讲授农业生产的基础理论和技术措施，举办培训班，进行专题讲座，着重培养“永久牌”农村科技能人。几年来，先后举办了耕作、麦田管理、小麦规范化栽培、果树修剪、养兔等培训班30余期，培训人员上万人次。编写科普资料和生产技术资料60多期并印发13万多份，分送到户。试验区还利用广播普及科学技术，进行巡回报告，开展技术咨询，科技示范户、生产能手先进教后进等，也是常用的培训农民技术人员的有效方法。

“永久牌”农村科技能人的培养，为科研成果的潜在生产力转化为现实生产力起到了明显的推动作用。

7. 在攻关的同时逐步形成永久性多功能基地，是促进区域治理开发的战略措施

前已述及，黄土台塬阶地今天的面貌和存在的问题，是在漫长的地质历史和人类活动作用下形成的，它的治理绝非一朝一夕之事，它的开发将伴随科技的进步过程而不断推进。这样，有关它的研究决非三年五载可以终结，而是需要较长时间的深入攻关研究。就乾县试验区而言，尽管取得了一些成果，但经过深入地思考，他们认为目前的研究只能算是打开了突破口，要想真正攻开内核，尚需长期努力。如像侵蚀规律认识的深化，水—土—光—热—气—植—生（物）相互影响综合动态的把握、光热资源的高效利用、水保措施的优化选择、适地良种的培育、研究成果的大面积推广等，都需要加长观测系列，需要较长的研究过程。因此，在完成阶段攻关任务的同时，应把创造性的工作和改善生活条件结合起来，以逐步形成永久性的试验研究区，形成具有一定规模的试验示范研究、推广、农民培训多功能科研基地，以便使攻关经费和人力投入发挥长远效益。

研究团队深深地体会到，一个永久性的试验示范基地，将是产生和推进区域治理开发不断深化的经久不衰的科技源泉，是新知识和新经验的推广窗口。在黄土高原的治理开发事业中，要有若干个闪烁智慧的窗口，使人们经常可以窥视到未来的诱人愿景，也使人们找到排除前进障碍的对策，一个成功的试验基地就应成为这样的窗口。基于上述认识，乾县试验区在工作过程中坚持超前研究、应用研究和开发研究相结合，坚持试验、示范、推广相结合，研究、生产、培训相结合。本着抓当前，图长远，立足试验区，面向整个黄土台塬及黄土地区的思想，为逐步形成具有相当规模的永久性科研基地而努力。使攻关既出成果、出人才，又能出基地，克服长期以来在科研工作中存在的“鉴定便是终了”，便是散伙，以及“打一枪换一个地方”的消极现象。

也正是基于上述认识，枣子沟试验区征得试验用地1 000亩，安排了不同的永久性试验小区，建立了气象和侵蚀观测站，盖房30余间，整修窑洞10孔，装备了实验室、资料室、仓库及宿舍；安排了农、林、果、畜牧、水保、土地利用，生态农业系统等多种长期试验，决心在这里创建一个较为理想的治理开发试验永久性的试验区，也将成为教学、科研、推广、农民培训的多功能基地。它不仅能为教师提供科研条件，而且也为研究生、大学生提供实习和学习场所；十分有利于高等农业教育的深化改革。

当然，研究工作取得的成绩离不开上级的支持，离不开当地政府的密切配合。从本项目立项开始便得到原国家计委、中国科学院、农业部、经贸部和陕西省、咸阳市的大力支持和帮助，乾县县委和人民政府的配合也是十分宝贵的。

黄土台塬综合治理开发枣子沟试验示范区建设，是李佩成主持过的一个较大型的综合攻关项目，取得了一系列重要成果，该项研究获国家科技进步一等奖，陕西省科技进步一等奖。李佩成及其团队受到很大的鼓舞，这也是在科学的春天里李佩成做出的另一较大贡献。但在谈及此事时，李佩成最感深刻的是在认识自然改造自然方面的认识深化，是如何摆正治理与开发的关系，做到“以开发促治理，以治理保开发”。他的这种处理自然与人类活动之间矛盾的模式影响深远。他和他的团队认为另一个创新性的成果是对台塬阶地的分析和认定，大大丰富了人们对黄土地的认识。第三个方面的突出收获是从操作层面认识到黄土高原的治理与开发必须是多学科的联合攻关，李佩成认为自己指挥多学科联合攻关的方法和能力也在实际运作中得到锻炼和提高。这也为他在十多年后能够比较成功地主持更大规模和更高难度项目——再造西北地区山川秀美科技行动计划打下了基础。

李佩成深知认识自然和改造自然的困难，但在工作过程中显露的哲学造诣和革命乐观主义精神是取得成功的重要基本条件。他在

"七五"攻关结题时写的一首词就表达了他的这种情感。

浪 淘 沙

——黄土高原治理开发枣子沟试验示范

野枣生沟坎，
墙倒窑陷，
水土流失人不安！
治理开发作试点，
科技攻关！

学愚公五年，
已露新颜，
再干三千六百天，
王母求情迁来住，
神在人间！！

组织编写我国第一本高等学校《地下水利用》统编教材

李佩成从1958年被抽调开始主攻地下水开发利用，他被派往中国农业科学院灌溉研究所进修，参加1962年冬春在北京开展的"打井运动"，1963年9月赴苏联留学，在著名水文地质学家П.П.克里门托夫教授和H.A.普鲁特尼科夫教授的指导下研究地下水动力学和地下水利用。回国后他又创造性地研发了黄土辐射井，提出人工引渗，修建地下水库等直接涉及地下水科学的系统建议。他和打井专家赵尔慧先生、地下水物探专家石怀理先生、水文地质专家张延毅先生等在国内举办了大量的有关地下水开发利用的训练班，编写出了《地下水利用》《地下水动力学》讲义文稿等，并在西北农学院建立起地下水渗流实验室。除前述的大型水力积分仪之外，还安装了他们自己设计加工的半圆形水井渗流试验箱及矩形渗流槽，开展了地下水全面试验，全国不少兄弟单位前往参观学习。西北农学院成立了地下水教研室，李佩成担任主任，该教研室在全国尤其是在农业院校和科研院所具有一定影响，并发挥了团结合作和交流作用。在全国恢复高校招生和学科不断发展的形势下，李佩成决定承担组织编写我国第一本《地下水利用》统编教材的任务。

本书从1978年组织编写，于1981年2月由水利出版社正式出版发行。

在20世纪70年代末尚未提倡作者署名的情况下，该书署名"由西北农学院担任主编"，"西北农学院李佩成、赵尔慧统一整编"，由西北农学院与华北水电学院合作编写，其中华北水电学院的霍崇仁、王禹良先生编写了第一、二、三、八、九各章，西北农学院赵尔慧、李佩成编写了绪论，第四、五、六、七、十、十一各章。本书由武汉水电学院张蔚榛和张瑜芳老师主审，合肥工业大学张元禧、黄春礼老师参加审查。

由于李佩成时任西北农学院地下水教研室主任，而该书的主编单位是西北农学院，因而编写的大量组织工作和编写工作大都由李佩成推动和完成。为写好这本书进行了大量的调研和讨论，当时的武汉水利电力学院、合肥工业大学、新疆"八一"农学院、内蒙古农牧学院、宁夏农学院、河北农业大学、武汉师范学院、甘肃农业大学、太原工学院、郑州工学院、陕西省水利学校、水利部西北水利科学研究所、陕西省地下水工作队等单位的专家学者都积极参加了本书的大纲讨论和审稿讨论。

围绕编写《地下水利用》统编教材不仅加深了李佩成对地下水开发利用的认识，而且提升了地下水开发利用的学科地位，进一步明确了学科内涵。同时通过工作交流，密切了同行之间的合作关系，也使教学工作更加规范化、系统化，更加符合中国实际，更多吸纳了中国人的研究成果，也使我国地下水利用事业从理论与实际的结合上走到世界先进行列。这本书实际上对我国地下水开发利用事业发挥了一定的奠基作用！也是李佩成在科学春天里完成的另一件大事！李佩成光荣地被水利部聘为全国地下水专家组专家。

第八章

任职大学副校长六年，励志忠诚祖国教育事业

从事大学教育工作的创新与突破

1985年5月，李佩成被任命为西北农业大学副校长，分管科研、教学、开发、外事工作。同年，他又被任命为干旱半干旱中心主任。分管这么多工作并要求做好，这无疑对李佩成是个严峻的挑战。李佩成无畏地接受了这个挑战，并下定决心在从事大学教育工作中有所创新，有所突破。

那么，怎样创新？怎样突破？这不仅仅是个头上顶着官衔的问题，而是要“真枪实弹”地大干一场，才能向信任自己的党组织和上级领导以及广大师生员工交出一份合格的答卷。在接任大学副校长这个职务后，李佩成思考最多的就是怎样干实事的问题。

走马上任以后，李佩成首先想到的是对自己职务的定位，也就是说如何当好校长的副手，如何起到桥梁作用。因为中国的大学体制是“党委领导下的校长负责制”，也就是说他该如何在中国特色的大学体制下胜任副校长的职务。

当时在西北农大流传着一个戏称：“张、关、李、戴、廉登基”。这是针对学校领导班子核心成员姓氏的别称：校长姓张（岳）、书记姓关（联芳）、副校长姓李（佩成）、戴（益民）、副书记姓廉（登极）。而李佩成恰好身处五位领导的中间位置，起着对上服从书记校长，对下联络两位副校长、副书记的桥梁作用。正因李佩成出色地发挥了他的“桥梁”作用，才促成他们这一届领导班子，成为一个团结协作、共同奋斗的领导团队，这在当时国内大学领导班子中是公认比较优秀的领导班子。

作为“桥梁”作用的副校长，李佩成掂量最多的是摆好“副”字的位置。他认为不管在工作上怎样创新和突破，必须取得书记与校长的大力支持，而且要得到另两位副校长和副书记的协同。他还特别重视书记与校长之间的团结合作，不能有一丝一毫的偏差。因此，他们这一届领导班子的团结协作精神，在当时全国高校范围成为流传佳话；学校的办学、教学和科研工作，也取得了领先水平和优良成果。教育部曾设想把西北农大归属为部属直管学校。足以证明当年西北农大在全国高等学校的影响力非同一般。

自己要变为教育家

当个副校长只需上级一个命令就可以了，然而要当个称职的大学副校长并非易事。李佩成认为，作为大学的副校长，必须自己要成为教育家。

所谓教育家，必须具有高远的教育理想，执着的教育追求，渊博的科学知识，鲜明的教育思想，更要有高尚的道德情操。大学是为国家培育高级人才的摇篮，而大学的领导者们是管理教师人才的团队。如果管理者不具备教育家的条件，又如何能领导教师去教书育人呢？这就如同一支善于百战百胜的军队，不只是要有一批身先士卒英勇作战的指挥员、战斗员，更需要有足智多谋实践经验丰富的司令员。这样的司令员只有身经百战、富有天才指挥艺术和卓越军事知识才能的将帅之才方可胜任。李佩成觉得要想当好大学里的将帅，指挥教师们去率领千百个战士勇打胜仗，就必须使自己成为优秀的指挥员。同理，一位称职的副校长，必须是一位出色的教育家。

办出西北农大特色

大约在中华人民共和国刚刚成立的20世纪50年代初期，每当夏收季节，在八百里秦川，人们满怀喜悦心情，到处是丰收的喜讯。一种名为“碧码一号”的小麦新品种，占据了八百里秦川80%的种植面积，亩产达到200 ~ 300千克，刚刚获得土地的广大农民，沉浸在一片欢声笑语之中。然而对于发明“碧码一号”小麦品种的专家是何许人也，却知者甚少。随着“碧码一号”新品种在北方乃至全国的推广面积达1亿多亩，一个响亮的名字被人们传颂起来，这就是西北农学院（西北农大前身）的小麦育种专家赵洪璋教授。

赵洪璋教授是西北农学院的小麦育种专家。他先后培育了“碧码一号”“丰产三号”“矮丰四号”等小麦优良品种，在不同时期适应和促进了中国小麦主产区——黄淮地区小麦生产的不断发展，为中国农业增产做出了巨大贡献。他还在长期育种实践中悉心钻研，锐意改革，形成了别具一格，精湛实用的小麦育种技术体系。

由于赵洪璋教授的出色贡献，西北农大的育种专业成为优势专业，并为国家培养了一批又一批小麦育种专家。

不只是小麦育种，还有刘英武教授的奶山羊培育，邱怀教授的秦川牛培育，在全国也是著名的科研成果，并带动了相关专业的发展。农科城里的西北农大，把一颗颗璀璨的明珠，悬挂在世界的天钩，令世人为之惊叹！

李佩成深知这些璀璨明珠的潜在价值，深知绽放的鲜花需要保护，需要珍惜，更需要传播，使之发扬光大，从而开出更加绚丽的崭新花朵。

为了使这些骄人的优势能发扬光大，李佩成绞尽脑汁地思考、策划，为新的优势专业创造出了一个个机会，搭建了一座座平台，有多少脍炙人口的故事，令人感动而钦佩。

在“发扬优势，办出特色”的前提下，李佩成大胆提出西北农大的办学理念应当是“立足陕西，侧重西北，服务全国，面向世界”。为了实现这个富于创新的理念，他极力主张采取以下措施：

1. 开办综合试验示范基地，就是要在不同地区开办教学、科研，生产、推广与农民培训相结合的试验示范基地

在陕西抓住黄土高原和秦巴山区两大地域，先后开办了乾县枣子沟试验区、澄城县试验区和丹凤县的秦巴试验区；在甘肃兴办了定西试验区；在宁夏兴办了固原试验区……为了创办这些试验区，李佩成亲自带队，赴北京说服农业部领导及有关司局，不仅争取到6个基地的编制人员，还购买或租种了2 000多亩土地供试验使用。校领导要求基地的科研人员，要树立“论文写在大地上”的雄心壮志，让科研项目走进国家队，教师要承担国家的科研项目。

2. 着力开设培养创新人才的新专业

1986年春节前，李佩成和他的同事四次亲赴北京，说服了水利部部长钱正英，并取得水利部教育司的同意，批准在西北农业大学设置中国首个“农业水土保持工程专业”和“农业水资源开发利用专业”。水利部出资200万元与农业部合作办学，这件事成为当时流传于教育界的佳话。

3. 在狠抓人才培养方面，打破论资排辈的旧习，开启“尊重老年，释放中年，培养青年”的用人制度

所谓“尊重老年”，即对老教授采取配备助手，以老带新的办法，让老教师发挥余热，老有所为。所谓“释放中年”，即对中年教师，让他们在新岗位释放自己的能量，施展才华，创造科研新成果。比如搞胚胎移植的窦忠英教授，为了能让他抓住机遇，研究胚胎移植，在他由德国留学回国后，动员他去一个县奶牛基地。窦教授不仅愉快地接受任务，还在基地为秦川奶牛的培育立了新功。

所谓“培养青年”，就是放手培养年轻教师，给他们压担子，严要求，大胆支持他们，帮助他们成长，不能只捧不管。如“李华牌葡萄酒”发明人李华，当年从法国留学归来，李佩成委派园艺系的书记和系主任亲自赴北京接机，并动员他到西北农大工作。李华回到西北农大后，李佩成第一次会见他时，就直言不讳地说：“你工作的第一站就是陕西丹凤县葡萄酒厂，那里是你大展宏图的最佳选择。”开始李华还不大理解李副校长的良苦用心，但随着他在丹凤葡萄酒厂的一系列科研成果出现，随着《陕西日报》发表的长篇通讯《洋博士进了秦岭山》，李华才深切地体会到当初李副校长说的“最佳选择”的深刻含义。如今，李华已享誉海内外，并担任西北农林科技大学副校长，葡萄酒学院教授、博士生导师、院长，兼任全国青联常委，第九届、第十届全国人大代表等20多项社会职务。他先后获得全国先进科技工作者、全国新长征突击手、“五一”劳动奖章、全国十大科技新秀、农业科技企业家等20多个荣誉称号，并入选百千万工程第一层次人选。又比如堪称“世界第一例山羊卵核移植工程”的发明人张涌的成功，也与李佩成的“慧眼识珠”有着直接关系。当初，张涌考取西北农大教授钱菊芬的硕士研究生。入学后，他分析了自己的特长和优势，十分自信地对指导老师要求搞胚胎分割研究。这是因为在内蒙古上大学时，他曾经成功搞过兔子的胚胎移植。为了照顾张涌安心搞科研，李佩成多次向学校人事部门建议，破例把张涌的爱人高羽飞从内蒙古调到杨凌工作。张涌很感激组织上对他的关怀，更加勤奋地工作，决心要像李副校长希望的那样，让自己的科研成果达到世界先进水平。经过3年含辛茹苦的努力，1987年4月，我国第一例山羊胚胎分割双卵在西北农业大学获得成功。1990年4月21日下午4时，世界首例山羊卵核移植后代在西北农业大学降生，《陕西日报》《人民日报》《光明日报》《农民日报》相继予以报道。

当“三结合”试验基地取得了一些成果后，随着国家对“枣子沟台塬阶地试验区”的充分肯定，李佩成也被各大媒体视为热点人物。

1990年3月，《人民日报》记者蒋建科在《科学技术在田野上扎根——李佩成谈建立农业示范基地》的报道中写到：要想在科学技术配套深入地而不是零散地表面地，长久地而不是短暂地推展到农业领域，组织农业院校和科研院所兴办试验示范基地是个切实可行的好办法。这是长期从事科技攻关和农业科研管理的李佩成教授接受记者采访时的肺腑之言。他还认为兴办永久性科技试验示范基地是科技兴农的有效途径。根据他在枣子沟试验基地的亲身实践，李佩成指出：农业生产直接受制于自然条件，有严格的地域特点和自身的特殊规律，各地的农业环境千差万别。因此，科技在进入农业生产之前，必须有足够规模，足够水平的当地试验研究，否则，某种技术的成功便常有偶然性和暂时性，缺乏生命力。采访中，李佩成满怀希望地对记者侃侃而谈：“当时国家形成规模的示范基地约有100个。”他说，“只要国家重视，经过两个5年计划努力，基地数可由100个增加到300个，几乎每省十个，到那时，我国的农业生产便会直接处于科技推动力之下。”

4. 开放办学，学科交叉，内外结合，全校上下一盘棋

李佩成在担任副校长以后，采取了一系列开放办学的新举措，以求使西北农大的教育改革走上新台阶，提升到新水平。

恰好，就在李佩成被任命为西北农大副校长的1985年5月，中央颁布了《中共中央关于教育体制改革的决定》。

李佩成十分拥护教育改革，主张开放办教育，学科交叉，内外结合，学校上下一盘棋的改革举措，也收到了显著效果。

在他任副校长的那届班子，举办召开了第一届国际旱农会议、首届青年学术论文研讨会，引进和配备先进科研设备……这些对外开放，吸取国内外先进经验的做法，拓宽了教师与学生的视野，看到了自己的不足，确立了教育改革工作的新方向。为开放办教育开创了新路子，开辟了新途径，确立了开放办教育的坚强信心。

对人才的培养，李佩成提出要国内国外相结合，在他担任西北农大副校长并主管外事工作期间，先后派出200余名留学生赴英国、法国、美国、德国等国家进修学习，培养了一大批科技精英。

在科研方面，李佩成注重部门交叉和学科交叉，这样做有利于学校上下左右一盘棋的管理思路。避免了部门之间的内耗，学科之间的脱节。当时仅在乾县枣子沟试验基地就吸纳了24个专题开展科研工作，各专题之间，互相促进，共同进步，团结齐心，协作共赢。

为了给教师创造到基地搞科研的机会，李佩成真是费尽心思，科学安排。比如将教师的授课时间表精心调整；或者安排在周一至周三，或者安排在周四到周六，教师每周都可以到基地集中搞研究3天时间，就连去基地班车这样的事，李佩成都是安排得十分周到……

每个基地都配有专业人员管理，比如枣子沟试验基地配备专职人员3人，长年蹲点技术人员12人，技术工人3人，常来常往26人，这其中教授副教授就有14人。凡去基地工作人员，除了生活补助外，还享受免费就餐。基地有饲养场，可谓猪满圈，菜满园，顿顿有肉吃，天天有改善。科研人员没有后顾之忧，一心一意搞试验，感人事迹层出不穷。如寸待贵副教授，为了建成农业气象站，睡在野外的麦草垛中过夜。包纪祥教授身患胃病，为了抢时播种试验田块，腰间束了一根草绳。1987年，青年老师臧晋在丹凤基地锻炼期间，帮助企业开发新产品，仅樱桃罐头一个产品就使企业每年增收30万元。

5.榜样第一，模范带头的作用，是最具号召力的办学举措

文学艺术界有一句名言：作品要上去，作家要下去。言下之意是说作家要写出划时代的好作品，只有到人民群众中去体验生活，生活是永不枯竭的创作源泉。那么对于自然科学家，也许一生都会消磨在实验室。但对农业科学家来说，大量的研究要花费在大自然环境中的各个层面，土地、山川、天上、地下、河湖、海洋、高原、平地……几乎包罗了与人类生存有关的角角落落。一个优良品种的培育，常常是耗去科学家几年甚或几十年的光阴，作物生长周期决定了一年一个轮回的规律，头年不成功，只能等到来年（温室育种例外）。这就给农业科学家提出了一个必须遵循的原则：坚守农业第一线，长年奋斗不停歇。这一原则，也是李佩成长期搞科学研究的心得总结。因此，他在大学副校长的岗位上，给自己定下一条雷打不动的制度：要始终坚持在科研第一线。为了使自己这个制度落到实处，他舍弃了许多许多……

1972年9月，李佩成和夫人初阳瑞及其孩子、岳母一家5口迁到西北农学院家属院生活，这是自他和夫人结婚后的第一次团聚。大女儿李卫红已经年满10岁，二女儿初丽丽也两岁多了。按理说，一家人终于有了团聚一起的生活环境，应该是享不尽的天伦之乐，然而李佩成的事业也正处在蒸蒸日上的火热年代。继富平地下水库修建、乾县黄土辐射井成功开发、轻型井发明成功之后，又完成了泾惠渠高干渠改线北移的规划设计与勘测组织工作。这期间，李佩成几乎常年在项目实验的工地上。他没有节假日，也没有星期天，家里的大小事情都落在了夫人初阳瑞的肩上。同事们和他开玩笑说："李佩成是家里油瓶子倒了都不扶的甩手掌柜。"当然也并非是完全不顾家，毕竟是有了两个女儿的爸爸了，二女儿才两岁多，他还是会帮助夫人干一些家务的，尤其是一些重活。

夫人初阳瑞早已习惯了夫妻两地分居的生活，把家里安排得井井有条。凭着她一个女人的柔弱肩膀，大小事情一起扛，从无怨言。她说："普通知识分子家庭必须要有一个人做出牺牲，不能想象两个人都取得成功。"每一项科研成果的研究是用时间和精力换取的，不付出代价不会有收获。因此，几十年来，初阳瑞主动放弃了自己许多休息时间，无怨无悔地支持李佩成的事业。

正是因为有这样一位甘愿付出的忠实伴侣，李佩成才能坚持在教学、科研第一线，始终如一，锲而不舍。

自从担任西北农大副校长和干旱半干旱中心主任后，工作、教学和外事多副重担压在身上，但他始终坚持在第一线亲自搞科研工作。正因为这样，自1984年到1986年的短短3年多时间，他先后发表了10余篇较有影响的研究论文，如《试论干旱》《试论承压地下水弹性释放学说及其局限性》《地下水资源评价》等。这些论文都是他经过长期亲身从事生产实践的总结。特别值得一提的是，1983年9月9日，李佩成在中国自然资源研究学会、中国地理学会等六学会举办的“干旱半干旱地区自然资源开发和保护学术研讨会”上发表《试论干旱》这篇论文，受到与会代表一致好评，先后在全国各地演讲，并被翻译成多种文字。

多少年来，李佩成养成了自己一套独特的工作习惯，许多论著的关键论点，大多是在他“开夜车”或“开早车”的黎明或深夜获取灵感的。他常常会朦胧地睡在床上突发奇想，便摸黑在日记本上记下或画出瞬间迸发的思维的火花。在他的床头“异想天开”日记本上，爬满了像蚯蚓，或者犹如中国古代象形文字的符号，别人是无法辨认那些弯弯曲曲的笔画代表什么意思，其实是他的奇想启示录，是摸黑写画的，为的是不打断思路。

也许人们并不理解李佩成作为一位大学副校长，怎么能对抽水马桶的节水事宜十分关注。然而对于一位惜水如金、倡导节水型社会的水事科学工作者，因为童年搅动辘轳取井水的艰难，时时萦绕心头，才昼思夜想琢磨抽水马桶的节水妙方。在水箱的压盖上加一铁片，这样一来，拉动开关，马桶被冲洗干净；松开拉绳，水箱自动关闭，每天能节约1/2的用水量。全国有多少抽水马桶，每天能节约多少用水，可想而知。

在担任大学副校长的6年中，他还兼任农业部学术委员会委员、陕西省决策咨询委员会农业组副组长等职务。许多社会活动要去参加，但并未因此影响到他对水以及对治水思想的研究和思考。出差的火车上、机舱内，他也总是不停地思考观察着、书写着。

在李佩成担任西北农大副校长的6年里，他始终坚持工作在第一线。教材他自己编写，授课他亲自上讲台，6年里几乎没有星期日，没有节假日。无论从哪里出差回来，下了飞机或火车，先奔乾县基地。经常利用休息时间，安排教学、科研攻关工作，他的这种不知疲倦，忘我工作的精神在学校广为传颂。

第九章

赴日、美、苏三国考察访问萌生建立水文生态学思想理论

赴日考察，提出在中国建立节水型社会

20世纪70年代中期起，在全国开展地下水开发利用及修建地下水库的研究中，陕西省设立了由科委、地矿厅、水利厅、农业厅等组成的地下水办公室，国家拨专款500万元，在富平县成立了修建地下水库试验工程指挥部。为了学习先进经验，加强国际合作，陕西省组织了以科委主任杨文景为团长的赴日地下水资源开发考察团，赴日本考察。考察团由6人组成，除团长外，团员有张洪琪（考察团秘书，陕西省科委外事处处长）、黄自谨教授（水利工程施工专家，负责地下坝建筑）、李逢都院长（陕西省水电设计院院长）、李佩成（负责地下水库规划设计及地下水开发利用

1982年在日本广岛考察团合影

研究）和一名翻译。

考察团出国前，曾因印制名片的事情，难住了团长杨文景主任。当时李佩成还仅仅是西北农大的一位助教，按他当时担任的考察工作任务的身份，此职务和日方京都大学的对口教授级别极不对称，访问团曾建议名片上可否印成“副教授”，然而李佩成坚持实事求是，依然印的是“助教”。

考察团于1982年6月18日赴日，7月8日回国，历时21天。先后考察了日本的土木研究所农林水产试验场、京都大学土木工学部、京都大学防灾研究所等14个现场，同时还访问了东京和京都日中科学技术交流协会及日本国际协力事业团，并与京都日中科学技术交流协会就相互科技交流问题进行了座谈。

让杨文景团长没有想到的是，经过与京都大学岩佐教授座谈，李佩成令日本专家们刮目相看。岩佐教授非常看重李佩成，在听取李佩成介绍修建富平地下水库试验经过时，竟没有限时，这在岩佐教授对外接待史上是从未有过的事。此后，杨文景团长再也不用为李佩成名片上的职称一事担心了。

经过20多天的考察，李佩成深受启发，作为一位从事水利科学研究的专家，确实收获不少，主要有以下几点：

（1）日本的地下水利用，具有特点：日本学者认为地下水水质一般较好，水温比较稳定适宜，分布普遍易于就地采取。因此，日本自古以来主要利用地下水作为生活用水，并逐渐用于城市和工业供水以及灌溉用水。因而，地下水在日本生活和生产方面都起着重要作用。

（2）由于李佩成在国内从事“引渗”和地下水库的研究，于1973年就提出关于地下水的涵养技术理论，所以他对日本的地下水涵养技术特别感兴趣，地下水涵养是重点考察的内容之一。

日本所说的地下水涵养类似于中国的引渗和地下水人工补给概念。

李佩成说：我们考察的重点是围绕人工涵养。

在人工涵养的指导思想方面，日本也着眼于综合措施，因地制宜地进行。在涵养水源的选择上，也主张多种水源因时因地并用，把天上水（降水）、地表水（河湖水）和地下水看成一个转化着的整体加以蓄调，促进水的有效循环，增加有用水源。日本运用各种涵养设施将大气降水、河湖水、废弃的杂水等引渗地下，变为地下水，蓄藏备用，在这方面与李佩成提出的人工引导地表水并使其渗入地下蓄积起来的办法，即称之为“人工引渗”的理论十分契合。不过，日本学者将地下水人工涵养方法，按照水流渗进含水层的方式分为三类，在各类中又包括一些通过具体工程实现的具体方法：灌注法、浸渗法、诱发法。

日本的地下水库工程可以视为一种综合的涵养工程，因为它可以把不同的几种引渗方法综合为一体，互为补充，更有效地达到涵养之目的。日本已建成的试验性地下水库——野母琦地下水库，就是按照上述思想设计的，就这项考察李佩成写了专门报告。值得一提的是，日本同行非常关注中国的富平地下水库建设，因为规模大，科学内涵更为丰富，1983年日本还组团来华进行了现场考察。

在日本，正在提倡另一种综合的涵养技术——城镇雨水引渗涵养系统，通过这种系统把城市屋顶、道路、广场、庭院等各处的雨水收集引渗于地下含水层中。

不难想象，为了有效收集被排走的大量雨水，涵养城镇水源具有重要的实际意义。

考察中，李佩成一行深切感受到日本是一个十分重视科学研究的国家，对于地下水及其开发利用的研究同样如此。日本的建设省、农林水产省、环境省、文部科学省以及一些大学——如京都大学、筑波大学等，都在从事有关地下水的研究，主要围绕以下几个方面：

（1）有关地下水涵养技术的研究。

（2）有关地下水运动机理（规律）的研究。

（3）地下水收支动态（均衡）的观测研究。

（4）地下水开发利用技术的研究。

（5）地下水计算及资源评价方面的研究。

（6）与地下水有关的灾害及其防治研究。这方面的研究主要是地面下沉、海水入侵、软基海堤等，其中研究最多的是地面下沉问题。

日本开发水资源的方针，采取了系统规划、综合开发、合理利用等重大方针。

在日本有的城市现在已经开始安装“杂用水道”，将洗漱、沐浴后的水，经过处理用于冲洗汽车、厕所及洗涤其他杂物。

关于日本建立节水型社会的思想可能是解决水源问题的有利对策。出于行业的本能，李佩成深有同感。在访日回国后，他在书面报告并进行口头汇报后不久发表的文章中强调：在中国也要建立节水型社会。参考日本学者的意见，他还专门为节水型社会下了比较完整的定义，李佩成认为：“所谓节水型社会就是社会成员改变了不珍惜水的传统观念，改变了浪费水的传统方法，改变了污染水的不良习惯，深刻认识到水的重要性和珍贵性，认识到水资源并非无限，认识到为了获取有用的水需要花费大量劳动、资金、能源和物质投入；并从工程技术上改革目前的供水、排水技术设施，使其成为可以循环用水、节药用水、分类用水的节水系统。实行有采有补，严格有序的管理措施，并将节水认识和节水道德传教于后世，从而把现在浪费水的社会，改造成为节水型社会。”

李佩成认为对于节水型社会的认识深化，并建议在中国建立节水型社会，是他们访日的重大收获。

访日期间还有很多逸闻趣事，李佩成记忆犹新。

杨文景团长是位事业心强、严肃认真的人，考察日程安排得十分紧张，甚至连吃饭的时间都有工作安排。但杨主任还运用业务考察与休整相结合的方式，使大家有机会参观日本的美丽自然环境。

作为一个喜爱大自然的水利工作者，李佩成心旷神怡。他亲眼看到了日本的山山水水比中国管理得好，沿途见到的危岩都用铁丝网固定，田野的屋宇千姿百态，但却井井有条，给人一种美的享受，没有明显的城乡界限，看不到脏乱的城乡连接带。日本国土面积小，人口多，十分重视自然的保护和利用，重视科普宣传。他们把尚在冒烟的火山区建成宣讲地球、宣讲火山知识的公园。人们从很远的地方进入廊道，在廊道内有地球形成的系列图解，有火山的科普图画，有的地方还陈列一些模型或岩石标本等实物，有讲解员重点讲解。从廊道出来可以乘坐高空缆车从上方观察冒烟的火山，李佩成触景生情，十分感动，还赋诗抒怀：

游箱根有感

——1982年6月20日

箱根美景似山阴，
千树万花收不尽。
幽径清泉闻啼鸟，
芦湖曲岸喜游人。
云雾欲掩驹岳面，
飞车迎我天上看。
火山余烟沧桑事，
天变地变人亦变！

雨后穿行田野有感

田野新雨后，
天地更宜人。

稻田平如镜，
山峦绿带蓝。
清澈小河水，
蓬勃花果园。
小楼林中盖，
人语在花间！

赴美考察

20世纪60年代，李佩成有机会去苏联留学，亲眼看到了世界上幅员辽阔的社会主义国家。

1982年他又去了国土虽小，但科技经济十分发达的国家日本，他想若能再去国土不小，而又发达的资本主义代表性国家美国看看，将会十分有益于他对世界的了解，有益于他对治水的认知。1987年，李佩成的这一愿望成为现实。

1987年10月17日至11月8日，李佩成作为中国干旱半干旱地区农业研究考察团团长，率团赴美考察，同行的成员有李生秀教授（土壤学家兼翻译）、王立祥教授（旱农专家、干旱中心副主任）和包纪祥教授（农业经济学家兼枣子沟试验区第二主持人）。他们都是我国干旱半干旱地区农业科学家，有着学习和吸取国际旱区研究知识和经验的强烈愿望。

他们历经21天时间考察了美国中西部半干旱和干旱地区，除了考察加利福尼亚、亚利桑那、得克萨斯、新墨西哥、爱达荷、纽约等州，除城市和田野外，还考察了灌溉区、旱农区、农场、草场、高等院校、研究院所等，在以下方面取得收获：

1987年李佩成率团在美国进行农业考察
（由左向右为王立祥、李佩成、李生秀、包纪祥教授）

1. 美国对广大干旱半干旱地区的研究工作比中国先进，应认真学习

美国中西部广大旱区农业，虽开发较晚，但发展很快，现已成为美国重要农畜产品的主要产区。为了旱区农业的开发，联邦政府通过多种途径，发展西部的农业教育，促进农业科学技术的发展，并对农业生产采取相应的优惠政策，从而使西部旱区农业能够较稳定地发展。而且美国旱区农业现代化程度比之我国为高，他们在现代化进程中，也遇到了水土资源开发中的问题，因此对以下几方面显得尤为重视。

（1）推行保护耕作法，力图控制水土侵蚀。

（2）注重水土有效利用，平衡区域用水。

（3）重视优势作物及种质资源研究，加强抗性作物选育及资源植物的开发。特别是美国旱区从北到南种植的高粱几乎全部是矮秆品系育成的三系材料，三系所形成的杂交一代株高均不超过1.5米，这种材料，可以通过增加群体（合每亩7 000 ~ 8 000株），保持高产，由于收获指数高，有利于养分和水分的有效利用和机械收割。考察团现场考察了在一茬留根收获后长出的二茬高粱，长势苗壮，估产在每亩1 000斤左右。

（4）重新认识作物轮作的作用。

（5）旱区的土地利用与扩大再生产，具有鲜明特色，这与我国地少人多、土地利用中的严峻问题形成明显对照。考察团感触尤为深刻的是，美国旱区农业之所以形成较高的生产水平和较快的发展速度，除联邦政府和州政府的支持外，与农民具有强烈的商品生产观念有密切关系。美国农民的生产活动完全按照市场需求决定生产方向与经营规模。

美国政府对农场的种植计划也有干预，为了保证农业生产的总效益，国家对多种或少种造成的个人（农产）损失采取补赔政策。考察团看到按政府指导的一大片葡萄不采摘而干在枝头的情景，主人解释说这是由于市场饱和，政府限制采摘的结果。

1987年考察美国灌区

2.美国的旱区农业科学研究特色明显

（1）基础研究与应用研究紧密结合，坚持面向生产。

（2）思路活跃，勇于创新。

美国科研人员不囿于常规，不偏执已见，一般均能超越“常规”认识，提出一些新颖的看法，并能付诸试验，力求突破。他们的研究超前，深入实际，值得深思借鉴。

美国的科研一方面是先进，同时又联系生产实际，例如正茬小麦的畜牧利用问题。每年11月以后的冬季，苜蓿等牧草衰败，牲畜缺乏青草，考察团参观了美国科学家的试验场，他们采取提早播种小麦，麦苗发旺，他们将牛在小麦地放牧，让牛吃麦苗，这样既可发挥牧草作用，又可抑制麦苗的过度生长，牛的粪便又会增加田地肥力。这在我们国家，是很难想象的。除此之外，经费充足，手段先进，情报与信息系统健全等也是美国科研方面的特色。

赴苏高级访问，研究咸海萎缩问题

1988年8月至1989年3月，李佩成在苏联访问半年。

1. 高级访问背景——肩负中苏关系改善使命的科技使者

在中国实行改革开放的形势下，既需要一个和平的环境，也需要一个既向西方也向东方全方位开放的国际大格局，对于希望通过改革走出困境的苏联来说也是一样，需要改善中苏关系，加强交流。在这样的国际和国内形势下，世界人口最多的中国与世界上疆域最大的苏联便开始了改善关系的外交行动。经过漫长的努力，到了1988年前后两国改善关系的步伐加快了，李佩成就是在加速改善关系，中苏都需要增加来往，增加了解的情况下被挑选派往苏联以高级访问学者的身份考察学习的，实际上也是肩负着改善中苏关系的民间先遣使者的身份去的。

1988年8月29日到达莫斯科，1989年4月回国，同年5月份戈尔巴乔夫访华，实现了中苏两国和两党关系正常化。这样就为中苏两国科技交流与合作正式打开了门户。

1988年李佩成与加里宁工学院同行在一起

2.访苏考察主旨与过程

虽说这次赴苏，李佩成也肩负着友好使者的任务，但出访的主业还是专业领域的考察学习。他想尽量考察大规模人类活动与水资源动态的相互影响，并着重于中亚干旱地区，很想看看苏联改造自然，改造沙漠的成败究竟。

由于20世纪60年代，留学时中苏关系处于恶化态势，苏方不允许中国留学生前往外地。因此，除莫斯科外，李佩成对苏联的广大地区了解甚少，这次趁关系改善，苏联向中国释放善意，应当争取条件在中亚的干旱地区多跑跑、多看看、多想想。

因此，李佩成为自己规划了4个访问目标：

（1）尽可能大范围考察沙漠改造和干旱地区开发工程；

（2）寻求合作对象，建立合作关系；

（3）了解苏联教育改革及有关改革情况；

（4）促进中苏人民间的传统友谊。

为了达到上述目的，在安排上采取面广点深的方针。也就是说，充分利用有限的时间争取多跑几个地方，从宏观上多了解一些，但对重点问题尽可能做些深入的了解。

根据这个设想，李佩成离开莫斯科前往列宁格勒的加里宁工学院水利系。列宁格勒是苏联第二大城市，也是一座古老而又现代的城市，加里宁工学院是苏联工学院校中最有名的，相当于清华大学在中国的地位。他们的水利系比清华大学的还大还全，设有水工、水能、水利土壤改良等专业，著名的治河专家列维曾在此担任过系主任，水工专家巴甫诺夫斯基，渗流理论学者阿拉文等曾是该系的教授；全苏水利科学研究所曾属于该校，后成为一个规模宏大的具有高水平的水利技术试验研究机构。

1988年10月李佩成在中亚考察

李佩成于1988年9月1日到达加里宁工学院，被分配到水利土壤改良教研室，迅速与教研室主任M.A.米哈列夫确定了自己的考察和访问计划，差不多用了25天时间先在列宁格勒调研，然后去塔什干和中亚考察月余，再到乌克兰基辅两周、莫斯科两周。由莫斯科再到阿拉木图两周，再回到列宁格勒继续考察访问并整理资料撰写论文。

这次考察高级访问是比较充实的，上述目的基本达到。

3.值得回忆的几件事

（1）在苏联朋友的别墅，做中国陕西地方小吃“麻食”，庆祝中国国庆。

1988年在塔什干友人别墅做西安的“麻食”

这次李佩成由列宁格勒出访塔什干是在中国国庆节前夕，到了国庆节前一天水工系系主任告诉他，第二天星期六是中国国庆节，下午她和丈夫及孩子约李佩成到她家别墅去住。下午4时许，李佩成被系主任接走，乘汽车约半小时便到了。花草树木丛中一幢二层小楼，用绿色篱笆环绕四周，院门也不上锁，周围共有四五户人家，显得别致、清幽。邻居们将共进晚餐庆祝中国国庆，主人做一种招待客人的晚饭，类似新疆的抓饭。李佩成帮着烧火。主人还在邻居间来往穿梭。大约晚7时许，邻居们带着他们做好的菜过来，饭桌就安排在葡萄架下，塔什干天气较暖，花草树木郁郁葱葱。大家围坐在一起先唱《莫斯科—北京》歌曲，然后各人自告奋勇的唱歌。李佩成唱起了《莫斯科郊外的晚上》，吸引大家一起唱起来，十分欢乐。主人把电视机也搬了出来，大家边吃边唱，其情真切！正好电视上放映苏联的贺电及北京欢度国庆的镜头，欢乐气氛更浓，直到深夜方才散席。

夜里主人一家住在二层，李佩成一人睡在一层，身在异国他乡，思念祖国亲友，思绪起伏夜不能寐，便写了七律一首：

1988年10月1日应邀在苏联友人别墅过国庆有感

金秋初到塔什干，
应邀别墅尽开颜。
巧修绿篱藏小屋，
勤管硕果枝头悬。
葡萄树下摆席宴，
近邻远亲围一圈。
庆贺中国国庆日，
彻夜欢喜乐无边！

第二天，李佩成一大早便起床，出门观看田野景色，愈觉心旷神怡。早饭后主人们自建游泳池，李佩成便帮忙推土。午饭后，李佩成教大家做西安的“麻食”，在葡萄树下擀出面饼切成小面块，要求大家在草帽上搓出带花纹的麻食。大家吃得非常高兴，并以“佩成麻食”命名，说要推广传承。

这件小事使李佩成感到了埋藏在人民心中的友好情谊。

（2）关于“蜜蜂的哲学”与重视农业的呼喊。

庆贺中国朋友国庆的场面，除去肉食是从城里带来之外，果蔬都来自别墅的自产，葡萄酒也是自己酿造的。朋友们告诉李佩成，市场物价比之60年代大大地上涨了，而且供应状况不佳，就拿面包来说，不但品种减少了，而且常常断货，特别是大众面包，到下午便常常买不到。问其原因，苏联朋友告诉说领导们重视了棉花，放松了粮食生产和一般农业，他们关心赚钱而忽视了群众的生活必需。李佩成也不只一处地看到，广播电视台播放苏联领导人的讲话，群众边听边看边骂，甚至生气地关掉电视，苏联官员的官僚主义和贪腐已到了十分严重的地步，这些现象和党群矛盾发人深省。当然，李佩成当时并未料到苏联会解体，但他明显地感觉到在这里社会矛盾已经十分严重，这种矛盾也值得国内重视，特别是对农民、农村、农业的重视以及对劳动创造世界和为发展而上下一心拼搏奋进精神的倡导。同时激发李佩成写了两篇建议性文章，一篇是短文《蜜蜂的哲学》，另一篇是《轻视农业必将大祸临头》，后来经朋友建议回国发表时更名为《农业的本质及其在国家发展中的作用》，该文除公开发表外，还被作为中共陕西省党代会参阅文件。

现将《蜜蜂的哲学》转录于后。

蜜蜂的哲学

余性喜钻牛角，如略得闲，便又钻得厉害，盖因“人闲生邪事也”！

在国内时，公事家务缠身，无暇他顾。到了国外，虽说也忙，但毕竟有一些自己支配的时间。一日漫步塔什干的郊外，远山近野，祖国他乡又想起许多的事。

忽觉飞虫扑脸，定睛一看，却是一只蜜蜂。再举目望去，竟有许多，他们正在采集花蜜，上下飞舞忙个不停，此情此景，又勾起我钻牛角尖的老毛病，思绪顿时萦绕在这一群勤劳辛苦的蜜蜂！

蜜蜂者，小小之昆虫也！重不过克，长不及分，有头无脑，缺血少肉，一不会“演讲”，二不会“经商”，然其所采之蜜，奉其王、养其雄，时遭狐狸抢，又被老鼠偷！自家省吃俭用，大量结余之蜜又被能人弄去，或享用或卖钱！

而人者，比蜜蜂头大万倍，体重兆倍之高级动物也！其中之更能者挥枪舞剑、著书立说、偷税漏税、官倒私吞……，世间之精灵也！虽说不会酿蜜，却能将蜜蜂之蜜掠为己有，现今又发明了提炼王浆之术，精益求精，以期食而延年、长生不老，何其能哉！谈论战略，滔滔不绝；书写决策，连篇累牍，即使空谈也能天花乱坠，何其才矣！然而，用尽心机，未必尽如人意，争多嫌少，又哭又闹，怕东西贵，愁物价涨，时而挥霍浪费，时而担心温饱！缘何不如蜜蜂的社会，食用有序，井井有条！

看蜂思人，何哲？何理？久思不得其解，越发若呆若痴地钻着牛角，盯着眼前的蜜蜂。

然而，无论我是怎样的看它，赞它，念它，它都理也不理，只是忙着自家事业，两只腿上带着沉甸甸的花粉，想必口中还饱衔着花精，却仍然飞起来寻，停下来采，上下左右忙个不停。据说到了晚上腿勾着腿，齐心协力扇蜜更为辛劳！比不得人在空调室中、麻将桌旁、电视机前，“宝贝”身边，消停自在。

看着，想着，突然悟出其中道理：明确的分工，辛勤的劳动，严格的纪律，空话的不说，抓物质生产，省吃俭用，积少成多，这便是蜜蜂的哲学。

“哲理者宇宙之通理也”！在深化改革的今天，在期盼可持续发展的今天，若能领悟蜜蜂的哲理，奋发图强，增产节约，忍辱负重，忧劳兴国，以艰苦的劳动为社会也为自己创造更多的财富，改革必成，国家必强，人民必富，诸多矛盾，自然而解！

1988年10月2日于塔什干

这篇虽是短文，然画龙点睛，就是说社会应当倡导劳动，提倡节俭，分工明确，努力奋进，而且要讲纪律，不要信口开河。这种在异国他乡产生的认识，李佩成认为也是他出国高访的一大收获。

（3）另一件要说的就是农业问题。李佩成坚信农业是国家的基本产业，这个产业直接关系着国泰民安，但对农业重要性的认识仍需深化，在苏联是这样，在中国更是这样！而且自己在国外看到的问题也为人们，特别应当为国家决策部门敲响警钟。在《农业的本质及其在国家发展中的作用》这篇文章中作者根据大量的国内外资料，经过理论结合实际的分析，得出了结论性认识，这些认识是：

①农业特有的本质决定了它是国民经济和“一切社会的基础”。在文章中他为农业下了完整的定义，并指出“产出物质量大于投入物质量”的特性，把农业和其他产业区别开来，并成为原始积累的来源，成为一切社会的基础。

②世界发达国家的现代化均以农业的大量积累为前提。

③世界上的超级大国和发达国家均以强大的农业为支柱。

④第三世界国家在走向现代化过程中的失误，大都出于对农业的忽视。

⑤中国特有的国情要求要把发展农业放在优先地位。

⑥只有农业的发展，才能促进国民经济的全面发展。

这些认识既是他本人长期学习和在农业大学工作学习的结果，也是在一个对农业问题犯有错误的国家进行考察的细心体验，也是他赴苏联考察的另一收获。

（4）在中亚考察沙漠变银海。

在国内时便听说苏联引水灌溉沙漠，将荒漠变为良田，生产出大量棉花——长出白银，使苏联成为棉花出口国，并使乌兹别克斯坦和哈萨克斯坦经济迅速发展；还听说在塔什干有着研究干旱地区水利土壤改良的雄厚智力与经验。有名的单位包括塔什干农业机械化与水利土壤改良学院（简称 ТИИиМСХИ）和苏联水利土壤改良研究所。考虑到开发祖国西北的需要，李佩成也很希望前往看看。于是向加里宁工学院提出帮助安排的请求，系主任很快与ТИИиМСХИ联系好。9月25日晚0时50分从列宁格勒起飞，26日早8时许到达塔什干。水工系主任和外国留学生部负责人开车到机场迎接，李佩成看见一位精干的中年女士盯着下机的人群找人，便上前问她是否接李佩成，她说她们来接中国西北农业大学副校长李佩成教授，李佩成作了自我介绍，他们说："这么年轻，我们以为是一位老先生。"大家高高兴兴去到学院招待所，接下来几天时间进行了一些交流和参观，包括前述的在主任家的别墅庆贺中国国庆。接着由抽水机抽水站教研室一位老先生陪同前往野外考察灌区，考察沙漠改造，考察"沙产业——沙漠长出的白银——棉花"。

李佩成前往的时间，正是棉花收获的季节，收棉机，摘收棉花的工人、农民、学生忙成一片，采下的棉花像小山头一样堆在田间。由于当时中国的农业机械化还不发达，所以种棉、管棉、收棉的机械化场面使他十分激动，也期盼着中国将来也能如此！

棉花采摘后棉秆还在田间，其秆型瘦高，据说结食开花期比较集中，易于机械化管理和收摘。

他们的灌溉工程也有先进之处，在考察的日子里，由灌溉管理局的局长Р. А. Ачлов开一辆嘎斯69吉普车，他是老教授库兹明奇的学生，对李佩成特别照顾，广大原野都是他管辖的灌区，看、吃、住都受到热情款待。由于有水灌溉，光照又好，又逢瓜果季节，香甜、鲜美，不到实地很难想象戈壁荒漠会变成瓜果之乡，棉花银矿。将近一周沙漠之旅使他对祖国西北的未来产生了巨大的希冀，这也就是为什么李佩成对"再造西北地区山川秀美"充满信心！苏联在沙漠中的水利工程也有许多先进的可以借鉴之处——例如为了防止地面沉陷和风沙危及输水，多采用桥式（渡槽式）输水渠道、积极推广人工降雨机械灌水方式、采取渠库结合丰蓄枯用的调蓄方式等。但最大的收获还是思想认识上的解放。

辽阔的原野，千变万化的自然及其巨变，给予了李佩成放飞梦想的巨大空间。

驰骋在无垠原野上，沙漠变良田，使人信心倍增，深受鼓舞。他们一直到达引水渠首——阿姆河的一个大弯道处，看到大量河水进入渠道，联系中国的一些引水工程带来的问题，以及听到的有关大量引用阿姆河水的议论，他问老教授，引水后阿姆河下游的情况如何？老先生回答说："这条河最终流入咸海，流入量大概是420亿立方米/年，由于阿姆河和另一条大河——锡尔河水也被截用，咸海便萎缩了，而且周围发生了严重的沙漠化！"

库兹明奇教授的回答加深了李佩成对水利建设，对人类改造自然利害得失深化研究的兴趣，他决心利用已有的有利条件开展对"咸海萎缩原因、后果、对策"的研究，并将其作为自己高访研究的重要成果之一。

4.撰写《咸海萎缩原因、后果、对策及启示》

咸海地跨乌兹别克斯坦和哈萨克斯坦两个共和国，其流域分布在三个共和国——哈萨克斯坦、乌兹别克斯坦和土库曼斯坦。它是苏联也是世界上最大的湖泊之一，流域面积183.4万平方千米。1961年之前的咸海，水波荡漾，浩瀚无垠，其水面积约为6.7万平方千米，是中国青海湖的14倍多，咸海的水体容积约为1.09万亿立方千米，比之青海湖大10倍，相当于黄河流淌25年的总水量。在相当漫长的岁月中，咸海独处一隅，悠闲自得，水位水量几乎保持不变。

但是，从1961年开始，形势急剧恶化，水量持续减少，到1986年水位下降竟达12.5米之多，水面缩小2.5万平方千米，水量减少6 400亿立方米，带来一系列生态的、经济的和社会的问题。是什么原因致使咸海这样一个庞然大物迅速消瘦？它会不会很快走向死亡？它会带来什么后果？如何挽救它的生命？从而引发激烈争论。探讨这些涉及人类水事活动与自然水体动态相互关系的大问题，不仅直接涉及苏联人民的利益，而且对世界、对中国也将是十分有益的借鉴。因为在前进的道路上，面对自然，人类或迟或早将会遇到许多类似的困境和问题。而李佩成作为一个不直接涉及利害关系的外国人，也许能较为客观地分析问题，从而获得有益的认知。

当时，在我们伟大的祖国，正在兴起一个改造自然、兴修水利的热潮。开发长江、开发黄河，一系列的区域治理计划都涉及人类经济活动与水环境动态的相互影响，都涉及人类水事行为是否合理。前车之覆，后车之鉴，我们应当面向世界，洋为中用，研究那些我们可能碰到而别国已经出现的问题。

基于上述目的，针对争论的焦点，李佩成在访问塔什干、阿拉木图和基辅之后回到列宁格勒加里宁工学院，开始了系统的研究，用俄文和中文完成研究论文《咸海萎缩原因、后果、对策及启示》，内容包括：①引言；②咸海及咸海流域简介；③1961年后咸海发生的萎缩及后果；④咸海萎缩引发的争论；⑤咸海的水均衡计算及其萎缩原因的具体分析；⑥寻求对策必须考虑的重要方面——引水灌溉促进了苏联中亚地区的经济发展及新的生态系统的形成；⑦解决咸海问题的可能对策；⑧实现“自调控”方案，推进解决咸海问题的具体建议；⑨结论；⑩主要启示。

按翻译后的中文字数计算，全文约2万字，对咸海萎缩及治理问题，作了比较详细的论述，俄文文稿作为高访研究成果呈交给加里宁工学院，并在教研室进行了交流。中文文稿在精简后以《咸海萎缩原因、后果、对策及启示》为题，发表在《国土开发与整治》1993年第3卷第4期53 ~ 59页上。

文中介绍的关于咸海萎缩引发的争论，特别是李佩成研究的结论以及得到的启示意义深远，摘录如下：

咸海问题的研究结论：

（1）咸海形成于第三纪末。

（2）咸海在漫长的岁月中由于自然的原因水位也曾发生过大的变动。在公元14 ~ 15世纪，由于气候变化引发的水位变动其最大升降幅度不超过3米。

（3）从1900年到1959年的60年间，咸海水位变动较少，基本稳定在53米高程。

（4）从1961年开始，咸海水位剧烈下降，1986年末已下降12.5米，（降至40.5米高程），水面缩小2.5万平方千米，水量减少6 400亿立方米。

（5）咸海水位大幅度持续下降的主要原因是由于从阿姆河及锡尔河大量引水灌溉而使补给咸海的水量减少。对此，李佩成用两种方法进行了水文计算与分析，并得到充分证明。

（6）咸海问题发展到今天已成为进退两难之事。要想完全恢复咸海在1961年以前的面貌，除了由区外大量调水补给，别无他途。

（7）如果跨流域调水的方案不能采用或近期不能采用，则只能采用流域内"自调节"的折中方案，从而获得一个中等的咸海。水位35米左右，水面积3万~4万平方千米，水体积2万亿~2.5万亿立方米。

（8）实现"自调节"方案的主要措施有四条，具体内容在原文中作了论述。

研究咸海问题的主要启示：

（1）人类的水事活动——人类为了发展经济，保障生活供给而进行的水利建设事业和其他涉水活动，一般总能形成新的生态系统、新的经济部门和新的社会财富，从而产生新的"三效"——即新的生态效益、经济效益和社会效益——这常常是设计者们所预期的。

（2）人类的水事活动，其结果必然触发客观水体的动态变化。引水灌溉、供水之类消耗水量，恶化水质的水事活动，往往产生恶果，其直接表现是破坏原有的生态环境，甚至损害原有的社会经济系统。由于水事活动带来的这种不良后果常比带来的效益滞后，因此规划设计者们往往缺乏预先的确认，或认识不足或发现不及时。

（3）水事活动引起的恶果等到发现后，常常显得木已成舟。由于得失利害的冲突，由于自然的难恢复性，要想完全恢复原貌，诚属困难或几乎没有可能！

面对这种现实，人们只能抱着向前看的态度，寻求一种比较有利的解决方案，这种方案可能仅仅是个得大于失的折中方案。

有时这种方案也难以觅得，对此人们只能吞咽自己造成的苦果，总结教训，以儆效尤。

（4）当人们在实施水事，尤其是大的水事活动之前，三思而行是明智的，应当以慎重的态度前后古今、上下左右全面盘算，认真研究、深入思考。交流多学科的知识见解，进行必要的实验，以便深谋远虑地确定行动标准及其范围。

工程施工后，应加强跟踪性动态观测研究，以便及时发现不良苗头，解决问题于萌芽状态。

（5）人类水事活动从总体讲，得大于失，因此，面对出现的问题采取冷静积极的态度，一般总会找到较好的解决途径。

借鉴外国和往事是为了丰富我们的头脑，增加我们的智慧，决不能一朝被蛇咬，十年怕井绳，畏缩不前！轻率地破坏自然是不对的，但是如果不去改造，人类也将丧失成功的机会，没有光明的前途！

咸海问题是重大的世界性问题，关乎人类如何认识自然，如何改造自然，如何在认识自然、改造自然中认识和提高自己，做到正确处理改造与保护的关系。

李佩成认为赴日、赴美，特别是这次赴苏高级访问，有机会大范围观察自然，观察大规模的人类活动——特别是人类水事活动，有机会静心思考，十分有益。可以看作是他研究干旱半干旱地区问题的深化和新阶段，是他不久后主持再造西北地区再造山川秀美项目的热身和序幕，是他主持建立水文生态学新学科的爆发点和驱动力！

李佩成认为这次高访的所见所闻都是值得永远回忆的，在他回国前夕，苏联的朋友们送给他一首惜别诗。

亲爱的李教授：

我们觉得您非常和蔼可亲，
您平易近人，
精明能干，精力充沛
从不浪费一分钟，
您总在微笑
面对列宁格勒和首都的不同校园生活。
您的兴趣广泛，
它的宽阔就像一个完整的圆：
您是一位学者，也是一位副校长，
并且是业内的一位真朋友！
那么完美
仅仅是微笑
您让基辅，塔什干和阿拉木图倾倒！
一路平安！祝您好运！再见了！
请不要忘记列宁格勒！
也请您再次到访——
我们永远为您的到来感到高兴！

副教授 博列塔耶夫·尤里·巴里索维奇

第十章

调入西安地质学院，创建跨学科培养博士研究生新模式

为圆“水神”梦，请辞行政任职

早在苏联高访时，李佩成考察了中亚广大地区，研究了咸海的萎缩问题，联系到黄土高原的治理开发，使他意识到认识自然和改造自然的重要性，特别是其中包含的严重教训。例如，大量引用阿姆河水与锡尔河水浇灌中亚沙漠，致使原本接受其补给的咸海迅速萎缩，大面积湖区变为盐化沙漠，大量动植物消亡，传染病流行，湖区生态环境严重恶化，人民生命财产遭受严重威胁。类似的人类水事活动对生态环境的影响事件都说明对涉水事件的深入研究，已经迫在眉睫！联系到他在主持黄土台塬综合治理工作中，水科学理论和实践基础对他的帮助，李佩成深深地感到，在即将进入60岁的有生之年，若能将全部精力用于教学和科学研究，可能对人民和党的事业更为有利，因为在这方面国家对他进行了特殊的培养，花费了比别人更高的代价。

因此，经过再三思考，他向组织，包括省部级领导表达了自己不再从事行政工作，集中精力从事专业的想法，得到了领导的认同。但也有领导担心他是否出于对未来工作和人事安排的关切，并对他作了劝阻。然而，经李佩成反复耐心表述，终于在1991年暑假后，陕西省委商同农业部同意李佩成不再参加西北农大新班子组成，而由省委和农业部安排李佩成新岗位的意见。但农业部希望李佩成仍在西北农大或调入北京农业工程大学水利系。时任陕西省委教工委主任的梁琪同志基于她对李佩成的专业、学历和工作情况的全面了解，包括曾在莫斯科地质勘探学院留学的经历，她希望李佩成留在陕西，调入西北大学或西安地质学院。

李佩成调动的消息传开了，西北农大的广大师生表示理解而又依依不舍。就在此时，地质矿产部（以下简称“地矿部”）得知了这个消息，很快做出希望李佩成调入西安地质学院的决定，并由时任地矿部教育司司长，曾任西安地质学院党委书记的孟宪来司长协调此事。孟司长办事雷厉风行，他通过梁琪主任向李佩成转达了热烈欢迎之意，并当即委派西安地质学院罗春山副书记和赵中奇副校长等几位领导，在春节的大年初五前往西北农大给李佩成拜年并商谈调动之事。对于他们的到来，西北农大和李佩成本人毫不知情，但西北农大仍热情地接待了他们，听取了他们的来意。消息一经传开，便在西北农大议论纷纷：主要是不希望李副校长离开西北农大。但过后不久，当李佩成在北京出差时，陕西省委组织部门将调动李佩成夫妇的决定电话通知李佩成夫人初阳瑞，稍后又以正式文件通知李佩成，省委已决定将他调离西北农大与爱人初阳瑞一起到省委报到，由省委安排。李佩成在省委报到后，省委又指示李佩成夫妇到西安地质学院报到，从事专职教师工作，保留副厅级待遇，兼任学校巡视员。

调离母校，难忘的8月29日

1959年的8月29日，李佩成与初阳瑞结婚，亲朋好友喜笑颜开，热烈祝贺，33年后的1992年8月29日李佩成调离西北农大，亲朋好友洒泪惜别。

8月29日，对李佩成来说，是一个平常但又不平凡的日子。这个“日子”在他的人生历程上有太多的记忆，太多的记忆里，又充满了无限的感动：特别是1992年的8月29日，这一天，是他因工作调动而离别西北农大迁居西安地质学院的日子，正因为他在这一天告别他曾经学习过、工作过25年的母校，所以与往日不同，充满了激情难抑的感动。

这一天的上午，早秋的阳光给西北农大的上空撒满爽人的温热。西北农大的角角落落，似乎都散发着热烈的道别，每一栋楼房，每一棵树木，好像整齐列队的士兵、举臂欢送一位出征的将军，这一切又和自愿欢送李佩成副校长的教职员工交相辉映，气氛格外热情而又依依不舍。

人群里有人送给李佩成一包他最喜欢吃的辣椒粉，毕研光教授夫妇还亲手为李佩成送来一碗刚出锅的搅团（李佩成最爱吃的当地农家饭）。一声声道别，一句句祝福，充满了无限的眷恋、惜别和友谊！李佩成握着一双双恋恋不舍的双手乘上欢送的车辆，突然看见他的前任副校长刘孝谦老先生站在人群中流泪挥手告别，他再也无法控制，跳下车来，满含热泪向这位从病床上爬起赶来送行的老领导握手致谢。此刻，人群抽泣哽咽，人们用最真挚的感情欢送他们的副校长，欢送把整个青春年华贡献给西北农大的这位优秀教师——难舍难分的同事、朋友、领导！

车子驶上通往西安的西宝公路，李佩成望着依稀可见的西北农大主楼，沉浸在深深的回忆之中。

特殊担当，兼职水文地质工程地质系主任

说起李佩成调往西安地质学院，不能不提到时任西安地质学院党委书记的任端芳先生。据任书记回忆，他是1991年春节前调到西

安地质学院的，到了西安地质学院后，他对陕西省高校工委主任梁琪同志说，希望能给推荐一位能力较强的专家，人才是成就事业的先决条件嘛！

任端芳是个干事业的书记，他希望在自己职业生涯的最后一个岗位有所作为，有所成就，即使做一个伯乐也甘愿付出心血。当梁琪同志推荐了曾留学苏联，并在西北农大担任过副校长的李佩成教授时，任端芳书记暗自庆幸，他可以在西安地质学院"作为"一回了。

任书记首先向院党委汇报了李佩成的经历，又向时任地矿部副部长的张文远谈了自己拟调李佩成到西安地质学院工作的想法。

鉴于这是国家两部一省之间的人事调动，张文远副部长表示：可以协商，但需农业部同意放人。

经张文远副部长的协商，农业部同意李佩成从西北农大调出，事情的发展令任端芳满意。

李佩成调到西安地质学院不久，任书记约李佩成谈心，他诚恳地向李佩成表示，由于水文地质工程地质系（简称"水工系"）的团结问题，一时挑选不出合适的系主任，"希望李佩成能帮忙，兼任水工系系主任"。

李佩成为难了。他调离西北农大来到西安地质学院的主要原因，就是想不再担任行政工作，一心一意钻研专业，现在兼职有违初衷；也有西北农大的朋友说，您如果这么做，对西北农大也不公，人家会说重点大学的校级干部，到了西安地质学院才当了个处级的系主任。这个突如其来的意外，引起了他的思想斗争。而任书记的情真意切让李佩成经过反复考虑后答应了，其原因是：既然党委书记能以"请自己帮忙"的口气，让他兼任一个系的主任，这里面肯定有难处，否则书记不会那么恳切相告。李佩成从侧面了解到这个水工系是地质学院的一个重点系，有着良好的基础，只是因不和谐而推选不出一位系主任。因此，李佩成经过深思熟虑后，答应了任书记的要求。

李佩成除当好系主任之外，决心为干旱半干旱地区的研究而继续奋斗，干几件实事。他将自己初到西安的这些事归并为五个层面：①办好水工系；②为办好西安地质学院出谋划策；③为缓解西安水荒献计献策；④深入思考跨学科培养人才问题；⑤为深化干旱研究搭建平台。

在办好水工系方面他抓了几件事：

1.为水工系选培10个博士

大学是为国家培养人才的高等学府，每一个有志于大学工作的教师，都应把培养人才当做头等大事。培养10个博士，这是李佩成担任系主任后首先要做的第一件事，还是在西北农大时，他曾担任过科研处处长、副校长、干旱半干旱中心主任等职，按他的智慧和能力，管一个大学的系是绰绰有余的。但李佩成认为，西安地质学院这个系主任，不只是管理工作。当时，系主任有选派博士生的权利，这点权利必须要好钢用在刀刃上，用到培养人才这个关键地方。什么是“人事”？有了“人”才有“事”嘛，人才是第一位的。在这样的理念指导下，李佩成先后选拔了10位青年教师，分送不同地方攻读博士。

李佩成首先动员一位叫彭建兵的年轻副教授攻读博士。彭建兵心想自己是工农兵学员出身的副教授，已经很知足了，只想干点具体事，其他的并没有多想。经过李佩成耐心说服和动员，彭建兵没有令李佩成失望，他发奋学习外语半年，考取了胡广韬教授的博士生，攻读地质工程专业。经过4年艰苦奋斗，于1999年获得博士学位，成为一名优秀的青年教师。

除了彭建兵之外，经李佩成选拔培养的博士研究生还有郑西来、赵法锁、毛颜龙、仵彦卿、刘国栋、李新生、钱会等同志，他们先后取得了博士学位。如今他们都是分布在长安大学、中国海洋大学、上海交通大学、四川大学等院校的学科带头人，在各自工作岗位上，作出了突出贡献。

其中特别值得一提的一位是郑西来博士，他是当年由李佩成直接培养的博士生。

郑西来于1982年毕业于中国地质大学本科班，1988年在原西安地质学院获硕士学位，于1993年考取李佩成教授的博士生，1997年获博士学位。

作为博士生导师和担任干旱中心主任的李佩成觉察郑西来富有持之以恒的钻研精神，英语好，有进取心，举止文雅，很有学者风度。只要给他机会，让其努力，必成大器，李佩成首先推举郑西来担任干旱中心秘书。

后来的事实证明了李佩成的慧眼识珠，郑西来不仅成为了学术界的一位青年学科带头人，而且成为一位著名的学者型教授。近年来，先后在国内外发表学术论文100余篇。其中被SCI、EI、ISTP三大检索系统收录32篇（次），出版专著两部，主编国际会议文集1部。

郑西来现任中国海洋大学教授，博士生导师兼青岛市政协委员、青岛市水利学会副理事长。

经李佩成选拔的博士生，除少数选留他校任职外，大部分都成为长安大学有关院系的骨干教师。

2.水工专业获准按一本招生

李佩成上任伊始，在学校领导的支持下，首先调整了水工系的人员结构。在充分调动老教师积极性的前提下，着力发挥青年教师思维敏捷，勇于创新的敬业精神，短时间里水工系面貌焕然一新，政通人和，出现了热爱教学、关心科研、朝气蓬勃的新气象。

当时西安地质学院的水工系在全国已有名望，曾是国土资源部的唯一博士点，但因为不是一本招生专业，难保优质生源，对外影响不大。李佩成任系主任后，通过多方努力，获得教育部批准，将该系提升为全国一本招生的专业后，成为长安大学的唯一按一本招生的重点专业学科。

3.申请成立两个新专业

在兼职系主任期间，李佩成办的第三件事，就是为当时西安地质学院申办了两个重点专业：环境工程专业和岩土工程专业。

4.精彩的退职演说

光阴荏苒，身兼系主任已经两年了，按照当初和任端芳书记的约定，李佩成听说学校领导班子要换届，任书记可能退休，他便找任书记，表达了自己的愿望："任书记，我必须在你退休之前辞去兼职系主任的职务！"

任书记听完后，笑着说：我要退休是实，但你要辞职不行。

李佩成问为什么？任书记说：我在职你干得挺好，我退休了，你却辞职不干，新任领导会认为你不配合他的工作！

李佩成进一步申述自己的理由：正因为这样，所以我在你退休之前提出辞职，免得新任领导有什么看法。任书记理解并应允了李佩成的请求，并亲自主持了李佩成的辞职仪式。于是便有了李佩成在水工系离职那一次精彩的退职演说："两年多前，我上任时曾谢绝就职演说，因为我不了解情况，只想为水工系干几件实事。转眼间两年过去了，在我离开这个岗位时，回忆我所做的几件事，我没有食言，没有让大家失望。两年多来，在学院党委和行政领导的支持下，在全系师生的努力下，大概有以下几件事值得我们回忆：

（1）重新整合教研室，走向正规化，增强了团结和凝聚力；

（2）申报成功两个部级重点学科；

（3）将水工系申准为全国一本招生；

（4）为学院挑选培养了10名优秀博士生；

（5）增设两个新专业；

（6）成功申办了由国家建设部审核批准具有完备资质的西安地院地质工程勘察研究院；

（7）获批成立了由地矿部批准的国际干旱半干旱地区水资源与

环境研究培训中心（中德合作）；

（8）承担了一个重要科研项目。

李佩成强调："我希望水工系像爱护眼睛一样爱护团结，我虽然不再兼任水工系的主任，但我还想和大家一起干几件事，有这么一批骨干力量，我对我们水工系是充满信心的！"李佩成话语一落，全体与会人员响起一阵经久不息的掌声。这掌声是对李佩成两年多兼职系主任的赞扬与肯定，是发自水工系全体师生内心深处的感动与钦佩。

创办新的研究机构

1.申办成立西安地质学院地质勘探研究院

为了推进西安地质学院走向全国，面向世界，为深化旱区研究建立新的平台，李佩成提出申办地质勘探研究院的设想后，很快得到了校领导的支持，时任西安地质学院的院长说，学院已经为此事跑了好几年，但却因种种原因，没有申办成功。李佩成主动承担再次申办地质勘探研究院的任务，他往返北京数次，经过半年的努力，用真诚和耐心感动了地矿、建设两部领导，终于大功告成，于是1996年正式挂牌，西安地质学院地质勘探研究院宣告成立。李佩成担任首任院长，但在一切就绪之后，他却请辞了院长职务。

2.获准创办干旱半干旱地区水资源与环境研究培训中心

李佩成调西安地质学院的初衷之一，就是将他在西北农大开创的干旱半干旱中心的事业继续下去。他想在晚年再搞些科研，为解决干旱问题，再贡献一份力量。

西安地质学院没有西北农大的综合条件优越，西北农大是全国知名的综合性农业大学，有较强的实力。但他觉得在西安地质学院申请国际性的研究机构，也可突出西安地质学院的特色，有所创新。根据李佩成多年的亲身体会，深知水资源与环境科学的密切联系，他要创办一个将水资源与环境科学包括在内的干旱半干旱地区水资源与环境研究培训中心。

“有志者，事竟成”。李佩成经过不懈努力，西安地质学院第一个由国家部委批准的，由中、德合作创办的干旱半干旱地区水资源与环境科学研究培训中心于1996年正式挂牌。李佩成任中方主任，德国图宾根大学巴克教授任德方主任。

跨学科培养人才模式得到重视

前已述及，调入西安地质学后李佩成决心为水工系培养10名博士，与此同时，他下决心后半生要把培养硕士和博士生作为自己的一项奋斗任务。其中，值得强调的是，他在重视学科创新和跨学科培养方面，做出了突出成绩，他培养的博士生中冯国章的学位论文《水事活动对区域水文生态系统的影响》，因选题新颖，创新性强，研究深入，于2000年获得全国百篇优秀博士学位论文奖。

他培养的博士生张光辉、周维博、常安定的博士论文获得陕西省博士优秀论文奖。

这里需要特别介绍的是李佩成重视学科交叉，跨学科培养人才的思想和经验。

李佩成回忆；“还有一段难忘的经历。1957年我在西安交通大学（以下简称“西安交大”）水利系水工建筑教研室任教。我国水利专家、当时西安交大副校长田鸿宾教授从西北考察回来，决心创办

'地下水及冰川雪水利用专业'，以便为解决西北严重缺水问题培养人才，并决定抽调我改行学习'地下水及其开发利用'。"田校长的超前思想，当时许多人不理解，李佩成思想也不太通，其中原因之一是不愿改行。田教授对他语重心长地说："学了地表水，再学习地下水，是有好处的，你将会更全面地对待水问题。"田教授的观点得到他的另一位导师、原中国灌溉研究所所长、我国著名水利专家粟宗嵩的赞同。当李佩成在该所进修时，粟老先生指导他学习地表水的合理开发利用，同时又指派我国地下水专家葛荫萱先生指导他学习地下水。两位老先生常常共同结合起来，处理北京和华北、西北乃至全国出现的水旱问题。他们特别希望通过对李佩成的培养使地表水和地下水的开发利用知识得到结合！后来李佩成又到苏联莫斯科地质探勘学院水文地质与工程地质系做研究生，他将他的业务出身和改行经过告诉他的导师、著名水文地质学家H.A.普鲁特尼科夫和П.П.克里门托夫教授，他们支持中国导师的见解。П.П.克里门托夫是苏联第一批派来援华的专家，他对中国人民怀有深厚的友情。他对李佩成说："你不必学习我的专长，我的专长你们中国许多同志都学了。你应当学习你们祖国所欠缺的，即便这是我的短处，但我仍然可以指导你，因为我能把握治学的共同规律，我熟知地下水科学，也懂地表水。至于地表水科学的深层次问题，可以请我的朋友莫斯科水利土壤改良学院的阿维里扬诺夫教授指导您。"已如前述，他也的确这么做了。

这些先辈导师们给人一个共同的启示：跨学科的学习，一方面可以促进本学科的进步，另一方面也会加速边缘学科、交叉学科和新兴学科领域的形成与发展，使博士生教育更好地面向未来，为国民经济建设服务，为科技发展和社会需要服务。这样的大环境就要求青年学者不要墨守成规，要敢于开拓新的学科领域；与此同时，作为指导教师，不能只驾轻车走熟路，而要与学生一道开辟新的领域，即使这样会给自己的指导工作带来困难，但困难可以培养人，可以交叉出大学问，李佩成亲自尝到了学科交叉的甜头，他说："由于自己学习了地表水，从事过河川工程的研究和教学，后又改学水文地质专业，研究地下水及其开发利用，这既扩大了知识面，又开阔了思路。我看到地表水，便想起了地下水：看到下雨便想起水会渗入地下变成地下水；地下水、地表水和天上水在我的头脑中是不可分割的相互转化的统一体。正因为如此，早在30年前的1963年，我便在论文《利用地下水灌溉的好处及其在国外的发展概况》一文中提出了地表水、地下水要联合运用的'井渠结合、排灌结合'的建议。1975年在《关于水源问题及其解决途径的商榷》一文中提出了'三水——地表水、地下水、天上（降）水统观统管、综合调节、时空治水'的理论，除刊物发表外，中央电台还播放了。而今，这一理论已成为公认的治水原则。"

李佩成说："由于我参加修建过地表水库，而地质学和地貌学的知识告诉我：沧海桑田，地面之下有许多古河道和含水岩体，有许多未含水的可含水构造，如果能进行人工引渗，将地表水引入其中，便可形成地下水库。基于此，1973年我便给中央写信并在公开发表的论文《关于防旱抗旱的建议》中提出在我国开展人工补给修建地下水库的建议，受到国家的重视，并决定拨500万元巨款在陕西省富平县的石川河阶地研究修建我国第一个地下水库。遗憾的是，这项具有开创性的示范研究工作受当时特殊背景条件的限制而中途下马，夭折于摇篮之中。但作为一项事业，第二个、第三个地下水库相继在其他省份出现了。在苏联、日本、美国等，还把地下蓄水修建地下水库作为水利技术的新发展。"

"我尝到的另一个甜头是获得全国科学大会奖的黄土辐射井研究。在这项合作研究中，我的主要任务是研究设计黄土辐射井的关键部分——辐射管。我所设计的辐射管实际上就是水平钻入黄土的8根总长近千米的土孔。正由于不装滤水管，大大降低了造价，因而能大量推广。但土孔如何能长久地不冲不淤地持续工作，国内外许多同行朋友，十分担心。最近在陕西乾县的调查表明，经过20多年的使用，95%以上的井仍然运行良好，这充分证明了当初设计的正确性。而这种正确性又得助于黄土沉积学、水文地质学、工程地质学以及地下水动力学知识的综合，归功于学习专业面的拓宽，得益于我的'改行'。"

获得国家发明奖的"轻型井"研究也有类似情况。

"七五"期间，李佩成主持了"黄土高原治理开发"项目中的黄土台塬定位试验研究，获得了国家科技进步一等奖和陕西省科技进步一等奖。在全方位深入研究后，李佩成提出了"治理与开发相结合，以开发促治理，以治理保开发"的黄土高原治理开发方针，并组织农、林、果、牧、水、土、肥、气、经多兵种联合攻关的人员结构，其指导思想也是对学科交叉与综合的肯定。

在谈到科学研究与人才培养，以及关于多学科联合攻关和学科交叉培养人才时，李佩成回忆说："我原在西北农大担任副校长和农业水土工程博士点导师，1992年调入西安地质学院转到水文地质与工程地质博士点。由于行政工作减轻，便很想拿出一定精力培养一批跨学科的博士生，通过他们建立新的学科，这种思想得到了学院、地矿部及陕西省教委的支持。为此，在计划外的委培生中，首先选录了由西北大学地理系本科及硕士毕业的、在陕西省计委国土处任职的薛惠锋同志。他学地理，对自然的认识比较深刻，又搞计划投资，对经济建设比较了解，我便将自己熟悉的水资源科学与其相结合，在我所研究的人—水—经（济）—环（境）基础上，让他增加水的知识，在研究中以人类水事活动与人类经济活动相关研究为背景，面向人类未来，选择了《水资源对区域经济可持续发展永续支持的决策研究》作为博士论文题目。由于充分利用了师生双方的长处，加上他的努力，提前一年完成了博士论文。尽管这个题目从形式上看似乎与博士点的名称仅有一字之连，然而它的超前性、综合性和实用性，可以说没有哪个现有学科点能够完全包容。由于该论文选题正确、内容丰富，不但面对未来，也针对实际，受到答辩委员会和来宾专家——包括陕西省学位委员会秘书长杨致禄等专家的一致肯定与好评。为此，专家学者们认为这种成果的出现和人才的造就，只有通过扩大专业面才能实现，也只有通过学科的跨越和延伸才有可能。”

第二个扩大专业面进行学科延伸的例子是招收了山西师范大学地理系的一位年轻副教授、山西师大国土研究所所长岳亮同志。读博士以后选定的博士论文题目是以水资源与人类旅游活动相关性研究为大背景，探讨水资源与旅游景观之间的相互关系，从而创立新的学科体系——景观水资源。它跨连旅游学、水资源学、风景学、美学建筑学、心理学、园林学等多个学科，是一项内容十分丰富而又深邃有益的事业。他们撰写的《论景观水资源》已在《水科学进展》1995年第4期发表。撰写的《再论景观水资源及其分类》《人类水事活动与水域景观相关研究》《人类水事经济活动的初步研究》等也引起较大的反响。

1995年，李佩成还招收了另一名学过法律专业的委培博士生，让他研究《边界（包括国界）水资源的法律问题》。因为在水资源开发管理中，边界（包括国界）的水资源分配、开发管理等都是最易引起争议的水事活动，在未来更是如此，很需要既懂法律又懂水事的人才，才能在科学合理的基础上制定和执行有关法律，才能保证国家的利益不受损害而又能与邻国和谐开发。

当然，经李佩成选拔培养的精英人才，远不止上文中提到的几位。后来当选为中国工程院院士后，他曾提出要在担任院士的头十年中，为国家再培养50名研究生的宏图大愿。

关于李佩成对学科交叉和培养人才的建议，以及扩大专业面培养人才的创意与实践，总结在论文《适度拓宽博士点覆盖面是学科发展与造就跨世纪人才的需要》中，发表在由中国学位与研究教育学会、国家教委研究生工作办公室、国务院学位委员会办公室主办的《学位与研究生教育》1996年第5期。

当李佩成回忆起兼职巡视员工作时也有几件值得回忆的事。

其中一件事是关于西安地质学院更换校名的事。随着学校的发展需要，上级同意将原校名更换为新的校名。李佩成以他敏锐的思维和前瞻性，提出校名改为“中国国土大学”，而且写出详细报告。遗憾的是，李佩成的建议以“过于超前”的理由被否决了。如果当初能更换命名“中国国土大学”，如今不仅在国内唯一，而且会为国土资源管理和开发研究，为国土资源、环境科学、地球科学的人才培养发挥重大的作用！

第十一章

心系西安水事，破解西安水荒，推动重现八水绕长安盛景工程

破解西安水荒，当选西安市劳模

西安水荒可追溯到20世纪60年代末，1969年，西安第一次出现水荒，1993年已是第二次遭遇水荒。究其原因主要是随着城市规模扩大，人口猛增，经济迅速发展，地下水开采过量而触发水荒。中华人民共和国成立后，西安的供水主要采用开采地下水，先后开发近郊浐、灞、沣、渭四条河的沿岸地下水，打深机井200多眼；此外工厂、机关、学校的自备井竟有1 000多眼。过分开采地下水，引起地下水位下降，并引发地面沉降，最大水位下降达80米。位于市中轴处的钟楼，平均年沉降率从1960年的6毫米，增加到1987年的32.2毫米；更令人触目惊心的是1993年的夏季，西安人的饮水问题令各方担忧。人们半夜起来排队接水，职工下班回家带水做饭，高价水沿街叫卖，一车水卖到280元；大学给学生发冰棍解渴，甚至不得不提前放暑假缓解水荒……更有甚者，东郊一带地面裂缝有11条之多，总长达70余千米。

全国政协副主席、原水利部部长钱正英考察时认为“西安已经发生水危机，在全国缺水城市中，西安的情况是最为严重的。要及早采取缓解水供需矛盾和抢救西安的措施”。

这一切引起省、市政府高度关注，解决西安水荒已成西安各级领导的当务之急！

为此，作为一位从事水事工作的专家，且在水利界颇有名望的学者，李佩成怎能袖手旁观？作为一名新入住的西安市民，他认为更有义务为解决西安水荒而献计献策。

1993年国庆节，李佩成利用假期休息时间，写了一份解决西安水荒的建议，分别寄给了省市主要领导，主要内容如下：

就完满解决西安供水问题给省市领导的信

尊敬的省市领导：

您好！

西安市的供水紧缺，乃是人民群众期盼早日解决的，并以此作为评价政绩的实事之一，为此，提出一些建议，供你们决策时参考！

致

礼

李佩成

1993年国庆节

群峪协井 两水并用
对完满解决西安供水问题的建议

（一）要正确评价西安的自然水环境，引导舆论，树立信心

相当长的时期以来，由于供水紧缺和一些欠妥的宣传，给人的印象似乎西安成了世界上少有的旱城。既妨碍正确决策，也使本市本省人信心受损，尤其会使外省和外国人望而却步，担心西安的发展条件。良苦的求助初衷适得其反！

其实，西安的天然水环境并不错，"八水绕长安"，秦岭有众多的峪口正对着西安，峪峪有水，年总径流量约20亿立方米（西安市区2000年的供水需要量为6亿立方米/年）；黄河的最大支流——渭河穿市而过，年水量也在25亿~55亿立方米之间。

西安市的降水量也不算少，平原地区年约600毫米，秦岭山区高达800~1 000毫米，秦岭北麓山区的年降水量约为42亿立方米，这里植被良好，蒸发量低，是难得的巨大绿色水库，也是南山诸峪水的可靠补给源区。

西安市还分布着由洪积砂、砂卵砾石构成的厚大含水层，不仅地下水比较丰富，而且也是开展人工补给，涵养水源的地下库容，十分有利于各种水源的调控与利用。

西安有如此良好的天然水环境，却出现了严重的供水紧缺，关键在于我们的水科学、水技术和水投入——生产水的生产力，未能及时适应社会经济发展需要的结果，问题主要在人而不在天！由于天然水源条件较好，只要我们方法对、决心大，缺水问题两三年内便可解决，而且前途光明！

（二）走出供水短缺困境的根本出路在于对原有供水方式进行结构性改革，实现地表水、地下水两水并用

“井渠结合、两水并用”是解决灌区缺水和防治土壤盐渍化的灵丹妙药，也将是解决西安这类城市供水紧缺和环境问题的战略途径。

西安原有供水方式是以就地开采地下水为唯一供水水源。这在社会经济不十分发达，用水量较少的时期是可行的，但在用水量增大的情况下，便暴露出它的致命弱点：它既不符合“天上（降）水、地表水、地下水（包括土壤水）三水统观统管综合调节”的现代治水理论，也不符合地下水的安全开采必须遵循有采有补、采补平衡的原则。因而引起地下水位大幅度下降，供水紧缺，并且诱发地沉地裂等一系列地质环境灾难。

要解决上述问题，就必须采用新理论、新办法对现有的供水系统从根本上进行结构性改革。所谓结构性改革，就是要把过去的以开采地下水为唯一水源的供水系统，迅速而明确地改造成地表水与地下水联合调用的供水系统——像水电、火电并网一样，让地面的长流水承担需水量的基本负荷，而由地下水承担峰荷，并成为抗旱的储备水源；同时通过人工补给，通过保护和强化山区植被的措施，涵养大气降水，丰富地下水和地表水源。

这种重大的结构性改革，最终将成为解决西安供水问题的根本途径。

日本、美国等世界上不少国家的大中城市，甚至包括北京在内，都曾经经历过这种结构性改革过程。国外有关专家也认为："陈旧的用单一水源供水的方式，逐渐被地下水与地表水的联合运用所取代，便能使两种水源都得到更大的充分利用而又不产生枯竭，同时提高了供水的保证率。"前车之覆，后车之鉴，我们不必留恋过去，而要面向未来，早认识、早干、早主动。

（三）西安具有完成上述结构性改革的必要条件，应当名正言顺地充分加以利用

西安南依秦岭诸峪，不仅峪峪有水、水质良好，而且有利的地形可使这些峪水，"长藤结瓜"自流引入西安市区，水量也有保证。就拿几个主要的峪水来说，在保证农业和当地用水的情况下，按保守的估算，每年只要从黑河低坝引水8 000万立方米，从沣河引水3 000万立方米，从田、就、耿、泥和西骆峪引水7 000万立方米，从石砭峪引水3 000万立方米，从李家河低坝引水5 000万立方米，便可得水2.6亿立方米/年，再加上境外引石头河水9 000万立方米——这是中央提出省上已商定的，便可形成廉价而有相当规模的"群峪引水系统"，每年共得地表水3.5亿立方米，日均96万立方米，约为现在西安自来水日供水量的1.5倍，即便计入自备井的提水，则前者仍高于现在西安的总供水量。

如果将此前的地下水开采量按80%，即2.4亿立方米/年计入上述的未来供水量中，则地表水与地下水相加形成的"群峪协井联合供水系统"共供水5.9亿立方米/年，便可基本满足预测的2000年西安城区6亿立方米/年的需水量。

考虑到将来黑河高坝枢纽的建成，石头河东调水量的加大，考虑到节水型社会的建立，2000年以后，西安的供水前景也将是十分光明的！

（四）"群峪协井联合供水系统"已在西安萌发，应当一鼓作

气，促其迅速建成

事物发展的总趋势是走向必然。由于原设想的黑河高坝枢纽一时难以上马，促使人们另找当时认为是应急的措施，实际上却是沿着群峪引水、两水并用的必然性前进，原来设想的“黑河引水工程”，实际上发展为“群峪引水工程”。在尚未引用黑河一滴水的情况下，通过该工程已完成的渠段，将石砭峪水库之水于1993年引入西安城区。虽然每天引水只有8万立方米，但对西安供水事业来说，却具有跨时代的意义，它标志着新的供水结构系统——“群峪协井供水系统”已在古都萌发！

我们当今的责任，在于为新生事物正本清源，鸣锣开道，名正言顺地确认：目前建设中的“黑河引水工程”，应按“群峪协井引水系统”的思路加以完善并尽快建成；这一工程不是权宜之计，而是实现两水并用、三水统调的战略创举！因此要排除各种诱惑和干扰，一切与此无益的有关项目均待该工程完工之后再视需要进行，以便集中人财物力，一鼓作气争取一年左右首先完成从石头河水库到曲江水厂的群峪引水渠系，也就是完善并全线修通原来称谓的黑河引水渠道；1～2年内形成协调的“群峪协井联合供水系统”，从而使西安市的供水紧缺问题得到解决。

祝我们全省和全市人民在省市委和省市政府的领导下，万众一心为实现美好的供水前景而奋斗！我们也期盼中央给予帮助，使西安人民摆脱缺水的困扰，使西北重镇焕发青春，彻底改善供水这个最为基本的投资和旅游环境，从而为福荫三秦、开发西北、富强中华、推进人类进步作出贡献！

李佩成

1993年国庆节

1995年，西安水荒进一步加剧，城市供水直接影响到居民、机关、工厂、学校的生活用水，令人担忧。于是西安市政府二处秘书刘建武将李佩成1993年写给省市领导的建议信找了出来，以报告的形式呈给西安市市长冯旭初，引起市长的高度重视，为了还原历史，现将刘秘书的报告及领导批示的影印件展示于后。

西安市人民政府

冯市长：

您好！

西安地质学院李佩成教授（原西北农业大学副校长），是水利部地下水专家组成员，多年来一直关心并从事于西安城市供水问题的研究。去年以来，他带领科研人员对秦岭北麓的水资源进行了深入细致的测量、研究，即将形成系统材料。最近，他将自己关于城市供水问题的一些想法送来，请您在百忙中抽时间一阅，供参考。现转呈与您。

秘书二处　刘建武

95.7.19

对"群峪协井两水并用，西安市中近期供水最佳方略研究报告"的评审意见

一九九六年五月十七日，陕西省科学技术委员会邀请省内外专家九人，组成评审委员会，对"群峪协井、两水并用、西安市中近期供水最佳方略研究"（以下简称"群协供水方略"）作为软科学研究成果进行了评审。评审委员一致认为："群协供水方略"具有下列主要特点：

1. 研究者针对十多年来对西安居民生活和经济发展造成严重危害，成为国家建设向西部转移重大障碍的西安市水荒和相关的地质灾害问题在黑河水库建成前尚无理想对策的紧要关头，开展以解决西安中近期水荒问题为目标的研究，选题正确，及时，具有重要的战略意义。

2. 研究者根据系统工程理论，开展了跨学科研究，从研究西安的供水历史与现状出发，深入分析了西安的水源条件，遵循"三水统观统管、综合调节、时空治水、经济治水、生态治水"的治水理论，吸取并发展了国内外水资源合理开发利用的先进理论与经验，创造性地提出了解决西安水荒的方略——群峪协井，地面水和地下水联合利用供水系统，技术路线科学合理、先进。

3. "群协供水方略"充分利用了西安的自然特点，将西安地区的各种水源和蓄水加以综合调节，可大大提高供水保证率。它既肯定了修建黑河水库的必要性，又能解决黑河水库建成前西安的中近期供水问题，并为解决长远供水创造有利条件；既能保证城市供水，又有缓解城市地质灾害，体现了水利为整个国民经济服务的方针，反映出水资源战略研究的现代科学水平。

4. 此研究报告资料翔实，分析深入，论证严谨，系统性和综合性很强。它一经提出，就得到西安市主要领导的肯定，被认为"是解决西安市供水和环境问题的必由之路。"实践已初步证明："群协供水方略"是切实可行的。能充分利用引水渠道等已有工程，短期便可见效，经济效益显著。

综上所述，该项研究成果思路清晰，资料翔实，结论正确，建议具体，科学性、先进性、可行性强，反映出水资源战略研究的现代水平，并有明显的创造性，是对西安市原有供水模式的重大突破，达到国际先进水平。

建议：1. 本"方略"作为政府解决西安水荒问题的决策依据，尽快开展实施"方略"的工程可行性研究；

2. 就方略实施后对区域生态环境的影响进行评价和研究。

评审委员会主任：王䒷光（签名） 副主任：山仑（签名）

1996 年 5 月 17 日

从影印件得知，冯市长的批示是："思路很好，请富春同志阅办。"

张富春副市长批示："李教授的意见很好，'井渠结合，两水并用'，将是解决我市供水和环境问题的必由之路。请市公用局、市黑河办并市自来水公司认真研究，制定具体措施。"

李佩成的"群峪协井，两水并用"建议被采纳后，西安水荒当年得到缓解，1996年李佩成被评为西安市劳动模范。

在这里，还原历史是为了更好地见证当初的事实。从当时西安市委市政府领导的批示中，就无可辩驳地证实了李佩成院士于20年前对西安水荒问题的研究及其建议是非常正确的。正如国务院参事王秉忱和山仑院士两位专家在此项目"评审意见"中总结的："综上所述，该项研究成果思路清晰，资料翔实，结论正确，建议具体，科学性、先进性、可行性强，反映出水资源战略研究的现代水平，具有明显的创造性，是对西安市原有供水模式的重大突破，达到国际先进水平。"

李佩成预言按"群峪协井，两水并用"供水模式解决西安的供水，可以"十年保平安，二十年无大患，三十年小麻烦"。如今距西安水荒灾害已整整过去了20年之久，西安的供水从未出现任何令人恐慌的现象，"二十年无大患"的预言成为铁的事实，排队接水的水荒场景，已成为永远的回忆，取而代之的是"群峪协井，两水并用"的供水方略带来的清甜饮水滋润着西安人民，满足着西安人民的生活需要。

当代人在分享"群峪协井，两水并用"给西安供水方略带来的创新成果时，当西安市不再担忧用大桶小桶、盆盆罐罐排队接水的煎熬重演时，是否应该从更宽泛的水事治理的层面上认识"破解西安水荒"的历史意义，这就很自然地想到人类生存的一个最现实问题：水以及水在人类社会发展中的重要地位。值得庆幸的是，西安人之所以从水荒灾难中解脱出来，几十年未受缺水之忧，正是因为有李佩成这样一位一心一意将西安的水事问题视为他研究水与治理水的重要课题的科学家。也正是因为李佩成和他的合作者们的执着担当，勇于排难，不辞辛苦，破解西安水荒才能大获成功。

然而，李佩成并未停留在只对西安水资源的开发与利用的研究上。他运筹帷幄、前瞻思维，且善于创新。这种勇往直前，永不停歇的崇高品质，造就了他为水而生，为水而干，为水甘愿付出一切的倔强性格。他曾暗下决心，为西安的“水事”献出全部智慧。正因为如此，在破解西安水荒难题之后，他又进行了三个具有震撼意义的关于西安水资源问题的研究项目：一个是陕西南水北调第一例的引乾济石工程，第二个是重现八水绕长安盛景工程；第三个是地下水回灌。

首推陕西省内“南水北调”——“引乾济石”

对于西安的水事问题，省内外的专家学者，都做过大量研究。如上所述，由李佩成主持的“西安市供水水资源系统优化调配研究”于1997年6月，由长安大学（原西安地质学院）、西安理工大学与陕西省关中水资源科研项目管理办公室签订合同，历经4年多研究，取得了可喜成果，并于2004年获得西安市科学技术奖二等奖。

研究报告认为：西安水荒在“群峪协井，两水并用”的方略实施后，基本上得到缓解，但是，水荒能否根除，西安市的水资源条件到底如何，通过怎样的优化调配，才能发挥水资源的最大效益，从而保证经济、社会可持续发展，依然是政府和专家学者最关心的问题。

通过研究，得出的结论是：西安水资源问题不会一劳永逸地得到解决，必须从战略高度认识西安未来发展中的供水问题，制订水资源开发利用长期规划，逐步实施。

一心想着人民，想着为人民解决困难的李佩成教授，也在苦思冥想，如何在缓解了西安水荒之后，谋划解决西安30年后的可持续供水问题。

那么，水源从哪里来呢？从哪儿引水呢？已如前述，李佩成认为秦岭是座巨大的绿色水库，不仅北坡有众多峪河，而且南坡水源更为丰富，他认为解决西安乃至关中的发展用水要从调用南坡水源，也就是在实现陕西省内南水北调上下功夫，他瞄准的第一个试验工程是交通与水利结合的“引乾济石”工程。

李佩成调入的西安地质学院，与西安公路学院也就是后来的西安公路交通大学为邻，使他对交通和水利产生了许多联想。他想起在苏联看见许多大桥上修建了车站，一桥多用，由此他想到修筑穿越秦岭的隧洞能通铁路、通公路，能不能也用来兼作通水之用？他把他的这些想法告诉同行朋友，并找相关部门建议，交通部门的人士支持，水利部门却有人反对，结果延误了利用铁路隧洞的时间。

后来，李佩成瞄准柞水县境内的乾佑河，打算将柞水县的乾佑河河水引入西安的石砭峪水库，实现“引乾入石”，全长约25千米，预计引水可达5 000万立方米/年。

经过反复研究后，他邀请了王德让、汤宝澍、寇宗武、李启垒等老专家，由李佩成执笔，将这一南水北调的方案写成建议呈送省市领导等待回音，在此期间，他也听到了一些不同的声音：“从陕南引水到西安，可能吗？”“用公路隧道修筑引水渠道，是异想天开！”

作为建议的发起者，创新意识极强的专家，李佩成并不对那些反对意见感到意外，因为任何一个新生事物的出现，都不是一帆风顺的，即使哥白尼那样的大科学家，不是同样也遭到罗马教廷的迫害吗？南水北调这在陕西的历史上尚属首创，而且还是利用公路隧道工程施工条件的，肯定要引起某些不理解，甚至有人说是“瞎胡闹”。然而，李佩成并不退缩，一年多时间过去了，他们又以“紧急建议”的文件形式，送给陕西省政府咨询委员会，以求得支持。之所以在“建议”前加“紧急”二字，是因为修筑公路工程即将竣工，如果不及时利用筑路的机会，就会错失良机，贻误“引水”。

尽管这样，过了一段时间，依然没有回音。李佩成和几位专家终于按捺不住焦急的心情，由李佩成亲自将建议书呈送给陕西省委书记、陕西省人大主任李建国的手中。

李建国书记立即将建议提交给省人大进行讨论，并获得通过，批准了陕西第一个穿越秦岭的南水北调工程——“引乾济石”，并于2003年月11月正式开工建设，李佩成一颗悬着的心总算落到了实处。

李佩成及其合作者因此获陕西省咨询委员会2002年度优秀咨询建议奖。

经过一年多努力，2004年12月26日，18千米利用公路施工副洞整修而成的秦岭输水隧洞全线贯通，2005年7月底，试通水一次成功，这也标志着陕西省实施的第一条省内南水北调跨流域调水工程建设成功。

引乾（乾佑河）济石（石砭峪）调水工程是陕西省南水北调工程首创之作，也是西安市重点基础设施建设项目，工程总投资2.01亿元，每年供给西安城市用水4 697万立方米，工程不大，贵在多项首创——第一例跨越秦岭的省内南水北调，第一例交通水利的结合。

潜心研究“重现‘八水绕长安’盛景工程”

在李佩成从事水事科学研究的人生历程中，究竟写了多少有价值的建议，笔者并未作过详细统计。但凡被采纳的建议，无论是从科研成果，还是产生的社会效益、经济效益都是令人钦佩的。仅以1988年8月李佩成向农业部和经贸部书写报告的建议为例，就获得了联合国开发计划署资助资金840万美元，供中国西北5个兄弟省份单位开展“中国西北干旱半干旱地区农业开发”研究。

调离西北农大后，关于“群峪协井，两水并用”的建议，解决了西安水荒问题；关于“引乾济石”的建议，不仅获得了陕西省政府咨询委员会的荣誉奖励，而且“引乾济石”工程也得以实施，开创了陕西省内南水北调的先河，为缓解西安未来水资源的短缺做出了突出贡献。

除上述建议之外，还有关于国土整治的建议，设立“国土大学”的建议，写给胡锦涛总书记、温家宝总理关于“三江调水”的建议，关于奥运期间如何预防南方水灾的建议，等等，无不展示了一位科学工作者的责任心和爱党、爱国、爱民、爱故里的满腔热情。每每遇到关系国家和人民生活生存的大事，他总是具有前瞻性和预见性，并用建议、报告向中央或有关政府机关表述自己的看法及解决问题的办法，充分体现了李佩成素有的忠心与热诚，良知与责任感……

为什么李佩成总是能提出那么多有价值的创造性建议，而且能够付诸实践？这与他长期深入实际，勤于思考有关。用李佩成自己的话说："就是接触实际，在实践中推动思考问题，从实践中认真寻找群众的创造性，促使你不断产生创新认识，总结经验，得出结论。"伟人说的"实践出真知"就是这个道理。

2001年，李佩成和他的团队，研究提出了开展"重现'八水绕长安'盛景工程研究"的建议，立即引起各方面的关注。

正如在建议开头所写的："八水绕长安"是西安人津津乐道的历史骄傲，也是西安人深埋心底的现实遗憾，更是西安人憧憬未来的美好愿望。1999年1月25日，陕西省科学技术协会主办的《科技工作者建议》全文刊登了《关于"重现八水绕长安"盛景工程的建议》，建议上有时任陕西省副省长陈宗兴的亲笔批示：

"此建议很好，我意请省科技厅牵头，组织多学科的专家调研论证，提出可行性报告。为推动此项工作的开展，可请省科委、西安市科委立项，作些前期研究。"

让我们暂且搁置有关建议的来龙去脉，了解一下"八水绕长安"的历史脉络，或许更有意思。

《休闲读品·天下》杂志2011年第4期有位记者在《何日再现"八水绕长安"》的载文中是这样描述的：

"八水绕长安"之说，来源于汉代著名文学家司马相如，他在《上林赋》中写道："荡荡乎八川分流，相背而异态。"所谓八水系指泾、渭、灞、浐、潏、滈、沣、涝，除渭河、泾河发源于甘肃、宁夏外，其余均发源自陕西秦岭，呈扇形分布，汇于渭河。

为了求证历史上长安城八水水系的流经境况，记者协同他的几位同行，遵照李佩成的"八水绕长安"盛景工程研究报告中的提示，撰写了行走笔记，拍摄了八水的现状。

历代围绕"八水"，搭建了众多的水景观工程，在汉代有昆明池和漕渠；隋代宇文恺任总设计师营造空前宏大的大兴城，开凿了引浐水的龙首渠、引洨水的永安渠、引潏水的清明渠，以解决城市生活用水和宫苑环境用水。为了漕运，又开辟了广通渠，便利了从咸阳到黄河的航运。

唐代的水利及水景造园工程最多，唐王朝在利用隋朝开凿的渠道基础上，又引大峪、滈水开凿了黄渠，并分两路引入曲江池。曲江池面积70万平方米，形成长安城南最大的风景游览区。“三月三日天气新，长安水边多丽人”便是真实写照。

唐代在长安城西南远郊还建了“美陂”，陂周7千米，水源来自南山峪水及泉水。美陂也是一座风景优美的人工湖，诗人杜甫有“万顷浸天色，千寻穷地陂”的诗句，赞扬其陂面宽广。

元、明、清时又开通了引泾河水的通济渠，供西安城区用水，但由于上游截水灌溉，能引入城中的水量已不多。在康熙年间对西门瓮城甜水井地下水的开发，城内已足资汲引，清末龙首、通济两渠入城壕，以作防卫之用，入城的渠道后被淤塞。

然而，随着历史变迁，历代朝政曾大肆兴建都城、宫殿、帝宛、陵墓、官署，不仅乱采滥伐森林，同时还向河流随意排放污水，眼睁睁使古长安的水环境受到严重破坏，虽然“八水”依旧，而昔日水草盛密，游鱼繁多的美景已荡然无存。

解决了吃水用水问题，西安人必然发问：“何日再现‘八水绕长安’？”这一问，问出了当代人对西安八水现状的关注，问出了西安人对“八水绕长安”美景重现于21世纪的热切期盼。同时，也问出了一个更大的疑惑，我们当代居住在西安的公民，该如何让历史美景回归原貌，该怎样为这一盛景重现贡献智慧，出谋划策，付诸行动！

李佩成与他的合作者正是基于这样的初衷——改善西安生态环境，让西安人生活得更美好、更幸福，率先提出了“重现‘八水绕长安’盛景工程”的宏伟构想，并立即付诸研究，且取得可喜成果。

重现“八水绕长安”盛景工程的提出，并非是李佩成治水思想的突发奇想，而是有着深层次的思考，有着对西安水资源的合理利用和西安生态环境美化的长远谋划。

笔者有幸访问了参与“重现‘八水绕长安’盛景工程”考察的现任西安市临潼区副区长、曾任西安市水政水资源处副处长的王海成同志，他回忆了当年踏堪“重现‘八水绕长安’盛景工程”的来龙去脉。他说：“1985年，我考入西北农业大学农田水利系，攻读的专业是西北农业大学当年新开设的水资源规划利用专业。我为能在全国第一个水资源规划利用专业学习深感荣幸。当时已经担任西北农业大学副校长的李佩成教授，专门从事这个专业的筹办和教学工作。记得在开学典礼上李老师曾说：‘你们是西北农大的‘黄埔第一期学生’，虽然还没有正式教材，虽然还没有专业教师，但你们是中国第一批学习水资源开发利用的学生，这是你们最应感到骄傲的……’”

大概因为是李教授亲自创办的缘故，他对首届学生特别关心，主编教材，亲自授课，恨不得把他留学苏联期间学到的有关水资源开发利用的知识和盘托出。每一节课都讲得十分生动。他总是在45分钟的课时里，先从国际到国内，从社会到人生，运用他独特的宣讲口才，向学生灌输专业之外的知识，最后利用学生们被激发的兴趣，传授专业知识。他的这种授课方式很受学生的欢迎，学习效果也非常好。

1988年王海成大学毕业，分配到西安市水利局，恰好遇到西安水荒最严重的时期。他看到西安人提上水桶排成长龙等水的景象，真为这个西北最大的城市感到遗憾。那时候，接水的长龙，蜿蜒在大街小巷。处处可以看到儿女给父母送水，亲戚间视水为礼品相赠的罕见情景。不仅西安，全国600余座城市都发生了水荒，因此引起各级政府和从事水事科学研究的专家的极大关注。当然，李佩成教授作为国内地下水研究的顶尖级人物，早就关注我国的水资源问题了，他是我国第一位提出关于可能遭受“水荒”警示的专家。

1975年他在《灌溉科技》第3～4期上刊登的论文《关于水源问题及其解决途径的商榷》里明确指出，1975年我国全年用水量估算为5 840亿立方米。到1985年，我国人口增长为10亿，年总需水量将达到10 000亿立方米。然而我国全年平均径流量若估计为26 200亿立方米，按年总需水量5 840亿立方米计算，则已占全年径流量26 200亿立方米的22.3%，大大超过发达国家遭遇水荒13%～14%的指标。更何况我国是以农为主的国家，势必受旱灾的威胁。李佩成教授这个预测比1995年西安真正遇到严峻水荒早了20年！

当1995年真的遇到水荒，西安市各级政府及专家学者意识到灾难已经来临时，李佩成已经向西安市政府提出了"群峪协井，两水并用"的合理建议，大大缓解了西安市水荒的问题。

正因为西安乃至全国许多城市的供水困难，才导致政府、大专院校、水利专家全方位重视水资源的合理管理及其开发利用。

王海成回忆说："我参与李佩成教授先后主持的三个项目，都是关于半干旱地区水资源的利用研究。第一个项目是1996年完成的'群峪协井、两水并用，西安市中近期供水最佳方略研究'，获得省教委科技一等奖，省政府科技进步三等奖；第二个课题是'西安市供水水资源系统优化调配研究'，项目承担单位是长安大学（原西安工程学院）和西安理工大学，项目主持人是李佩成教授和沈冰教授，我作为西安水利局专业干部历经了项目研究的全过程，目睹了西安市和陕西省水利界著名工程人员和专家的精彩亮相与严谨的工作作风，作为西北农大首批水资源专业的毕业生，我真正感到了无上荣光，也经受了一次难得的锻炼机会。

"上述两个项目的完成，对缓解西安水荒和西安水资源的合理调配都取得了良好的效果，但是如何解决因地下水开采超量而引起的地质灾害又摆在了李佩成的科研议程上。于是，李佩成教授又提出了关于地下水回灌项目的研究。

“从解决‘西安水荒’难题，到‘西安供水水资源系统优化调配研究’科研项目的实施，再到解决西安地下水超采引发的次生灾害——地面下沉问题，李佩成可谓‘功不可没’。但他没有在西安水资源的开发利用上停步不前，而是运筹帷幄，高瞻远瞩，于2001年大胆向陕西省政府书写建议，要让‘八水绕长安’的历史盛景，在21世纪的西安重现。

“作为一名西安市水利局主管水资源的干部，我非常支持李佩成老师的大胆设想。更使我感到荣幸的是，我直接参与了‘重现‘八水绕长安’盛景工程’项目的研究，再一次与陕西省、西安市一批著名水利专家，高级工程人员一起勘探‘八水绕长安’盛景工程的经流地，真是受益匪浅。

“大约是2002年暑假期间，由李佩成老师同原陕西省科协副主席徐仁、陕西省水电设计院原总工程师王德让、陕西省水利厅原副总工程师汤宝澍、长安大学教授李启垒等十多位水利专家，分乘两辆中巴车，从西安出发，沿秦岭北麓的72条峪峪口，由西向东历时一周时间，踏勘了‘八水’生态现状。李佩成老师手拄拐杖，精神抖擞，一会用拐杖敲敲石头，一会儿用拐杖指指方位，那根拐杖完全成了他的勘察工具。

“跟随李佩成老师考察，一点不觉得累，他不时给大家讲小故事，引得一行人开心不止。虽然项目考察研究费用总共只有3万元，但大家工作得很愉快。除了野外考察稍有生活补贴外，没有其他任何收入，那时候没有任何人提出工作之外的要求，几乎是义务性的志愿者。

“野外踏勘完成后，大家下榻于灞桥附近新建的鱼场酒店进行讨论，发言中各抒已见，争论热烈，充满了对‘八水绕长安’盛景重现的满腔热情。”

从王海成的回忆里，“‘八水绕长安’盛景工程”的最初架构已初见端倪，整个项目的设想和策划已初具雏形。接下来，又经过专家们两年多仔细、深入的研究并经过反复讨论，于2004年5月完成了"'八水绕长安'盛景工程"的研究报告。报告详细论述了重现"八水绕长安"盛景的思路、规划，介绍了研究的成果，包括河渠线路布设和工程造价预算，还提供了'八水绕长安'造景工程的平面布设图等。研究报告得出以下结论：

（1）重现"八水绕长安"盛景，对于改善西安生态环境，优化人居条件和提升西安大都市形象均具有重大意义；

（2）重现"八水绕长安"盛景是可以实现的，但并非简单的复原，而是适应新形势、新需要的功能性的重现；

（3）重现"八水绕长安"盛景工程布设，如研究报告中的工程平面布置图所示，是在全面照顾已有景点，拟增景点和充分发挥景观功能的前提下，尽量利用可以改造的已有水利工程，以减少占用土地，节约投资；

（4）重现盛景的水源，通过综合开发的途径予以解决，这些途径包括利用中水、利用城市供水的余水、雨洪水、潜层地下水以及省内南水北调部分水源或替换水量，报告对此做了具体的分析计算，估计水量约2亿立方米；

（5）重现"八水绕长安"盛景工程除技术可行外，在经济上也是允许的，估算的初显工程——第一期工程投资约为3.3亿元人民币，以后按发展需要逐步完善；

（6）此项工程将把西安的古今景点和环保设施联结成网，或者说对西安市今后市政、景观和生态环境建设将构成基本框架，因此，建议政府早作决定实施重现"八水绕长安"盛景工程。

该项目获陕西省政府科学技术二等奖，获陕西省水利厅科技进步一等奖。

时间过去了10年，"重现'八水绕长安'盛景工程"的机会终于来了，2012年7月30日召开的西安市领导干部会上，提出了实现"八水绕长安"的建设目标，打造城在水中、水在城中的"八水绕长安”新盛景。

2012年李佩成给西安市委领导作人与自然和谐相处及八水绕长安的报告

8月10日，在调研水务工作时，西安市领导再次强调，要按照省委赵乐际书记建设安澜渭河、绿色渭河、打造关中生态长廊和省长赵正永把渭河综合整治工程建设成经得起历史检验、人民满意的百年工程的重要指示，高标准做好以恢复昆明池为重点的工程规划，切实把西安丰富的水系建设好、保护好、利用好、展示好，确保实现水资源可持续利用，为建设西安国际化大都市提供可靠保证。

得知这一消息的李佩成教授，是几百万西安人中最为激动的一位。眼看十年前的梦想就要变成事实，十年前研究的报告就要开始实施，他沉浸在难以抑制的兴奋之中。

十年来，与其说他心中系着那重现“八水绕长安”盛景工程的研究报告，还不如说他更多的是心系着西安地区的水事问题。从他这十年来向领导提建议，接受新闻记者采访，或者从事有关水事问题的科学研究、发表的论文著作，都从各个层面反映了他对西安乃至陕西关于水资源短缺的预测和忧虑心情。更何况因为受到近年来城市快速发展而导致西安生态环境遭受严重破坏，造成水量锐减和污染严重两大生态问题，直接影响西安国际化大都市的创建和人民生存环境的优化，更让他这位从事了一生水事科学研究的专家心焦意虑。

在重现“八水绕长安”盛景工程的研究报告中，浸透了他和他的团队人员的滴滴汗水。报告不仅对西安市供水及水环境现状进行了透彻的分析，还对重现“八水绕长安”盛景工程的“实施方案”“工程布设”“配景工程”的配置与建议，全方位进行论述和规划。可以说这是一部完整的实施方案解说图，为“八水绕长安”宏伟工程提供了科学的可行性报告。

在“重现‘八水绕长安’盛景工程的目的与原则”一节里，鲜明地指出重现水绕盛景的目的：再现荡荡乎“八水”，将会有效改变西安市水体萎缩、河川断流的现状，从而达到：

(1) 改善人居环境，为西安人民提供更多的休憩、娱乐和富有浓厚文化气息的场所，为西安市的形象工程增色添彩，为改善全市居民生活服务；

(2) 改善生态环境，营造优美景观，使西安更具大都市的时代气息，将为招商引资，发展旅游，实施西安“旅游带动战略”创造有利条件；

(3) 通过贯通“八水”及修建、改造辅助性河渠网络，方便水上交通。

毋庸讳言，任何一项城市建设工程能否持久，能否得到广大民众的支持，要看其是否符合市民的根本利益。从李佩成教授及其合作者提出的“重现‘八水绕长安’盛景工程”的研究报告中，可以看出完全是为了满足人民群众的需要，符合市民的利益的。

十年后，西安市政府在重现“八水绕长安”盛景工程基础上提出的实施规划，更明确了“改善西安生态环境”的根本目的，让原本缺水的西安“生动”起来，实现西安山、水、城的灵动新貌。

在回答记者“您认为‘八水绕长安’的水源如何解决”时，李佩成教授胸有成竹地回答：“依据我们当年的研究，要实现‘八水绕长安’，约需3亿立方米水量。5条途径可以帮助实现，包括中水及雨水利用，城市供水的余水，灞、浐、沣等河流调节水量后的补给，以及南水北调、引汉济渭的调剂。”

“‘八水绕长安’的历史文化内涵十分厚重，如果只是单纯引水，就使这个工程显得很单薄。我们建议将沣镐遗址、秦阿房宫遗址、汉长安城遗址、大唐曲江旅游景观区建设纳入治水的整体规划中，使千年古都真正鲜活起来。”李佩成说。

不管怎样，十年前的潜心研究，终因西安市政府的“八水绕长安”规划出台而尘埃落定。

西安市民在不久的将来，将会重享“八水绕长安”带来的幸福日子。一个绿色的、生态的国际化大都市——古都西安，必将以新的面貌展现在世人面前。

第十二章

主持中国西北再造山川秀美巨系统科研项目

为再造一个山川秀美的大西北勇挑重担

“再造一个山川秀美的西北地区”，是1997年8月，时任国家主席的江泽民同志在对姜春云副总理《关于陕北地区治理水土流失建设生态农业的调查报告》的批示中提出的，以后被科学界称为“978”批示。

批示是在新的历史条件下，向全国人民发出的“开展治山、治沙、治水，大规模改造自然，美化生态环境”的动员令！

提到“山川秀美”，人们很自然联想到江南水乡，南国风光，传统理念很少把这四个字和中国的大西北联系在一起。而今党和政府发出了“再造一个山川秀美的大西北”的动员令，怎能不令亿万中国人民欢欣鼓舞！

毋庸赘言，再造西北地区山川秀美是空前宏大的世纪伟业，是需要一代又一代人为之奋斗的长期过程，其中的困难不言而喻。

要想排除万难，开拓进取，必须以科技先行作为保证措施。于是由西北五省份科技厅和新疆生产建设兵团科委（简称“五省份一兵团”）主动联合，决定共同实施“中国西北地区山川秀美科技行动计划”，并在科技部全力支持下，于1999年10月正式立项，开始前期研究。当时开展的第一个项目是“中国西北地区山川秀美科技行动计划基础调查及战略研究”。

时任陕西省副省长的范肖梅、省科技厅厅长的孙海鹰力推李佩成为项目主持人。其理由是：李佩成同志在改造自然方面有扎实的理论和实践基础，知识面广，具有团结协作精神，让他做技术总负责是最佳人选。

时年已经62岁的李佩成没有任何畏难情绪，勇敢地接受了这个重大的科研任务。他深知这副担子责任重大，也知道这比起主持黄土高原治理与开发项目要艰苦得多。5个省份、一个建设兵团，项目包括7个试验区，有200余位专家学者参与，一期计划投资上千万元，涉及面积360万平方千米，占中国国土面积的1/3以上。这样宏伟的由五省份一兵团联合承担面对中国大西北的巨大科技项目，在全国乃至世界都是一个创新。

人生最辉煌的事业展现在李佩成的面前。他的“水神”之梦又向更高层次和更大规模延展。对于一位年过六旬的水科学家，主持这样大的项目，不能不说是一种担当，一种使命，一种责任，更是一次挑战！

撰写项目建议书

作为一种担当，一种使命，一种责任，一次挑战！他要把它落实到具体的行动上，绝不能像有些人认为的那样，“再造一个山川秀美的大西北”不过是一个宣传口号。有人质疑说，仅凭几个专家学者的美好理想，就能再造一个山川秀美的大西北吗？

还在江泽民总书记的“978”批示未公开报道之前，时任陕西省科学技术委员会主任的孙海鹰已经听到了有关信息，并预感到在中国改造自然的历史上，将要发生震撼世界的大事。也许在中国国土上，将要出现人类改造自然环境的奇迹！

不久，西北五省份和新疆生产建设兵团科技委员会的主任们欢聚西安，举行一年一度的联谊会议。孙海鹰将江泽民总书记的批示精神，传达给联谊会的与会人员，立刻引起各地科委主任的共鸣！大家一致表示坚决拥护中央的号召，并形成初步意见和行动方案。

就在联谊会期间，孙海鹰约见了李佩成，并向李佩成转达了五省份科委主任的意见：特邀李佩成草拟一份关于"中国西北山川秀美科技行动计划"的立项请示汇报材料。

其实李佩成也正要拜访孙海鹰。一向思维敏捷，洞察力强的李佩成，在科技界久负盛名，像这样前所未有具有重大政治意义的事件，他怎能不闻不问呢？

说到这里，不能不提到一个关于"西部大开发"的小插曲。这个小插曲足以证实，李佩成关于西部大开发、改造西北生态环境、再造山川秀美的大西北的系列思考由来已久，他的思考是连续不断地从认识到实践到再认识的渐次升华过程。

李佩成关于改造自然、改造西北生态环境的思考起源于20世纪80年代的黄土高原治理与开发。这一项目的成功实施，引起国内外科技界的重视，其成果是辉煌的，且社会、经济、生态效益是有目共睹的。同时，也使李佩成改造自然、整治国土的思想理论，取得了最初的成功。

然而，李佩成并没有停止他的思考与研究，他依然连续不断地向有关部门提出建议，阐明他更具规模、更大范围地改造黄土高原、改造大西北的立场观点。

在此期间，当年时任中国科学院副院长、中国科学院综合考察委员会主任的张有实同志，曾经率领综考会成员专程赴杨凌西北农业大学拜访李佩成。张主任曾向李佩成提问：我国有关黄土高原的治理与开发，已经有过许多项目，为什么还要向中央建议对黄土高原再提治理与开发呢？

前已述及，李佩成向张主任谈了自己的五点认识：

（1）随着人类社会的发展，科技工作者必须在新的形势下，基于新的科技水平，开展新的工作；

（2）黄土高原的治理要扩大规模，而且要综合治理，组织更多单位、更多部门参与；

（3）要坚持综合治理开发的指导方针，即“治理与开发相结合，以开发促治理，以治理保开发”的理念；要使治理开发的科学实践最终落实到改善生态环境，让人民生活富裕的成果上；

（4）要在研究创新理论的同时，建立试验示范区，从而推动科技进步和生产力的发展；

（5）要多学科联合攻关，农、林、水、牧齐动员。

上述5点认识，得到了张有实主任的认同，也曾使黄土台塬的治理与开发取得了显著成果。

应指出的是，李佩成主持的黄土台塬的治理与开发项目以及1988—1989年在中亚地区进行的改造荒漠地区的考察，使李佩成的国土整治以及改造大自然的思想认识进一步升华。他从理论与科学实践的结合中更加认识到：①自然是可以改造的，但要遵循规律；②要遵照治理与开发相结合的方针；③我们有能力有办法改造西北，进行国土整治。

这些都充分说明李佩成对改造自然的周密思考过程和他对“再造一个山川秀美的大西北”号召的赞同和拥护。因此当陕西省科委孙海鹰约谈他并要求他草拟“中国西北山川秀美科技行动计划”一事时，李佩成欣然接受。

经过将近3个月的调查、访问，与五省份有关专家的多次讨论、沟通，1997年11月初，一本“再造西北地区山川秀美科技行动计划项目建议书”顺利完成，呈现在孙海鹰的办公桌上。孙海鹰捧着这部两万余字的浸透了李佩成多少个不眠之夜、多少汗水与心血的建议书，他着实感动了，由衷地说道：“李教授，我们感谢你！”

此刻，孙海鹰回想起他与李佩成相处多年的历历往事，回想起讨论这部项目建议书的每一次交谈，深感李佩成不仅仅是一个著名的水科学家，而且是一位优秀的国土整治科学家和社会活动家。他对社会的发展、国家的建设，人民的生活都有其独特的见解。

他直率、真诚、友善、和蔼，他从不隐瞒自己的科学观点，也不随波逐流，人云亦云；他既求真、又求实，还求是，充满了坚持不懈，不断探索的钻研精神，他确实是我国水土领域不可多得的科技工作者、专家、学者。因为认识上的不约而同，李佩成草拟的项目建议得到五省份科技委员会和兵团科委的一致好评，并于当年12月得到国家科委的批准。

建议书由李佩成主笔起草，曹光明、张志杰、张益谦等3位专家参加撰写，其要点刊登于中国科学技术协会、中国工程院、陕西省人民政府编辑的《中国西部生态重建与经济协调发展学术研究会论文集》1999年第1 ~ 8页上。

建议书包括了关于“再造一个山川秀美的大西北”项目的立项背景及其意义，项目的指导思想，行动计划的奋斗目标，立项内容，十一大类科技工程，试验示范基地的建设共六大部分。

深入西北广大地区考察，足迹遍及百万平方千米

从1999年10月“再造山川秀美的西北地区”立项以后，这一宏伟科技行动计划，便开始了长达3年多的基础调查、战略研究以及相应的七个试验区的选建工作，为了统一指导，便于协调，成立了“再造山川秀美办公室”，办公地点设在陕西省科技厅。陕西省科技厅抽调史高领同志负责办公室日常工作。该项目还在西安工程学

院（现长安大学）设立了中心综合组，配合项目主持人李佩成开展协调和日常工作。

各承担省份及兵团商定，项目主持人作为总的技术负责人，可以和西北五省份科技厅、新疆生产建设兵团科委直接挂钩；主持人可与各省份、建设兵团项目负责人直接联系；这两个“直接”，给李佩成的工作创造了前所未有的宽松环境和有利条件，减少了许多不必要的请示汇报。

按照项目建议书上所指出的：“再造山川秀美”是一项宏大而艰巨的综合性、阶段性、地域性、创新性和实用性强的事业，必须从三个层面开展工作，即已有成果的集成配套、难题攻关和试验示范区建设。在完成已有成果集成配套、进行基础调查和战略研究的同时，还在不同的生态地域设立了7个试验示范区。3个层面紧密结合，开展滚动式研究，利用战略研究成果推动技术研究，用技术研究丰富战略研究，从而使再造山川秀美行动向纵深发展！

为了深入实际，调动广大科技人员的热情和积极性，李佩成带队亲赴五省份一兵团的试验示范区基地进行实地考察，历时3年之久，涉及面积达百万平方千米。他们不畏寒暑，历经千般困难，取得了可喜成果。作者还观看了大量考察录像资料，见证了考察人员在试验示范基地工作的生动场面。

1.甘肃考察，确定建立庄浪县示范区

甘肃庄浪县试验示范区把“再造山川秀美新庄浪”作为动员干部和群众投入农村二次创业奔小康的动力和奋斗目标。

庄浪县人民经过30多年努力奋斗，于1998年建成了中国第一个“梯田化模范县”，实现了整县基本解决温饱的目标。这个地处甘肃中部六盘山西麓、面积1 551平方千米的贫困县，在当地党和政府的领导下，发扬“实事求是，崇尚科学，自强不息，艰苦创业”的庄浪精神，改变贫穷面貌，取得了全国范围内无数先进模范称号，被甘肃人民称为六盘山麓的一颗明珠。

时值2001年的暑期，李佩成带领考察组一行，来到海拔2 000多米的陇西黄土高原。陪同李佩成考察的甘肃省农业科学院的王晓巍处长，滔滔不绝地讲述着庄浪人奋斗拼搏的故事，讲述庄浪人是怎样艰苦努力创造了庄浪生态模式，李佩成听了，点头称好。

虽然庄浪县90%以上的土地面积实现了梯田化，水土流失有所缓和，但生态环境仍然严酷，贫困面貌并未根本改变，群众的致富心理非常急切。

考察时，李佩成与当地科技人员交流中，诚恳地谈到，在改造自然的许多宏伟工程中，虽然取得了不小的成就，但很少谈到把"美"与"富"联系起来。也许环境变"美"了，但人并未变"富"。因此"再造西北山川秀美"的科技行动计划，其核心文化理念就是让人要富起来。具体到现实中，就是让庄浪人了解山川秀美的新内涵，享受富裕的新生活。过去30多年，庄浪人用镢头和铁锹创造了全国梯田先进县，今天庄浪人必须继承优良传统，发扬艰苦创业精神，进行二次创业，一定会再造一个山川秀美的"新庄浪"。

我国广大农村，特别是在大西北，在农村完成基本农田建设之后，面临二次创业的问题，李佩成敏锐地发现，再造山川秀美可以作为农村二次创业的事业，他的想法得到了庄浪党政的支持，于是在全县掀起了二次创业的热潮。

庄浪人在"再造一个山川秀美的大西北"的伟大号召下，以二次开发梯田、致富奔小康、再造山川秀美新庄浪为动力，开创了"黄土丘陵沟壑区大规模梯田高效开发"的庄浪试验区模式，改造和扩大梯田面积；因地制宜地推进综合治理，总结出"山顶沙棘油松戴帽，山间梯田果树缠腰，地埂牧草柠条锁边，沟底林草坝库穿靴"的生态模式，对山川秀美工程实施保护。此外还推广乔、灌、草立体结合的"径流农业"；实施沟道坝系化、拦沙淤地、蓄水，建设高产、高质、高效的"三高"农业。总之，在以甘肃省农业科学院为主要技术力量，县农技中心密切合作的课题组勤奋努力和庄浪县干部群众的大力支持下，庄浪试验示范区取得了显著成绩。

甘肃庄浪县梯田建设

2. 在宁夏试验示范区考察

“天下黄河富宁夏”。因为黄河给予宁夏太多偏爱，让这片21 000多平方千米的银川平原，成为塞北江南。

当人们啧啧赞美“天下黄河富宁夏”时，也没有忘记宁夏西、北、东三面受腾格里、乌兰察布和毛乌素三大沙漠的包围，已成为中国荒漠化危害严重的地区之一。

严酷脆弱的生态环境，严重制约着宁夏经济与社会的可持续发展，阻碍了宁夏人民脱贫致富的步伐。

项目组在分解课题阶段，考察了宁夏的特有条件，决定宁夏山川秀美行动计划的主要内容：一是苜蓿产业化及示范区建设，二是防沙、治沙与沙产业的开发。

2001年9月上旬，李佩成率领考察组赴宁夏苜蓿试验地考察。当他们站在万亩苜蓿种植地，被盛开的紫色苜蓿花围住时，阵阵秋风掀起的紫色波浪，传送着扑鼻的苜蓿花香，令人十分陶醉……

沙产业开发——宁夏万亩枸杞规范化种植示范园

宁夏人民并未躺在黄河偏爱的温柔之床而裹足不前，短短两年多时间，就从国内外引进的46个苜蓿品种中，筛选出综合性状较好的17个，建立良种繁育基地3 303公顷，种子生产示范地666.7公顷。在优选良种的基础上，将原有技术成果与现有技术组装、配套、集成，在宁南地区进行示范推广8万公顷。

李佩成一行在宁夏科技厅杨汉森处长的陪同下，还考察了宁夏贺兰山茂盛产业有限公司，在如同小山一样垒起的苜蓿草捆旁，杨处长兴致勃勃地对考察人员说："这些草捆，即将出口到日本、韩国。我们已经遵照再造山川秀美项目战略研究计划，创新了'科技导向，企业运营，群众参与，政府支持'的运行机制，建立了以草颗粒、草捆、草块加工为主的加工厂三座，基层加工点20个，两年加工销售产品8万余吨，创产值6 000余万元，宁夏为再造山川秀美工程开创了另一条新路。"

根据宁夏被沙漠包围的自然条件，宁夏人开创了平沙造田、引水浇灌，建成枸杞、葡萄、麻黄等种植基地6.67万公顷。

宁夏贺兰山东麓处于世界葡萄种植的黄金地带，当地光照充足，日照时间长，昼夜温差大，有效积温高。虽然干旱少雨，但有引黄灌溉的便利条件，且地下水丰富，水、热资源配置合理，为建立酿酒葡萄基地创造了广阔前景。而且生长环境优于世界著名酿酒葡萄产地法国的波尔多地区，是理想的酿酒葡萄种植基地。

在葡萄基地建设中，宁夏将生态建设与沙产业的开发紧密结合，通过治沙，促进生产建设来调整产业结构，以葡萄产业带动沙产业，做到经济效益、生态效益、社会效益“三效”并举，开创了葡萄治沙、科技先行、科技与企业密切结合，农民参与，同心造福获利，再造山川秀美的范例。

3.在青海省江河源生态区考察

黄河的源头在哪里？在巴颜喀拉山北麓！

只要读过中国地理的人，都能正确回答这个最普通的问题。

圣洁的巴颜喀拉雪山下，星宿海的沼泽湖，扎陵、鄂陵两个高原大湖，恰似繁星满天，波澜壮阔，成为中国母亲河黄河的源头。

然而当再造山川秀美科技行动把目光投向美丽的黄河源头时，人们不禁惊叹道：黄河源头正在因千百年来的风沙侵蚀、过度放牧，使原先曾经肥美的草场退化，出现了源头地区生态持续恶化的情景。

为了较全面研究青海高原典型脆弱生态区退化的恢复与重建，山川秀美项目研究提出在青海设立4个示范点。分别是黄河源区草地生态恢复示范点、青海湖草原型退化草地生态恢复示范点、黄河上游退耕还林地区生态恢复示范点、青海河谷地黄土干旱荒坡生态恢复示范点等。对4个示范点制定的整体思路是：运用现代生态学的理论和方法，采用定位、半定位和面上调查研究相结合，通过各学科联合攻关为江河源区生态环境保护与建设提供科学依据和示范样板。

2001年9月，一辆中型吉普车，载着李佩成一行和陪同他们考察的青海省科技人员陈桂琛等专家学者，来到青海湖一带考察。

李佩成深入实际考察（左一为陈桂琛）

虽然是初秋，但青海湖已经下起了雪雨，李佩成他们身穿雨衣、脚蹬雨靴穿梭在围栏放牧的保护地，不停地询问有关青海湖生态退化的问题。陪同的陈桂琛研究员对李佩成说："青海湖自然环境在科学研究中具有不可替代的重要作用。近30年来，由于气候变化和人类活动的影响，使青海湖水位下降，滩地萎缩，土地沙漠化趋势加剧，草场植被退化严重，畜牧业生产效益低下……"

当听到青海湖1956—1988年湖水面积减少301.6平方千米、湖水水位下降3.35米的惊人数字时，李佩成不禁想起他1988年在苏联考察咸海的景况。"大自然的威力真是可怕呀！"他心里自言自语道。他再次深深感到，从改造大自然的意义上，人类通过对大自然的改造获取不小的收益；但又使生态环境遭受到不同程度的破坏，这种人类活动与自然界相生相克的现象必须清楚认识。

陈桂琛在与李佩成的交谈中，心想这位已经60多岁的著名水利科学家，还这样顶风冒雨来到青海湖，不惧恶劣天气的侵袭，毫不惧怕高原反应，带头实地考察真是少见啊！

李佩成也深感陈桂琛为科学而扎根大西北的老黄牛精神十分可

敬！陈桂琛的认真敬业使他的科研能力通过再造山川秀美研究与实践得到很大的提高，成为一名名副其实的高原植被专家。在2007年和2008年，他连续主编出版了《三江源自然保护区生态保护与建设》(2007年)、《青海湖流域生态环境保护与修复》(2008年)两部著作。遗憾的是陈桂琛后来被抽调到青藏铁路工程搞植被研究，积劳成疾而不幸于2011年病逝。"陈桂琛为祖国的再造山川秀美工程做出了突出贡献，我们永远怀念他。"这是李佩成在谈到陈桂琛同志时，念念不忘的一句话。

深秋的青海湖边下起了雪雨，气温骤降。已经是晚上11点多了，李佩成一行还在一个畜牧场讨论考察问题。突然，一阵刺骨寒风令年近70岁的老专家感到透骨之寒。其他同志也十分寒冷。李佩成提议，给大家买一条棉毛裤保保暖。可前不着村，后不着店，到哪儿去买呢？就这样，大家忍着寒冷的侵袭，直到完成任务，才赶回驻地……

4.在新疆生产建设兵团农十师181团考察

"再造西北地区山川秀美科技行动计划项目建议书"里十分明确地指出：由于自然的和人为的原因，新疆生态环境十分严酷和脆弱，已成为地区发展的严重障碍和主要矛盾。最突出的是沙地、荒漠化面积不断扩大，草地退化面积逐年增加。根据新疆全区自然特点，"再造西北地区山川秀美科技行动计划"把新疆生产建设兵团农十师181团试验区定点为寒温带荒漠、半荒漠屯垦区再造山川秀美新绿洲模式。

说到新疆生产建设兵团，人们自然会想到"屯垦戍边"的伟大历史使命。

中国屯垦戍边的历史起于西汉，盛于唐宋，尤以清朝达到顶峰。在漫长的历史长河中，屯垦戍边的英雄人物及其悲壮故事感人肺腑。历代文人墨客也曾留下许多诗词广为传颂。虽然有一些描写戍边苦楚，屯兵遭难的思乡之作，但也有大量赞美屯垦戍边英雄人

李佩成院士带领团队在新疆考察再造山川秀美

物与边疆风貌的秀美诗文，诗人王翰在《凉州词》中写道："葡萄美酒夜光杯，欲饮琵琶马上催。醉卧沙场君莫笑，古来征战几人回？"一种征战沙场，大气凛然，视死如归的豪放和英雄气概跃然纸上。然而，更值得赞赏的是当代屯垦戍边人的大无畏精神和百万兵团战士的英雄气概："他们放下手中硝烟未散尽的枪炮，抓起镐把锄头，勾画祖国边疆蓝图，自力更生奋发图强，千军万马奔小康……"这就是新疆生产建设兵团260万军垦儿女的真实写照！

再造西北地区山川秀美科技行动计划实施以后，新疆生产建设兵团积极响应，开创了干旱区绿洲生态农业建设再造山川秀美的新模式。而农十师181团的荒漠、半荒漠屯垦区戍边富兵的试验区模式为新疆地区的再造山川秀美工程提供了借鉴。

试验示范区位于距乌鲁木齐600千米的北屯以北30千米处，属额尔齐斯河支流克兰河、克木河流域的荒漠地带，气候冬寒夏热、干旱少雨。生态环境的主要问题是农田沙化、荒漠化、盐渍化以及土壤劣化形成的低产问题。所以试验示范区攻关的重点是：植树造林，绿化荒漠，建设生态农业。

鉴于181团的自然资源和生态条件，实施了3个生态农业示范工程：中低产田改造及主要作物“两高一优”示范工程、防风林及混林农业示范工程、荒漠边缘地带草场改良利用示范工程，收到了预期的效果。

新疆生产建设兵团农垦科学院研究员胡锡宁陪同李佩成进行现场考察。当考察团来到向日葵和谷子生产基地时，正是油菜开花的季节，花香扑鼻而来；如同狗尾巴一样的谷子与人肩齐高，迎着高原微风吹动，掀起阵阵波浪。李佩成高兴地对胡锡宁说：“丰收在望呀，这两年，181团发展很快，山川秀美科技行动取得了可喜的成果。”

在考察中，李佩成在与181团军垦战士交谈中，看到他们艰苦的生活条件，参观了围栏的羊圈，嫁接的大枣，激动不已地表示：再造山川秀美工程就是要让181团的环境越来越秀美，让兵团战士的生活条件越来越好。他认为“屯垦戍边”要充实富兵的目标，遂将“屯垦戍边”改成“戍边富兵”，这才是“再造山川秀美大西北”的真正内涵！

再造西北地区山川秀美科技行动计划实施中，181团的“混林农”技术有了创新的进展，即：①林经复合模式；②林牧复合模式；③林农复合模式。“混林农”复合模式在经营上便于团场机械耕作和承包管理，其林业组能起到调节气候，改善生态环境，减少农田灾害的作用。其粮、牧（草）经业组可适应市场竞争的需求，使“混林农”系统达到了最大产出。

181团“混林农”关键技术的研究推广，使其区域自然资源得以合理开发，促进了生产与生态的平衡。尤其是1999年再造西北地区山川秀美科技行动计划实施后，该团经济效益、生态效益、社会效益大幅提高，李佩成提出的“戍边富兵”的设想在一步步实现。

5. 陕北考察，确立米脂、安塞为试验示范区

米脂，这个素有盛名的地方，曾孕育了有关美女貂蝉的美丽传说。“米脂婆姨”因其善良美丽、聪明贤惠而享誉中外。米脂县又是革命老区，历史上也曾涌现出西夏国创立者李继迁、抗日名将杜聿明等一批名人名将。这样一个人杰地灵、生长美女的地方，如今生态环境却十分脆弱，土地生产力低下，抵御自然灾害的能力很低，水土流失严重，土地沙化趋势日趋明显，只是近年来借西部大开发，再造山川秀美的机遇，大干快上，才得到了长足发展。

安塞属延安地区，自古以来，有“上郡咽喉”之称。在长期的历史变迁中，安塞一直是中原农耕文化与西部游牧文化的交流、交汇地带。不同民族的相互融合，逐渐形成了既有汉民族特点又有西域其他民族的文化特色。悠久的历史文化积淀，使安塞成为我国黄土高原文化保存最好、民间艺术最集中、最具民间特色的区域之一：腰鼓、剪纸、民间绘画、民歌等四朵民间艺术奇葩享誉天下。

再造西北地区山川秀美科技行动计划选择米脂和安塞作为黄土高原模式开展试验示范，具有深远的历史意义和现实意义。关于再造西北地区山川秀美的批示就是针对姜春云副总理《关于陕北地区治理水土流失建设生态农业的调查报告》作出的。

项目组把陕北米脂和安塞定为试验示范区模式，是建立在“已有相关成果的集成推广研究”的平台之上。作为生态农业研究成果，榆林地区和延安地区的研究已先行一步，这就为再造山川秀美科技工程的选拔铺平了道路，搭建了平台。

米脂县水土流失最为严重，境内气候干旱、人口密度大，课题组制定了四项攻关重点：

（1）陡坡地建设模式及关键技术研究；

（2）粮食稳产、高产模式及技术研究；

（3）高效生态经济模式及技术研究；

（4）农户脱贫致富途径的研究。

以上四项的综合称为“黄土高原峁状丘陵区再造山川秀美模式创新”，其主要治理办法有以下几点：

提出坡地分类治理技术规范及林草配置模式。在地面坡度10度~15度地区，推行地膜覆盖高产农田种植；15度~20度地区发展经济林与草间作；大于20度地区配置水保林、拦降水、蓄水并举，抗旱抗寒。适地适树种植技术，这项技术不仅产生了良好的生态效益，也提高了农民经济收入，为脱贫致富创立了新路子。

引入庭院经济，创造性地推行“鸡、猪、沼、菜循环一体模式”，使农民平均年收入达到13 900元。

鸡

猪

沼

菜

综合技术的实施，给米脂县人民带来丰硕成果：培养农民技术人员5万人次；有4万人脱贫致富，试验示范区的植被覆盖率由16.2%增至52.7%；土壤侵蚀模数下降70%；自来水、电视、电话普及率大大提升。昔日黄土高坡，今日披满绿装。

层层梯田被绿色掩盖，鸡、猪进圈，菜、沼引眼，排排窑洞五颜六色装饰一新，在增加农民收入的同时，也解决了农村的能源问题，防止乱砍滥伐，保护了林草植被。考察中，李佩成被两年多的重大变化所感动。

安塞试验区成功建立了黄土丘陵沟壑区山川秀美生态建设模式，并在安塞县和延安市延河流域推广。示范区新发展各种经济林果1 455亩，初步形成了沟道经济林果带，完成了7 000亩退耕还林带，完善不同类型林草植被示范2 000亩，实施作物高产高效示范2 150亩，使治理效益提高到80%，林草覆盖率达52%，减少土壤侵蚀30%。

项目实施前，不少人曾对陕北能否实现山川秀美表示怀疑，但当人们今日再次深入陕北，不能不为陕北的秀美景色所惊喜！

主编出版《中国西北地区生态环境与再造山川秀美》和画册《再造山川秀美新西北》

1999年10月，当“再造一个山川秀美的大西北科技行动计划”被国家科委正式批准立项后。一时间有关“西部大开发”“再造山川秀美”“建设生态农业”等时尚名词颇为流行，充斥在各大媒体的新闻报道之中，也极强地吸引了中国普通人的眼球。人们茶余饭后的休闲聊天中，无不在热议这个显眼的巨系统科技项目。

2000年3月的第九届全国人大三次会议上，在国务院总理朱镕基回答中外记者提问时，新华社记者向朱镕基总理提问道：“西部大开发是本次两会的热门话题。据我们了解，美国的西部大开发先后经历两次，历时100多年。您在《政府工作报告》中也谈到中国西部大开发是一个系统工程和长期任务。那么，您认为中国如何实现东西部的协调发展？在您本届任期内，中国西部大开发将会达到怎样的阶段性目标呢？”

朱镕基总理回答道：“关于我国西部地区的开发早在上世纪80年代就是邓小平‘两个大局’战略思想的内容。去年以来，江泽民总书记多次强调西部大开发，在开发前加了一个‘大’字。这个战略思想现在已经有了实施的机遇。因为中国的经济发展已经到了这样一个阶段：沿海地区经济的发展，特别是传统产业的发展已经趋于饱和，它要寻找新的市场；而西部地区的开发，现在也迫在眉睫。”

不难看出，从朱镕基总理回答新华社记者的提问中，已明显透露出国家领导层对西部大开发早有部署，已经提到国家经济建设的战略议事日程之上。

不仅如此，在1999年9月，由李佩成执笔起草的《关于加快西部开发，大力改善生态环境的建议》，作为中国科学技术协会、中国工程院文件呈报给国务院副总理温家宝，得到了温家宝副总理的肯定批复。

这两件事前后发生相隔不到半年，可见国家领导对西部大开发，再造一个山川秀美的西北地区这一战略决策的高度重视。

虽然如此，但在科技界部分人士的认识上，还有争议。李佩成把争议的热点划归为两种观点：一种观点认为，既然要保护自然，就不要实施改造；另一种观点认为，严酷的西北自然环境是人力改变不了的，再造西北山川秀美是政治口号。而李佩成认为，这两种对待自然的观点都是不可取的。他觉得黄土高原的治理与开发，是对改造自然的理论与实践的大总结。就是说自然是可以改造的，但要认识自然的规律，按规律办事。依此理论西北地区也是可以再造山川秀美的。

李佩成坚持的对改造大自然的认识理论，为他后来主持“再造一个山川秀美的大西北”科技项目奠定了强有力的理论基础。因此，在呈报给国务院和温家宝副总理的建议报告中，特别强调：“必须全党全民统一认识，统一步调，世代坚持，要使举国上下、大江南北，确认加快西部大开发、实现山川秀美，乃是我国21世纪开展大规模改造自然的伟大事业。”

当然，对于主持“再造山川秀美的大西北”这样多学科、多部门、投资巨大且涉及五省份一兵团的联合攻关项目，李佩成是首次遇到。能否不负众望，圆满完成这样一个中国乃至世界性重大科研项目，对李佩成确实是一次严峻的考验！

“必须找到突破口！”他这样提醒自己。突破口在哪里？他通过和众多专家的交流、沟通，认为“调查研究”是打开任何难题的金钥匙，“没有调查就没有发言权”嘛！

经两年多的艰苦奋战，《中国西北地区生态环境与再造山川秀美》一书于2002年7月出版。

《中国西北地区生态环境与再造山川秀美》

《再造山川秀美新西北》画册

参与这部著作撰稿的专家学者有80余位，涵盖20多个学科。有的专家已两鬓白发，处于耄耋之年。然而，他们不畏艰苦，在各自岗位上付出了自己的智慧和心血。他们凭借多年科研工作实践，用亲身经历总结了大西北自然环境、人文生态的历史发展和生存现状，对“再造一个山川秀美的大西北”提供了最翔实、最科学的参考资料，为全方位考量再造山川秀美大西北目标实施奠定了思想理论基础。正如该书序言中所叙述的：“本书的论文作者有的是院士，有的是著名学者，还有长期战斗在改造自然第一线的专家。他们的共同特点是长期工作在西北，熟悉并热爱这块辽阔广大的土地。他们的文章所论表现出深思熟虑、多有创见而又笃实有据。”

全书约60万字，共分9个部分。除总论外，其他各部分论述涉及再造山川秀美的黄土高原，再造山川秀美中的生态农业建设，林果业与绿色生态体系建设，再造山川秀美草业和畜牧业建设，再造山川秀美中的沙区、山区的治理与开发，再造山川秀美中的水问题与解决途径，再造山川秀美中的能源、矿产、旅游资源开发与生态环境保护以及再造山川秀美中的科学研究问题等。

所有论著都“围绕一个中心——再造山川秀美；针对共同目标——探讨再造山川秀美实践中各主要领域中成就的经验和存在问题，其中还包括着建议和争鸣！有了这些成就、经验、认识和争鸣，既有利于人们解放思想，又有助于人们科学冷静地思维，因而无论对于研究者、决策者或实践者都是非常有益的”。

由于论著着重于基础调查与战略研究，因而对整个再造山川秀美科技计划起到了十分有力的指导作用，为后来第二阶段的试验示范区的建设奠定了科学有据的理论基础。

比如，基础调查与战略研究拟定的三大战略层面和八大技术路线就非常具体。

三大战略层面是：

（1）已有成果的集成推广；

（2）科技攻关研究；

（3）试验示范区建设。

八大技术路线是：

（1）集成配套已有成果，积极推广应用；

（2）理论联系实际，主攻重大难题，狠抓科技创新；

（3）强化试验区建设，及时示范辐射；

（4）发挥多学科优势，加强综合分析研究；

（5）治理与开发相结合，积极促进产业化；

（6）坚持群众路线，激励干部群众参与；

（7）坚持改革开放，争取国内外合作；

（8）重视生态、经济、社会综合效益，全面建设山川秀美。

这三大战略层面和八大技术路线的确立，为后来项目实施的科学性、实用性都给予了有力的技术支持，可以说是整个“再造山川秀美大西北”科技计划的项目灵魂。

除此，基础调查和战略研究还对西北地区山川秀美的“内涵”“十大生态问题”“西北山川秀美可实施的十大优势”等理论问题作出精辟结论，并在以后项目实施中的试验示范区的建设中一一实践，并取得可喜的成果。

为了编辑出版这部论著，李佩成自担任项目主持人以来，在将近3年中，跑遍了陕西的渭北、关中和陕北、陕南的所有县区；跑遍了甘肃、宁夏、青海的大部分县区；跑遍了新疆的大部分地区，甚至到达国界进行实地考察；自1999年至2001年，养成了每天早晨4点起床“开早车”的习惯。每一篇文稿他都亲自阅读，从不懈怠。他知道这个主持人的责任重大，义不容辞。虽然他对未来的成功感到困难重重，但他相信科学的力量是无穷的，遵照科学规律办事一定会取得成功。他更深知人民群众中蕴藏着巨大的潜力和创造力，只要脚踏实地、认真负责，依靠广大科技人员的努力，再造一个山川秀美的大西北科研项目，一定会取得丰硕成果。而《中国西北地区生态环境与再造山川秀美》这部著作的问世，正是第一阶段成果的最好鉴定。

力推建设生态农业，创立“三态平衡”理念

建设生态农业，是“再造一个山川秀美的西北”项目工程的核心，也是大力加强生态农业建设、促进农业可持续发展的十分重要

的迫切任务。作为项目主持人，李佩成力推建设生态农业。

江泽民总书记在“978”批示里指出：“历史遗留下来的这种恶劣的生态环境，要靠我们发挥社会主义的优越性，发扬艰苦创业的精神，齐心协力地大抓植树造林，绿化荒漠、建设生态农业去加以根本的改造”，这就是说只有建设生态农业，“历史遗留下来的这种恶劣环境”才可以根本改变，才可实现真正意义上的“山川秀美的大西北”。

长期从事节水农业理论与技术及旱地农业发展研究的中国工程院山仑院士在论文中指出：“旱地农业是我国农业的重要类型。”而“西北半干旱地区旱地农业属于降雨不足，形成资源性缺水的传统旱地农业。但旱区特殊的气候和复杂多样的地形，生物资源丰富，农林果牧的名优特产驰名中外，又为西北旱地农业创造了特殊的发展条件，而且潜力巨大。”

在了解了西北半干旱旱区农业的特点后，对如何建设西北的生态农业，就有章可循。

所谓的生态农业，“是用系统理论思想和系统工程学方法，以及农业生态学和生态经济学理论与技术来认识和从事农业生产。实行生态农业的目的，是为了达到更大的综合效益，即经济效益、社会效益和生态效益都得到提高。历史的经验告诉我们，要想达到这一目的，在从事农业生产的过程中必须既遵循自然规律，又要遵循经济规律”。

上述的关于生态农业的理论认识，是中国工程院院士李振岐教授在《加强生态农业建设，促进农业可持续发展》这篇论文中论述的，如此宝贵的经典理论，都是长期奋战在西北旱区农业战线上的著名专家学者的亲身经验或感受，虽然选择的角度不一，提出的问题各异，但仅仅通过这两位著名学者关于“生态农业建设”问题的论述，窥一斑而见全豹，足以说明专家学者们在基础调查与战略研究过程中对重大难题的研究是何等重视。之所以在此对建设生态农业问题单独提出，只是“千里挑一”的列举。

李佩成深感：《中国西北地区生态环境与再造山川秀美》这部著作的及时出版，浸透了无数专家学者、普通科技人员以及人民群众的血汗和智慧。作为著作的主编李佩成，更是感到成功的喜悦。他说，这部著作的出版，无论对研究者或决策者都是有益的，而且必将有力地推动再造山川秀美科技行动的战略研究向纵深发展。

值得特别指出的是，李佩成对建设生态农业有其独特的见解，除了力推山仑、李振岐两位院士关于建设生态农业的见解和建议外，也非常重视有关生态农业的理论研究。早在1997年发表的《论陕西的生态环境问题及其对策》论文中，他就对陕北、秦巴山区、黄土高原、关中平原等地区的生态环境进行了透彻的分析，分别指出陕北能源开发、秦巴山区的环境保护、关中高强度采水及水质污染引起的生态环境问题，程度不等的对当地生态环境造成损害，直接危害到当地农业生态的可持续发展。特别是关于黄土高原的开发与治理中的生态环境保护问题，“已是较全面总结经验教训深化认识的时候了”！

其实，有关生态平衡的理论早在1998年发表的《论“三态”平衡》这篇论文中，李佩成就首先提出了“三态”平衡的著名论断。论文着重指出：“1994年公布的《中国21世纪议程》中指出：如果不把合理使用资源、保护生态环境纳入经济发展之中统筹考虑，经济增长就难以持续，也难以为后代创造可持续发展的条件。”因此，李佩成认为：“如果自然资源更加严重地被洗劫，生态环境更大地被破坏，终有一日，自讨苦吃的人们难逃灭顶之灾——无论是穷人或富人，也无论弱国或强国。正由于这种可怕但却是可信的预见，启示哲人和明智者惊呼‘只有一个地球’，高喊‘要实现可持续发展’！期盼环境的美好，憧憬着生态的平衡……然而这一切将如何实现呢？”

李佩成接着指出“解铃还须系铃人”。既然上述灾祸多数由人类不文明、欠科学的放肆行为所招致，那么问题的解决也必须从人和人类本身下功夫。如果脱离对人及人类社会的改造，如果失去了人的心态和社会世态的平衡，要想追求生态的真正平衡，不仅是不明智的，也将是徒劳无益的。只有生态、心态、世态的和谐平衡，才能获得生态的平衡。

李佩成对他提出的“三态”的辩证关系认为：“三态”是相互作用相互影响的。人的心态与其世界观有关；众人的心态必然作用于世态，而世态又影响决定着人的心态。众多人较长期的破坏生态环境的行为现象，一般都是某种社会力量也就是某种世态在驱动。因此，要使生态、心态得到平衡，就必须平衡世态。

在对“三态”辩证关系进行诠释的基础上，李佩成延伸到更深层次，引出关于“三态”平衡的两个常理“报应规律”和“易毁原理”，其最简单的解释就是对于人的作为“恶有恶报，善有善报，不是不报，时间未到，时间一到，一切都报”。从古至今，历史上反复出现的毁林开荒引起的水土流失，便是最好的例证。

报应规律从历史长河看，从宏观的人类社会看，确属真理，但却常常被现代人忽视，甚至斥之为“迷信”。其所以如此，一是由于人的生命的短暂和认识空间及时间的局限性，二是由于报应在时间上的滞后性和在空间上的错位。这些特性反映在生态农业的发展中更是突出。例如在干旱地区修库引水可能形成新的绿洲——灌溉农田并获丰收，如果引水失度，就可能在人工绿洲建成的庆功锣鼓声刚落，原来的老绿洲就变为缺水的荒漠。苏联浩瀚咸海的萎缩以及由此引起的生态环境恶化便是最好的例证。

至于“三态”的另一常理被称为易毁原理，是因为事物的被毁坏比起它的被建造更容易，用伟大文学家鲁迅的话说就是“破坏容易建设难”！

“易毁原理”比起“报应规律”更具普遍的真理性，其例证满目充耳。如长成一片森林不易，而破坏掉一片森林只需一把火而已；净化河水不易，污染它一丁一夫便可得手……

如此简单明了的"易毁原理"，为什么在现实社会中往往被人类所忽视呢？李佩成认为："除了人类认识的局限性之外，也常因其后果的滞后性，以及发生原因的隐蔽性和可转嫁性，也可能由于失衡心态和失衡世态的认可和纵容。"

总之，只有深入全面地认识天人合一、天人和谐的自然规律，做到"三态"平衡，才会有生态的良性循环，才会有生态农业的可持续发展，才会有人类社会的可持续发展与文明进步！

关于制约再造山川秀美大西北的瓶颈——水资源问题的思考

当大西北9 000万人民憧憬的山川秀美的生态环境就要到来时，当这个举世瞩目的伟大工程正在一步步进行时，却有一只"拦路虎"挡住了前进的去路。所有人不论是专家还是学者，都为大西北干旱缺水的现实而深感忧虑：那就是制约再造一个山川秀美的大西北的最难突破的瓶颈——水资源的短缺。

这是一个历史的、现实的、自然的、客观的毫无争议的事实：水！西北缺水！

作为一位大半生从事水事研究的科学家，李佩成对这个"瓶颈"了如指掌，比任何人都清楚、清醒！那么，他是如何思考的呢？

从李佩成第一次在西北农大见到自来水管，当天夜里做的"水神"梦，到后来考大学报考水利专业，直至后来从事几十年涉水研究，他几乎都是在大西北度过的。大西北干旱缺水的现实，激励他完成了一个又一个治水、思水、研究水的科研项目。从20世纪70

年代的“三水”统观统管理论的提出，到80年代《认识规律　科学治水》的发表，著名论文《试论干旱》的问世，以及90年代的论文《论“三态”平衡》的产生，无一不说明他在水事科学的研究上始终处于领先地位。这样一位对水资源研究卓有成就的水科学家，自然会在再造山川秀美的西北的巨大科技项目中，关注对水资源的思考与研究。

《中国西北地区生态环境与再造山川秀美》一书，选编了李佩成主笔的两篇有关西北水资源的论文。一篇是《论西北开发与再造山川秀美中的水资源问题及其解决对策》(作者为李佩成、寇宗武、王德让、冯国章)，另一篇是由李佩成、毕研光合写的《灌区节水要把农业措施置于重要地位》。下面谈谈李佩成对西北水资源问题及解决途径的论述。

论文一开始就开门见山地提出对西北地区来说，需要深思的是早抓和狠抓什么便可产生“一业兴时百业兴”的效果？作者们一针见血地指出带动产业是“水产业”，而突破口是“下决心解决水资源短缺问题”！因为水是万物之源，无水不生、无水不兴，“开发”与“再造”尤其需要水资源的可持续供给。

接着论文科学地预测了2010、2020、2030年西北地区的需水量，2010年108.20亿立方米/年，2020年207.5亿立方米/年，2030年需水量超过1 000亿立方米/年。具体阐明西北的未来发展确需大量的水。然后对西北地区自身的水源条件及现有工程供水能力、可用的水资源量进行科学评估，最后提出了解决西北地区水资源短缺的重大措施。

其实，早在1975年，李佩成就最先提出“关于水源(水资源)问题及其解决途径的商榷”。那时候，李佩成就果断提出“水循环规律乃是治水和解决水源问题的基本规律”。他提出的一个主张，强调一个观点，推荐八条措施的建议曾经发挥了积极的效用，取得了较好的经济效益和社会效益，比如“西安水荒”问题的解决，富平地下水库的研究，至今让人们赞叹不已！

1981年，李佩成的另一篇论文《认识规律 科学治水》更加全面地从水的自然规律和经济规律两个层面分析了水的自然属性和社会属性，因此，既然水存在自然规律和经济规律，那么，人们在治水方略上就不得不遵循科学的治水思想，就必须遵照"'三水'统观统管，综合调节，时空治水，经济治水"的方略。

了解了历史上关于治水思想、治水方略的实践，就不难理解李佩成等专家提出解决"西北开发与再造山川秀美中的水资源问题及解决途径"中的战略性措施的重要意义，就自然会对解决西北水资源途径中的"强化水质保护、科学推行农业节水、尽早实施南水北调"等措施有了深刻的认识和理解。进而对制约再造一个山川秀美的西北的"瓶颈"——水资源短缺就不再迟疑，而是应该科学地大胆地去努力工作，找到力克"瓶颈"的最佳方案。

"地要山清水秀，人要和谐富裕"文化理念的提出

"再造一个山川秀美的西北地区"项目全面实施后，引起强烈反响。虽然1949年以来，国家对西北地区的发展非常重视，从人力、物力都曾给予倾斜，取得了很大成就，但仍存在甚至出现新的生态问题。这些在《中国西北地区生态环境与再造山川秀美》一书中，专家学者从不同角度都有详细的论述。

从大环境讲，党和国家领导人把改善西北生态环境、再造山川秀美提到了议事日程，而且多次强调。李鹏、朱镕基、姜春云几位国家总理、副总理都先后做过批示，并亲临现场做指示。李鹏总理

于1997年指出治理黄土高原水土流失要15年初见成效，30年大见成效。1999年8月，朱镕基总理又亲赴陕北黄土高原等地指示和督查，并亲自提出了“退耕还林”方针。

在如此大好形势下，作为项目主持人、技术总负责的李佩成当然是以身作则，他不仅夜以继日地审读60万字的书稿，还要思考一些深层次的问题，也就是对“再造一个山川秀美的西北地区”内涵有无可挖掘的东西？广义上的山川秀美容易描绘；秀丽的环境，美好的山川，清澈的河流，绿油油的原野，茂密的森林……这一切都包含在“山川秀美”之中。那山川秀美的目的是什么呢？最终收益要落实到何处？这些深层次的问题，始终萦绕在李佩成的脑海……

一向思维敏锐的李佩成，对待科学的态度从来是一丝不苟、善于深挖细钻。而对待每一个科研项目的实施，宏观上是在某一领域或某一方面解决某一问题，而微观上则是要求通过一项工程的研究与实施惠及百姓，为人民带来收益，或者说通过一个具体的科研项目达到为当地人民解决实际问题的最终效果。20世纪70年代研发的黄土辐射井，解决了黄土高原打井取水的难题；80年代末发明的轻型井，对于在黄土潜水地区发展灌溉、排除渍涝，保证农村供水、促进农业生产、改善人民生活做出贡献；90年代的“群峪协井、两水并用”方略，有效缓解了西安人民的水荒困难；还有21世初修成的陕西第一个南水北调工程——引乾济石工程，开创了陕西省内南水北调的先例。这些项目无一不是实事求是地给当地人民解决困难，让当地人民群众获得收益的致富工程。

同样，在主持“再造山川秀美的西北地区”这一宏伟项目中，李佩成依然没有忘记通过项目的实施，让当地人民群众的生活富裕起来。

李佩成在2001年发表的《关于再造西北地区山川秀美的哲学思考》一文中作了进一步论述。李佩成指出再造西北地区山川秀美要“坚持‘三个代表’和人民创造历史的观点，把治山治水与治患致富相结合。”这一观点的提出，受到多数专家学者的认同，这是对“再造一个山川秀美的西北地区”科技项目的深化与延伸，使山川秀美不仅仅停留在山清、水秀、天蓝、地绿，还要加上“人富”，也就是要让人民群众摆脱贫困，富裕起来。

李佩成指出：“在实施再造山川秀美的伟大事业中，我们一定要坚持‘三个代表’的思想，依靠群众，关心群众利益，使群众在改造自然中也能发家致富。一般而言，再造山川秀美需要下大功夫的地方都比较穷困，这些地方出现的过垦、过牧、毁林、开荒也并非群众有意破坏生态，而是在少粮缺柴又缺钱的情况下，为生计所迫，再加上缺少生态知识所造成的。”因此他着重指出：“能否使当地经济获得发展，能否使当地的群众逐步富裕起来，是能否使治理自然的成果得到巩固，再造山川秀美能否真正实现，西部大开发能否获得成功的重要保证。”

可贵的是在2001年，李佩成就提出“提高人民群众的科学文化素质、培养能够代表先进生产力和先进文化的高级建设人才，对于再造山川秀美，对于实施西部大开发具有特别重大的意义”。毫不夸张地说，这就是“秀美”与“生态”的文化理念。

2011年，中国共产党十七届六中全会决议着重指出：当代中国进入了全面建设小康社会的关键时期和深化改革开放、加快转变经济发展方式的攻坚时期。

这是在党的十七届六中全会决议中强调的重要理论思想，李佩成在他的《关于再造西北地区山川秀美的哲学思考》一文中已有阐明：“面对历史重任，我们必须下大力气发展西部的教育事业。”“十年树木，百年树人。”“宁可少修几条路，少建几个工厂，少过几个节庆，也要为长远利益兴学建校。”

当然，当时的李佩成，并未预见到十年后党的十七届六中全会作出文化治国方略的决议，但他已经从自己实施“再造西北山川秀美”的宏伟项目工程中，深深感到文化的重要性，贫穷总是与落后的文化、愚昧无知为伴，这是世界历史发展的规律。中华民族的文明史也充分说明了文化在社会发展中的重要作用。愚昧必落后，无文化便缺少文明。所以当我们企图建设美好家园的同时，再造一个山川秀美的西北美好河山的同时，必须建设大西北人民的美好精神家园。而美好精神家园必须以丰富的物质生活为基础，也就是说在人的生活物质富裕的同时，精神生活也要更加丰富多彩。

中国西北山川秀美科技项目接受国家验收

2003年1月4日，在北京召开了“西北地区山川秀美科技行动计划前期研究”课题验收会议，中国西北山川秀美科技项目作为西部大开发首个完成的项目接受国家验收。

验收会议由科技部发展计划司主办，中国工程院院士李文华、

国务院参事室参事王秉忱、中国科学院专家成升魁等出席了会议。

会议由西部开发办司长沈茂向主持。

西北五省份科技厅厅长、新疆生产建设兵团科委主任均参加了会议。

在验收会议上，陕西省科技厅厅长孙海鹰代表项目承担单位（五省份一兵团）作工作报告。孙海鹰着重介绍五省份及兵团在两年多实施山川秀美前期调查研究中的经验体会，他特别强调：西北五省科技厅、兵团科委行政领导全面联手，与广大科技人员一起，动员本省区科研单位，推动这样大的科研项目，确实是罕见的。这样的合作在中国乃至在世界也不多见。但我们取得了成功，总结了许多宝贵经验。事实证明，“再造山川秀美大西北”这一巨系统科技项目是中国改造大自然事业的一次创举。

项目主持人李佩成代表项目组作技术研究报告，他的精彩发言，受到与会代表热烈称赞。

西北地区山川秀美科技行动计划前期研究课题验收委员会听取了课题组所做的总体汇报，并审查了其他验收资料，经认真评议形成验收意见如下：

（1）该课题贯彻落实西部大开发战略，按照科技先行的思路，针对西北地区生态环境建设中的重要科技问题，联合组织开展科学研究，选题准确，重点突出，目标明确。

（2）该课题在研究中以可持续发展的理论为指导，应用新技术和新方法，理论联系实际，技术路线合理，成果具有创新性和实用性。

（3）基础调查与战略研究方面，通过调查研究，深化了对山川秀美内涵的认识，深刻分析了西北地区生态、资源方面的优势和劣势。总结国内外研究经验和教训，提出了三个层面和八大技术路线，根据西北地区的生态环境突出特点进行生态分区，并编制了一级分区图。

（4）试验示范建设方面，在前期研究工作中，根据不同类型生态区域选择了7个试验示范区，试验区的布局和建设内容科学合理，具有明显的代表性，其中涉及水土流失综合治理，旱地生态农业建设，退耕还林还草发展草产业，防沙治沙高效农业建设及保护，新疆寒温带荒漠半荒漠生态农业和生态经济发展等。通过试验示范区的既得相应的发展模式并将示范成果推广应用，取得了明显的综合效益，为实现山川秀美建立了典型和样板。前期7个试验示范区共完成包括优质生物资源利用、退耕还林（草）建设模式、降水高效利用、生态环境建设模式、水土保持型生态农业模式、围栏放牧及人工草地开发、沙产业模式等在内的创新型技术35项；引进适于当地种植的农作物、牧草、林果、畜种等优良新品种178个，为再造山川秀美的西北地区提供了技术储备。通过试验示范区建设，辐射推广成效显著，经济生态效益明显。据不完全统计，已获综合经济效益8.8亿元。

（5）验收委员会一致认为，该课题设计合理，技术路线科学可行；提供验收的资料齐全完整，数据可靠；完成了课题任务书所规定的目标任务，达到了预期考核指标；研究经费管理规范，使用合理，项目实施成效显著，同意通过验收。

科技部于2003年7月31日下发了《关于对“西部开发”专项课题“中国西北地区山川秀美科技行动计划前期研究”验收的批复》文件。

美好的回忆，深刻的启示

从2001年8月初到9月底前后近两个月，李佩成带领考察组走遍了中国大西北五个省份的所有山川秀美试验示范区基地，行程万余公里，面积达百万平方千米，从陕北黄土高原到陇西高原，从祁连山下到西北边陲，翻山越岭，穿行戈壁沙漠，历经风沙雨雪，酷热严寒。李佩成身先士卒，以身作则，不以项目主持人而自居，甘与广大科技人员同甘共苦，为再造山川秀美科技行动基础调查建立了不小功劳，成绩斐然。

每当回忆起那些生动的示范现场，他总是心潮澎湃，难以平静。沿途所遇见的专家教授、科技人员、普通群众，一个个忠于职守的形象总让他念念不忘。

在甘肃庄浪县，考察组看到庄浪人二次创业奔小康，再造山川秀美的新庄浪的伟大壮举；在宁夏，他们看到宁夏人民把再造山川秀美的过程与栽种葡萄与加工葡萄酒的沙产业相结合，明确提出了“兴办沙产业”的创举；在新疆生产建设兵团181团，通过调整产业结构，在改造高寒荒漠的同时，走出一条戍边富兵的新路子；在青海湖畔，他们看到青海人民在改造自然的同时，创新了治理复壮高寒草原，保护江河源、发展牧区经济的创新形式；还有陕西榆林市米脂县、延安市安塞县创新的退耕还林（草）建设生态农业模式。无论哪种模式，都是以“再造山川秀美的大西北为共同目标，这一切都是以科技创新为支撑的”！

通过考察，作为项目主持人的李佩成，加深了对再造山川秀美内涵的全面认识，深刻理解，并且对山川秀美的科学界定有了更深层次的论述。正如他在后来出版的《中国西北地区再造山川秀美战略研究与试验示范》一书中的前言里所阐述的：

再造山川秀美就是以生态学原理、可持续发展原理、社会主义经济学原理为依据，以文明美好、富裕康乐为理念，以先进生产力为手段，因地制宜对第一自然和第二自然进行保护修复和改造，从而形成万物蓬勃、相伴相生、生境处于良性循环的国土社会环境——秀美山川。用通俗的语言表达“再造山川秀美”就是造就“天蓝、地绿、山清、水秀、人富”的境界。

这一科学界定，完全符合人与自然和谐相处，建立和谐社会的

2006年出版《陕西省生态环境建设与再造山川秀美战略研究》

2007年出版《中国西北地区再造山川秀美战略研究与试验示范》

理念，已被科学界所认可，也为全社会所认可。正因为如此，在国家科委对这一项目验收之后，又批准了续研项目“西北不同生态地域山川秀美试验示范区建设与重大科技难题研究”。

第十三章

当选中国工程院院士，为实现“113553”计划拼搏奋进

喜讯传来，大任披肩

2003年12月30日，李佩成完成了在新疆的考察任务，早上离开石河子市前往乌鲁木齐搭乘飞机赶回西安。当天晴空万里，令人心旷神怡，傍晚六时许，飞机徐徐降落西安咸阳机场，下机后李佩成习惯地打开手机，忽然看到他被选为中国工程院院士的消息，接着还有电话打来报喜，并邀请他立即返校参加当晚的新年团拜会。这突如其来的喜讯令他十分高兴，即兴赋诗一首：

得悉入选院士喜讯感怀

（2003年12月30日于西安咸阳国际机场）

朝辞石河子，
暮降咸阳原。
手机传喜讯，
入选工程院。
最高荣誉至，
感激党育恩。
感恩何行动，
十年新征程。

他高兴地一面默默赋诗，一面推测着参加团拜会的可能场面，顿感心潮澎湃！他已记不清接他的车子何时过了渭河，何时进入市区。突然映入眼帘的是校领导、同事及亲朋好友在长安大学宾馆前迎接他的喜庆场面。新年将至，彩灯掩映着张张笑脸，欢乐的掌声此起彼伏。李佩成高兴地走进会场。团拜会上，他听到了书记、校长的祝贺和教工代表的喜庆发言，他十分感谢大家，随即发表了富有激情的感言：

“2002年，我被授予全国科技先进工作者荣誉称号，2003年又被评选为中国工程院院士，这是党和人民赐予我的最高荣誉，反映了同行师友给予我的最大信任，同时也饱含着祖国和人民更加殷切的期望，我将铭记在心，并要做到以下几点：

“第一，向老院士学习，时刻补充新知识，不断扩展自己的科学视野，要做一个活到老，学到老，干到老的合格院士。

“第二，本着中国工程院的宗旨，结合自己的学科专业，要在解决西北地区的农业水土工程问题、干旱缺水问题、水资源与环境问题以及再造山川秀美等方面，努力工作，再立新功。

“第三，力争完成今天向大家宣布的‘113553’规划，何为“113553”规划呢？具体讲就是：争取头脑再清醒10年（到80岁）；向国家提出10条重大咨询建议（每年一条）；再完成3个较大的科研项目；在已经出版10本书的基础上再编著5本书；再培养50名研究生，再发表30篇论文。”

李佩成接着说：“悟已往之不谏，知来者之可追！回顾过去，所得超过应得，所付少于应付。在所余岁月，继续回报祖国，报答人民！愿祖国更加美好，愿人民更加幸福！”

他的肺腑之言，感激之情赢得了与会人员热烈的掌声。

这是发自李佩成内心的感言，也是他当选院士后的表态，更是他“水神”之梦的继续延伸。

回想在水科学研究的道路上，为了实现他的“水神”之梦，他不惜牺牲个人利益，艰苦奋斗60年；北京打井运动的经验，莫斯科留学的锤炼，黄土辐射井的研发，轻型井的发明，十年大学教育行政工作的苦辣酸甜，干旱研究中心的创立发展，解决西安水荒的喜悦，主持山川秀美大项目的披肝沥胆，水文生态新理念的创建，一件件、一桩桩往事重现在他的脑海，闪耀在他的眼前，他没有虚度年华，更没有碌碌无为，而是用精彩的人生历程，让“水神”之梦一天天扩展，一步步变为现实。

当这本传记面世时，距离李佩成院士感言的那个夜晚已经过去了14年，当人们回忆起他当年的表态时，人们必然关心李佩成当选院士十多年来干得怎样？他的“113553”规划又完成得如何呢？通过以下这一件件一桩桩鲜活的事例，你将能得到满意的答案。

解读“113553”十年规划

1.关于保持头脑清醒，披坚执锐再十年

“113553”规划里的第一个“1”，是指在李佩成被评选为中国工程院院士以后从2004年开始，再头脑清醒10年，到80岁以前，保持健康的身体，争取不糊涂，不虚度，不浪费精力，清清楚楚跟党走，勤勤恳恳干10年。

当年孔圣人也曾为自己规划人生的标志：“吾，十有五，而志于学，三十而立，四十而不惑，五十而知天命，六十而耳顺，七十而从心所欲，不逾矩。”（《论语·为政》）李佩成院士当选院士后的2004年正好70岁，他为他的70岁制定了一个再奋斗10年的工作规划。

这个人生的坐标点划在了70 ~ 80岁这一年龄段，从人生历程上来说，已经到了人生的暮年，该是享受天伦之乐的年纪。“七十而从心所欲，不逾矩”嘛！即是说，人到了70岁时，就可以随心而从，自由自在，不逾越任何的法规法令。这可谓人生的最高境界。

然而，不是每个人到了70岁都可以做到“从心所欲，不逾矩”的。这个所谓的人生最高境界，怎样才算是真正达到了呢？

按照李佩成对自己70岁以后的人生规划，第一条就是能有一个健康的体魄，能有一个清醒的头脑，充实的生活，勤奋的工作，用人生最精彩的谢幕篇章，诠释自己的一生。“头脑清醒十年”，是说必须要有健康的身心，没有生理上的和心理上的头脑清醒，规划再具体再宏伟，都是纸上谈兵。

在过去几十年的科教工作中，李佩成之所以能坚持在第一线，和同伴们一起战天斗地，不避风寒，不管是在开发研究“黄土辐射井”的工地现场，还是研究发明轻型井的艰苦工地；不论是泾惠渠改线工程的每一次调研考察，还是“群峪协井，两水并用”解决西安水荒项目实施的每一个细节，都是因为他有强健的体格作保证。更不用说在实施中国西北地区山川秀美科技行动计划这项重大的科研项目中，他和他的团队成员，踏万里戈壁，履沙漠荒原，跋山涉水，哪里有项目组的工作人员，哪里就能看到李佩成的身影，就是因为他有一个健康的体魄，有一种永不衰退的斗志。

头脑清醒的另一个层面，则表现在他坚定的政治信念上：一辈子跟着共产党走，全心全意为人民服务。这是李佩成从走上工作岗位以后一直坚守的人生信念，他永远记着留苏学习时周恩来总理的教诲：“立场坚定，业务精通，体格健全，作风正派。”他说总理的这个教诲指引他走过艰苦成长的过程，从而不断成熟，不断进步，使他在政治、业务、作风上得到了磨炼。这教诲至今仍是他的座右铭。

“头脑清醒十年”这简单的6个字，并不是简单地包含了“清清楚楚跟党走”，不只是保证不糊涂，不虚度，勤勤恳恳干10年，而是要让“113553”计划中的每一个数字成为科学的现实！

李佩成不是只说不做的口头革命派，在他人生的词典里，只有成功的火花闪烁，没有向困难退缩的先例。他所强调的头脑清醒10

年是对自己当选院士后再拼搏10年的宣誓：他决心要当一个名副其实的院士。在未当选院士之前，他经常提醒自己：为什么当院士，当了院士又怎样回报党和国家对自己的信任、培养与期盼。真的当了院士又该怎样作为呢？

作为一位有良知的科学家，作为一位把为人民服务作为终生奋斗目标的共产党员，李佩成为什么在当选院士的“感言”中，把“头脑清醒”作为他“113553”奋斗计划的首个目标，绝非脱口而出。

他不想回避现实，他只想在当选院士后的10年里“勤勤恳恳”地为党做事，只想让自己的“水神”梦继续延展，为祖国的水科学研究工作传输正能量，为自己从事了一生的水利工作再立新功。面对许多需要他继续完成的科研项目，面对水利建设中更多更复杂的难题，他怎能“难得糊涂”呢？虽然他知道在他披坚执锐、重上战场的征程上，还有满地荆棘、重重困难，但他却决心在所不惜，拼搏奋进，而强健的身体是一切事业的成功保障。

2.关于当选院士后十年间向国家提出十项咨询建议

李佩成院士“113553”规划的第二个“1”是计划到80岁以前，向国家提出10条重要的咨询建议。

据2013年1月初的统计，已经写出的建议有19条：

①关于陕北重化工基地水资源承载力综合评价及其合理调用研究的建议（2005年3月1日）；

②关于开展陕西省可持续发展的水资源与环境支持系统研究的建议；

（上述两项呈送陕西省委书记）

③呈送胡锦涛主席的《关于为促进上海合作组织发展，建议尽早开展泛中亚干旱地区水资源和谐合理开发及高效利用研究》的报告；

④《陕西水资源的严峻形势及解决对策》（2005年8月）；

⑤《建立生态灌区，建设社会主义新农村的试验与示范》（2006年5月）；

⑥正确对待气候问题的建议——《关于气候变化的哲学思考》（2007年）；

⑦《应对金融危机拟应做到“三坚持”》（2008年1月）；

⑧《关于在省委、省政府座谈会上的发言》中提出的三项建议（2008年5月）；

⑨汶川地震后避祸增福，择安而建的建议；

⑩关于灾区重建要走科学发展之路的建议（2008年5月）；

⑪关于奥运会期间提防我国南方出现水灾的建议（2008年7月）；

⑫撰写《给陈宝根市长的一封信》就西安市的水问题提出建议（2008年10月）；

⑬《关于尽早建设张家山引泉供水工程，解决我省泾、三、高农村百万人饮水安全的建议》（2008年11月）；

⑭《关于落实2011年中央1号文件，加快水利改革发展的几点建议》（2011年5月）；

⑮《关于有效保护秦岭生态环境，科学开发秦岭自然资源的建议》（2010年7月）；

⑯关于“三农”问题的建议（2010年3月27日）；

⑰关于防旱抗旱加紧解决农村供水安全的建议；

⑱关于对建设关—天经济区的几点建议；

⑲关于培育北秦岭六大功能，打造关中黄金屏障的建议。

从上述19项建议的内容来看，除了李佩成从事的本专业研究的水利建设、水资源、农业生态、防旱抗旱等建议之外，还有关于金融危机、气候问题、灾区重建等方面的建议，足以说明李佩成在10年院士期间所关注的方方面面，无不体现了他身为院士的勇于担当和忠于职守的事业心。他时刻不忘院士应尽的职责和义务，处处都在思考为国家和政府出谋划策，为人民多做有益的事情。

李佩成的建议事关省内外大事，此处我们对其中的几个建议进行解读。

（1）解读《关于气候变化的哲学思考》。

2011年12月，新华社记者张建松先生写了一篇关于“气候门”事件的报道，题目是：《科学家认为“气候门”事件警示我们要更加谨慎地对待气候变化的问题》。记者写到：联合国气候变化大会哥本哈根会议召开之际，英国气候变化研究中心的网络遭到黑客入侵，大量内部资料和近千封电子邮件被窃取和公开。被窃取的材料显示，该研究中心多年来人为地修改气候变暖数据，夸大全球气候变暖的影响，这一事件被称为“气候门”。

记者继续写到：科学家认为，尽管从总体来看，“气候门”事件并不能影响人们对全球气候变化的重视，但这一事件揭示了气候变化研究的复杂性和不确定性，在当今科学问题与政治问题纠缠在一起的复杂国际形势下，这一事件警示我们要更加谨慎地对待全球气候变化问题，要有自己冷静、独立的思考和对策，既不能在国际舞台上成为众矢之的，也不能与西方的主流论调跟得太紧，人云亦云，避免落入西方设置的圈套，造成自己的被动。

记者在报道中列举了中国工程院院士李佩成在2007年发表的《关于气候变化的哲学思考》报告中指出的论点和论据。李佩成在报告中指出：亿万年的史实证明，全球气候一直都处于不断变化中，当代气候的变化幅度，并未超出历史气候变化的范围。他认为气候变化的主要动力在天在地而不在人，气候变化有着众多的客观因素在推动，如天文因素变化、太阳的变化以及地球物理因素变化等，不能简单断言全球气候变化是因人为排放二氧化碳等温室气体而日趋变暖。迄今为止，人类活动还不足以影响大区域气候的基本属性，更不足以引起冰期等巨大的气候变化，只是在较小的程度上，个别的，局部的气候变化才被解释为人类活动的结果，如大面积的毁林开荒，毁草滥牧等。

李佩成特别指出：所谓全球气候变暖之说，以及以此为由抓住中国不放，不能不令人怀疑。这其中包括某些国际势力反对中国，遏制中国发展，阻挠中国强大的险恶图谋。这与前些年炮制的谁来养活中国的新黄祸论一脉相承，而且有过之而无不及，因为他们抓住了看不见、摸不着、虚无缥缈的气候问题，制造又一个新的“黄祸论”，利用永远难以证明的气候变化问题，把一切灾难归于气候变化，从而给中国制造麻烦，进而在全球掀起新的反华浪潮。

李佩成坚持真理，捍卫国家利益的直言敢谏是值得肯定的。

那么，李佩成《关于气候变化的哲学思考》是在什么样的背景下产生的呢？这里可以追溯到1984年李佩成发表的另一篇著名论文《试论干旱》的产生经过，当时在对干旱问题的大辩论中，李佩成就已经对气候问题有过分析和论述。

1984年前后，就干旱问题，国内科学界发生了一次较大范围的辩论，针对干旱与旱灾的产生根源争论尤为激烈。最典型的就是有位教授在报纸上发表文章引用了北宋司马光的一段话，以此推断出“黄土高原本来不姓旱”的结论。又说甘肃定西在农田水利建设时发现了一个巨大的树根，因此推论到：“没有巨树，焉有巨根？没有树林，焉有巨树？”李佩成对这种片面、抽象的推论，发表文章予以反驳：“科学家不能仅凭简单的现象就推论出一个结论，何况只凭借一段古人古语，就断定黄土高原本来不姓旱，仅凭一个巨树根就推论出一片巨树林的结论呢？”

后来，随着辩论的步步升级，对干旱与旱灾产生的根源的认定，相当一部分人认为干旱与旱灾的产生是人为所致！

在这样的大背景下，李佩成于1984年9月9日，在中国自然资源研究学会、中国地理学会、中国农学会、中国林学会、中国生态学会和中国环境学会等六学会举办的“干旱半干旱自然资源开发和保护学术研讨会”上，做了《试论干旱》的讨论发言，引起与会人员的特别关注，也得到大部分专家学者的认同。

李佩成在《试论干旱》的论文中，通过对干旱与旱灾的概念、形成因素进行客观的、翔实的透彻分析，得出了比较正确的答案：造成一个地区或者一个地域在某个时期干旱与不干旱的原因是多方面的，复杂的。基本上可以断言，即使到了今天，从总体上讲，自然因素仍然是影响气候变化、造成干旱的主要原因。人类活动至今仍然不足以影响地区性气候的基本属性变化，更不足以引起冰期或间冰期等巨大的气候变化。

李佩成列举了一系列影响气候变化的图表，比如25万年来，太阳夏季日照量变化图；50万年间地球轨道以及旋转轴倾斜参数变化图以及220年来太阳黑子数变化图等，从这些图表中的轨迹反映出一定的气候变化规律，进而得出以下启示：气候是随时随地变化的；影响气候变化的因子也是多变的；气候变化具有全球性；气候变化尽管复杂而且有些神秘，但也绝非没有规律可循。

在《试论干旱》文章发表20余年后，另一“气候”问题又卷土重来，这似乎应验了李佩成指出的这样一种现象：对科学研究中的难题，每相隔二三十年，或因老一代科学家相继辞世或退出历史舞台，或因新的年轻一代科学家不详过去，又会变化主题，旧事重提。发生在21世纪初的“气候门”事件，大概有此背景！

之所以引述这一插曲，是想说明，关于对气候问题的思考，早在“气候门”事件发生前20多年，李佩成在讨论干旱问题时，就已经进行过深刻阐述，他对气候问题的研究兴趣，是基于他对干旱问题的研究而产生的，绝非是一时冲动或心血来潮。

也许有人会质疑：一位从事水利科学研究的专家，怎么会对气候问题发表长篇大论呢？

纵观历史，许多伟大的科学家的发明创造都是跨越学界的，这和科学家的知识结构、对社会的责任感不无关系。正是因为这些伟大科学家渊博的学识，对科学事业的至真追求锲而不舍，才使他们创造了许多推进社会发展跃进的不朽杰作。这也正是科学家的伟大高尚所在。

李佩成之所以率先对气候问题提出哲学思考，除了他在研究干旱问题时已经认识到影响气候的主要因素在天在地而不在人，也还在于他敏锐的政治洞察力：谨防某些西方国家给中国制造莫须有的罪名。值得指出的是，李佩成对气候问题的最初关注，是他在陕西省科学技术协会与陕西省气象局举办的“陕西省应对气候变化学术沙龙”上的一次发言。为了更大范围地阐明他的观点，他还把此报告以建议的形式，写给时任中国工程院院长的徐匡迪先生，并在建议最后附言：

“为了避免该论述给中国工程院惹来不必要的麻烦，我愿声明：我的言论引起的一切后果由我个人负责，与中国工程院无关。”

一片真诚之心，敢于坚持真理，不惧学界权势的坦荡胸怀和正义之气跃然纸上。

后来，徐匡迪院长的态度也令科学界同仁敬佩！他不但对李佩成的建议没有任何批评之意，还把李佩成的《关于气候变化的哲学思考》一文推荐给《中国工程科学》杂志，在2008年第一期予以正式发表。

毋庸讳言，时任中国工程院院长的徐匡迪先生不愧为一位开明的领导，他慧眼识人，毅然决定公开发表李佩成的论文，也是一次不平凡的决定。因为在当时国内外关于气候变暖的辩论中，不随大流之见者可谓凤毛麟角。

随着岁月的流逝，关于对全球气候变暖的辩论似乎平静了许多，但对这一事件的发生根源，并没有引起科学界的重视。然而，李佩成院士却早在1984年前就勇敢地站出来，用科学理论，从哲学角度思考对气候变化原因进行论证，这需要多么大的勇气和知识储备啊！

李佩成没有屈服于舆论上的压力，他认为科学家一要敢于坚持真理，二要勇于坚持科学。他还认为坚持真理，捍卫国家利益，是科学家的责任。特别是对于关系全球的重大问题要特别警惕。他在论文中明确指出："由于影响气候的因素主要不在于人，因此，中国无力也无责承担气候变化的责任，既要提防把所有灾害都归于气候变化，又要防止有人把气候问题政治化，用气候变暖大做文章，而宣扬新的'黄祸论'。"

《关于气候变化的哲学思考》一文中，李佩成以科学发展观为理论指导，从哲学基本原理出发，引用地球史及水文气象资料探讨全球气候变化问题，提出以下观点：

①运动变化是绝对的，地球气候一直在变；

②矛盾决定一切事物的生命，推动一切事物的发展，气候变化有着众多客观因素的推动，不应过分归因于工业生产中的二氧化碳排放；

③要历史地，全面地，辩证地看问题，现在尚难肯定当代的气候变暖就是人类活动所致；

④一切事物都是一分为二的，气候变暖是好事还是坏事要做具体分析；

⑤具体矛盾具体解决，中国要寻求自己的应对气候变化之策。

如今，"气候门"事件已经过去了6年多，有关全球气候变暖之因的争论似乎也有淡化之趋势。哥本哈根会议也形成了一个不尽如人意的公约，但毕竟"公约"了。这个被称为"拯救人类的最后一次机会"的会议也画上了句号。不管未来发展趋势如何，天更蓝，水更清，空气更清新的心愿，毕竟已成为全人类共同美好的心愿，而中国作为发展中的经济强国，为了实现这一美好心愿，在哥本哈根气候会议上表现出负责大国的姿态，向全世界人们表明了自己的观点。即中国人民绝对不会接受只享有发达国家1/3、1/4甚至1/5的权利的想法，绝不能只看眼前不看历史，只看总量，不看人均，只看生产，不看消费！这就是中国人对全球气候变化问题的鲜明立场。

对于李佩成《关于气候变化的哲学思考》，2008年10月23日，时任中共陕西省委书记赵乐际还做了重要批示：

“佩成先生，您好，文章我认真读了，……您的思考方法和基本观点我是赞成的。谢谢！

赵乐际 23/10”

2010年中共陕西省委科技工委发文，将《关于气候变化的哲学思考》一文作为送阅件请领导参阅。

（2）解读《关于落实2011年中央1号文件，加快水利改革发展的几点建议》。

2011年的中央1号文件，发布了《中共中央　国务院关于加快水利改革发展的决定》，这是中华人民共和国成立以来，中央首个关于水利方面改革发展的权威性文件，向全党全社会发出了大兴水利的明确信号：就是要抓住当前水利这个薄弱环节，解决水利瓶颈制约，夯实农田水利这个重要基础，尽快扭转水利建设滞后局面。

2011年的中央1号文件赋予了水利事业新的定位，文件的重要意义在于不是就水利说水利，就农业说农业，而是针对国情水情的变化，从战略和全局出发，明确了新时期的水利发展战略，文件特别强调指出：水是生命之源、生产之要、生态之基。中央1号文件第一次全面深刻地阐述了水利在现代农业建设，经济社会发展和生态环境改善中的重要地位；第一次提出水利具有很强的公益性、基础性、战略性；第一次将水利事业的发展提升到关系经济安全、生态安全、国防安全的战略高度。

文件中连续提到三个“把”，即把水利作为国家基础设施建设的优先领域；把农田水利作为农村基础设施建设的重点任务；把严格水资源管理作为加快经济发展方式转变的战略举措。这就意味着将有更多的“真金白银”的投入。

文件还指出：科学治水，依法治水，大力发展民生水利，不断深化水利改革，加快建设节水型社会，促进水利可持续发展，努力走出一条中国特色水利现代化道路。

令人振奋的是文件对水利改革发展的目标非常明确：就是到2020年要建成四大体系，总的目标是力争通过5 ~ 10年的努力，从根本上扭转水利建设滞后的局面，到2020年基本建成：

①防洪抗旱减灾体系；

②水资源合理配置和高效利用体系；

③水资源保护和河湖健康保障体系；

④有利于水利科学发展的制度体系。

作为从事水利科学事业将近60年的李佩成院士，接到中央1号文件的当天，心情久久不能平静。过去的60年岁月，充满着他对水利事业无比的热爱和执着的追求。尽管有了许多骄人的收获，尽管有了不同一般的成功创造，尽管有了许多有影响的水利研究理论成果，但都没有像2011年中央1号文件的颁布那样令他心驰神往。

虽然文件中的许多论点、措施、方案、目标的提法，或许是他过去探讨过、研究过、实践过的，但从没有像1号文件这么鲜明地对水利事业做全面的、综合的、具体的阐述，这在中国的水利史上，可能是前所未有的创新之举。

他从激动的情绪中渐渐平静下来。他想，既然中央如此重视水利改革发展，那么，作为一位一生都献身于水利事业的中国工程院院士，怎能够袖手旁观，怎能无动于衷呢？他经过几天的深思，终于把自己对落实中央1号文件的想法和意见，写成了近3 000字的建议，呈送给中国工程院院部，希望报送中央和国务院。之后，中国工程院政策研究室将李佩成的建议书以“工程院院士建议”的形式编成文件，报送中共中央、国务院、全国人大、全国政协，以及有关部委和各省、自治区、直辖市等单位。

建议的全文是这样讲的：

今年的中央1号文件是一个十分重要的文件，它不仅涉及水利事业的发展和4万亿元资金能否合理有效地利用，而且关系到子孙后代的福祉。为此，作为从事水利事业近60年的一位老兵，我提出几点建议供参考。

①面对大规模的水利建设，需要深刻认识水利的两面性，增利防害。

水利工程具有两面性，是一把双刃剑，从哲学层面说没有问题，因为事物都是一分为二的。事实确实如此，次生盐碱化、渍涝灾害、地沉地裂、滑坡、泥石流、水土流失、河湖萎缩甚至地下水枯竭、井枯泉涸。这些灾难常常都与不科学的水利工程有关。20世纪80年代初，西安市大量抽取地下水，致使地沉地裂，大雁塔倾斜；日本、美国等也都有同样教训；中亚的咸海萎缩引发大面积沙漠化，是由于过度截取阿姆河和锡尔河河水所致；我国新疆、内蒙古一些绿洲的萎缩消亡是由于河流上游过多引水的结果；许多河湖的污染直接与不合理的灌溉和排水工程有关。

因此，在我们实施大规模的水利建设的当今，在规划工程建设中要特别认识到水利工程的两面性，充分地调动其积极面，使其真正发挥发展生产、推动建设、保护和改善生态环境的作用。努力限制其消极面，使水利建设充分发挥其现代农业建设不可或缺、经济社会发展不可替代、生态环境改善不可分割的重要作用。

②要在科学发展观的指导下，从战略高度认真总结过去，扬长避短。

水利建设是中国的强项。我国的都江堰、郑国渠（今天陕西的泾惠渠）都是举世闻名的。中华人民共和国成立后的60年间成就更大，但是也有偏差乃至失误。因此，为了落实中央1号文件，应在科学发展观的指导下，认真地对过去进行总结和反思，特别是在战略方面更应如此，因为战略上的失误是最大的失误。

人们应以史为鉴，对于过去的水利建设，特别是重大的工程建设，要根据认识的提高与技术的进步，重新研究评价。例如，在我国提倡“节水”，本意是好的，但概念有些模糊。什么叫“节水”？谁来节水？为谁节水，节水的人得到什么好处？享受节水的人应尽何种义务？节水要不要节能？节钱？单喊节水而忽视养水，能不能获得最佳综合经济效益？如此等等，命题不清，便很难取得理想效果。

深刻地反思过去，是为了正确地把握现在和对待未来。可以预见，在中央高度重视之下，我们迎来的必然是一个更大规模的水利建设新高潮。为了少花钱多办事，办好事，我们应当总结过去。这种总结应该是不同层面的，从乡、镇、县、市直到国家层面都应当总结，包括对具体工程，要具体问题具体解决，该拆的拆，该修的修，该建的建，要全面总结，不能用“工程老化”概括全部问题。

要落实好中央1号文件，光依靠水利部门是不行的，必须水利、农业、牧业、林业、环境、国土、教育乃至能源、交通、商业、银行、金融、国防各部门，全社会都要在中央的领导下，群策群力，团结协作。

③要认真做好规划，要与新农村建设规划相协调，联合作战。

规划是十分重要的，尽管我们的工作是在原来的基础上进行的，但也存在一个完善规划的问题。国家准备在不到10年的时间内，投入4万亿元用于水利建设，其中相当部分要用于农田水利建设。这是一个很大的投资，我们应当把它用好，用好的第一个条件是要有一个好的规划，因此：

a.要以科学发展观为指导，以人与自然和谐相处，建立和谐社会为理念，还应具有全局观点和综合效益最大化的要求。

b.水利工程不是一个单一的涉水工程，以农田水利工程为例，要全面考虑山、水、林、田、路、渠、树、电、井、村。要把农田水利工程与新农村建设密切结合起来，带动和促进新农村建设，而新农村建设以及生态环境建设，也要促进水利工程建设，把各种建设扭在一起解决“三农”问题，而不要各花各的钱，互相干扰。要使我国农村面貌焕然一新，使“三农”问题得到有效解决。像河南的刘庄新村呈现的那样，“一看规划二看路，三看卫生四看渠，五看环境六看树，七看产业八看富，九看乡风与和睦，十看山川秀美生态文明新灌区”！

④正确处理灌溉农业与旱地农业的关系，水旱并举。

灌溉农业与旱地农业长期存在孰优孰劣的争论，有时甚至影响决策。在当前强调灌溉农业的情况下，尤其应该要注意处理好它们之间的关系。我国旱地农业已成为十分重要的农业组成部分，而且在蓄水保墒、高效用水方面积累了成功的经验和技术。现代灌溉农业也应当学习和吸纳旱地农业中适用的先进技术，旱地农业也应当吸取灌溉农业中的适用技术，“能走水路走水路，能走旱路走旱路”，取长补短，互相学习，共同促进我国农业的发展和粮食安全。

⑤要以人为本，下决心限期解决农民吃水问题。

中华人民共和国成立后，我国农田水利事业有了很大发展，但在一些地方很可能片面理解和执行了“水利是农业的命脉”的方针，重视庄稼用水而忽视了人饮工程建设，没有充分体现以人为本，造成“大水门前过，群众没水喝”的不协调局面。

我国广大农村人饮供水设施相当落后，存在着严重的水安全问题，这也应成为水利工作者，特别是有关部门决策者反思的问题之一。如果农民能喝到量足质优干净卫生的水，他们一定会饮水思源，十分感激党和政府。

建议一经发送立即引起热烈反响。李佩成还应西安市人大、黄河水利委员会等方面的邀请，作了题为《学习2011年1号文件的认识》的专题报告。

在西安的报告结合西安实际，讲述了10个方面的问题。

在黄河水利委员会所作的专题报告中，还就黄河治理、三门峡水库等问题，发表了自己的观点：

①中华人民共和国成立以后，特别是三门峡水库建成以来，黄河岁岁安澜，彻底扭转了历史上频繁决口泛滥的危险局面；

②黄河水利水电资源高度开发利用，取得显著的经济效益和社会效益，引黄地区灌溉面积从1949年的1 200万亩，发展到现在的11 000多万亩；

③治理水土流失面积18万平方千米，黄土高原生态环境和山川秀美建设效益显著，退耕还林成就巨大；

④多项措施并举，综合治理，泥沙处理与利用也取得了重大突破；

⑤全河水量实行统一调度，实现连续13年黄河不断流；

⑥开展河口治理，保持入海流路相对稳定。

成绩是巨大的，但仍然存在不少问题，需要研究解决。比如，黄河目前的配水原则，产水而又缺水的上游省份份额少，要不要推敲？退耕还林综合效益的评价，也需要认真调查，方能得出正确的结论。

在讲到总结和反思过去的认识和理论问题时，李佩成认为有关三门峡的建设涉及治河的理论问题有四点：

①我国在治河问题上一直存在着疏堵分合之争；

②三门峡水库的修建，其理论依据可能就是中国近代水利大师李仪祉先生的"上蓄下泄，蓄水拦沙"的治水之策，要不要研究发展；

③对三门峡水库作用的过高认定，可能出于对水土保持效果的过高估计；

④三门峡水库的建设也有其历史背景，不要过多地责怪个人。

凡此种种理论和认识问题，在学习贯彻中央1号文件的同时，认真总结反思，必将对今后的水利建设起到积极作用。

（3）心系故乡人，积极为陕西建设建言献策。

李佩成把爱祖国和爱故乡相结合，积极为故乡经济建设建言献策。

2005年9月2日，时任陕西省委书记李建国主持，请李佩成以“落实科学发展观，制定好陕西第十一个五年计划”为主题，作了《陕西水资源的严峻形势及解决对策》的报告，此报告受到陕西省委理论学习中心组与会人员的高度评价。李佩成在报告中科学地分析了陕西省水资源的严峻形势，并对水资源紧缺的原因进行了细致分析，同时，恳切地提出解决陕西水资源问题的指导思想与战略目标。特别值得指出的是，他对解决陕西水资源短缺问题的九条对策相当得体。这九条对策既立意新颖，又实事求是，也便于具体实施操作，无论从对解决陕西水资源短缺的宏观还是微观来考量，都不愧为科学家的肺腑之言。这九条对策是：

①抓紧完成“引乾入石”工程，实施新的省内南水北调引汉济渭等工程；

②开发黄河干流水资源，为国家陕北能源化工基地提供水源保证；

③积极争取建设东庄水库，多途径开发泾河水源；

④适度合理开发地下水，做到节水与养水相结合；

⑤深化灌区改革，加强用水管理，挖掘已有工程潜力；

⑥保山护水，保护秦岭绿色水库；

⑦实施群峪协井，秦岭北麓峪河水、地下水统一调度，确保关中城市群供水安全；

⑧落实节水措施，努力建设节水型社会；

⑨完善管理制度，实现依法治水。

报告会后不久，李建国书记亲自带队深入实际考察了解陕西省水利建设现状和存在问题，大大推进了陕西水利事业的发展。

2006年5月9日，李佩成写信给省水利厅谭策吾厅长，建议建设生态灌区，开展建设社会主义新农村的试验与示范。在信中，李佩成情深意切地写到：“几十年来，在各方面的支持与帮助下，我在陕西做了几件有益的事，现在虽已年老，还想再干些事，以报答三秦父老之恩情。”

众所周知，陕西治水历史悠久，名人薪火相传，郑国渠的开通，李义祉兴建“关中八惠”的英明创举，可谓一脉相承，绵延至今。

由于水土流失严重，干旱渍涝灾害频繁的黄土高原地形地质和气候条件，造就了“治秦先治水”的至理名言。当然李佩成这个在童年就立下“水神”梦的宏愿，誓为解决黄土高原缺水、驱除旱魔而奋斗的水科学家，怎么会忘记“治秦先治水”的史训呢？他以自己的实际行动和一生的努力奋斗，取得了一个个让三秦父老敬佩的治水成果。虽然他功成名就，成绩卓著，但他依然老骥伏枥，壮心不已，依然表示要在晚年“再干些事”。这就是他当选工程院院士后的心愿，体现了他要当一名真正的院士的笃诚与决心。

2008年10月，李佩成又提出一个有关保护秦岭北麓西安水源的《致陈宝根市长的一封信》。

值得称赞的是，在《致陈宝根市长的一封信》中，李佩成和他的合作者们特别强调保护秦岭绿色水库的战略思想，着重指出统筹规划，“重现八水绕长安盛景”的著名建议。这一系列有关陕西水利建设的建议，基本上产生于2005年至2009年这一时间段，其难能可贵之处在于其比2011年的1号文件的发布早了5年，比陕西省颁发的《落实中央1号文件精神文件》也早了6年。

6年之中，李佩成在报告中提出的九条对策，发生了多大的催化作用，不言而喻。

2008年11月，李佩成又给陕西省委、省政府领导提出《关于尽早建设张家山引泉供水工程，解决我省泾、三、高农村百万人饮水安全的建议》。促进了省委、省政府把解决群众饮水安全问题放在与解决农村群众温饱问题同等重要的位置来抓，先后出台了两个加快农村饮水建设管理工作的条例，并由省上主要领导指挥实施。

从20世纪70年代初到本世纪的2010年间，李佩成在长达40余年的水利科学事业上，他为陕西故乡人民做出了卓越贡献，在三秦大地上撒下了汗水，留下了足印！

作为一名工程院院士，他没有辜负家乡人民的期望，没有愧对三秦父老和孕育他成长的这片大地。

3. 关于再主持三个大的科研项目

李佩成院士的“113553”十年规划中的第一个“3”字的含义是，在他当选工程院院士后的10年内，再主持完成3个大的科研项目。

截至2012年年底，由李佩成主持的科研项目已经远远超过3个。正在实施研究的有：

①中国西北不同生态地域山川秀美试验示范区建设与重大科技难题研究；

②防旱抗旱确保粮食及农村供水安全战略研究；

③干旱半干旱地区水文生态及水安全学科创新引智基地建设；

④提高大型灌区水资源利用效益，促进社会主义新农村建设的试验与示范研究；

⑤重现“八水绕长安”盛景扩大工程研究；

⑥阿拉善盟腰坝绿洲地下水资源承载力及可持续利用研究。

这里仅选择两个项目作简略介绍。

干旱半干旱地区水文生态及水安全学科创新引智基地建设

李佩成在10年院士期间，新主持的第一个大的科技项目是教育部与国务院外国专家局领导的“111”项目：“干旱半干旱地区水文生态及水安全学科创新引智基地建设”项目。

对李佩成来说，这是他从事水利科学研究以来，又一个极富挑战性的项目。

当讲到研究创办“水文生态学”新学科这一敏感话题时，李佩成院士陷入深深的沉思。他意味深长地说：“其实，产生这个大胆设想已经是20多年前的事了。水文生态理论产生的最初时间是20世纪80年代，是因为4件事情的激发。一是在1980年前后在渭北地区出现了3万平方千米的严重渍涝灾害，造成墙倒屋塌，人员伤亡，庄稼被毁，其原因是宝鸡峡灌区开灌后的大水漫灌，引起地下水位上升所致，我亲眼目睹了这场因水而生的生态环境变化引起的灾难；第二件事是我1982年在日本考察时，亲眼看到由于过量开采地下水而引起的地沉地裂和海水入侵；第三件事是1987年我去美国考察时，同样在得克萨斯州看到了因过量开采地下水引发的大面积地面沉降；第四件事是1988—1989年，我在苏联考察期间研究了咸海萎缩的原因，是由于补给河流阿姆河与锡尔河河水被截引，导致湖水面积缩小2.5万平方千米，水量减少6 400亿立方米，周围居民用水困难，大量喜水生物消亡，形成6万平方千米的盐化沙漠，这又是一个人类活动改变水文系统而引发的生态系统劣变的实例。”

除此之外，发生在西安因过量开采地下水而出现的地沉地裂等地质灾害，也令人触目惊心。这一件件因水而生的自然灾害，无不说明一个有目共睹的事实：因人类活动导致水文系统变化而引发的生态问题，若不提早关注和研究，人类将为此付出沉重的代价，有些恶果甚至是无法挽救的。

因此，李佩成常常思考，能否在我国设立一个专门研究水文生态的新学科。虽然20几年前就提出了，但要被社会和专家们认可，还有大量工作要做。

李佩成回忆：“1992年，曾指导博士生冯国章以‘水事活动对区域水文生态系统的影响’为博士论文选题开展研究，并取得显著成果。这篇论文于2000年以选题新颖、研究深入获得全国百篇优秀博士学位论文奖。这一殊荣的获得，说明在科学界专家学者对这一研究持支持态度。该研究论文也在世界上引起反响，冯国章被评为教授，先后被德国、日本、法国、俄罗斯等国邀请讲学。《水事活动对区域水文生态系统的影响》一文也被高等教育出版社选为专著于2002年6月出版。”

冯国章在这篇论文中，首次介绍了他们师生共同界定的关于水文生态系统的定义：“水文生态，实际上就是水文生态系统，它是水文系统和生态系统复合而成的，即水文循环与生态进化及其共同的自然环境、人工环境于一体的具有耗散结构和远离平衡态的、开放的、动态的、非线性的复杂巨系统。”

在继续深谈时，李佩成突然哽咽住了，默然无语。一阵沉寂过后他才沉痛地说：“十分不幸的是冯国章教授因为去西北考察生态环境而途中遭遇车祸亡故。我十分怀念我的这位为水文生态学科创新而做出突出贡献的博士、教授。”

也许因为李佩成的得意门生英年早逝，折断了他们师生创立水文生态学展翅高飞的翅膀！然而梦想并未泯灭，他的“水神”之梦依然在延伸。

一位著名教育家这样来赞叹梦想：“梦想点燃了一个人生命的希望和热情，梦想催动了一个人奋起战斗的勇气和决心，梦想激励着一个人无视眼前的任何困难，梦想鼓舞着一个人百折不挠、永不放弃。”

伟大的作家托尔斯泰说：“生命的价值并不是用时间，而是用深度去衡量的。”李佩成创建水文生态学的梦想深深扎根在他的心田，他的胸中装着干旱缺水的黄土高原、西北荒漠乃至广大的中亚和世界的干旱半干旱地区。

李佩成从痛思中调整过来，精神振奋起来，又开始“111引智项目”的叙述。

“但我并不灰心，我的梦想依然存在。我想任何创新都是一次革命，既是革命，就有困难和波折。任何科学发明创造，都是经历不断试验、失败，再试验，再失败，直至成功。这要有不屈不挠的精神！

“虽然设立新专业的梦想不能立即实现，但对这个学科的继续研究不能停止。我总结一生的经验证明水的确是生命的源泉，是万事万物之本，是生态环境的基本要素。因此，生态要素中包括水，水文系统也必然影响生态系统，随着自然和人类认识的发展以及生产实践的需要，把水文系统和生态系统作为一个整体——水文生态系统而加以研究是科学发展的必然，具有十分重大的理论意义和实用价值。”

李佩成说：“正当我为创新学科犯难之时，传来振奋人心的消息：2008年经教育部和国家外国专家局批准，由长安大学水与发展研究院承担开展‘111’学科创新引智项目——‘干旱半干旱地区水文生态与水安全学科创新引智基地建设’项目。这就为扩大和深化该项研究提供了良好的机遇。”

“111计划”又称“高等学校学科创新引智计划”，是由教育部和国家外国专家局组织实施的。其目的是从世界排名前100位的大学及研究机构的优势学科队伍中，引进、汇聚1 000余名海外学术大师、学术骨干，配备一批国内优秀的科研骨干，形成高水平的研究队伍，建设100个左右世界一流的学科创新引智基地，努力创造具有国际影响的科研成果，提高我国高等教育的整体水平和国际地位。

本项目由长安大学水与发展研究院组织实施，立足陕甘宁青，侧重包括新疆在内的泛中亚地区，面向全世界的干旱半干旱区域，积极开展与上海合作组织各国的科技合作，为解决干旱半干旱地区各国的水资源与环境问题，实现人水和谐及保证水安全提供理论依据和科技支撑。

该项目于2008年10月9日在长安大学隆重举行了揭牌仪式暨国际干旱半干旱地区水文生态与水安全高级论坛。

本次论坛会议持续11天，邀请来自美国、加拿大、澳大利亚、俄罗斯、哈萨克斯坦、荷兰和我国台湾地区的水文生态与水安全学科领域密切相关的18位知名专家学者，与中国学者一起举办了35场学术报告。为了克服一般论坛"讲20分钟走人"难以深入的缺点，本论坛形式颇具"创新"特色。对邀请的国外专家学者要求会前写出讲稿，"接力"来华。讲演时间延长为1～2小时，中间穿插国内专家学者的学术报告和研讨。

挂牌之后，成立了以校长马建为组长，刘伯权、赵均海副校长为副组长的项目领导小组，研究工作全面展开。

深入开展了各项专题研究，对典型干旱地区水文生态及水安全开展实地考察。项目主持人李佩成院士亲自率团赴新疆玛纳斯河流域及新疆生产建设兵团121、142团场进行实地考察，并建立了干旱地区产、学、研三结合基地炮台试验站。

项目组还进行了对河西走廊主要河流的水文生态变化过程及现状、银川平原灌区水文生态演化及水资源合理配置、陕北黄土高原退耕还林（草）条件下水文生态及水安全、秦巴山区及丘陵沟壑区水文生态的研究等。

2010年度，项目组成功举办了第二届干旱半干旱地区水文生态及水安全高级学术论坛。

在这次论坛开幕式上，李佩成院士发表了热情洋溢的开幕词。他说，经过两年多的研究和实地考察，引智基地取得了喜人的成果，也培养了一批优秀人才。他明确地指出这次论坛的四项目标：进一步加深对项目的认识，广泛听取大师们的高见，汇报和交流青年学者的研究成果以及明确今后深化研究的计划。

会议历时5天，论坛邀请了美国、加拿大、澳大利亚、俄罗斯、哈萨克斯坦、荷兰和国内有关的知名专家举办了41场学术报告，就全球干旱半干旱地区，尤其是泛中亚地区的水文生态与水安全问题进行了深入而广泛的探讨与交流，达到了预期的目标：搭建起了"干旱半干旱地区水文生态及水安全"国际研究平台，加强了国内外专家学者多学科联合攻关，为我国、中亚及上海合作组织各国，也为人类做出了应有的贡献。

2012年项目组考察团访问了俄罗斯，围绕该项目，商定了合作事项。

防旱抗旱确保粮食及农村供水安全战略研究

随着我国经济规模的不断扩大，人口的急剧增长，城镇化进程的加快，以及水土环境污染的日趋严重，导致发生旱灾的频率上升，影响扩大，损失不断增加，直接威胁着我国的粮食安全和"三农"问题的有效解决。旱灾已成为我国全面奔小康、人与自然和谐发展、实现和谐社会的严重障碍，急需从战略和全局上深化防旱抗旱战略及重大技术配套措施研究，为国家决策提供参考和依据。

在这个大背景下，2011年4月，中国工程院启动了"防旱抗旱确保粮食及农村供水安全战略研究"咨询项目，由李佩成和山仑院士主持。两年间，课题组在深入研究，查阅文献，实地考察并广泛听取专家意见的基础上，完成了咨询报告，提出了防旱抗旱"战略十六字方针""战略十策"和"三大实施保证"等建议，简介如下。

1.旱情分析

（1）旱灾范围大，且有明显扩展趋势。

我国绝大部分地区属大陆季风气候，降水年际、年内分布极不均匀。干旱半干旱地区约占我国国土面积的50%，但由于该地区水土资源分布极不平衡，如京、冀、陕、甘、宁、青、新、晋、蒙等13个北方省（自治区、直辖市）的耕地占全国的64.8%，而水资源量只占全国的19.6%，旱灾在广大北方地区成为一种经常性灾害。更加令人不安的是，近些年来，南方很多省份也时有旱灾发生，例如在2003年夏秋季，南方10个省份大旱，损失十分严重。2010年初，位于我国西南部的云南、贵州、广西、四川及重庆5省份相继出现了严重旱灾，造成至少1.16亿亩的耕地受灾、2 425万人以及1 584万头大牲畜出现饮水困难。

(2)旱灾直接危及粮食安全。

旱灾使大面积农田受灾，粮食减产，严重威胁到我国粮食安全。据统计，我国因旱灾损失的粮食约占到各种气象灾害造成损失总和的60%，因旱减产粮食由20世纪50年代的435万吨，增加到1990—2002年的2 734万吨。

(3)逢旱人畜饮水困难，影响民生及社会安定。

1990—1999年，全国年均因旱饮水困难人口和牲畜分别为6.9%和23.5%。2000年后分别增加到8.4%和24.7%。20多年来，饮水困难的人口和牲畜不仅没有减少，反而增加。尤其近年来的西南大旱，人畜饮水困难的现象更是举不胜举。如2011年，西南旱灾造成2 425万人、1 584万头大牲畜饮水困难。

(4)旱灾的形成除气象因素外，应对不力也是重要原因。

土地经营的细碎化，影响了原水利设施的效益，水利设施的损毁、陈旧，导致农田灌溉率较低，全国有效灌溉面积仅占总耕地的34.8%。农村供水工程不足，抗灾能力低下。

2.防旱抗旱战略研究成果内容展示图

指导思想（十六字方针）	以防为主、灌饮并重、以丰补歉、保水储粮
战略措施（核心内容）	1.强化农田水利建设，实现人均0.6亩灌溉地，平均亩产1300斤； 2.重视旱地农业，丰年多收，常年稳产，种草种树，发展果蔬； 3.保护耕地，改良土壤，适当发展后备农田，到2030年新垦1.5亿~2亿亩耕地； 4.加强农村供水建设，3~5年内基本实现农村自来水化，保证半年无雨仍能做到供水安全； 5.重视水资源，特别是地下水源保护，杜绝污染，限制开采，实现永续利用； 6.严格控制土地荒漠化，加大修复力度，重视西线调水工程，适度发展沙产业和草原畜牧业，增加食物产出； 7.推进秸秆养殖利用，科学发展农区养殖业，节约养殖用粮； 8.重现江南鱼米之乡的粮食生产，力争自给，扭转北粮南运的不合理、不安全局面； 9.储粮备荒，实现国家、农户按人各储半年粮； 10.节水节粮，建立节约型社会。
实施保障建议	1.加强旱情预测预警工作，减少防旱抗旱盲目性； 2.完善防旱抗旱法制，确保防旱抗旱工作制度化； 3.加强防旱抗旱科学研究及人才培养。

3.关于防旱抗旱战略的十六字方针：以防为主、灌饮并重、以丰补歉、保水储粮

“以防为主”是说干旱是一种常发的自然现象，旱灾也是常遇的灾害，不要把它当作偶发事件而临时“抱佛脚”。在日常工作和工程布设中有所安排，尽力防止干旱转化为旱灾，做到大灾化小，小灾化了。

“灌饮并重”就是说防旱抗旱要根据现代旱灾不仅表现为田禾受旱、缺粮成灾，而且扩展为缺少饮用水成灾的特点，既要防止庄稼歉收绝收，又要防止饮用水的缺失，既要防止粮荒，又要防止水荒，做到灌溉和饮用水供应并重。

“以丰补歉”就是对收成和供应要从空间（不同区域）和时间（丰收年际和歉收年际）上进行调节，做到丰收年补救歉收年，丰收地区补救歉收地区。

“保水储粮”就是要强调珍惜水源，要保护和涵养水源免遭枯竭和污染，还要储粮备荒。

4.关于防旱抗旱战略十策

有了战略方针，还要有具体的战略对策，保证战略目标的实现，本项研究提出防旱抗旱战略十策：

（1）强化农田水利建设，实现人均0.6亩灌溉地，平均亩产1 300斤。

为此，灌溉事业应下决心：从面积上落实、从工程上保证、从管理上加强、从科技上提高。保证在2020年全国保有9亿亩有效灌溉地，约占全部耕地的50%。按15亿人口计算，人均0.6亩灌溉地，其中粮田0.5亩，果蔬田0.1亩。粮田亩产1 300斤，人均650斤/年，若按人均用粮800斤计算，尚缺每人每年150斤，将由旱地农业补充。

人均0.6亩灌溉地和亩产1 300斤指的是全国平均数，各地区在统一规划下，应按实际情况有所增减。

（2）重视旱地农业，丰年多收，常年稳产，种草种树，发展

果蔬。

我国现有旱地约占全部耕地面积的53.5%，建议2020年调整为50%，即9亿亩。按15亿人口计算也是0.6亩/人，其中0.4亩用于种植庄稼，0.2亩用于种植林果和牧草。按平常年单产400斤/亩计算，则可收获每人每年160斤的产量，与灌溉地的每人每年650斤相加，可达到每人每年810斤，基本达到每人每年800斤的要求。

（3）保护耕地，改良土壤，适当发展后备农田，到2030年新开垦复垦1.5亿～2亿亩耕地。

近30年来，大量良田好地被“开发”占用，估计占用面积在1亿亩以上，轻视和不珍惜耕地的情况若不改变，将直接危及粮食安全。因此严格保护耕地数量和质量，继续推进水利和水保建设，改良土壤，科学实施退耕还林（草），应作为防旱抗旱实现粮食安全的重要战略措施之一。

为确保18亿亩耕地红线，在生态安全条件下，应有规划地在新疆和内蒙古等省区，发展适当面积的后备农田，约为1.5亿～2亿亩，使全国耕地面积保持基本稳定，又有利于边疆发展。

（4）加强农村供水建设，3～5年内基本实现农村自来水化，保证遇旱半年仍能做到供水安全。

由于人口的增长和居住环境的变化，加之地表水和浅层地下水的污染，现在的旱灾常常首先表现为饮用水断源，群众没水喝！像在我国江西、湖南、重庆、云南等地旱灾发生的那样。我国农村供水设施相当薄弱，稍遇旱情，井干池涸，饮用水便无保证。

因此，我国的防旱抗旱，应当十分重视并尽快解决农村饮用水安全问题。群众对此甚为期盼，也一定会积极配合。如果能在3～5年内实现该项亲民工程，消灾于未然，人民将会十分感激党和政府。

（5）重视水资源，特别是地下水源保护，杜绝污染，限制开采，实现永续利用。

地下水分布面广，抗旱防恐性能强，是良好的供水水源。应当认真勘察，对适宜饮用的水源要作为“救命水”加以保护，特别是深层地下水，更应严格控制开采，不能因采矿采油等原因随意疏干和污染。

在有条件的地方，应修建地下水库和沙石水库以及水窖等蓄水工程，藏水于地下和含水层中，避免污染和大量蒸发损耗，以备非常时期之需要。

（6）加大荒漠化土地修复力度，重视西线调水工程，适度发展沙产业和草原畜牧业，增加食物产出。

我国有70多亿亩沙漠和草地，其中有相当部分只要解决水的问题便可作农牧业利用，可以成为牧业和杂食基地，从而获得肉、奶、蛋、油等食品，补充粮食之不足，也是当地人民度日和抗御干旱的必要条件，亦应认真对待。特别应将西线南水北调和区域水资源调节作为防治荒漠化的重大举措，尽快实施。

（7）推进秸秆养殖利用，科学发展农区养殖业，节约养殖用粮。

中国农民勤劳智慧，素有利用秸秆杂草饲养牛羊鸡猪的好经验，应当在科技进步的推动下，继续发扬和发展。同时发展果蔬及菌类生产，节约养殖用粮，补充人类营养和促进粮食安全。

（8）重视江南鱼米之乡的粮食生产，力争自给，扭转北粮南运的不合理、不安全局面。

在历史上，我国江浙湖广都是鱼米之乡，粮食自给有余，但现今有的省份大量土地荒芜，经营不善，水资源大量浪费，粮食减产，出现了北粮南运的不正常局面，消耗了大量能源物资，埋下了粮食不安全的祸根，作为国策，应下决心消除。发挥水资源丰富的优势，重现鱼米之乡本色，力争实现粮食自给，保证国家粮食安全。

（9）储粮备荒，实现国家、农户按人各储半年粮。

2013年1月15日，李克强强调“广积粮、积好粮，好积粮”*。

* 引自2013年1月15日李克强在国家粮食局科学研究院的讲话。

我国自古就有"备粮度荒旱"的传统，中华人民共和国成立后也创造了"深挖洞、广积粮"和"藏粮于民"的成功经验，应当继续运用。

因此，在正常年份储粮备荒，荒年施放，并从政策和措施上加以落实，力争农户、国家按人各储半年粮。

（10）节水节粮，建立节约型社会。

勤劳节俭是中华民族美德，勤能补拙、俭以养富，节粮节水也是防旱抗旱保证粮食和饮水安全的重要法宝，应作为战略措施，加以制度化。

5.保障防旱抗旱战略顺利实施的建议

（1）加强旱情预测预警工作，减少防旱抗旱盲目性。

实现干旱发生时间和旱情预测，则可以增强防旱抗旱的主动性。现代科学技术已为这种预测预报提供了实现的可能，应为此对旱情预测预警做出具体安排。

（2）完善防旱抗旱法规，确保防旱抗旱工作制度化。

防旱抗旱是规模宏大，涉及面广的社会行为，必然涉及水权等多种利害关系，并产生相应的法律和制度问题，为了解决这些问题，应当制定出积极可行的制度和法规，作为有序防旱抗旱的保证。

（3）加强防旱抗旱科学研究及人才培养。

防旱抗旱涉及方方面面，既是社会问题，也是科技问题。建议有关方面重视加强抗旱育种、抗旱耕作、抗旱技术以及水资源调控利用和水文生态保护等领域的科学研究和人才培养，同时建议在半干旱黄土高原、干旱石河子垦区和黄淮海等地区，建立若干个产学研试验示范基地予以推进。

4.关于再编著五本书

李佩成"113553"规划中的第一个"5"，是指在被评为中国工程院院士后的10年内，要再编著5本科学著作。如今，这个计划已经全部完成。其中包括：

①2007年2月由科学出版社出版的《中国西北地区再造山川秀美战略研究与试验示范》，主编：李佩成。

②2010年10月，由陕西科学技术出版社出版的《干旱半干旱地区水文生态及水安全研究文集》(一)，主编：李佩成，李启垒。

③2012年5月，由科学出版社出版的《水科学理论研究与工程实践——李佩成文集》。

④2013年5月由陕西科学技术出版社出版的《干旱半干旱地区水文生态及水安全研究文集》(二)，主编：李佩成，李启垒。

⑤2014年8月由陕西科学技术出版社出版的《干旱半干旱地区水文生态及水安全研究文集》(三)，主编：李佩成，李启垒。

这里仅对《水科学理论研究与工程实践——李佩成文集》(以

下简称“文集”）一书的出版做重点介绍，也许从他的文集里可以进一步捕捉到李佩成这位水利科学工作者一生的奋斗史，及其从事科研、教育工作中的不平凡经历。

文集选编了李佩成院士60年来从事水科学研究及有关工程实践的主要论文63篇，全书分为六个部分，共计80多万字。

第一部分：三水转化、治水方略及水资源与环境研究；

第二部分：地下水及其开发利用；

第三部分：地下水动力学及渗流研究；

第四部分：生态环境、国土整治与再造山川秀美；

第五部分：干旱半干旱研究及农业与节水；

第六部分：陕西省水与环境问题及其解决对策。

本书的出版，是对他从事水科学研究兼工程实践的完整总结，也是他60年来科学思想发展脉络的真实写照。李佩成院士用了8年时间，历经先后6次反复审阅，才完成了这部鸿篇巨著，足见他的认真与执着。

文集里收编的著作都有其显著特点。特别是关于水科学研究、地下水开发、水安全等一系列论文，均是首创，对我国水利事业的发展以及水科学研究均有指导意义。

正如为文集作序的国务院参事王秉忱教授所指出的：“这些内容涉及我国水土资源开发利用保护与管理的全方位研究，有发明，有创新。而且把水事活动比较全面系统地与我国的生态环境建设任务紧密相连。既有重要的学术理论意义，又有很大的实际应用价值。”“特别值得指出的是：他在40年前提出的‘三水统观统管理论’，现在已成为共识。”王秉忱教授还说：“佩成在水文地质学和水资源领域的学术造诣很深，而且博学识广，他治学的一个很大特点就是善于运用哲学的思维对一些重大问题进行剖析，并敢于提出自己的创新见解、观点与同行探讨，切磋琢磨。他十分关切我国水资源紧缺的严峻形势，并为水问题的解决殚精竭虑。”

我国水资源严重紧缺，同时又是水资源严重浪费的国家。水问题已成为制约我国经济与社会发展的重要因素之一。在1994年国务院通过的《中国21世纪议程》中已经把“水资源的保护与开发利用”列入中国可持续发展战略。因而编辑出版李佩成院士文集无疑具有非常重要的时代价值与现实意义。

从王秉忱先生对文集的高度评价中，似乎领略到人类搞科学研究的规律：要想成为一位著名科学家，不光是只有理想和志愿，更要有艰苦奋斗的实践，坚持不懈的工作，勇于承担风险的胆识，甘愿付出任何代价，勇于创新，毫不畏惧！文集的出版发行，再次证明了这一规律的无比正确。

李佩成院士的少年时代是怀揣着想当一名治水专家的梦想度过的；而青年时代坚定不移的求学志愿，确立了他从事水科学研究的宏图大志；而中年时代的“上山下乡”也给了他防旱治水于生产一线的实践机会，使他不仅有许多发明创造，也总结了大量具有科学价值的理论文章，使他对防旱抗旱和治水用水方略的认识一步步走向深入，走向成熟。

更加难能可贵的是当李佩成步入古稀之年后，依然战斗在科研战线的最前沿，亲自主持了几个在全国较有影响的重大科研项目，特别是“再造西北山川秀美”这个涉及中国1/3国土，由西北五省份一兵团共同承担的重大项目。不仅研究成果辉煌，还为国家、各省份培养出一批熟悉西北、熟悉乡土，具备真才实学，推进生态环境建设，再造山川秀美的年轻学者和管理专家。如今，这批专家中的不少人已经成为建设西北生态环境、黄土高原综合治理等宏大工程的骨干力量。

没有60年爱水、学水、治水、用水、研究水的丰富经历与艰苦实践，他怎能发出如此感人的肺腑之语？掩卷而思，怎能不为李佩成院士用他几乎一生的心血铸成的80余万字的文稿而心生敬佩呢！

在文集的前言里，李佩成这样写到：

"由于我出生在干旱缺水的陕西乾县，并在这里度过了童年，目睹过旱死的庄稼和祈福老天下雨的凄惨景象，也亲历过一家人用半面盆水洗脸，再用洗脸水喂牛的恓惶岁月。因此，惜水盼水之情根于儿时，学水治水之志立于少年。我如饥似渴地阅读有关水的名著，请教专家学者，翻山越岭，下沟上塬，丰富自己的知识。在西北农学院的4年大学生涯，奠定了我学水的基础；3年留学苏联为我进入水科学殿堂推开了大门。

"'文化大革命'的8年'劳动锻炼'，我身处逆境而不失志：上井架，下井筒，赶马车，拉架子车，成了打井修渠干农活的'好把式'！8年了解社会，了解自然的复杂经历，给了我感受天地人水关系的良好机会，启发我并促进了我对水的自然属性、社会属性及治水之道的认识，而且产生灵感，于1973年发表了'三水统观统管'的治水方略理论，又有了黄土辐射井的创新和轻型井的发明。"

李佩成说："我的出生地、学业、经历使自己产生了对人和水的至爱之情及对水的认识，撰写了一些有关的学术论文和研究报告。不管水平高低，作用大小，尽心努力，只为圆我的梦——治水之梦！"

李佩成院士从儿时梦想、青年立志到中年成就这不平凡的经历，确实是一个圆梦的过程。仅仅有理想是不行的，还要不畏艰险，上下求索，去为崇高的理想努力奋斗！

中国近代史上，为了中华民族的伟大复兴，多少仁人志士胸怀梦想，抛头颅，洒热血，前赴后继，奋斗不息；多少科学家为此献出了自己一生的智慧和力量甚至生命。中华人民共和国成立后，成长起来的一代青年，继承先辈遗志，继续为中华民族复兴的梦想而矢志不渝地奋战在各个岗位，为实现个人的理想努力拼搏。李佩成正是这一代青年中的优秀代表。正如习近平总书记在十二届全国人大闭幕会上说的："有梦想，有机会，有奋斗，一切美好的东西都能够创造出来。"

一位法国科学家说过：“立志、工作、成功是人类活动的三大要素。立志是事业的大门，工作是登堂入室的旅程，而旅途的尽头便是成功的喜悦，在等待着来庆祝你努力的成果。”文集就代表了李佩成一生努力的成果。

文集编排是经过精心设计的，没有按照文章发表的时间顺序来编排，而是分为6个不同类型加以编辑，从而从不同角度再现了李佩成从事水科学研究的大致脉络和思想轨迹。

第一部分的15篇论文，最著名的是1975年发表的《关于水资源问题及其解决途径的商榷》一文，李佩成最先最完整地提出了“三水统观统管综合调节、时空治水”的治水方略，并亲自将这一治水方略用于防治灌区盐碱渍涝并成功解决了西安严重水荒。在论景观水资源的两篇论文里，最早提出了景观水资源的概念、内涵和分类，拓宽了水资源学科的研究领域。

第二部分主要包括关于地下水的开发及其利用的10篇论文。其中较有影响的是发表在1963年第六期《中国农业科学》杂志上的《利用地下水灌溉的好处及其在国外发展的概况》。本论文是李佩成在我国著名农田水利专家粟宗嵩先生和地下水专家葛荫萱先生两位导师亲自指导下完成的，也是李佩成水利科学研究工作的第一篇发表在国家级刊物上的论文。文章首次总结出三个结合——“灌排结合、井渠结合、灌溉与农牧供水相结合”，推进了地下水利用和农田水利事业的发展，是提出“三水统观统管”理论的先导！

第三部分编排了关于地下水动力学及渗流研究的11篇论著。这些论文是李佩成的主攻专业和专长研究的汇集总结，这些论文的研究几乎花费了李佩成青壮年时期的大部分精力和时间。值得强调的是，这些论文大都是他经过亲自实践后得出的研究成果，他又运用这些理论做指导，取得许多成功的发明和创新。著名的《黄土辐射井及其水力计算》《关于“内在水”补给土壤水的研究》等具开创性。

第四部分的生态环境、国土整治与再造山川秀美和第五部分的干旱半干旱研究、农业与节水是十分密切的两个部分。这两个部分共选编了20篇论著。可以说，这两部分的论文，反映出李佩成从事水科学研究以来新的推进，把李佩成院士苦心钻研的干旱研究和黄土高原治理研究推向了顶峰。

历史给了李佩成良好的机遇，李佩成也成功地把握和掌控了这些历史机遇。

最初的机会来自他在苏联留学时期。他本来研修的专业是水文地质，但在研究地下水动力学和地下水开发利用的同时，还特意留心苏联和世界有关国家对干旱半干旱地区的研究和开发以及在国土整治和改造自然方面的经验教训。后来在渭北旱塬农村的8年经历，更触发了他在这方面的研究兴趣，他清楚地认识到，这是应当扩展的研究领域，也是祖国极为需要的研究新领域。

所以，乘着科学春天到来的大好机会，他一头扎进干旱半干旱地区农业研究。肩挑我国第一个"干旱半干旱研究中心"首任主任的重担长达6年，并且具体操办了第一届国际旱农会议。

历史给予他的另一个机会是1997年8月中央提出的"再造一个山川秀美的西北地区"巨系统科研项目的立项实施。李佩成勇敢地挑起了该项目主持人的重担。

正是这两次难得的历史机遇，给了李佩成施展才华、专心致志搞科学研究的具体实践机会。

文集中的这两部分论文，就是在这样的背景下产生的。正如李佩成在文集前言里表述的："这些论著，来源于实践，来源于研究，来源于国家的需要，来源于对国内外情况的分析，来源于众志成城。"

尤为可圈可点的是在第四部分有一篇《论水文生态的建立及其历史使命》的论文更具有独特的创新意义。本篇论文中，李佩成首次对"水文生态学"予以研究定义。李佩成论述到，"水文生态学"

是研究将水视为作用主体的生态系统，以及在该系统中生态系统与水文系统相互影响、相互作用的科学。在论文中，李佩成还通过对具有代表性的水文生态系统——灌区、梯田、绿洲三个水文生态系统的实例分析，从而启示人们，在研究或解决生态问题时不要忽略或者忘记相应的水文问题。而在扰动水文因子或者系统时，不要忽略或忘记可能由此而引起的生态系统变化。

李佩成还在论文中大胆提出，水文生态学理论还要求水利工程建设的环境评价要受生态学的理论指导。要全面地研究和评价可能引起的流域范围内的水文生态变化，而不能只评价工程本身及其附近地域，也就是水利工程应进行水文生态评价。例如，三峡水库的水文生态评价应当包括修坝蓄水后可能对涉江湖泊、支流乃至上下游地下水的影响。因为这些流域水体是长江水文生态系统的组成部分。长江水体的大规模阻截，可能影响流域水文生态乃至旱涝灾害。

由此可见，水文生态理论的提出和学科建立，不仅具有学术价值，而且具有明显而重大的指导实践的意义。它将带动生态学、水文学、河流学、湖泊学、水文地质学、水工建筑学、农田水利学等学科的发展，将推进水利建设进入生态水利的新阶段。

写到这里，我们不能不生发出一个个深思。

在从事水事科学研究的艰难征程上，李佩成为什么总是知难而进，勇于创新，敢于攻关克难？为什么总是能在水科学理论方面独树一帜？为什么能创造出那么多科学界的第一？且听李佩成对这些问题的回答。

“自从我有了‘水神’之梦的那一天起，我便与水结下了不解之缘，我就决心为解决黄土高原的缺水问题奋斗一生，立志为西北地区的防旱抗旱工作贡献一切。也许是这种朴素的人生理想，感动了上苍，给了我一次次学水、治水的良机：北京的打井运动，苏联的出国留学；8年的下乡锻炼和实践，西北农大干旱半干旱中心主任的历练，以至主持‘再造一个山川秀美的西北地区’巨系统工程和‘干旱半干旱地区水文生态及水安全学科创新引智基地建设’两大科研项目。正是这些机会，使我有了理论与实践相结合的广阔天地，才得以发挥自己的正能量，取得了一个个被人们认知的理论成果。虽然在60年的科技生涯中，还有许多事业未完的缺憾，但我把自己力所能及的有关水的知识，毫无保留地献给祖国水利事业，献给人类的科学研究。

“我对水的认识也是一步步地由浅入深，由简单到复杂，由一般的认知，经过艰苦实践再拓展到旱区整治，国土开发和再造山川秀美。以至到提出‘水文生态学’理论的创新和专业的设置。之所以能这样，正因为水是生命的源泉。‘水秀山清’，解决好水的问题，是改造山河，实现山川秀美的关键所在。”

每当李佩成院士谈起有关“水文生态学”的创新理论诞生的经过时，总有一种百谈不厌和难以割舍的情怀，总是一有机会，就会向所有来访者或者他的学生，以及在读的研究生孜孜不倦地谈论“水文生态学”命题。

“我想在我的有生之年，把‘水文生态学’的专业创新力争完成，这也是我最后的梦想，也是一位研究水科学人的归宿，也是对我一生的工作总结和经验汇集。我强烈地意识到，治水理论要有发展，要有创新。现在的形势是水科学研究应当超出水利本身，即是说水利问题不单是‘水’的问题，而是‘水文生态’的问题。

“经过反复认识——实践，再认识——再实践，才会被确立下来，我决心为此而继续奋斗。”

5.关于十年内再培养50名研究生

李佩成的“113553”十年规划中的第二个“5”字是指：在被批准为中国工程院院士后的10年内为国家再培养50名研究生，使培养总数达到100名。这个计划的实施情况如何呢？

自2003年被批准为中国工程院院士后至2014年年底，李佩成共培养博士生28名，硕士生34名。

作为一名教师和工程院院士，李佩成在培养工程科技人才方面做出了突出贡献，兑现了他自己为国家再培养50名研究生的承诺。

教师职业的独特性决定了教师崇高的职业道德。高尚的师德是立师之本，是教育之魂。以良好的思想政治素养和道德风范影响和教育学生，是每一位教师必须崇尚和力行的准则。

孟子说："教者必以正。"陕西有句俗话："师父不高，教的徒弟拧腰"。李佩成常以这"古训今导"衡量自己，规范自己的一言一行，以高尚的师德风范影响学生，以严谨的治学精神要求学生，培育了一批又一批高素质、有才干的有用人才。关于李佩成教书育人的成功经验和思想方法，这里不再赘述，只想通过他曾经培养过的几位博士生的简要回忆，更具体地了解李佩成的教书育人风范。这一部分将在本书第十六章《亲属、学生心中的李佩成》中描述。

6.关于再发表30篇论文

据统计，李佩成当选院士的10年间，共发表论文32篇。

这里，仅对"内在水补给说"这一新学说进行解读。

2008年冬到2009年春，陕西渭北旱塬百日大旱，在无降水又无灌溉的条件下，是什么水挽救了旱地小麦，且喜获丰收？李佩成的初步研究认为是"内在水"起了作用，他实事求是地写到："内在水"出渗补给说，即认为土壤水不仅来源于当地大气降水和地表水的入渗，而且还有可能来源于"内在水"的"出渗"。同时指出了土壤水在热动力驱动下，随季节温度变化的特征，并通过分析现有的实测资料，初步验证了提出假设的可信性。尤为值得指出的是，他并未停留在论点的一般论说，而是更加直率地坦言："在研究尚且不深的情况下，发表一些看法，其目的是抛砖引玉，希望在自己的有生之年，能够看到更科学的见解，或能听到后来人深化研究的喜讯，以便推动水科学和地球科学的进展。"因此，在结论与展望部分更大胆地论述了"如果内在水出渗说成立，将会具有重大的理论和实际意义：即是说如果内在水出渗补给说成立，这将表明在较深层位上的土壤水可能成为重要的抗旱水源，特别是在地表温度大大低于深层温度的情况下，深层的土壤水，将向表层运移，从而补充并增大表层土壤的含水量，将能发挥抗旱的作用。这一理论可以解释农谚中为什么说麦收八、十、三三场雨（当年的八月、十月以及来年的三月的三场雨），也可以说明为什么在2008年冬和2009年春百日大旱的情况下，旱地的小麦仍能丰收的事实。这一假设能够解释众多涉水的自然现象。"

这大概就是内在水出渗说之所以引起学术界关注的原因所在吧!

关于内在水补给学说，本篇论文最初发表在2010年第2期的《地下水》杂志上，当年李佩成已是74岁的高龄，产生本篇论文的背景正如他在论文前言里说的："水直接关系着地球天体和人类生存！然而时至今日，人类对水的研究和认识仍然需要深入。笔者作为学水干水的一员，边学边干，从英年到了古稀，习以为常的认识却又产生了新的思考或疑问！"这就是李佩成这位从事水科学研究者的肺腑之言。从学术研究上讲，只是阐明了"内在水"补给土壤水理论的假设与初证，但论文的前瞻性和对抗旱的指导意义却异常深远。该篇论文的发表，从现实意义上说将为应对水资源短缺开展防旱抗旱，发展旱地农业充实理论依据。

虽然是学水干水的一员，他从未断过儿时的"水神"之梦；虽然从英年到了古稀，他为梦想拼搏奋进的脚步依然矫健有力，充满了青春的活力与自信。因此，他才有了新的思考或疑问。这疑问无不从灵魂深处体现了李佩成一生研究水的笃诚与忠贞。也许这梦想会伴着他的暮年一起飞翔，发现和创造更多的疑问和思考，用自己的智慧和汗水书写更精彩的人生，用他的精神和生命，揭示更高层次的关于"水"的疑问，为人类带来更多关于"水"的福音。这就是李佩成为自己设计的十年院士规划的初衷与誓愿，他没有让"113553"计划成为空谈，而是一个个，一步步地将他的十年规划付之实现……

《关于“内在水”补给土壤水的假设与初证》论文的发表，正是李佩成实现“水神”之梦的又一例证。至于论文的学术价值自有专家公论，这里只想就为什么李佩成在古稀之年仍然壮志不已，潜心于水的研究，并屡屡取得成功作一探讨。

任何一位科学家之科学理论的创立，并非一蹴而就的瞬间思想火花，而是要经过长期的观察、思索，不断地研究实践，再研究再实践，才能得出科学的结论。李佩成关于“内在水补给说”的研究早在“七五”时期，由他主持的黄土台塬的治理与开发研究项目的研究时，就已经开始了资料的积累。这一点可从李佩成回答当年《科学时报》记者王百战所采访的提问中得到答案。

2012年2月12日的《科学时报》刊登了记者王百战采访李佩成的一篇报道，标题是《李佩成谈“内在水”补给：百日大旱为何旱地小麦仍获丰收》，文章写到：2008年冬至2009年春我国黄土高原遭遇百日大旱，但2009年当地的旱地小麦绝大部分仍获丰收，令人难解其中原因，李佩成不顾年迈，亲自深入田间观察了这一过程，作了深入的思考，因此，当记者采访李佩成院士时，他语出惊人：“百日大旱旱塬的小麦能丰产，关键可能是‘内在水’的补给所发挥的抗旱作用——引出了‘内在水’补给土壤水的新说”。这也是“内在水”补给土壤水新学说首次于媒体公开问世。当李佩成在采访中回答了“土壤水的形成和来源”，“内在水”补给有什么特点等诸多问题后，记者还提出了“除大量的现象分析推理之外，有无观测资料证明‘内在水’理论的可信性？”李佩成回答说：“早在‘七五’期间，我在主持西北农业大学承担的黄土台塬治理开发攻关研究时，便着手在乾县枣子沟试验示范区组织‘内在水’补给的野外实验，积累了部分资料。以后又有幸获得了陕西省泾惠渠试验站和中国农业科学院农田灌溉研究所的部分有关资料，特别是中国科学院长武国家野外观测站提供的部分土壤水分及地温观测资料，十分珍贵。”

李佩成的回答，非常有力地证实了他对“内在水补给说”的研究，已经经历了近40年的艰苦努力。没有几十年坚持不懈的努力钻研，绝不能得出“内在水补给说”的重要论断。然而，李佩成并没有停止在这一理论的终结研究上，他认为“这些认识尽管是重要的，但到目前为止，还只能称其为假设或学说，还需要走向定量的深化研究”。李佩成把对“内在水”补给更深层次研究寄望于更多的后来人，他的宽阔胸怀和无私的大家风范，令人心悦诚服，格外敬佩。

除此以外，还有发表在《灌溉排水学报》2012年第1期上的《论水文生态学的建立及其历史使命》，这篇论文也反响强烈。水文生态理论的提出和学科建立，不仅具有学术价值，而且具有明显而重大的指导实践意义，它将带动生态学、水文学、河流学、湖泊学、水文地质学、水工建筑学、农田水利学等的发展，也将推进水利建设进入生态水利的新阶段！

论文发表以后，李佩成曾在“中国生态学会”等学术会议上进行了多次演讲。

另一篇有较大影响的是《近60年来中国大陆降水、气温动态及其相互关系的初步研究》。该文发表在2011年的《中国工程科学》杂志第4期上。本论文是李佩成发表的重要论文“气候变化的哲学思考”后，他的团队被吸纳为由中国工程院杜祥琬副院长和中国气象科学研究院丁一汇副院长主持的《科学认识气候变化》项目组成员，承担了“气候变化对水资源的影响研究”的重要研究项目并取得的重要成果之一。

列举上述几篇论文便可看出，李佩成当选院士10年来，仍然在做学问，仍然在思考，仍然在科学的园地上辛勤耕耘！

献给中国工程院20周年院庆

踏遍青山人未老

李佩成院士践行"113553"工程侧记

杜仲棋 李启垒 冯秋香 郑飞敏

长安大学

二〇一四年五月

第十四章

值得称道的教风与文采

在叙述这一节之前，我们先阅读一段文字，此段文字选自李佩成文集《水科学理论研究与工程实践》的序言，作者是我国著名水文地质学家和水资源专家王秉忱先生，序言中写道：

“我最爱听佩成教授讲课、作报告，他总是用那纯朴的关中话，生动形象而又深入浅出地讲解他所悟出的道理，所研究出的理论与学术见解，以及他对水问题的真知灼见。他的话语铿锵有力，幽默风趣，很受群众欢迎，在很多情况下都能达到一语中的和令人茅塞顿开的效果。”

大凡听过李佩成教授授课和作报告的人，没有不和王秉忱先生同样感受深刻，记忆斧琢：聆听李佩成教授讲课、作报告，是一种艺术享受。

就在李佩成院士被聘为莫斯科地质勘探大学荣誉教授前，李佩成院士讲授的“水与人类”课程被评为国家视频公开课。虽然他年事已高，但依然于2013年应约参加了教育部“全国精品视频公开课”的建设工作。此项建设工作是国家“十二五”本科教学工程建设的主要内容，以高校学生为服务主体，同时面向社会公众免费开放的科学、文化素质教育网络视频课程与学术讲座，旨在推动高等教育开放，弘扬社会主义核心价值体系和主流文化，广泛传播人类文明成果和现代科学技能前沿知识，增强中国文化软实力和中华文化国际影响力。

无须赘述，“水与人类”的视频公开课程，仅仅是他从事教授行业授课工作中的一节课。这一课题只是就水与人类的诸多关系进行精彩的剖析评价，大概因为李佩成是从事水科学研究的专家，终生与水为伴，这样的报告怎能不出类拔萃，令人心悦诚服呢？

人们常说：教师是挥动粉笔的艺术家，笔者认为这对教师技能肯定了一半，而另一半则是教师演讲的艺术，作为学生更多的是愿意聆听老师口若悬河，滔滔不绝的讲授，沉浸在声情并茂的演讲氛围之中，那样才是艺术的享受呢！

2011年12月25日，笔者有幸聆听了一次李佩成教授的报告，地点是在西安交通大学思源活动中心报告厅，报告题目是有关“科学道德和学风建设宣传教育”，受众是西安地区的高校研究生。

那天上午，当李佩成院士从主持人手中接过话筒后，他径直从讲台上健步走下来，站在听众席里，开始了演讲……顿时，全场响起了雷鸣般的掌声，仅就他这站在听众席里的举动，已经获得了全场听众的赞许：他已经是78岁高龄的耄耋老人了啊！

李佩成操着地道的关中口音，声音铿锵有力，亮如洪钟，论理深入浅出，举例生动有趣。他通过自己60年工作经验以及成就事业的亲身体会，向在场千余名青年学子传授了怎样做一个科学工作者的道德修养和情操守则，讲到动情处，总能引起听众的热烈掌声。

笔者虽然是被邀请列席的听众，然而受益匪浅。虽然李佩成讲授的是科学工作者应遵守的品德操行、四风五德，但适合任何一位为人民服务的普通知识分子所应该身体力行的准则，换言之，即是放之四海而皆准的做人标准。

我一边聆听报告，一边回想着为李佩成作传的许多往事，回忆着曾经采访过的李佩成的同事、朋友和学生，没有一个人不对李佩成的教课，作报告佩服得五体投地；我还想起了一篇撰写李佩成破解西安水荒的文章，题目是《大儒李佩成》，文章中写道；“平实而诚笃，刚健而从容，谦逊而坚毅。风神秀朗，睿智豁达；慈善的笑容里氤氲出走过命运千山万水的宁静与祥和……”。这是一个抓铁有痕，踏石留印的强者；是信念坚定，思辨深邃，境界高远的学者，超然世俗的大儒。

《荀子·儒教》中对俗儒、雅儒、大儒中的“大儒”是这样诠释的，实践中大儒能够将求真与致用相结合，兼顾长远目标与当前任务。李佩成确实称得起是一位大儒！

没有人对李佩成从教生涯中做过多少次报告进行统计，但近十几年来，他的办公室秘书郑飞敏女士做过粗略统计，自2004年至今，李佩成做过的大小报告约有500场，而且，不管做什么报告，他都严守他的“三不”自律：“不接送，不吃饭，不收费”。这“三不”在陕西学术界，成为佳话，广为流传。

借此机会，我征求李佩成院士的同意，将其中有代表性的报告附录于后。

在科学实践中培养良好的科学道德与学风

——在陕西高校科学道德和学风建设宣传教育大会上的报告

各位同学：

孟子说“天将降大任于斯人也，必先苦其心志，劳其筋骨，饿其体肤，空乏其身，行拂乱其所为，所以动心忍性，增益其所不能”。

毛主席说“世界是你们的，也是我们的，但归根结底是你们的，你们好像早上八九点钟的太阳，希望寄托在你们身上”。

请大家注意，“天将降大任于斯人也”“希望寄托在你们身上”！

科学是关于自然界和社会发展规律的可靠知识体系，它综合经验的（包括实验的）材料，透过表面的，偶然的现象去粗取精，去伪存真，从而进入深刻的根本的境界，发掘出本质的有规律的东西。

科学研究是什么呢？科学研究的任务在于揭示事物发展的客观规律，探求客观真理，给人类生存和生活提供新的发展和力量，作为人们改造世界的指南。

科学道德及学风的定义：科学道德中“德”的本意是为顺应自然，社会和人类客观需要去办事；或者说道德是人类在人类社会发展中总结出的，为正确处理人与人的关系、人与社会的关系，以便保持社会稳定、安宁与幸福，而应具有的行为规范与准则。但在不同历史进程中这种准则会有所变化，对今天的我们来讲，最高的道德要求就是全心全意为人民服务。

科学道德是社会道德在科学技术活动中的表现，主要是指科研活动中科技工作者的道德规范、行为准则和应具备的道德素质，对我们来说这些行为和准则的核心，仍然是全心全意为人民服务，正如马克思所说“科学绝不是一种自私自利的享受，有幸能够致力于科学研究的人，首先应该拿自己的学识为人类服务”。

为了做到这一点，科技工作者包括我们博士生和硕士生就要为人民和人民事业高度负责，要树立良好的科学道德与学风，不能粗枝大叶，不能弄虚作假，不能窃取他人成果，不能贪天之功，也不能为小集团利益服务。

什么叫学风？学风一般是指个体或者群体在学术研究和知识学习的精神风尚和思想态度，包括治学精神、治学态度、治学风气、治学原则等。在科研领域，学风包含两层含义：一是指科技工作者的治学精神、治学态度、治学原则；二是指科技工作者的行为规范和思想道德的表现，是其在科技活动过程中所表现出来的精神风貌。

科学道德与学风问题是指科技工作者在科研规范、行为准则、治学精神、治学态度、治学风气、治学原则等方面出现的失范现象。因为失范不利于科学技术事业的发展和科技成果的正确使用，所以称之为问题。科学道德与学风问题反映了有些科技工作者的行为，在科研活动中出现的问题和漏洞，既有科技工作者精神层面的伦理道德问题，也有行为层面的科研规范问题。在这一方面，我们大家都有所接触。

科学要发展，科技要进步，必须在科技工作者和科技群体具有良好的科学道德与良好学风的条件下才能实现。因此，我们国家十分重视科学道德与学风的建设，我是完全同意拥护的，并认为良好的科学道德与学风的培养必须从青年开始，必须在科技实践当中来进行，而不能纸上谈兵。下面我就结合我们从事科学研究问题来谈谈如何在科研实践中培养自己良好的科学道德和学风。

搞好科学研究或者搞好科学研究实践，我总结了十大要诀，这十个方面中包含着科学道德与学风。

1.打好基础——锻炼基本功与培养想象力

学会科研要打好基础，什么叫基础？基础就包括要锻炼基本功与培养想象力。什么叫基本功？基础知识、基本技能、哲学素养、语言文学、外语、学风磨练等，都属于基本功。所以我们同学上大学也好，做研究生和博士生也好，要继续练好基本功。

我原来在西农当教师的时候，我曾给我的研究生说晚上去实验室填沙子，他们有的就嘀咕，说是装沙子还让咱装，那应该是工人干的事，结果派了个代表来和我谈判，我向他们说：装沙子里面有学问，他们说这里面能有什么学问，我说你装了就知道了。结果晚上九点多去实验室了，他们拿着铁锨给沙槽里面丢，我说停下来，他们说停下来干什么？我说不但停下来还要把里面多余的掏出来，要填到一定厚度后然后铺平整好以后才能继续填，要不然填得不均匀。填沙子、洗瓶子、开关龙头、灭酒精灯都是基本功，要学会实验操作的基本功。

大家要注意语言文学的学习，当然你们初中、高中都学过了，但是还需要补充一些语文知识。我记得我上初中的时候老师告诉我们，你们要很好地学习语文，语文是表达感情，交流知识的桥梁，人的交往有三个途径：语言、文字、图画。老师说，你们看人家袁枚写的祭妹文写得多好，咱们班一个同学给他母亲写祭文："妈呀，我想你，妈呀，我爱你"。说了半天你就没说你为什么想你妈，为什么爱你妈，你没有表达感情。

我记得我们在黄土高原攻关研究写汇报时加写了个《浪淘

沙——黄土高原治理开发枣子沟试验示范》:“野枣生沟坎，墙倒窑陷，水土流失人不安！治理开发作试点，科技攻关！　学愚公五年，已露新颜，再干三千六百天，王母求情迁来住，神在人间！！”评委们特别欣赏“神在人间”！

哲学素养也很重要，我们大家一定要学习哲学，我给新入学的研究生选课，就给他们讲，你们要把哲学选上，因为哲学可以训练你的思想方法，这对我们搞科学的人们非常重要。

我在上高中的时候，我们的校长叫梁益堂，他的学问渊博，给我们加开了一门课叫逻辑学，对我们用处很大。

要练就勤于思维，勇于实践，求真务实，一丝不苟，勤学苦练的学风。

2.正经入门——阅读、实践与拜师求教

阅读文献的两个阶段，普遍与深入；实践活动包括室内实验、田间操作及现场调查，入门是个过程，不是说报到入学就算入门了，真正的科学入门是一个过程；求教导师要尊师爱生与能者为师，大家要处理好这个关系，老师要爱生，学生要尊师。

3.选定课题——个人爱好与国家需要

选题很重要，日本有人说选好了课题研究工作就成功了一半，我认为要更大，选题过程也是个调查研究的过程，选题要考虑个人的爱好和特长，你是善于抽象思维还是具体操作，你的基础爱好要照顾。你要了解本专业领域的发展状况及存在问题；阅读文献了解国内外动态；查阅相关的硕士及博士论文；求教导师或其他有学问的人；但重要一点你要服从国家需要，有些你可能不愿意，但是国家需要，你也要服从。

2012年11月8日，中国共产党第十八次全国代表大会在北京召开，十八大报告中明确指出:“建设生态文明，是关系人民福祉、关乎民族未来的长远大计。面对资源约束趋紧、环境污染严重、生态系统退化的严峻形势，必须树立尊重自然、顺应自然、保护自然的生态文明理念，把生态文明建设放在突出地位，融入经济建设、政治建设、文化建设、社会建设各方面和全过程，努力建设美丽中国，实现中华民族永续发展”。选题要充分考虑国家的需要，这也是一个人的科学道德与学风问题。

4.研究方法——科学方法与先进技术

你要搞好科学研究，也有方法问题。有人问爱因斯坦你是怎么成功的，他回答说：A=X+Y+Z。就是：艰苦的努力X、正确的方法Y、少说空话Z。所以我们正确的方法很重要，这包括我们理论联系实际；先进技术包括自己设计仪器设备，在国外学习时，老师给我们选定课题以后，叫我们要提出研究的设想和方案，然后还要提出来用什么仪器，要求我们最低限度要有所改进，或者方法或者仪器本身要有所创新。

5.研究态度——严肃认真与刻苦求实

要搞好科学研究，要有正确的研究态度，培养严肃认真与刻苦求实的精神。科学是老老实实的学问，来不得半点虚假，要深入实际亲自动手。西北农大有个赵洪章教授，他是小麦育种专家，中华人民共和国成立以后他第一个培育出最好的小麦品种“碧蚂1号”，这个小麦推广面积达到1亿多亩，至今还没有人超过他的推广面积，老先生整天都在田地里面。我领着记者去看，记者写了篇文章叫《教授的星期天》，是什么意思呢？西农的教授星期天不在家里休息，也不去旅游，都在田地里观察调研，这种学风是非常了不起的。

还有个魏老师告诉我，科学研发一定要亲自动手和把关，有一次他出去带学生实习，晚上整理材料的时候，发现村庄名字都是人名，这是怎么回事呢？学生说这都是经过询问的，没有问题。魏老师说那不会，不可能都是人名字，结果第二天又去调查，测量队的学生队长是个四川人，问老乡你们的“村庄”叫什么名字，结果老乡听成“村长”了，所以都说的是村长的名字。经过调查，后来就都改正了。所以大家要深入实际，勇于实践，有疑必问，有错必改。

6. 创造发明——树立假想与分析异常

现在人们都讲究要创新和发明，但是如何创新、如何发明都有规律，不是随便都能创新。我们要学会分析异常，去伪存真，科学研究好多都是发现异常，那个异常就可能启示你创新。因此，我们要善于发现异常，出现异常不一定是坏事，它可能因为你采取了先进技术出现了异常，原来观察不到的，现在观察到了，也可能是失误，失误就要改，但要分析，不要把异常和错误画等号，而且要勤于发现异常，要思考举一反三，多问几个为什么？

对于我自己来讲，我们研发了黄土辐射井，为什么能研究成功呢，这里面就有异常问题，我的老家在乾县，以前被人叫做干（乾）县，为什么叫干县呢，没有水？因此，老乡想打井，一打一个干窟窿，打不出来水。所以，我从苏联留学回来以后给了个任务考察抗旱问题，我们就去考察了，看到打井打不出水，而且书上也说了，黄土不能形成有效开发的地下水。后来我想这有异常，下大雨后大量的水流到渗井里面，为什么能渗进去水，却出不来呢？后来分析研究是我们打井方法有问题，人们把水流不出来认为没有水，后来采用辐射井型，用辐射管向四面八方打，管子长度80～100米，打成以后井水就很大，一个井可以浇地100～300亩，到现在30多年了还在运用，后来推广到了十多个省份，还得了全国科学大会奖。

要学会树立假想，勇于探索。好多事情根据一些观察研究以后，我们设想这可能是一个什么问题？然后再去求证它，用实践证明它，要学会假设，科学的假设不是胡思乱想。

例如轻型井的发明，也是我们树立假想的结果，这里就不多说了。

要创新就要分析异常，要学会树立假想，而且要多问几个为什么。苹果掉在牛顿头上了，后来他研究出了万有引力，是一般人的话，就会说句“真倒霉，砸我头上了”，扬长而去。

7.提炼升华——集中思考与交叉联想

我们好多观察、研究、试验得来资料后怎么提炼升华，思想怎么整理出来，要集中思考与交叉联想，把这些资料收集以后，要学会分析资料，要静下心来想这些问题，这就是创新过程。

例如，凯库勒发现苯分子（C_6H_6）结构，他把苯分子研究出来以后，但结构形式是什么他不知道，他想了几天都没有想出来。有一天，他乘马车去实验室，在马车上打了个盹，他梦见一条蛇在他的面前飞舞，结果蛇的嘴巴把尾巴给咬住了，在他的面前不停地绕动，结果凯库勒说“哎呀，我知道了，苯分子结构是个环”。有人就说你真能，别人研究都研究不出来，你睡觉做梦竟然给梦出来了。他说“不是的，我都几天几夜没睡觉了，一直在想这个问题，一直还没想出来，结果睡觉打了个盹，脑子一清醒就想出来了”。

我再给大家举个自己的例子，比如我写了本书《割离井法理论》，把物理和数学进行联想。大家学数学，曲线顶点的导数是零，这个是数学问题。但从地下水动力学讲这个等于零就等于隔水界面，因此我就想，我们给地里面打了好多井，井和井交界的地方把它看作割离的界面，所以就提出了个理论叫做“割离井法理论”，可以把井群的问题割离为单井来进行研究，这个也写书了，也算一个主要成果。

总体和局部也可以联想。例如，我提出了三水统观统管理论，地表水、地下水、天上水统观统管，有些问题不是战术问题，是战略问题，我们就要思考为什么出问题。例如西安在90年代初，是全国缺水最为严重的城市，没有水，过春节老太太晚上起来接水，为了第二天煮饺子。咱们秦岭是西安的绿色水库，秦岭北坡每年向西安市方向流来21亿～24亿立方米水，当时西安需要3亿立方米水，流出的水量是需要的7倍，为什么还没有水。这是没有做到三水统观统管、一味地开采地下水所致。

还有水利和交通，我从西农调到西安以后，长安大学的公路学院要修路，这就把水利和交通联系起来想，受到了启示。打山洞能把汽车、火车开过来，为什么不能和这个结合一下把水也弄过来。于是我们就写建议："引乾济石"，将柞水县乾佑河的水调入西安石砭峪水库。用很少的钱，利用修公路的副洞把水引过来，把秦岭南的水引到了北面，这开辟了咱们省上南水北调的第一个工程。

8. 检验成果——修正错误与坚持真理

科学道德与学风里，这一点也很重要：检验成果，修正错误。错了就要改，真理就要坚持。咱们研究生和博士生一定要坚持真理，数据要反复修正，稿子要反复修改。果戈理，大家都知道嘛，有名的作家，有一次，他带着刚写好的剧本去访问朋友，正把自己的新作念给朋友听，请他提出修改意见，结果念着念着听到了呼噜声，朋友竟然睡着了。果戈理就把稿子扔到火炉里。朋友发现后感到非常抱歉，然而果戈理却非常诚恳地说道："谢谢您提出的意见！您的瞌睡就是最好的批评。"果戈理这种严于律己、精益求精的精神值得我们学习。

我们还要坚持调查研究，决不弄虚作假。我主持国家再造西北山川秀美项目，去甘肃庄浪、新疆考察，一定要实地考察，不能听信传言。关于对西北地区能否再造山川秀美的认识，我们研究认为："再造山川秀美就是以生态学原理、可持续发展原理和社会主义经济学原理等为依据，以人类文明美好、富裕康乐为理念，以先进生产力为手段，因地制宜地对第一自然和第二自然进行保护、修复和改造，从而造就万物蓬勃、相伴相生，生境处于良性循环的国土环境——秀美山川。'天蓝、地绿、山青、水秀、人富'"。

关于坚持真理我再举一个例子，比如气候变化这个问题。2007年开会时我提出了关于对气候变化的几个观点，第一点就是气候一直在变化，但并非一直变暖。地球气候变化各个时期都会出现时冷时暖的波动现象，今天的气候明显增暖可能只是气候的正常变化。第二点气候变化是否与二氧化碳排放有关，没有充分证据。一个大的事物，在其发展过程中，包含着许多矛盾。要历史地、全面地、辩证地看问题，现在尚难肯定当代的气候变暖就是人类活动所致。我们一定要坚持真理，敢于发表自己的意见。

9. 品德素养——谦虚求实与团结合作

科学家要谦虚求实、团结合作。科学不是一种自私自利的享乐，有幸能够致力于科学研究的人，应该拿自己的学识为人类服务。我们要尊重他人劳动，不要贪天之功。这点很重要的，有的人缺乏这种精神。同学们从年轻时一定要学会团结合作的精神，要尊重他人劳动成果。

我们提倡共产主义思想和道德，提倡共产主义风格和品德，它主要表现为忠于社会主义、共产主义事业，全心全意为人民服务，关心人、尊重人、顾大局、识大体、不惜牺牲个人利益和小团体利益，大公无私，先人后己。我们培养科学道德和良好学风就要从上面所说的去做。我们还要热爱自己的祖国，热爱祖国也是一种科学道德，维护祖国的利益，我写的气候变化的哲学思考就是基于这方面的认识。

10. 政治业务——专家学者与又红又专

最后再谈谈政治业务的问题，我们作为专家学者，政治立场要坚定。周恩来总理在1964年去苏联时给留学生说了一句话："你们留学生要做到立场坚定，业务精通，体格健全，作风正派。"这就是正确地处理政治和业务的关系。立场坚定，要始终站立在祖国和人民的立场上。业务精通，不是说关心政治的人就不搞业务，一定要业务精通。体格健全，身体一定要结实，身体是一切知识的载体。作风正派，不要腐化、不要偷鸡摸狗。我把这16个字（立场坚定，业务精通，体格健全，作风正派）作为我的座右铭，今天也展示给大家，希望同学们把这记下。祝大家鹏程万里！

谢谢大家！

为建设祖国而培养自己

——给大学生的报告

同学们：

毛主席说过："世界是你们的，也是我们的，但归根到底是你们的，你们好像早上八九点钟的太阳，希望寄托在你们身上。"同学们，在你们身上不仅寄托着祖国的希望、人民的希望，当然也寄托着长安大学的希望，寄托着我们这些老一代人的希望。对于背负着这么多希望的青年学子，我能不产生关爱和谈心之情吗！所以我今天便来了！来了想谈些什么呢？想谈的还是一些埋藏在内心的老话：

第一，关心国家大事、认清形势，明确时代的要求；

第二，树立远大理想，确立正确的人生观；

第三，刻苦学习，爱惜寸阴；

第四，加强自我素质培养，作全面发展的人；

第五，锻炼强健的体魄，做到身心健康。

1.关心国家大事，明确时代的要求

新中国的大学生一定要关心国家大事，关心世界大事，要认清自己所处的时代，从而把自己的命运和祖国的发展、世界的和平连在一起，以高度的责任感鼓舞自己不断进步！

1949年10月1日，毛主席在天安门的城楼上庄严宣布："中华人民共和国成立了！""中国人民从此站起来了！"这是国家的大事！邓小平同志讲"发展是硬道理。"这是涉及国事的重要指示，我们应深刻理解。最近胡锦涛总书记提出建立和谐社会的任务，他指出"我们所要建设的社会主义和谐社会，应该是民主法治、公平正义、诚信友爱、充满活力、安定有序、人与自然和谐相处的社会。”胡总书记的指示对我们建设社会主义祖国有着重大的意义，我想多说几句。

回顾过去的百多年来，科学技术日新月异，社会生产大大发展。但由于人口膨胀——在过去的100年间，增长了4倍，翻了两番——社会的不公，侵略战争不断等原因，便出现了一系列严重威胁人类生存的大问题：人口问题、粮食问题、生态问题、环境问题、水源问题、交通问题、居住问题、能源问题、卫生保证问题以及众多的社会问题等。这些问题，大都是在20世纪逐渐萌发或加重了的，也得到了一定的解决，社会也得到了一定的进步和发展。但其中有些问题，是在近20多年来突然严重起来的，如水资源问题、能源问题，尤其是生态等问题，它们能否解决，直接关系着人类能否实现可持续的社会进步与经济发展，对于占世界人口1/4而人均耕地不到1.3亩的中国人来说，尤其如此。

因此，21世纪是人类千方百计促使各行各业持续发展的关键世纪，如果人和自然得不到和谐发展、如果可持续发展问题得不到解决，社会经济便要走向衰败，人类社会便要走向混乱和衰落。同学们可以想想，如果社会没有能力使农业得到持续的发展，上百亿的人吃什么？人没饭吃，“无粮则乱”。所以近来党和政府强调“三农”问题及粮食安全，党代会、人大会都把解决“三农”问题，定为重中之重，要求全党全民，包括在座各位，为此而奉献自己的聪明才智。

还有一个大形势，我觉得同学们必须认清，那就是天下并不太平，而且形势十分严峻，我们必须保持清醒的头脑，要把外交辞令、外交策略与本质分析区分开来，不要以为称朋友就真是朋友，称合作就真的合作，大家都知道，中国和苏联，原来都是社会主义国家，称作亲如兄弟，赫鲁晓夫说苏中友谊坚如磐石是牢不可破的。但他不让中国发展导弹核武器，说他们可以保护中国。帝国主义亡我之心不死，我们必须有自己保护自己的能力，结果苏联撤退专家，和中国翻脸。在我留苏期间，苏联的报纸上攻击我们，说毛泽东是只好斗的公鸡，中国人五个人穿一条裤子，穷得喝大锅清水汤，还要搞原子弹。赫鲁晓夫劝阻，毛主席不听他那一套，毛主席说："中国人不穿裤子也要搞原子弹……"出乎他们意料的是1964年10月，我国第一颗原子弹爆炸成功！

大家可以想想，在这个疯狂掠夺资源，疯狂搜刮穷国弱国的地球上，中国没有原子弹、氢弹，没有导弹核武器，没有卫星和载人卫星，行吗？我们能够安居乐业吗！

"知耻近乎勇"，回想从鸦片战争到中华人民共和国前屈辱的日子，看看世界上被分裂、被轰炸、被占领的国家民族所受的苦难，居安思危，我们必须认清形势，关心国事，认清我们肩负的振兴中华的历史使命。

2. 要树立远大理想，确立正确的人生观

认清了形势，明确了使命，便要树立远大的理想和人生观，使自己成为振兴中华的栋梁之才。

古人说"精诚所至，金石为开"，有了志向，就会产生不达目的决不罢休的决心和力量，所以我建议同学们依据对形势的认识，立志把自己一步一步培养成国家所需要的高级建设人才。

最近，党和政府更加强调人才战略，强调各行各业专家们的培养，这正是形势的需要。同学们都知道"三十而立"这句名言，这个"立"是指事业上的立，至于立志应当早立。孔子虽然说过三十而立，但他也说过"吾十五而有志于学"，所以先有了十五志于学，才能有三十而立。你们大多已过了15岁，如果不及时立下学习目的之志，怎么能三十而立，怎么能够在未来安身立命于社会，如何漂洋过海，划向胜利的彼岸？！

记得在1964年11月十月革命节期间，周恩来总理在中国驻苏大使馆接见了我们，总理向留学生强调，要做到"立场坚定，业务精通，体格健全，作风正派"，我们留学生都朝这个目标奋斗。我建议同学们也要立志把自己培养成有理想、有知识、有道德、有文化，有坚实的专业技能，有良好素养的建设人才。当然，培养过程不仅仅包括大学阶段，实际上是一辈子的事。

在这里，我想强调的是，行行出状元，要热爱自己的专业，要刻苦钻研。

3.要刻苦学习，爱惜寸阴

“头悬梁，锥刺股”。学习是件辛苦的事，特别是专业学习，初学感到干枯无味。但是，前面我们分析了形势，立下志向，认识到“天将降大任于斯人也，必先苦其心志，劳其筋骨，饿其体肤，空乏其身，行拂乱其所为，所以动心忍性，增益其所不能”。天就是时代，时代把重任交于我们，我们就要比古人更加勤奋地学习。斯大林有段名言，它是讲给青年学生的，他说：“要建设，就必须有知识，就必须掌握科学，而要有知识，就必须学习，顽强地、耐心地学习，向谁都学习。学习，咬紧牙关，不怕别人耻笑我们，耻笑我们无知，耻笑我们落后。”

同学们来到大学，有许多不适应，也有许多困难和问题，但你们应当明白，世界上许多名人伟人的事业都是从逆境中奋斗出来的。有一首叫《水手》的流行歌曲，有这么几句歌词：“水手说，风雨中，这点痛算什么，擦干泪，不要怕……”唱这支歌的郑智化本人就是一位苦斗的典型，他以自己的残疾之躯，奋斗成著名的歌星，而在歌唱时，他的身体缺陷，正好唤起听众的同情和共鸣！

同学们，在学习化学、物理，学习电学时，都记得法拉第电解定律，法拉第感应定律，法拉第感应，不知道老师向你们是否介绍过，发现与发明这些定律的伟大化学家、物理学家和物理化学家法拉第（1791—1867）的成长过程。他出身铁工家庭，小时候是一位装订书的订书工，他利用订书的机会阅读了英国著名化学家戴维的著作，他被化学所吸引并立志求学，他为了讨好戴维收他为学生，甘愿做戴维先生蜜月旅行的佣人，他知道原来的佣人都不愿去，因为戴维的新娘脾气任性，尤其癖好在稠人广众面前辱骂仆人。但法拉第自找苦吃去了。一路辛苦，给主人做饭、洗衣服、扛箱子……两个装仪器讲稿的大箱子和沿途收集矿石标本的重箱子都由他扛，还要充当太太的出气筒，但法拉第毫无怨言，因为他在这一年半的旅行中有更多的机会听取戴维教授的讲演，向他求教，了解他如何做学问，如何采集标本。这一年半的苦累，他在热诚和求知如渴中度过了，他甚至还希望这种做牛做马的日子再长些。

由于法拉第的不怕耻笑、不怕苦累的求知，他终于成为发现电磁感应现象、电解定律和光与磁的基本关系以及创立现代电磁场的奠基人！

同学们，你们能够像法拉第那样胸怀大志、忍辱负重吗？能够像法拉第那样争取一分一秒的时间看书学习吗？你们能像法拉第那样排除干扰去学习吗？我相信你们是会向伟大的榜样学习的，为祖国学习，为人民学习，为人类进步学习！我也相信，你们会有重大的建树！

要刻苦学习，就要爱惜光阴，或者说是爱惜时间，“一寸光阴一寸金，寸金难买寸光阴”，时间是看不见、摸不着的，但它却是决定一切过程的。什么叫生？生就是生命的时间开始了！什么叫死？死就是生命的时间终结了！同学们一定要珍惜时间，不要把时间花费在无益的活动中，没长没短地打麻将，玩扑克，现在又出了上网交朋友，交来交去不但浪费了时间，还浪费了感情，有时赴约还让人家骗了！

爱惜时间，还包括提高学习和工作效率，闹情绪、心不在焉也是浪费时间，无计划乱抓乱挖，也是浪费时间。要学会科学地支配自己的时间，不要虚度年华。这里的学问很多，有机会以后再谈。

对热爱学习、热爱科学、热爱工作的专家学者，包括学生，是没有节假日的，而且节假日正是他看书、写文章、出成果的时光。我不是什么了不起的人，取得的成果十分有限，就这点成就的取得，也有牺牲节假日的回报。从上小学至今，我很少睡过早觉，在上大学时为了争早上的时间，而又不破坏纪律，我利用上厕所的时间，穿上衣服，洗了脸，回来再躺在床上等起床铃，因为有纪律不准早起，等起床铃一响，便闻铃读书。在留学期间，我每天只睡眠4 ~ 5个小时，基本上坚持至今。我写的渗流理论书也是利用春节放假时，关起门来完成终校的……我不识赌具，基本上不进入使人忘乎所以的娱乐场所，为的是争取时间，因为自己并不聪明，需要用“人十能之我百之”的办法换取成功。

同学们不一定学我的苦行僧，但我想忠告大家，谁想玩好、睡饱、舒舒服服取得成功是绝无可能的，而且报应定律确实存在，那就是“少壮不努力，老大徒伤悲”！

4.加强自我素质培养，作全面发展的人

我国人才战略要求的人才是高质量的，是一专多能又红又专的，是德智体美全面发展的。前面所说的周总理的十六字要求“立场坚定、业务精通、体格健全、作风正派”，除了业务精通的要求之外，包括着政治大方向、包括着作风道德。这些都需要通过加强自身修养而成为一种素质，成为一种本能。具体地说，我觉得这些素养应当包括以下内容：

热爱祖国；

服务人民——特别是劳动人民；

热爱科学；

热爱劳动；

爱惜公共财物；

能自省（吾日三省吾身）；

能提高工作效率；

能有开朗的性格；

能团结人；

能关心集体；

具有革命的英雄主义精神；

保持革命的乐观主义情操；

始终保持艰苦奋斗的作风；

始终保持诚信的品德；

誓不做贪官污吏。

也就是五爱、五能、三保持、一誓不。

这方面的内容是十分丰富的，每一条都可以写一本书，有的已有人著书立说，今天我只想给同学们解释其中的几条：

（1）爱人民——特别是热爱和尊重劳动人民，包括工人、农民和士兵。他们大都在较差甚至很差的条件下工作，工资微薄，有的还下了岗。至于农民，不仅没有工资，而且还要交粮纳税，他们面对黄土背朝天，终年辛苦劳作，为国家做出了十分巨大的贡献，我们一定要尊重工农兵，尊重劳动人民。能否做到这一点是衡量我们是否真正树立起为人民服务的人生观、坚持“三个代表”的试金石。当然，建立为人民服务的人生观需要一个自我锻炼的过程，但大家一定要坚持，这是我解释的第一点。

（2）第二点要解释的是能自省，就是说要自觉地检查自己。我小时候读过一本书叫《修身》，书中有一篇文章说：“北宋政治家、文学家范仲淹夜寝时必省日间之事，所为善则熟寐，不善则终夜不能安眠，必求所以改之者。”就是说范仲淹每天休息之前都要反思白天作过的事情，如果做了好事，他就香甜地入睡；如果做错了事或者做了错事，他就不能入睡，一定想法改正错误。当然范仲淹是一个很有修养的人，他做的错事不多，所以他因此而失眠的机会不多。我们应当学习范仲淹每天反省自己的扬善弃恶，加强自身的修养。

能自省才能自治，我也希望同学们到了大学，也要锻炼自己，管理自己的自治能力，不要还像个小孩子，事事靠别人。我前几年做班主任，便着力培养同学们的自治能力，这个班各方面都表现很好，而且被评为“陕西省先进班集体”。

（3）第三点向大家说的是要下决心培养自己开朗的性格、革命的乐观主义和革命的英雄主义精神，遇到困难，遇到不顺心的事，不能垂头丧气，闷闷不乐，更不能采取上吊、跳华山那种自我毁灭的方式，要和别人多谈心、多交流思想，勇敢地对待困难，坚强地克服困难。记得1963年，我在苏联留学期间，当时由于中苏关系恶化，形势十分严酷，中国学生常常遭到跟踪盯梢或者人身威胁，中国留学生又很少而且分散在不同的单位，有段时间在我所居住的学生城只剩下我一个中国留学生，孤独和危险并存，但是为了祖国的需要，我必须坚持学习和斗争。一个大风呼啸的日子。我写了这么一首诗鼓舞自己："莫城风紧又飞雪，已稀游人愁更多，唯闻一处笑声起，天寒地冻奈我何！"意思是说，莫斯科政治形势紧张，风大雪大，街上的行人少了，而他们的愁闷更多了，只有一处有人欢笑，那就是中国的留学生。天寒地冻，政治迫害，又能把我们怎样呢？这也表现出革命乐观主义大无畏的精神。

同学们，你们今天在上大学，有党和政府的领导，有学校各级领导的关怀，有老师的教导和关心，有同学的帮助，没有过不去的火焰山。我由衷地希望同学们勇敢地面对和克服各种困难。

（4）关于誓不当贪官污吏。现在有贪官污吏，人民十分痛恨，中华人民共和国成立前各朝各代也有贪官污吏，人民十分痛恨，将来也还会有贪官污吏。贪官污吏从根本上来源于人的自私和物欲未得到改造的那部分为官的人，它和病疾一样是一种伴随人类社会的现象。但是，通过对人的教育，通过道德的弘扬，通过纪律的约束和法律的制裁，可以使它越来越少！

贪污分子他不仅不会真正服务人民，而且在实际上成为吮吸人民骨髓的鬼怪豺狼。贪官污吏往往也是吃喝嫖赌者，是社会的毒瘤和垃圾，所以从古至今人们痛恨贪官污吏。

记得我在小学毕业时，我们的班主任范绍曾先生，他用自己微薄的薪水给我们全班同学，每人买了一支毛笔，他在笔杆上刻了

“誓不当贪官污吏”的誓言。59个年头过去了，我们仍然牢记着范老师的良苦用心，我也可以告诉大家，时至今日，当过大学的副校长，也管理过大量的经费，但我分文未贪，我也向同学发誓，在我的余生中至死不贪。我也向同学们提倡，大家一齐和我发誓：今生今世，誓不做贪官污吏！

至于其他的有关培养自己优秀素质的内容今天就不多谈了。

（5）锻炼健全的体魄，做到身心健康。

这是今天向大家讲的最后一个问题。身体是人类一切活动的物质基础——无论是脑力劳动还是体力劳动，都必须通过身体这个载体来进行，因此健康的身体是成就事业的基本条件，这是很容易明白的道理，对老年人来说更容易明白。我今年79岁了，如果没有健康的身体，如果头昏脑胀，腰酸腿痛，我能给你们作报告吗？许多老年人的身体是在青年时期损坏的，因为青年人容易忽视健康问题，生活不正规、睡懒觉、闹情绪、不锻炼、狂吃狂饮、抽烟喝酒……觉得没有什么严重后果，岂不知被损坏的机体部件到老年期便会发作，引起严重的后果，所以同学们一定要在年轻时爱护自己的身体，要加强锻炼，讲究卫生，保证健康的体魄。

最后我祝同学们学习好、工作好、身体好，幸福快乐，鹏程万里！

观烧假有感

一个时期以来，打假之声之色甚高甚浓，电视上常见烧假之盛况：领导点火，部属助风，风助火势，火助风威，烟雾弥漫，火光冲天……其场面不仅壮观，也很解恨——你贩假货，我便收而烧之，付之一炬，一了百了，叫你丢人折财，不再贩假卖假！无论是当场围观者，还是看电视若我者，不能不为之一快，况且咱们中国辽阔广大，这点烟尘死灰也不会漂洋过海污染异国他邦引起抗议。可见烧假之火痛哉、快哉、壮哉、安哉！

然而，这众多佳话，却勾起我对火的反思！

火者，五行之一也！虽说排行老四，却能克金，厉害非常！因此，取火之发明权属谁？世人曾有争议。争来争去，奈何别个先人后出，历史短暂，无确据可证，也便偃旗息鼓，默认了中国的燧人氏最先钻木取火之说。

由于中国人的先人发明了取火之法，故其后人用火之术也最早最精：出自春秋之末闻名全球的《孙子兵法》十三篇中，第十篇便是火攻，且将火攻分为火人、火积、火辎、火库、火队；指出“发火有时，起火有日”；“非利不动，非得不用，非危不战”。不可以胡乱放火！

历史上最难忘却的用火，首推火烧赤壁：七星坛诸葛祭风，三江口周郎纵火，火趁风威，风助火势，漫天彻地，一派通红，直烧得八十三万曹兵焦尸遍布，一败涂地。这是中国人烧中国人的一场大火。

外国人烧中国人而最令人刻骨铭心的孽火，是八国联军在北京放的。好端端的一个圆明园，直被烧得断垣残壁，至今闻者见者无不发指，国耻难忘！

中国人烧外国人的怒火，当属林则徐林大人在虎门滩所放。这场火从1839年6月3日直烧到6月25日，烧毁收缴的洋烟——是鸦片不是“555”——2 376 254斤。林大人放的火，烧了洋人的威风：“各国洋商，闻风来观，作文记事，颂中国之政”，“摘帽敛手，似以表其畏服之诚”。中国爱国者的这一伟大行动，“第一次向世界表示中国人民纯洁的道德心和反抗侵略的坚决性，一洗百余年来被贪污卑劣的官吏所给予中国的耻辱”（范文澜著《中国近代史》，人民出版社，1951年版第20页）。

大概由于林则徐放火的壮举至今为国人称颂，现时的烧假现场便有些模拟虎门放火的架势。但从电视上却未看出有洋人或假洋人摘帽敛手，以表其畏服之诚者，围观的国人似乎亦未见奔走相告、拍手叫好者！而且假已烧了年许，却未觉减少，更未见绝迹者何？！火烧的外观相似，却何以未获林大人的类似效果？！

探究其故，似因未烧到要害处。俗话说斩草除根，擒贼擒王，打假要往要命处打，贩来之假要烧，造假的尤其要追，而且一追到底，没收造假的工厂，绳法造假的董事经理，该抓的抓，该杀的杀，行果法严，方能见其实效！若只把商贩货架担笼中的东西弄来放火，这般愈烧，大贾和造假厂家愈为快活，因为烧总比卖快，烧了张三的，王五又会去贩。人们也难断言：贩运者就没有上当受骗买真得假的？

我绝非为贩假者开脱，但以为祸根主要在造假之徒，对这些有钱有势者软不得，严打他们绝不会影响社会主义市场经济的发展，更不会有什么人权责任。美国可以闯入别国追拿“贩毒总统”，中国在自家地盘上惩处造假之徒有何不可！因此，不管他是洋是土，是黄是白，凡在中国造假，或向中国贩假者，便要狠狠地烧，狠狠地打！若能如此，国人必将拍手称快，烧假者也会像林则徐一样流芳百世！

1993年3月28日夜

第十五章

李佩成院士的哲学情结

从陕西省《决策咨询动态》第23期说起

2009年9月24日，陕西省决策咨询委员会《决策咨询动态》第23期刊登了该委员会的报道——《用辩证法的观点审视全球气候变化》，全文如下：

“陕西省特邀咨询委员李佩成院士撰写的《关于气候变化的哲学思考》一文，在2008年第11期《中国工程科学》上刊发。文章从哲学的基本原理出发，引用地球环境发展变化的历史及水文气象历史资料探讨了全球气候周期性变化问题，指出当今的气候变化是总过程中的一个波动阶段而非永远的趋势。因此，不能简单地认为全球气候变暖是因为人为的二氧化碳排放形成的。文中提到，气候变化是永恒的主题，气候变化可能诱发旱涝等自然灾害早为史实所证明，人们应当居安思危，科学应对。为此，作者提出了几点建议（1）坚持科学发展观，强化气候变化的研究；（2）加强学科交叉和联合攻关，从不同角度研究气候变化；（3）加强对气候及气候变化的科普宣传，提高人们的认识；（4）继续贯彻节能减排的方针；（5）加强对人类活动影响局域气候的研究；（6）影响气候变化的主要是自然因素，在具体灾害的分析上，要防止自然问题的政治化、国际化。”

2008年10月23日，省委书记赵乐际看到此文后，作出了批示：“佩成先生：您好！文章我认真读了，虽有许多专业内容没有读懂，但您的思考方法和基本观点我是赞成的。谢谢！”

为什么一位水科学家敢于对几乎是一边倒的全球气候变暖观点提出不同的看法？为什么他的文章引起各方面的关注？新华社上海分社记者张建松还将李佩成的主要观点向中央写了内参？一个合理的结论是李佩成除有博深的水科学根基外，他还具有非同一般的哲学素养。两者的结合，便使他具有广阔的视野和深刻分析事物的能力！

李佩成为什么会有这种能力？为什么会如此钟情于马克思主义哲学，自觉运用哲学理论解决一系列科学难题，且成绩斐然？在这一章中将予以陈述。

辩证法——科学家的基本思维方法

在采访李佩成“成长与奉献”的人生经历过程中，他曾多次谈到：“人生的成长过程中，必须辩证地认识世界，改造世界，辩证才能找到真理！”

著名哲学家笛卡尔说：“最有价值的知识是方法的知识。”马克思主义哲学即是教给人类认识世界，创造世界最科学的方法——唯物辩证法。

李佩成最早接触唯物辩证法的哲学理论，是在他读高中时的周陵中学。当时的校长梁益堂老师为他们开设了“逻辑学”课程，李佩成特别喜欢听梁老师传授“逻辑学”知识。似乎“逻辑学”让他顿开茅塞，知道了世界原来是如此奇妙，如此丰富多彩。“世界上没有两片相同的叶子”的哲理，让他开始懂得了遇事必须用心去体会，用心去观察的道理；懂得了所有的逻辑推理的目的只有一个，就是找出事物的本质和其内在联系。

像是给思想插上了飞翔的翅膀，直驱万里长空，没有任何障碍，李佩成的思想窗户被逻辑学这把钥匙开启了思维的空间之门。一个高中生的智慧之花，绽放于心灵的峰尖，那样耀眼夺目。他庆幸他遇到了一位推开他认识世界的哲学之门的老师，给了他最初的热爱辩证法的兴趣与激情；庆幸他早早就懂得了“逻辑学”这门学科的深邃与奥妙。

如果说高中阶段接触“逻辑学”把李佩成引进了马克思主义哲学的大门，大学毕业之后，被选派在北京外语学院进行留苏预备的阶段，又给了他更珍贵的学习哲学的机会，李佩成在北京外国语学院留苏预备部学习过将近两年的哲学课。

机会往往属于有准备的人。两年马克思主义哲学理论的深造，使早就对哲学发生兴趣的李佩成如鱼得水，游弋于哲学的海洋里，他的思维定势发生了突变，那就是人生充满哲学。而辩证法，应当是科学家的基本思维方法。

科学家的基本功：辩证唯物思维

因为有了扎实的马克思主义哲学基础知识，李佩成的世界观、方法论基本确立，从哲学的观点出发认为世界上的任何事物都要从哲学层面来认识。任何事物都不是一成不变的，都是处在不断变化的过程之中。正确认识事物发展的过程，是正确决策的基础。这些思维方法，又在他后来的科学研究实践中，深入学习毛泽东的《矛盾论》《实践论》等哲学名著而进一步得到深化和加强。在李佩成从事60年的水科学研究工作中，他深深体会到战略决策的失误是最大的失误，要避免重大失误，做出正确决策，就要从哲学层面加以研究认识。他说科学家的基本功，就是要具备辩证唯物主义的思维方法，包括他研究了几乎一辈子的治水方略！

经过无数次的认识——实践——再认识——再实践的艰难历程，李佩成总结出他对“水利”二字的独特理解；水科学不是简单的水利工程，而是一个巨复杂系统工程。对“水利”的认识要以一分为二，要辩证地对待。水利是否就是“利”？比如大水漫灌，目的在于浇地增产，但使用不当就会引起渍涝灾害的发生。这就要求水事科学家必须从哲学层面认识水利。

根据这个唯物主义方法，李佩成认为：科学家不等于科学，科学不一定是真理！乍一听来，似乎是奇谈怪论，但仔细思考起来，也并非没有道理。科学家毕竟还是人嘛，而真理存在于不断追求的过程中，逐渐得出的结论，是由简单到复杂，由低级到高级不断升华的过程。众所周知，李佩成提出的“三水统观统管”理论，就是遵循“三水”转化规律而不断认识、不断发展的结果。然而，在“三水”概念产生的初期，也经过了复杂的反复的认识过程。

“三水”转化规律的认识过程，也是李佩成运用哲学全面地观察事物，分析矛盾的各个方面及其转化规律的典型例证。

早在1973年，李佩成发表了《人工“引渗”建立“地下水库”》的论文。在这篇具有创新意义的论文中，李佩成首次大胆提出将“引渗”原理应用于灌区的实践之中，实现天上水（包括降水）、地表水和地下水（包括土壤水）三水统观统管，综合调节，变害为利，扩大灌溉水源。这是李佩成为寻求解决水资源问题的一篇重要论文。他在科学分析了修建地下水库的原理、修建技术措施等实际问题后，着重论述了“人工引渗”补给地下水，修建地下水库的好处及其主要方法。文章最后强调：我们应当强调唯物辩证的观点，把天上水（包括降水）、地表水和地下水“三水”统观统管，综合调节，变害为利，扩大水源。

1975年发表的《关于水源问题及其解决途径的商榷》一文，这是李佩成运用唯物辩证法分析研究后，明确提出解决中国水资源供需矛盾，必须遵循“三水统观统管”的治水方略。他特别强调指出，水循环规律乃是治水和解决水源问题应当遵循的基本规律。在此基础上，提出了解决水源问题的具体措施建议。

毛泽东主席曾经指出“在生产斗争和科学实验范围内，人类总是不断发展的，自然界也总是不断发展的，永远不会停止在一个水平上。因此，人类总得不断地总结经验，有所发现，有所发明，有所创造，有所前进”。根据这一辩证规律，李佩成提出为了正确解决水源问题，我们必须总结经验，加深认识，然后利用这些规律，因势利导，事半功倍的加以解决，这个规律就是水的循环规律和水量守恒定理。

天上水（气圈水）、地表水（水圈水）和地下水（岩圈水）三者之间有着密不可分的关系。它们处在不停地运动和转化之中，大气水在适宜的条件下，凝结成液态水降落到海面或陆面。而降至陆面以后，一部分渗入地下变为地下水，一部分以地表水的形式流入江河汇入海洋，一部分又再度蒸发，或被植物根系吸收由叶面蒸腾，并以水蒸气的形式重新进入大气之中。自然界的水就是这样周而复始，处在不间断的循环，即运动的平衡之中。李佩成认为，鉴于此，利用好水的循环规律，人为地诱导其加强，促进其自净，让其循环过程朝着有利于人的方向发展，这可能是解决水资源问题的“战略途径。”

李佩成指出：坚持辩证法，利用“三水统观统管”的思想治水有着最好例证，一是用于灌区，“实行井渠结合，以井补渠，以渠养井，又灌又排，抗旱治碱”。不仅扩大了灌区水源，而且防治了灌区的次生盐渍化。这一治水思想，不仅在泾惠渠灌区首先利用，成果显著，同时在宝鸡峡灌区的渍涝灾害防治实践中，也运用了“三水统观统管”的防治方略，取得了显著成果。另一件事就是解决西安的严重水荒，推行“群峪协井，两水并用”的防治策略，有效缓解了西安水荒问题。30多年过去了，无数事例显示“三水统观统管”方略符合辩证法，是非常正确的治水方略。

李佩成认为过去在治水过程中出现许多问题的原因，就是未遵循三水统观统管而造成的。2005年发表的《治水的哲学思考》一文是李佩成从哲学层面研究治水问题的重要著作。在这篇论文中，李佩成更加明确地指出，哲学可以从更高层面分析决策的思维方式、总体部署、方针政策等是否符合客观真理。特别是在“水”问题震撼全球，各种见解众说纷纭，各种对策争相亮相之际，对水资源的合理开发和可持续利用，对水害的防治及对水的科学管理等，从哲学层面对其加以观察和分析研究，无疑是十分有益的。

《治水的哲学思考》运用辩证法的最基本原理——对立统一规律，对水的同一性和循环规律进行更深层次的分析研究，得出“水作为世界上最重要的物质存在，也应服从辩证法基本规律”的著名论断。因此，认识水，把握水，引导水事活动，朝着趋利避害的方向发展，都必须自觉地运用辩证法，运用对立统一规律。看待人类的水事活动，不要随意提口号、定政策，我行我素，否则便会遭到大自然无情的报复。

李佩成还告诫人们，如果忽视和不理解上述基本规律，那就有可能形而上学地看待水。就会得出天水不犯地水，井水不犯河水，节水不管养水等一系列认识上的差错。

在《治水的哲学思考》这篇充满辩证思想的论文中，李佩成还就节水的问题提出独到的见解。开源节流是辩证的统一，要做到节水与养水相结合！

20世纪80年代初期，李佩成曾对节水型社会做了如下定义：

所谓节水型社会，就是要社会成员改变不珍惜水的传统观念，改变浪费水的传统方式，改变污染水的不良习惯，深入认识到水的重要性和珍贵性，认识到水资源并非无限，认识到为了获取有用的水花费了大量劳动、资金、能源和物质投入，甚至付出伤害生态环境的代价。节水型社会要求在科学技术上变革过时的决策思路和工程设施，使输水、用水、排水系统成为循环用水、节约用水、分类用水的节水系统，从而把现在浪费水的社会，改造成节水型社会。

建立节水型社会，并非一朝一夕的事，而是要进行长期不懈的努力。

究竟怎样辩证地认识节水，特别是在我国大面积灌溉用水的情况下，如何认识在提高灌区总体效益的前提下进行节约用水，还是值得深入研究的。

比如说什么叫“节水”？谁来节水？节水的人得到什么好处？享受节水的人应当付出什么报酬？节水要不要节能节钱等一系列问题，尚需仔细推敲。李佩成谈到，20世纪80年代中期，他曾陪同一位外国灌溉专家在黄土塬灌区考察，这位朋友有感而发地问道：“你们的农田修造得如此平整，你们的农民如此勤劳，你们为什么不发挥自己的长处，改进和推行农民熟悉而又很少花钱的沟灌和畦灌，却热衷于在大田采用喷灌，喷灌是需要大量钱财和能源的！而且在你们这种蒸散强烈的地区，大田喷灌由于要增加灌水次数，总体是否节水，效益如何，值得研究。”

当事者迷，旁观者清。国外友人的一席话使李佩成意识到大田喷灌的两面性，即喷灌与养水的关系。他根据自己多年的实践分析道，由于喷滴灌一般要求清澈的水源，因此，在大部分河源水含沙量大的灌区只能依靠井水。大部分井水主要是由灌溉水渗漏补给涵养的，那么废弃沟畦而大量采用喷灌，对地下水只抽不补，灌区地下水将因此失去涵养而趋于枯竭，久而久之就会山穷水尽，喷灌也就无水可喷，无水可节！这样的实例，举不胜举。

在这里“节水”与“养水”的关系，从哲学层面的分析何等透彻、明晰。至于大田喷灌所消耗的电能，铺设管道所花费的金钱、人力等，也加大了灌溉成本。这些费钱、耗能、难管理的事情，屡见不鲜。

其次，从深层次分析，农民节约的水，供给了城市用水和工业用水，那么，农民应不应该获得补偿呢？

这些问题也正是大田喷灌长期得不到推广的原因所在！

在《治水的哲学思考》一文里，李佩成运用唯物辩证法关于矛盾产生的主要矛盾的理论，就“水质问题”和“缺水问题”进行了深刻分析论述。关于水质问题，李佩成以东西流经关中腹地的黄河最大支流——渭河为例警示人们：在渭河417.9千米的评价河床上，除了上游凤阁岭至林家村的120.8千米的河段水质较好外，进入关中后的297.1千米（占全长的71.1%）全部超标，且为Ⅴ级水质。当年曾经作为长安八景之一的咸阳古渡，不仅河水锐减、断流，早就失去了舟楫之利，而且在平、枯水期，河道竟然变成了排污沟道。渭河在陕西的12条支流，全部遭到污染，命运更惨！当年人们沐浴垂钓，拂柳漫步的小河，现在是黑色泡沫漂浮，臭气熏天。人们望河兴叹，生命财产遭受不应有的损害。

因此，李佩成大声疾呼：“水污染已经成为影响水安全的主要矛盾，应该努力解决！”

我们再把问题转向西北地区的缺水。

毛泽东同志指出：“在复杂的事物的发展过程中，有许多的矛盾存在，其中有一种是主要矛盾，因此研究任何事物发展的过程，如果存在两个以上矛盾复杂的过程的话，就要全力找出它的主要矛盾，抓住了这个主要矛盾，一切问题就迎刃而解了。”

李佩成在主持“再造一个山川秀美的西北地区”这个复杂巨系统项目时，曾经果断提出对大西北来说，其主要矛盾是干旱缺水。在占全国33.1%的面积上仅分布着10%的水，而且无论是降水还是径流，时空分布十分不均。因此，建设发达繁荣的未来西北，必须解决缺水问题而加以实现。

这其中有什么哲理呢？李佩成认为：“因为水是生命的源泉，

农业的命脉，工业的原料，生态环境的支柱，世界上的万事万物都离不开水而发展。西北其所以生态脆弱就是因为缺水，致使万物缺乏生机，种下的草难活，栽下的树难长，企业因为缺水而难办，建起的城市常因缺水而处于脏臭和水荒之中——就像西安20世纪90年代那样。”从古至今，许多史实证明，一些西域名城的凋落与毁灭，大都与缺水有关。

现在回过头来，再思考李佩成所提出的西北地区的缺水问题是西北大开发的主要矛盾的论述。据李佩成推算，2030年大西北的需水缺口将是230.8亿～255.8亿立方米/年，也就是半个黄河的多年平均水量。

这么大的缺水问题若不解决，要想实现可持续发展的秀美西北，那是不可能的！

因此，李佩成强调，之所以在西北大开发中，把水选为突破口，当做主要矛盾来抓，还因为只有水是大开发和再造山川秀美的同心轴，只有水能使开发和再造两个车轮共同转动向前，只有水能够对开发和治理产生共同促进的效果，而不会顾此失彼。很显然，开发与治理的辩证法，又一次得到验证。

让哲学成为人的精神素养

“学哲学，用哲学，这仅仅只是一个方面，只有这一面也还不够，要让哲学成为人的精神素养，一言一行都要受哲学思维的指导，体现出一个人的哲学思维方法。”

上述一段话，是李佩成院士经常向他的学生传授的人生体验之精华。许多博士、硕士研究生，一谈起李老师的哲学思维习惯，总是要念念不忘“让哲学成为人的精神素养”这个教诲。

翻阅《李佩成文集》的过程中，发现他以哲学命题的论文共有4篇，分别是《治水的哲学思考》《关于气候变化的哲学思考》《关于西部大开发的哲学思考》《关于再造西北地区山川秀美的哲学思考》。这4篇均冠以“哲学思考”的命题论文，虽然在选编的63篇论文中只占少数，然而却是李佩成院士哲学素养的闪光之处，是他运用哲学思考观察科研工作的大成之作。细细推敲一番，这4篇哲学思考的大作，恰恰都是科学界共同关注的重大问题，也恰恰是关系到我国乃至全球人类共同命运的重大问题。尤其以气候问题为例，李佩成之所以采用哲学思考的方式发表独特见解，是为了在更高更广的层面上立论阐释。有关这方面的更多资讯，在介绍《李佩成文集》的内容时，已有不小篇幅曾经叙述，这里不再重复了。然而不得不提出的是李佩成关于《论“三态”平衡》的论述，在这篇颇有影响力的论文中，李佩成指出：要想实现生态平衡，必须做到自然的“生态”、群体人的“心态”和社会的“世态”，亦即做到“三态”——生态、心态、世态的综合平衡。这一杰出理论，是李佩成把对水科学、生态学、环境学、政治经济学、心理学、行为学等相联系并将其上升到哲学的高度，认识到水问题与环境问题的最终解决，必须做到“三态”的综合平衡。人类的水事活动必须做到人类活动、水体动态、生态环境安全和经济发展、社会进步相协调。所谓人—水—环—发—社相协调，这篇论文是李佩成在将水科学向生态学领域发展的同时，而把生态问题向社会科学延伸的优秀之作，在他的科学家生平史上，达到了新的高峰。

其实，《论“三态”平衡》虽然没有冠以哲学思考的界定词语，但通篇充满了唯物辩证法的精髓。无论是对三态关系的历史的和辩证的认识，还是三态的辩证关系，以及实现三态平衡应认识的两个常理——“报应规律”和“易毁原理”的提出，都是建立在高度哲学理论基础之上的经典分析，特别是关于三态的辩证关系，他从心态、世态对生态环境的影响，剖析得非常透彻。

他说，如果社会人的心态失去平衡，如果这种人盲目崇拜自己的实力，又抱着“人不为己天诛地灭”的自私目的，把享受第一，发财第一作为处世哲学，并受到世态的唆使和认可，则这种心态失去平衡的人便只顾交易，只顾获利和赚钱，他们以获得最大利润为目的，以掠夺资源为手段，以破坏生态环境为代价，在交易市场上这些人很难顾及别人和后代，甚至也不会考虑自己的明天或后天。他们一味地向他人掠夺，向自然掠夺，也向后人掠夺，一种浮躁和贪得无厌的物欲心态占据了他们心灵的每个角落。这种心态失衡的人，便可能做出伤天害理危害社会之事，也会放纵地伤害和破坏自然。

因此，在这种心态得到平衡之前，要想使人类生态得到真正的平衡，环境得到持久的保护，几乎是不可能的。

众多人大规模较长期的破坏生态环境的现象，一般都是某种社会力量也就是某种世态在驱动。因此，要使生态、心态得到平衡，就必须平衡世态。

如此绝妙的分析，发自一位水科学家笔下，可谓难能可贵，这是他运用唯物辩证法研究水，观察自然，分析社会系统理论的综合升华！

李佩成哲学造诣高的另一种表现是他在我国和在国际合作中较早地将水资源问题与生态环境问题相联系，具体表现是早在1996年他便与德国图宾根大学教授合作成立了“国际干旱半干旱地区水资源与环境研究培训中心（ICWE）”，该中心经地质矿产部批准，李佩成与巴克教授分别担任中方和德方主任。

十几年来的合作，李佩成与德方主任巴克教授不仅成为学术上的知己，也成为真诚互信的好朋友。2013年5月，巴克教授又一次来中国进行学术交流，作者有幸采访了这位德国学者。之后，作者特别邀约巴克先生为李佩成传记的出版写几句话，巴克先生十分高兴地满口答应。仅仅时隔一个月之后，巴克就将他写的短信从德国传来，下面是巴克先生邮件的中文翻译：

那是在1996年，我为了给在西安的大学做一些有关水文的报告，首次飞抵中国。那时候大多数欧洲人对中国人的印象是：总是微笑着的，友善的和自制的，而且没有人知道他们真实的想法。

在西安地质学院（长安大学前身）我见到了李佩成教授。的确，他一直微笑着相当友好。但是这不是刻意行为，其他人能立刻感受到这是他内心的真实想法和情感。他对他的客人体贴入微，数次确认房间是否舒适，询问有没有什么特殊要求——是一个热心的主人。

与他的学术讨论和交流都妙趣横生。他向我展示了古代中国人民为了供水工程和水资源保护做出的突出成就。通过传统案例，关于城市、农业和半干旱地区供水的多方问题，也成为李佩成教授的科研重点。在过去的十几年里，我们经常就此展开讨论并交流经验，这最终带来了学院间的合作和友谊。

李佩成教授是一个杰出的经验丰富的科学家，有志于国际合作和交流，思路开阔，就水文地质学领域的进一步发展提出了建设性的新见解，为他的国家和人类都带来了福祉。我为今天的合作对他表示万分的感谢。我希望我们能继续为研究和解决一些紧迫的水问题而一起工作。

衷心祝愿我的朋友李佩成教授诸事如意！

K.D.巴克

2013年7月

从巴克先生五六百字的短信中，可以看出，是“水资源与环境”的研究将两位不同国籍的水科学家紧密联系在一起，并为这一共同课题付出艰辛劳动，也获得显著的成果。李佩成的《论“三态”平衡》的论文，就是与巴克教授相识两年之后的1998年公开发表的。正如巴克教授短信中所说：“李佩成教授思路开阔，就水文地质学领域的进一步发展，提出了建设性的新见解，为他的国家和人类带来了福祉。”

科学家的思想要传授后人并非易事

要想在区区数万字的文字中，展示李佩成一生成长与成功的哲学情结的奥秘，谈何容易。在他60年从事水科学研究的曲折艰辛道路上，无处不闪烁着哲学思维的火花。李佩成终生所倡导的“让哲学思维成为一种精神素养”的信条，不仅让他自己在科学研究的过程中获益匪浅，也让他的博士生、硕士生大获裨益。冯国章关于“水事活动对区域水文生态系统的影响”的研究、张光辉关于“包气带毒性金属镉迁移转化研究”、郑西来关于“地下水系统石油污染及治理研究”等都是由李佩成指导的博士论文，他指导的许多博士都成了我国新兴学科领域的青年专家和学科带头人。李佩成跨学科和适度拓宽专业面培养研究生的经验被以《适度拓宽博士点覆盖面是学科发展与造就跨世纪人才的需要》为题，刊登在《学位与研究生教育》1996年第5期，其认识和经验广为应用。李佩成认为他的这种认识实际上也是得益于辩证法。

虽然李佩成的成长道路曲折艰辛，但毕竟科研硕果累累，获取了骄人的成功。但他在当选中国工程院院士后的10年里，最让他揪心的是他的事业如何更好地传承下去。在采访他走过的人生历程的回忆中，经常因为这个担忧而唏嘘不已，一种莫大的忧虑笼罩在他急迫的情绪里。

李佩成说，这大概并非我一个人，或许著名的科学家都有这种担忧。

也许有人会说，这不是“杞人忧天”吗？我们的事业蒸蒸日上，胜利的凯歌到处飞扬，卫星上天，飞船登月，尖端科技成果屡见不鲜，怎么能说科学家的思想要传承下去并非易事呢？

是的，正因为这样，才需要我们用辩证的观点分析问题。如果站在哲学的高度来审视这个问题，运用事物发展的两面性法则来研究，也许会觉得李佩成教授的担忧大有醍醐灌顶之意哟！

这里，不妨从李佩成教授成长与成功的主观原因去分析，或许更有说服力。

一位长期从事科学技术哲学研究的长安大学马克思主义学院教授段联合先生深有感慨地说道：“李佩成院士终生成功的主观因素，除了他吃苦、笃学、肯钻研、善于思维之外，更主要的是他有一颗真诚的爱国之心，有一腔忠于祖国忠于共产党的火热情怀，这些独具魅力的坚定信念，是支撑他成长与成功的先决条件。”段教授举了一个极其普通的小事：一辈子清廉公正，从不为私事用公车，即使用了，也是自掏腰包，这在长安大学是尽人皆知的美谈。

段教授因为从事的是地质哲学、生态环境哲学的研究方向，自然与李佩成院士有着学术上的沟通交流，特别对李老师的辩证思维的头脑更为崇尚。谈到李佩成院士的哲学情结，段教授津津乐道：

“李佩成院士从事的学科研究属于复杂巨系统的水科学与地质学。尤其是地质学的研究，不仅使他的思维定势凸显辩证唯物论的色彩，还给了他博大的人文情怀，他总是从最高处着眼，从总体宏观上思考问题。比如他主持的‘再造西北地区山川秀美’项目，他不单单思考的是开发，更深层次的思考是山川秀美及其‘人富’的战略问题；再比如关于水科学的研究，不只是用水浇地的问题，而是‘三水’的‘统观统管’方略，关于水的上游下游、首端末端的责权利问题；关于节约用水，环境污染，甚至有关水文生态的大问题。这些问题无一不是国家重大的战略方针，有关地域行业的发展，甚至是有关国家经济的持续发展，人类生存环境的改变与保护等巨系统复杂问题。这些大问题并非能用几条制度、几个办法就能彻底解决的，也不是说说道理，写几篇论文，做几场报告就能化解其中矛盾的。上述这些问题比研究问题本身更有价值。而李佩成教授多年来形成的思维定势，正是因为他用放之四海而皆准的科学——唯物辩证法来分析研究解决的。

“李老师还有比一般人不同的独特的辩证法——逆向思维，也可称之为灵活思维。他总是对一些重大问题善于从不同层面去分析研究，运用不同理论去诠释。比如关于和布朗先生的辩论，关于气候问题的思考，从而使问题的解决更趋合理，更符合其自然规律。”

段教授的这一精彩分析，揭示了一个有关李佩成院士成长与成功的主观原因。这个主观原因也许会让有志于继承前辈科学家事业的青年学者大有借鉴之处吧！

话说回来，为什么李佩成院士不止一次地谈到知识的传授是很艰难的呢？

有趣的是，李佩成院士自当选中国工程院院士后的10年间，为国家又培养了68名博士和硕士生，为什么还要屡屡强调科学家的思想要传承下去并非易事呢？

矛盾吗？非也！

这里，让我们一起回忆李佩成院士在传承老师的研究成果中的毅力和艰苦过程，看看他是如何继承和发扬前辈科学家的理论成果的，而又发明创造了“关于渗流计算”的“割离井法”。

发表在《地下水》杂志1984年第二期上的一篇《试论承压地下水弹性释放学说及其局限性》的论文中写道：1964年，作者在国外评价某矿区地下水储量时，对于应用井流泰斯公式求得的参数的可信性产生了疑虑，并把焦点集中在它所依据的弹性释放理论的合理性上。同时作者根据此后20年来由于弹性释放理论的应用范围不断地被轻率扩大，理论与实际的矛盾大量出现，与此有关的生产建设直接蒙受损失，面对这种情况，不能不使人越来越强烈地意识到：重新考察承压地下水弹性释放理论及其适用范围，全面探索地下水渗流机理已经成为迫切的任务。

由于李佩成多年来从事地下水的研究，又亲自参与了一些有关地下水资源评价理论方法的研究活动，反复观察和思考，因而他进一步认为：在水科学和水文地质领域，承压地下水渗流的弹性释放学说，只有十分狭小的可用范围，它不应作为普遍原理解释承压含水层中地下水的运动状态。

如前所述，“割离井法”公式的推导，是李佩成在苏联留学时的1964年前后进行的。当时李佩成攻读的课题是“地下水非稳定渗流研究”。

研究地下水非稳定渗流，必然接触到泰斯推演的“泰斯公式”。在运用泰斯公式的过程中，李佩成从他亲身实践中感到“泰斯公式”有缺陷，特别是“弹性释放学说”理论的合理性值得怀疑。为了深化研究，他大量阅读文献，并利用水力积分仪开展模拟计算。大约用了近一年的时间，李佩成参考热传导理论潜心研究，终于将“割离井法”的初稿交给 П.П.克里门托夫教授和N.A.普鲁特尼科夫教授，师生心心相印，通力合作，终于成就了“割离井法”的诞生。

回国后，李佩成依然进行关于“地下水动力学及渗流研究”，并与1975年后，发表了10余篇研究成果论文，在国内外引起较大反响。

虽然如此，但有关“割离井法”的推广应用，需要许多的努力，却十分艰难。李佩成不止一次地谈到创新就是革命，要革命，就会遇到阻力，传播知识的过程有时是漫长的。这一方面由于习惯势力，另一方面由于新生事物尚不健全。

可喜的是李佩成的一位博士生名叫常安定，于2003年发表了《级数的截断误差与割离井法的计算机实现》的论文，把过去极其复杂的公式运用现代运算工具实现了计算机化。

写到这里，不由得让人想起长安大学哲学硕士生导师刘强教授在《李佩成院士的哲学情怀》这篇论文中的一段叙述：

近年来，李佩成先生多次给许多大学的青年教师、研究生、大学生作报告，讲《科学研究方法论》《哲学的启示》《在科学实践中培养良好的科学道德和学风》《为祖国培养自己》等命题。他以自己的亲身经历引导和鼓励大家一定要坚持学习和钻研哲学，特别要学好和领悟辩证法。他告诉青年学子：作为未来的科技工作者，首先必须打好基础，这就是锻炼基本功与培养想象力，基本功主要是指基础知识、基本技能、哲学素养、语言文学、外语水平、表达能力；要练就勤于思维、勇于实践、求真务实、一丝不苟、勤学苦练的学风。而这些基本素质的锻炼和养成，哲学具有非常重要的作用。

他告诉学生，实事求是既是我们党的思想路线，也是我们做人的基本原则。熟悉李佩成先生的老师和学生都知道他做学问非常严谨。他常对自己的研究生讲："科学是老老实实的学问，来不得半点虚假，一定要深入实际亲自动手。"无论是学术演讲，还是发表论文，他都坚持客观求实的态度，反复检验和修正，论文稿件要认真修改，关键数据要反复核对，有些论文在发表前，还会请同行、专家对自己的论文进行评议。"我不怕求教丢人，丢人比害人强，不要用错误的东西害人！"这是他的原话。

他经常强调，科学研究最基本的指导思想是唯物辩证法，最应遵循的原则是理论联系实际。李先生有一句名言："干我们这一行的，实地考察是需要经常坚持的，只有经过深入的调查研究，才能发现和检验真理，才可以探索出最利国利民的治水改土方略。"从他从事科学工作时起，一有机会他就上山下乡。可以说下乡给他创造了实现理想的机会，也成就了他科学研究的事业。他经常带着他的团队走荒山爬野岭，住山村宿古庙。为了辐射井，几乎跑遍了八百里秦川每一个干旱苦焦的地方，终于让辐射井在渭北黄土旱塬开花结果。为了西北山川秀美，他年迈的身体在西北五省的山川大地上到处留下了他的坚实足迹。2010年4月，76岁的李佩成院士从野外回来接受记者的采访，刚刚说了几句话，就告诉记者又要出去调研，他还不忘乐观地调侃，“野外空气好，多走走锻炼身体，你看我年纪虽大但身体很好，这也是一种收获！”

李先生时常叮咛学生：要肩负高度的社会责任感。一个知识分子应当关心政治，关心国内外大事，特别是与自己专业有关的大事，要始终站在人民的立场上，要精通自己的业务，要锻炼健康的身体，要做到身心健康，作风正派，决不当贪官污吏。

他告诫学生：以清高自居，标榜不关心政治的人，其本质就是一种政治，是一种企图摆脱无产阶级政治的行为。

纵观李佩成先生的学术生涯和成果，他一贯保持着这样的风格和特点：世界性的眼光、战略性的思维、超前的思想、多学科交叉的方法、开拓创新的气概和对祖国及人民无比热爱的情怀。可以毫不夸张地说，李佩成先生既是科学家，又是哲学家。一位从事哲学专科教学的教授，师友学子们对李佩成的哲学情怀给予了很高的评价。

第十六章

亲友、学生心中的李佩成

外甥心中的李佩成

我的舅父李佩成*

乾县又称乾州，这个地处陕西关中渭北高原的地方，因为埋葬着盛唐王朝的高宗皇帝和一代女皇武则天而蜚声海内外。故唐时亦称“奉天”，我猜想大概有“奉天承运”的意思吧。1934年冬，一个平常的日子，在人杰地灵的县城太平巷一户还算殷实的人家，一个新的生命诞生了，他就是我的小舅李佩成院士。

2003年在兰州黄河岸边（左一为外甥吴踵南）

* 本文作者吴踵南，1966年毕业于第四军医大学。曾任解放军第一医院外科主任、主任医师，国家医保政策咨询专家，国家医保基本药物遴选专家等职。

在小舅出生时，发生在关中历史上最严重的大饥荒影响还没有过去，食物极度短缺，他的出生仍然给他的家庭带来了添丁加口的欢乐。我的外婆尽管慈祥善良，但巧妇难为无米之炊。由于乳汁的缺乏，小舅的身体显得单薄许多。小舅出生时他上面已有两位兄长和一位姐姐，加上小舅的两位伯父母，一位堂兄，两位嫂子，是一个和睦友爱的大家庭。由于家中人口众多，小舅常常参加一些力所能及的农活，尽管年纪幼小，但他干起活来还是有模有样的，肯出力，不喊苦。

我母亲是小舅的姐姐，年长小舅十二三岁，幼年的小舅几乎是在外婆的怀抱和我母亲的背上度过的。在我母亲90岁高龄的时候，她老人家谈起她的弟弟，如数家珍回忆着弟弟小时候的点点滴滴，依然十分动情："佩成小时候十分乖巧听话，到六七岁上学时，十分刻苦好学，上进心格外强，每天天不亮就起床收拾粗布书包，把小油灯盏擦得干干净净，拿一个冷馍馍，提着灯笼去学校，从不用人催叫。遇到雨天就穿着木屐去学校，从不肯耽误一堂课。因为学习刻苦肯下功夫，成绩总是名列前茅。古人说'从小看大'，从我弟佩成小时候的表现就能看出，将来他一定能出息成为一个有用的人才。"这样看来，我母亲还是有先见之明，慧眼识珠了。

小舅在国外学习生活了近4年，有些海外回来的人"言必称希腊，吃必用西餐"，小舅依然钟情于家乡的锅盔、挂面、豆腐脑。我想这大概就是乡情吧，是小舅对祖国、对家乡深深地眷恋和赤子之情吧！

童年的回忆

我自己的童年是在老家乾县度过的，我家距外婆家大约三四里的路程，因此，常常去外婆家一住就是十天半月的，因此，同小舅格外地亲热些。我小时身体比较瘦弱，常常生病，为了能让我有一个好身体，小舅就在自家的后院亲自动手做了一副土单杠，教我锻炼身体，慢慢地我的身体好了起来，这对我以后上学、从军、工作打下了良好的健康基础，至今我仍然坚持锻炼，每天步行七八里路，风雨不辍。

后来小舅去了杨凌的西北农学院上大学，离开了故乡。但我时时记着小舅的话“练好身体，长大了才能为国家多做贡献”。如今我也是70岁了，退休已9年有余，但我依然在陕北高原这块红色热土上发挥着余热，为革命老区人民的医疗事业做着贡献。这都得益于小时候舅舅帮我练出的一副好身体。

小舅在“西农”上学时，每次回家我都格外高兴，每当他返校时我都要步行把小舅送到十几里外，仍然依依不舍。那个时候对我影响深刻的还有一件事，小舅去上大学在老家是一件大事，但小舅依然显得很谦逊。上大学时，他身上穿的是外婆和我母亲亲手缝制的粗布衣衫，脚上穿的是我母亲一针一线衲的布鞋。小舅从不感到有什么不自在，不洋气，因为他把全部心思放在了学习上，一丝一毫没有为吃什么穿什么考虑过。他这种精神、品格在我幼小的心灵里深深地扎下了根。我走上工作岗位后有人劝我吃好点，穿新点，我却不以为然，因为我时时想着舅舅对我的教导，为我作出的榜样。尽管退休后我拿着不菲的工资，但依然过着粗茶淡饭，新三年旧三年的日子。

我在西安上学的日子

1956年夏，13岁的我离开母亲，离开故乡到西安上中学了。那时我的家境并不好，母亲带着我的两个妹妹在老家生活，一切经济来源就靠10亩土地上每年一季的庄稼收成，虽说有大舅父的鼎力帮助，吃饭不成问题，但两个妹妹上学是要花钱的，二舅父和小舅就在他们捉襟见肘的微薄收入中给予尽可能多的接济，使我得以安心在西安上学。

在西安学习期间正值三年自然灾害的困难时期。那时我已是十七八岁的小青年了，食物的短缺给成长中的我带来了很大的困扰。那个年代食物是定量供应，日用品几乎全部凭票限量供应，在那十分困难的日子里，一到周末小舅就叫我去他那不足十平方米的宿舍，拿出他省吃俭用节约的食物补充我虚弱的身体。记得1959年的冬天天气异常的冷，小舅见我穿得单薄，领我到商店给我买了一件黑色绒衣，这可是花了小舅几个月省下的钱买来的，穿着小舅买的新绒衣，全身感到暖烘烘的，那是我今生今世穿的第一件绒衣啊！

我走上工作岗位前的嘱咐

1966年冬，小舅从苏联留学回到西安，6年的分别结束了，我自然十分高兴。然而这次欢聚没有持续多久就又要分别了，我从第四军医大学毕业分配到了兰州军区，在即将分别的日子，小舅把我叫去同我谈了几乎一夜的话，千叮咛，万嘱咐：你大学毕业了，国家培养一个大学生不容易，你母亲培养你不容易，今后你就要走上工作岗位了，一定要牢记党的教导，努力工作，戒骄戒躁，学好本领，全心全意为人民服务，为军队建设服务，还要注意保持勤俭节约、艰苦朴素的优良作风。到了部队要好好向老同志学习，用共产党员的标准严格要求自己，争取早日成为一名合格的共产党员。在我出发去兰州的那个晚上，小舅来火车站送我，又把之前讲过的话说了一遍，期间送给我一本《党章》和一本《论共产党员修养》，我有些吃惊地问小舅，《修养》是头号走资派刘少奇写的书怎么能看呢？小舅说："别听他们胡说，这是一本好书，看的时候别让人看见就行了。"此时是1968年2月，现在回想起来他对造成国家十年浩劫的"文化大革命"当时就有清醒的认识和思考，这是十分难能可贵的。一年之后我把自己入党的喜讯告诉了小舅，他听了十分开心，并嘱咐我不要骄傲，要更加严格要求自己，真正做到从思想上入党，这些教导使我受用一生。

我退休了

一转眼几十年过去了，我也从一个毛头小孩到了知天命的年龄了。在军营中度过了40年的时光，从一介书生到一个军队卫生战线的主任医师、教授，除了党和国家的培养之外，和母亲及舅舅们的教诲密不可分。40年间两位妹妹早已成家立业，母亲也已90高龄，因为不习惯西北高原的生活，就在老家安度晚年，多蒙小舅和两位妹妹的悉心照料、百般呵护。小舅对她的姐姐格外的情深义重，每逢节日总要在百忙中登门拜望，嘘寒问暖，无微不至地关怀。小舅尊老爱幼，邻里和睦，姐弟情深的美德影响着身边的每一个人，并成为我们的一种家风，代代相传。

2002年我从军队退休回到阔别40年的故乡西安，陕北几家医院想请我去协助工作，开始我想劳累了大半辈子也该歇歇了，我把自己的想法告诉了小舅，小舅语重心长地对我说，陕北是革命老区，陕北人民为中国革命事业做出了巨大的贡献和牺牲，你现在身体很好，技术也不错，你应当为老区人民做些自己力所能及的工作，要生命不息，奋斗不止，让自己的退休生活过得充实些，有意义些。小舅的一席话让我茅塞顿开，我为自己狭隘的想法、懒惰的情绪羞愧不已。按照小舅的建议，我毅然去了陕北靖边，勤勤恳恳为老区人民服务了3年半时光，期间还抽空参观了毛主席、党中央在靖边的多处革命旧址，受到了一次深刻的革命传统教育，也为老区的医疗卫生事业做出了贡献，受到老区人民的热情欢迎。

从陕北回来的3年间，我同小舅的接触更多了，小舅已年近80，他仿佛有无穷无尽的精力，三天两头出差义务讲学，即便是周末和节假日也难休息。我见他常常去戈壁到新疆，下基层，到农村，从白山黑水到黄河两岸，从大江南北到青藏高原，处处都有他为祖国水利事业奔忙的足迹。我劝他不要太忙碌，要注意身体，他却说他有干不完的活，做不完的事，他要让自己的知识和科研成果为国家的水利事业做出更大的贡献，为祖国的山更绿，水更清、天更蓝、人更富贡献自己毕生的精力。饱满的爱国热情，拳拳的爱民之心和敬业精神是值得我们大家永远学习的榜样，这就是我的舅父——李佩成院士。

当然，我与小舅也有不一致的地方，小舅是秦人秦韵吼秦腔，我是秦人京韵爱京剧，仅此而已。

2004年是小舅70岁寿辰，我准备从陕北回西安为他庆贺生日时却被小舅婉拒了。他让我安心为陕北老区人民多做贡献，不必为了区区小事影响了工作。此事让我甚为感动，当夜激动得久久不能入睡，于是写下了如下几行字以表达我对小舅的深深歉意，现抄录于后作为本文的结束语：

七　律

——为小舅七十寿辰作于陕北靖边

为求报国学水利，
负笈苏俄行不虚。
辐射大井世首创，
妙手巧绘陇东绿。
位列院士酬壮志，
著作万千等身齐。
莫道七十古来稀，
百岁再唱杨柳曲。

吴踵南2004年11月

女儿心中的李佩成

我的父亲李佩成

李卫红（李佩成长女，现任常州工学院教授）

岁月匆匆，时光荏苒。早已做了母亲的我对于过去的许多事都逐渐模糊不清了。但是对于和父亲的许多交集，却随着年龄的增长愈发地清晰，挥之不去……

2008年在常州合影（左一为大女儿李卫红、右一为大女婿彭建华）

一个将报效祖国作为毕生使命的科技人

我的父母有3个孩子，我是父母亲的大女儿，我还有一个妹妹和一个弟弟。实事求是地说，在5岁以前我对父亲没有多少印象。那时父母亲分居两地，多数的时候我随着外婆生活在郑州。母亲还能来看我一段时间，但父亲总是来去匆匆，一年中我见不到父亲几天。看着别的小朋友都有父母的陪伴，我很是羡慕，于是问外婆我父亲是干什么的？为什么总也不管我？外婆是家庭妇女，说也说不清。最后，被我问急了，就告诉我父亲是教书的，是找水的，因为要管学生，要找水，所以顾不上管我。那时还很小的我脑子里留下了一个深深的印记：父亲的学生和水比我重要。但之后随着与父母亲一起生活日子的增加，特别是随着年龄的增长，我逐渐理解了父亲，也真正认识了一个将报效祖国作为毕生使命的科技人。其实，父亲是一个感情细腻，特别恋家、顾家的人。然而，在有限的精力情况下，在事业和家庭之间，他虽然选择了兼顾家庭，而更多的是将精力投入到他极其热爱的事业之中。父亲总是说，国家培养了他，因此他必须回报。为了这个回报，他无怨无悔几十年，整整半个多世纪。

几十年来，父亲对工作严谨认真，一丝不苟，他一直告诫我，这是科研人员必须具备的基本素质，科研工作来不得半点马虎。到野外考察，下实验现场，对他来说已经是家常便饭，灰头土脸地回到家中，家人也习以为常。可以说，父亲将工作融入了生活，但生活绝不能影响他的工作。记得在我十二、三岁的时候，物资非常缺乏，住在平房的人们都会在房前屋后开一点地，种些蔬菜改善一下生活，我们也开了一小片地。当我兴高采烈地想种点自己喜欢的蔬菜时，父亲却拿出了他早已准备好的种子，并运来了成捆的玉米秆。我莫名其妙地问他这是干什么啊？父亲告诉我，他要带我做实验。于是，我和他一起开沟，然后将扎成空心捆的玉米秆埋在里面，再在上面覆上土。之后的每天，父亲带着我向扎成空心捆的玉米秆里浇水，并认真做着实验记录。现在，我已经记不得我们失败了多少次，只记得在我们成功时父亲欣喜若狂的样子，同时他也告诉我，他的这个实验叫渗灌。那时我还很小，不懂得太多，但是父亲让我明白了做事要认真，要不怕苦，不怕失败。

几十年来，父亲不图名，不图利，更不贪图享乐的生活，图的只是尽自己最大的力量为培养他的国家做出自己一点微薄的贡献。父亲的生活极其简朴，从不追求奢华的生活，工作之余粗茶淡饭也乐在其中。而让我永远也难以忘记的是1982年的上半年，那时我临近毕业，而恰在此时有政策允许原在西安的陕西工业大学教工可以由西北农大（杨凌）返回西安进入陕西机械学院。得知这个消息，我兴奋的心情难以言表，我甚至觉得这是上苍对我的眷顾。因为在那时父母的西安户口就意味着我可能在西安会有一个不错的工作。然而，没有过多久，母亲告诉我为着父亲刚刚建成的实验室和正在进行的项目以及科研团队，西农在挽留父亲。听到这个消息，我哭了整整一夜。尽管当时可能这只是一个学校的意愿，但凭着我对父亲的了解，我已能预料到父亲之后的选择。结果不出我所料，父母选择留在杨凌，而我被分配到一个非常偏远的军工企业。说实话，当时心中尽管有遗憾，但没有怨恨，因为这就是我的父亲，这就是他对事业的执着。可以说，那些他用近乎废物建立起的实验室和正在进行的项目以及科研团队也是他割舍不下的孩子。从这里，我也深深地体会到了父亲对自己事业的热爱和执着追求。

几十年来，父亲为了回报国家的培育之恩，为了他所追求的事业呕心沥血，无怨无悔。对他来说，几乎没有节假日和下班时间的概念，周围的人劝他要注意休息，他总是说工作就是最好的休息。2003年12月，父亲当选中国工程院院士。从那时起，父亲的工作更加繁忙了，真可谓废寝忘食，常常是晚上工作到深夜，但早上我们起床后，他早已不知什么时候就又开始了工作。在平时，到了下午两三点还没有吃中午饭，晚上七、八点还没有吃晚饭是常有的事。常常是不打电话，他几乎可以忘了吃饭。每每看到父亲异常忙碌的身影，大家都非常的操心和心疼，说实话，这种工作强度就是年轻人也难以承受啊！面对大家的担心，父亲却总是说，现在身为院士，责任更大了，担子也更重了，他必须要更加的努力。然而，父亲毕竟也是血肉之躯，长时间超负荷的工作还是让他突然病倒了。那是2007年的暑假，连续不断的野外考察，加之炎热的天气，使得已年过七旬的父亲积劳成疾，从库布其沙漠考察回来当晚突发心脏病。然而，坚强的父亲在手术后的第三天深夜给我打了电话，说四医大监护室的护士担心影响他身体恢复，强制他关了手机。现在护士去休息了，他偷偷给我打电话，让我天亮给他送饭时帮他将书桌上还没有看完的博士论文和资料悄悄放到里面，他要继续看。父亲说这几件事情很重要，耽误不得，他必须抓紧时间。听了父亲的话，我心里说不出是什么感觉，一个还躺在病床上刚刚做完心脏手术的病人，心里想着的是他的学生，想着他的工作，唯独没有想到自己。父亲出院后，身体还没有完全恢复，就不顾大家的劝阻，又投入到紧张的工作之中。看着大家焦虑的眼神，他居然说这次生病是他工作以来休息时间最长的一次了（这是事实），因此他必须把时间补回来。看着一个年过七旬的老人如此的工作热情和工作状态，作为一名教师，我钦佩他；但作为一个女儿，我有的却是更多的担心和期望。我期望父亲能够像许多同龄人那样有更多享乐和休息的时间，期望父亲能够在我这里多住一段时间（我调来常州已20年，他和母亲在我这里住的时间加起来不到一个星期），期望父母能给我们一个孝敬老人的机会——其实我也知道，在目前我这只能是一个奢望。

父亲是一个科技工作者，与此同时也是一个教书育人的辛勤园丁。父亲可以算得上爱生如子。他关心学生，爱护学生，可以说从思想到生活，从学习到成长。从小我看到最多的也许就是父亲夜以继日备课和批改作业的情境。往往夜已很深，但父亲不顾我们的催促仍在挑灯夜战。特别是从那一字一句审阅批改的学生论文和密密麻麻的修改意见，就可以看出父亲对于学生的那份关爱和作为一个教师严谨认真。面对我们的担心，父亲总是说既然选择了教师这个职业，也就选择了无私奉献的职责。教师吃的是良心饭，我们要对得起自己的良心，对得起学生，对得起社会。要重“德”而不要去重“得”，要重“义”而不要去重“利”，要无愧于教师这个光荣称号。几十年来，无论面对的是本科生，还是硕士生、博士生、博士后，父亲都是那样一如既往的认真，他通过不断充实自己去丰富学生，通过自己的辛勤努力去帮助学生成功。每当学生萦绕膝前或打来电话向他讲起工作上的成就和生活上的幸福，这时一定是父亲最开心最幸福的时刻。看着他那发自内心的像孩童一样灿烂的笑脸，我也懂得了一个人真正的幸福是什么！这也是我在企业工作多年后又通过自己的努力走上讲台，走上教书育人岗位的原因和动力。我20多年的教学生涯，不能说像父亲一样成功，但我一直以父亲为榜样在努力。我想向父亲说的是，女儿不一定是一个成功的教师，但一定是一个无愧于教师称号的优秀教师。

一个用博爱铸就温暖大家庭的父亲

父亲工作很忙，能顾及家的时间少之又少。然而，父亲却用他的博爱铸就了一个温暖大家庭。我们从父亲身上学会了感恩和孝敬，学会了尊重与爱护，学会了宽厚与包容。

我的外公去世很早，外婆靠着自己的辛劳将3个女儿拉扯成人。体恤外婆前半生的不易，更怀着一份感恩与孝敬，父亲带着我们承担了为外婆养老送终的义务。外婆的后半生多数住在我们家，特别是最后的近20年的时间里就再也没有离开过。父亲总对我们说，你们的外婆很不容易，年轻时吃了太多的苦，现如今生活条件改善了，我们一定要孝敬老人，尽我们最大的能力让老人安享晚年。父亲是这样说的，更是这样做的。外婆在我们家的近20年时间里，无论父亲工作多么繁忙，只要他在家，每天早上起床，第一件事一定是到外婆房间里向老人道一声早安，吃饭时第一碗饭一定要端到老人的面前。后来，外婆最后的近10年时间里，生活已不能自理，从那时起父亲对老人更是关怀备至。有时外婆说身体不适，只要他在家，一定是他第一个来到外婆面前，而这一夜他也一定不会再有安稳觉了，他会一遍又一遍地去观察看望。在父亲的影响下，一家人尽最大可能给了外婆最好的照顾，使老人有了非常幸福的晚年。当老人最后生病住院时，医生不相信一个已卧床近10年的93岁老人脸色红润，穿着整洁干净，浑身上下没有一个褥疮。在外婆住院的日子里，父亲请求医生一定要尽最大可能挽救老人。那些天，无论工作多忙，父亲都要挤出时间去医院看望老人。最后，大家的坚持和努力还是没有能够留住老人，老人以93岁的高龄安详地离世。那一天，父亲异常的悲痛。之后，父亲亲自为外婆撰写并致了悼词。对外婆持续几十年的照顾，持续几十年的关爱，母亲作为一个女儿不难理解，而父亲作为一个女婿给予外婆的那份关爱和孝敬感人至深。

我们姐弟3人，我比弟妹年长许多。从小，父亲就教育我们姐姐要爱护弟妹，弟妹要尊重姐姐。姐弟之间要互相关心，互相帮助，要记住姐弟情深。听着父亲的教诲，看着父母对自己兄弟姐妹的态度和情分，我们有了学习的榜样。从小，我就担负起了照顾弟妹生活学习的责任，也在这些照顾之中和弟妹有了更深的感情。为了解决我和爱人两地分居的现状，我调到了常州工作。但每年都要回西安看望家人，一年至少两次。妹妹、妹夫、弟弟、弟媳迎来送往，无论刮风下雨，天寒地冻，还是酷暑雷电，这个接送一次都没有缺少，整整26年。2006年我的女儿去西安读书，整整7年，妹妹、妹夫、弟弟、弟媳将她视为己出，从学习到生活给了她太多无微不至的关怀和照顾，使孩子能够在远离父母的地方却感受到了更多亲人的关怀和温暖。可以说，父亲用他的言行让自己的孩子从小就懂得了手足亲情，懂得了爱与被爱。

几十年了，我很想用一个词去概括一下自己的父亲，但很遗憾，截止到今天我仍然没有找到。在日常的生活中，他既是一个意志坚强、心胸宽广、品行高尚的男人，同时又是一个充满柔情、豁达开朗、乐于助人的长者。他异常看重亲情、友情、乡情。在他的生活中，可以委屈自己，但一定会善待他人，这是他做人的准则。

记得20世纪70年代，家中人多粮少。即使当时40%的杂粮，能吃饱肚子都是一件美事。如果能够尽情地吃一顿纯细粮的面条，那真是一个奢侈的愿望。平时一家人你谦我让，省了又省。但是，每当乡下家乡来人，不论来了几个人，父亲总是让母亲拿出家中保存的细粮面粉，做捞面给客人吃。看着客人尽兴地吃着碗中的美食，我和弟妹在一边馋得直流口水。面对孩子们不解的眼神，父亲总是说自己是一个在农村长大的人，不能忘了乡情。这种浓浓的乡情几十年他从未改变。

随着时间的推移，父亲的孩子都长大了，我们都有了自己的小家庭。这个时候，父亲又有了一个让人"诧异"的表现：胳膊肘子向外拐。他极其偏袒自己的女婿、儿媳。有好吃的，一定先想着他们；小夫妻间有一点小分歧，他一定替对方说话。对女婿、儿媳他真可谓疼爱有加。或许也正是他的这种真情的偏袒，让全家人有了更多的亲情，也使得3个孩子的家庭都非常的幸福。

我的老公是常州人，我们相识在西安。历史的原因造成了我们多年的两地分居。一到寒假，父亲就讲，平时你不在公婆身边，难得一个寒假，赶紧回去陪老人过一个春节吧。于是，刚结婚后的5年，在父亲的坚持下我没有在父母身边过一个春节。其实，我怎能不知道父母真实的心情呢。特别是当我们为了解决两地分居的问题犹豫不决时，又是父亲站出来替我们做出决断，父亲说女婿的工作已很有起色，而我适应能力强，加之女婿作为家中的长子父母一定舍不得他远离。就这样，我远离生身父母，来到了南方。其实，我和老公都清楚父亲做出这样决定的良苦用心和心中的那份难以割舍的心痛。我老公敬重父亲的为人，更感谢多年来父亲用真情给予他的关爱。于是，当我调动到常州工作后，他也学着父亲的话对我说，父母不易，平时我们都在常州，从今以后过年我们都要争取回到西安。从那以后无论工作多么繁忙，我们都要赶回西安与父母团聚。可以说，一直以来我老公感谢父亲对他的谆谆教诲，更感恩父亲20多年对他胜似父母的关爱。我结婚已20多年了，父亲与我老公亲如父子，感情深厚。

其实，几十年来，父亲忙于工作，忙于事业，能够给予家人的时间少之又少。但父亲却用自己的言行教我们学会了热爱祖国、热爱事业、热爱知识、热爱生活，遵纪守法、正直善良、吃苦耐劳、诚信坦荡，认真做事、尊老爱幼、乐于助人。可以说这是比任何物质都受用的巨大财富！父爱如山！

笔者在抄录这篇回忆父亲的文章时，时不时感到手在抖动。我能感觉到我被感动的心在颤动。我的眼睛里含着泪花，我是透过泪水模糊的亮光，抄完了这篇短文的。我想，任何一个感受过父爱的人，看完这篇短文，都会深受感动的。

特别是当我抄写到李卫红回忆起父亲李佩成在2007年那次因心脏手术而住院治疗的情景时，我几次停下笔来，不得不按捺住激动的心情，回想起那次采访中，卫红对我讲述的许多细节。

2007年暑假期间，李卫红回西安探望父母。就在她即将结束探亲假赶回常州时，她父亲却突发心脏病住进了医院。李卫红回忆道："那是爸爸刚从内蒙古库布齐沙漠考察归来。时值酷暑盛夏的8月，爸爸连续在内蒙古考察了3天，连夜赶回学校，当晚住在家里。那天，我表妹与表妹夫从外地来看望父母。我爸妈有个不成文的规定：无论哪位亲朋，来的都是客，要以礼相待。晚上住宿时，我本想将卧室让给表妹夫妻住，但爸爸执意让出他和妈妈的卧室，他们二位老人睡在了书房搭起的地铺上。晚上我似乎听到卫生间有响动，我以为有人上厕所，就没在意。次日早晨，妈妈悄悄告诉我说，爸爸昨晚晕倒了。经从医的表妹夫检查，心脏跳动仅只有38次，急需住院治疗。我听完后仔细询问，才知道爸爸昨晚上卫生间时摔倒了，怎样摔倒的他已记不清了……

“我赶紧给我妹妹和弟弟打了电话，约他们一起送爸爸去医院救治。谁知开始爸爸还不同意，说他第二天还有任务要去杨凌，但在大家一致劝说下，爸爸才勉强同意住进了第四军医大学的心脏病急救病房。

“经专家检查诊断，爸爸急需做心脏起搏器的安装手术，如同晴天霹雳，全家人顿时惊恐不已，十分担忧。尽管懂得医术的表妹夫一再解释说，现在的心脏起搏器安装术非常安全，然而，对于我们全家毕竟是飞来的横祸，令人难以接受。

“记得做手术那天，妈妈和我们姐弟三人，只能隔着小小的观察窗口，看着爸爸向我们招招手，就被医护人员推进了手术室……

“在等待手术的那几个小时，我们姐弟围在妈妈身边，只有长长的泪水挂在脸颊，没有平日的欢声笑语，我知道爸爸在我们姐弟心中的位置。在我们成长的岁月里，爸爸尽管一年到头总是忙得不可开交，但总能抽出节假日或周末，把我们叫到身边教诲一番：怎样学习，怎样工作，怎样做人……

“在等待手术的几个小时，我的脑海里呈现的全是爸爸对子女的爱，全是爸爸夜以继日的忙碌工作的身影……越是这样，我就越想流泪，后悔平时没有更多关注爸爸的身体，让爸爸经受这么大的磨难。作为老大，我的心里伤悲极了，只想看到爸爸平安推出手术室的那一刻。

“何止我一个是如此伤心悲痛，我妹妹、弟弟同样沉浸在伤心悲痛之中……就连我的弟媳妇也哭得跟泪人儿似的……

“三个半小时过去了，我忽然看到手术室的门打开了，我们姐弟一起挤到观察室小窗口看见爸爸安静地躺在病床上，向我们招手示意。此刻，大家立刻凑到妈妈身边，告诉她：爸爸手术成功了！

“为爸爸主刀的李伟杰教授告诉我们：‘手术非常成功，李院士很坚强！’

“爸爸被安排在术后重症监护室，由于需要特殊护理，谢绝一切探视！即使亲属，也只能隔着小窗户，看着爸爸度过危险期。手术第三天以后，主管医师陶博博士通知家属借送饭时间可以到病房看爸爸一眼。当然我是获得这一权利的第一个亲属。当我第一次站在爸爸床前时，别提有多高兴了。我看爸爸向我微笑着把手示意，并吟吟叮咛我：爸很好，不要担心！就那么短短几分钟的探视，来得多不容易啊！虽然只有3天的等待，我却感到像盼望了好多年，是医护人员的高超医术和精心照顾，给了爸爸生的希望，从此，他又可以为国家，为人民贡献余生了。

“自我记事起，爸爸留给我最深的记忆就是一个字‘忙’，4岁以前，我和外婆一起生活在河南郑州。妈妈会时不时来郑州看我，但总见不到爸爸的身影。后来随着年龄的增长，我便懂得为什么爸爸不来看我的原因：他确实太忙太忙了。再后来，随着爸爸在科研战线上做出的贡献和取得的丰硕成果，我的童年时的‘委屈’便烟消云散，我把‘委屈’变成了无限尊崇和深深的爱，爸爸是我心中的‘水神’，是我工作与生活的楷模，是一位把报效祖国作为毕生使命的科技人！

“记得有一次我去给爸爸送饭，在我离开病房时，爸爸悄悄把一片纸条塞进我手心里，并递给我一个祈求的眼色。回到家里我打开纸条一看究竟，原来是让我下次送饭时，将他正在审读的一位博士生的答辩论文文稿，悄悄捎去，纸条上还写到：这篇答辩文稿很重要，我必须尽快审读，要是耽误学生的如期答辩就不好了。我并不知道医院的看护制度，是绝不允许心脏病患者在治疗期做任何工作的，竟然将那份答辩论文文稿偷偷带给爸爸，然而被病房监护的医师发现了，不仅杜绝了稿件进入病房，还要求爸爸严守医护规则。

“爸爸住院期间，我们姐弟共同的感受是：几十年来，爸爸终于有了休息的机会，终于可以安然地躺在病床上不再干任何事，不再想任何考察实验报告了。然而，爸爸并没有真正的休息，他还是想着自己手边的工作，而且曾背着医护人员，在被窝里给我打电话，让给他拿什么材料……

“因为我的假期已满，我不得不离开爸爸回常州上班。在我离开爸爸病床旁的那天，医护人员特批我到病房探视爸爸一次。见到爸爸时，他显得跟没事的正常人一样，满口的陕西方言洪亮沉稳，满不在乎地对我说：‘爸没事，回去吧，好好工作，不要操我的心。’

“我再也忍不住，两股热泪扑漉漉落下来，我想对爸爸说，你这时候还说没事，还想着我的工作……但我哽咽无语，我完全理解爸爸的心情：他永远都是那么坚强，永远不计个人得失，只想着工作，想着别人，想着用自己的智慧和力量，为祖国的水利事业，生命不息，奋斗不止……”

学生心中的李佩成

魏晓妹

（1992年3月至1996年7月在李佩成教授名下第一位博士生，专业：农田水利，陕西省政协委员）

我非常荣幸地成为李佩成教授的第一位博士生。4年博士生经历，使我对李老师留下了非常深刻的印象，他良好的道德风尚，兢兢业业的工作作风，严谨的治学精神，让我终身受益。

我是1982年6月从陕西机械学院大学毕业分配到西北农学院（西北农林科技大学前身）工作的。当时在“地下水教研室”给李佩成教授做助教。李老师留给我的第一印象就是非常敬业，对身边人要求十分严格，一丝不苟。当时的“地下水教研室”在西北农学院是一流的配置，我们在装修工作中来不得半点马虎。有一次，因为装修工人把一滴油漆不小心掉在了地面上，李老师要我们用抹布一点点擦干净，这件事让我记忆犹新。那时的教研室没有多媒体教学设施和手段，一个图表，一组曲线，都要教师一笔笔地画出来。为此，李老师要求我必须严格训练。他说，搞科研的人只有经过严格的训练，才能出高质量的科研成果。这个教导不仅使我受益匪浅，也成为我后来指导研究生的口头语。

记得1994年5月，我参与了一个黄土高原灌区“黄土高原综合治理定位试验研究”项目，李老师对我交上去的实验报告逐字逐句地审阅，并用红墨水的毛笔进行修改。他修改的字句必须改过，不能敷衍了事。一旦发现你没有按照他改动的字句修改，将是一顿严厉的批评，直到你讲出不予修改的理由。李老师的严谨治学作风，让所有在他身边工作的人员敬畏折服。

李佩成教授的吃苦精神曾经感动了很多人。正因为他吃苦耐劳，亲临试验现场，才取得了一项又一项科研成果，把每一个科研项目团队锻炼成能打善战的优秀群体，让每个团队成员都能分享艰苦工作的快乐，无悔无怨！

1983年7～8月，李老师带领我们高校博士基金项目组去礼泉县新寺乡做轻型井野外试验，连续抽取地下水20多天。那时，我们骑着自行车出发，住在当地老乡家里，吃的是老乡做的饭菜。李老师和我们一起抽水，一起吃饭，一起熬夜，从不叫苦，让项目组所有工作人员感动不已。大家虽然很辛苦，但很快乐。后来该项目成果获国家发明四等奖！

1998年之后，我也成为一位硕士、博士生导师，我继承了李佩成老师严谨要求的治学理念，也被许多人认可。同时也得到了李老师的赞扬。他说："魏晓妹带研究生我放心。"我针对80后、90后研究生的特点提出严格的要求：比如要和老师讨论问题，必须电话预约；必须把问题梳理有序；必须态度诚恳，友好相待。我用李老师教诲我的话教导我的学生："青年人必须善于思考，只有善于思考，才能创新。"

现实地说，当代的研究生不同于我们那一代研究生。随着社会的发展，当代青年更注重实际，面对着竞争激烈，就业困难等种种压力，当代青年更需要理解，更需要支持。因此，在对他们严格要求的同时，首先要理解他们，支持他们，关心他们！

李永宁

（2004—2011年在李佩成院士指导下攻读博士，专业：法学）

作为一位跨学科博士生，他幸福地回忆起与李老师在一起的日子：我是李佩成院士指导下的一位跨学科博士生。

在7年之久的博士生生活中，有许多感人的经历和故事，使我对李佩成院士产生了由衷的尊崇和爱戴之情。他不仅是一位著名的水利科学家，也是一位学识渊博的哲学家，是一位热爱党，热爱祖国，乐于奉献，热诚为人民服务的优秀知识分子。有几件事让我终生难以忘怀。

头一件事是我所攻读的法学博士，主要研究领域是边界水法律，属于社会科学范畴，而李佩成先生是一位自然科学家。为了使我对自然科学的基础知识有所了解，李佩成院士可谓煞费苦心。2006年暑假期间，李院士带我去新疆边界地区考察，沿途一路，李院士给我讲解有关"再造山川秀美的西北"项目中的有关知识，讲解西北地区的地貌、黄土高原、戈壁沙漠的形成等许多基础知识，使我对我研究的项目《生态保护与利益补偿的法律条例》中涉猎的环境生态问题有了基本的了解。

在新疆考察过程中，经历了非常艰苦的行程，每天要驱车行驶四五百千米，从南疆到北疆，头顶炎炎烈日，脚踩戈壁荒漠，忍饥挨渴，在所不计。每天下来，我感到精疲力竭。然而，年过七旬的李佩成院士却精神抖擞，白天奔跑一天，晚上还要收集讯息，总结当日工作，布置次日行动。作为一位学生，我十分钦佩李院士的吃苦耐劳精神，敬佩他的事业心和责任感……我心中暗自思忖，遇到这样一位好博导，我何愁不能完成学业？！

第二件事是2005年春节的一天，李院士打电话给我："永宁吗？我准备去你家看看。"我当即窘迫不已，赶紧回话，谎称我爱人不在，等她回来以后我俩一同去您家拜年！李院士却说："可以，但我今天必须去你家看看。"我只好言听计从地迎接李院士的看望。我想，他一个大名鼎鼎的工程院院士，要来看望一个在读的博士生，怎能不令人顿生敬畏之情！他不只对自己的学生关怀备至，就连学生的生活细节也了如指掌。在一次工作之余的工作餐中间，有一位博士生问李院士："你知道李永宁喜欢吃什么？"李院士随口答道："大肉、油泼辣子。"在场所有的人为李院士的回答瞠目结舌，谁都想不到李院士对自己的学生关心到如此细致的程度！

第三件事是关于我学业的，这是最令我感动的。

我攻读的专业和博士论文撰稿，先后长达7年之久才完成，这主要是受国家政策制定方面的制约。在这7年里，李院士非常关注我的论文写作，他差不多是每隔两个星期就要向我打电话，询问论文写作情况。2011年上半年，我的论文初稿约18万字已经成稿，交给李院士审读，先后修改了三次。我特别敬重的是李院士每天要凌晨四点钟起床读我的论文。因为我的论文属社会科学系统，从行文程式，原理的运用，叙述方式以及语言结构都属于社会科学范畴，和自然科学论文差距甚远。所以，李院士对他的夫人初老师曾说：

"读永宁的论文，要静下心来逐字细读，就连标点符号都要斟酌斟酌。"当我后来听到初阳瑞老师谈及李院士对我的论文不辞劳苦的修改时，我真的从内心感到敬仰！

作为一位博士生导师，李佩成院士不仅注重学生研究论文的创新，更注重从全局角度选择研究课题和论文写作。比如，李佩成院士在指导我撰写《防旱抗旱的法律战略》这篇论文的写作时，要求我要从宏观的层面立意，要大处着眼，要从长远利益与社会发展方面去思考，论文涉及的范围不能局限，要从更大空间上去考量。特别在运用外国专家的观点时，要从社会科学方面来斟酌，外国人是有阶级性的，不能从一个国家利益层面来论证，而要从多个国家的利益层面来论证。李佩成在指导学生选题研究过程中，非常有前瞻性。上述论文确定初期，我还犹豫不决，但当深入研究后，才感到本论文的价值所在！因为在做课题研究时，发现几乎没有人涉及这方面的研究。李佩成院士敏锐的科学思维达到了未卜先知的神奇境界。

岳　亮

（现任中共咸阳市委书记。此前担任陕西省委副秘书长，省委政策研究室主任、室务委员。1993年考取李佩成院士的博士研究生，攻读专业：水景观学）

从我接到录取通知书的那一刻起，我就觉得很荣幸地成为李佩成院士的博士生。那天，我不仅收到了录取通知书，还收到李佩成院士的一封亲笔信。信中这样写道：

岳亮：我希望你接到录取通知书以后，能快点来报到。来时多带点书，书能使人增长知识，能使人联想。我希望你这几年下点苦功夫，好好读些书，早日完成学业。我很喜欢你开朗、痛快，直言不讳的性格。

信的内容很简单，就一页纸，然而老师的一片诚心、挚爱学生的满腔热情融于字里行间。所以说，我一开始就觉得很荣幸。

后来的几年学习生活，果然未出我之所料。李佩成院士的治学理念和教学方法，一步步把我引向成熟。我不仅顺利完成了学业，而且获得了我一生做人的道德自律经典。其中对我影响最深的就是李老师的“治学理念”“做人的规矩”，以及他从事科学研究的大家风范。

李佩成院士的治学理念之严谨，是众所周知的。他对学生要求很严格，正因为要求严格，培养了学生的自律意识，自律意识成为学生成长和发展的道德基础。特别像我这样全脱产的在读研究生，更需要自律意识约束自己，一心一意学习知识，按照老师规定的目标努力实施。我正是在这种自律的严要求下以优异成绩完成学业的。

李佩成院士不仅教我学知识，他还教我怎样做人。这也许是个老生常谈的话题，每一位老师都会教育学生学习和做人的法则，而每一位老师的法则又迥乎不同。李佩成老师教我做人不是一味的拘泥于说教论理，而是通过严格的实际锻炼，去让你捕捉人生的行为轨迹，寻求人生的处世哲学，历练人生遵循的道德规范。比如在我读研的第一年，李佩成院士要我和他一起参与“申请部级地质学院实验室”的申报工作，到了北京遇到的首个问题就是应对上级部门的答辩，这也是决定申报成功与否的关键。为了完成这次答辩，李老师让我扮演提问方，他扮演为答辩人，一问一答地练习了无数遍，直到对答如流。我从未经过这样枯燥无味的训练，但李老师硬是不厌其烦，一遍又一遍地练习，终于在正式答辩时一次成功！通过这次严格的训练，我才体会到什么是老师对学生的真诚挚爱，品味出什么才叫“严师出高徒”的教诲。

常言道，思维决定成功的一半。李佩成院士的科研成果，与他善于思维和敏锐的先知先觉有着密切的联系。他那颗永不停歇的头脑，时刻都在思考，思考水科学研究问题，思考农业科技推广问题，思考“三农”问题、社会问题、经济问题；思考气候变化问题，粮食节约问题，救灾防灾问题，山川秀美问题，从水事科学的研究，到人们生活的饮水安全，他总是不停地思考着，思考着。我记得20世纪90年代初，我国兴起一股更改高校名称的思潮。当然当初的西安地质学院也不甘寂寞。李佩成老师有意约我一起商讨关于西安地质学院的改名。我们大胆地提出将“西安地质学院”改名“中国国土大学”，李老师指导我起草了更改校名的方案，准备报教育部批准，然而学校领导坚决反对，他们坚持更改为“西安工程大学”。事后证明，如果当时采纳了李佩成院士的方案，在国土资源部设立之前，中国乃至世界第一所国土大学即在西安成立，那该是多么令人叫绝的事啊！

在回忆起我的导师李佩成院士时，不由得让我想起有人对他的尊称“水利界的大家”“陕西当代水利第一人”云云。我理解这样称呼或者评价李佩成院士对我国水利科学的贡献，是对他60年水利科学研究工作的尊崇，或者说是一种爱称。我作为他的一位学生，也希望这样评价我的老师，“水利界大家”也好，“陕西当代水利第一人”也好，其实无须去争究对一位科学家的称谓。我只想对他在水利科学研究方面的不同于一般水利专家之处做简要介绍。

他一生从事水的研究，但他把水作为人类生存媒介来研究，而不仅仅是把水作为一个项目来研究。他的许多经典治水理论的产生，都是通过人类赖以生存的生命之源——水的实践中得出的。从最初的“三水统观统管”理论，到地下水的利用开发，以至水与环境问题及其解决对策，直到最后的水文生态学理论的创新研究，他始终关切的是水与人类息息相关、和谐相处的复杂关系，他痴心解决的是如何让生命之源的水为人类更好地服务，造福人类。正是因为他站在如此高端的角度审视水，研究水，开发水，利用水，才使他生发出一系列关于水的优秀论著，创造发明了一项项造福人类的水利工程，取得了一项又一项研究水的科研成果。为什么呢？因为李佩成院士的每一个想法都是有关全局的大问题，他从事的每一项研究，都是为了解决开发水，利用水的长远问题。这一切，我们都能从他2012年出版的《水科学理论研究与工程实践——李佩成文集》中寻觅到答案。

从历史上来说，陕西水利界的名人也不乏其人。远在西汉时期，冯翊郡守庄熊罴陈书皇上，得到汉武帝批准，修筑了著名的水利灌溉工程"龙首渠"；近代著名水利大师李仪祉，修建了施惠关中黄土高原人的"泾惠渠"，使这一俗称八百里秦川白菜心的地区免受干旱之灾；中华人民共和国成立后，党和政府修建的水库、水利设施就更是不计其数，一大批当代水利专家学者相继诞生，也不乏许多优秀人才。当然，李佩成院士也是中华人民共和国成立后由国家培养出来的当代著名水利科学家。我想称他为"陕西当代水利第一人"是因为他对陕西水利事业的贡献尤为突出，是因为他在从事水科学研究方面，对解决陕西黄土高原治理与开发，解决西北地区防旱抗旱研究重大问题以及主持的重大科研项目，都取得了骄人的成绩，由此而产生的影响和战略决策，对陕西的水利事业的发展有决定作用。李佩成出生在陕西，工作在陕西，他热爱水利科学，更热爱陕西的水利事业，似乎对家乡有着千丝万缕的"陕西情结"。由于他博采众长，思维敏捷，具有创新意识，省委经常邀请他向陕西省委中心组讲解水问题、三农问题，提建议，出谋划策等，在省委、省政府的有关水方面的决策中，他的一些建议常常起到重要作用。

李榜晏

（2004年至2007年在李佩成院士的指导下攻读博士生，专业：地质工程）

博士期间我主攻的方向是依托“再造山川秀美的西北”巨系统项目中的一个子项目：生态工程。李老师告诫我不要急于求成，要水到渠成。

李佩成老师治学严谨的作风，体现在指导学生学习的全过程，特别是对新世纪时代的博士研究生，要求更加具体，更加细致。当代社会的快节奏生活方式，形成了趋于时尚的“快餐文化”思潮，而体现在高等教育学风上的表现是争取项目，频出成果。现实的考评机制，让年青一代大学生、研究生过分追求急功近利的学习风气，动不动就攀比谁的项目多，谁的论文篇数多，谁的成果多，而忽视了具有实践锻炼的真才实学。李佩成老师常常用“基础不牢，地动山摇”的教导提醒我，不要急于求成，要水到渠成!知识的积累是一点一滴积成的，只要你踏踏实实地去用苦功，自然会获得成功。他还教导我：求知要像历史上的“张良拾履”一样，求知不惜劳苦。他列举了自己年轻时在北京向恩师葛荫萱教授借阅卡片的经历。当年，他冒着风雪，天微明，赶在葛老师门外苦守，感动了老师，终于如愿以偿地拿到了他想阅读的卡片。

尊师谋道，是导师更像慈父

李佩成老师的第二个育人风范是卓越的做人守则，高尚的人格魅力。他在与学生的沟通方面非常平易近人，说话办事总是替别人着想，充分显示了他的宽容大度，心胸开阔。在为内蒙古发展而召开的咨询会上，出席的20多名专家，有的人情绪激动，颇多指责，会场上一时气氛紧张，李佩成院士不慌不忙地改变气氛，既肯定了自治区已经取得的成绩，又指出了存在的问题，会场顿时和谐融洽。自治区党委书记立即指示到会的地区干部，将李佩成院士的有关生态环境方案传达下去，积极执行。会后，李老师领导的团队在内蒙古阿拉善盟与当地科技干部进一步合作非常愉快，圆满完成了研究任务。

李老师对待学生犹如对待自己的孩子，他是导师，更像是慈父。

2007年，我快要完成博士答辩，即将毕业时，突然检查出肾囊肿。我情绪低落，如坠深渊。当我拿上体检报告单去找李老师时，他很淡定地说："健康第一，先把身体养好，答辩的事往后推推。"霎时间，我消除了精神压力，心情轻松了许多。临别时，李老师送我到楼下，一再叮咛我不要有心理负担，抓紧治疗，力争早日康复，幸喜后来复查我患的是良性肿块，虚惊一场！我按时完成答辩，取得学位，顺利毕业。

2012年上半年，我父亲因长期专心著书立说，赶写一部关于国花定名的论著而积劳成疾，不幸离世。当李老师知道这一不幸消息后，亲自赶到我父亲灵前吊唁，又语重心长地安慰我，鼓励我，让我从悲痛中解脱出来。他还一再叮咛我，他要亲自参加追悼会，我虽然失去了父亲的疼爱，但又从李老师那里得到了父爱的补偿。他无时不在关心我，像父亲生前一样的教育我、鞭策我、照顾我！

非凡的驾驭能力，至高的科学造诣

凡是经过李佩成院士指导过的博士研究生，都有共同的感受，李老师具有非凡的驾驭能力，也具备至高的科学技术造诣。究其原因，跟他青少年时代酷爱读书，勇于实践关系密切。特别在留学苏联的几年期间，他博览群书，苦心钻研，从而积累了丰富的知识源泉，不仅知识渊博，同时在主持科研项目中，展示了他非凡的驾驭能力。在这方面，我的感受更加深刻。

在我读博士生期间，曾在李老师指导下，申请了一个关于"西安市十一五中长期规划"项目。申请时，我满以为项目的技术性操作比较容易，在撰写申请报告时，很快就完成了，而且在高手林立的竞争中，顺利获批。但当项目批准后要实际开始操作时，我忽然感到一头雾水，无处着手。该项目跟国家制定长期发展战略紧密相连，要求项目主持人应具备雄厚的实力，不仅是知识的积淀要厚重，而且要有较强的驾驭能力。当我处于一筹莫展的窘迫之中时，李佩成老师亲自指点我如何应对，他的指点，让我顿感有"四两拨千斤”的威力。他巧妙地把技术问题上升到哲学层面，让我顿开茅塞，思路豁然打开。最终，在12个专项竞争中，我的项目最为优秀。

后来，在我主持的“陕西城乡宗地生态治理与景观再造”这一项目过程中，李佩成院士给了我更多的指导与关怀。他首先从宏观角度帮我分析了我国改革开放以来引起的生态环境恶化的事例。他忠告我，在我国某些地方以牺牲资源环境为代价，换取利益，如果不及时纠正，可能会引起断子绝孙的恶果。因此在帮助我撰写项目申请书过程中，李老师非常认真，从选题动态、把握项目侧重点的设置，他始终站在前沿阵地给予指导。有专家批评道：“我们的科研项目大都是博士和硕士支撑的空中飞人。”然而李佩成院士却始终战斗在科研第一线。“再造西北地区山川秀美”这样规模宏伟的巨系统工程，已经年近70高龄的李佩成老师身先士卒，总是奔波在最艰苦的前沿阵地，在他的项目团队里，没有一个人不拍手叫绝的。

李军媛

（2009—2013年攻读由李佩成院士和俄罗斯国立地质勘探大学А.Б.里森科夫教授联合培养，取得中、俄博士学位，专业：水文学与水资源）

2013年3月，留学俄罗斯的李军媛从莫斯科发来一封满含热情的信，回忆她在李佩成导师指导下度过的日子：

恩师李佩成院士现已从教58周年了，虽然先生已经78岁高龄，但仍躬身于教学和科研第一线。定期的学术报告和野外实地考察是李老师多年来从事科研工作中不可缺少的部分。李老师以广博的知识和丰富的经验为求真知的学子们打开了智慧之窗。

2008年初，在俄语老师盛满梅女士引荐下，初识了我国著名水科学家、水文地质学家李佩成院士。李老师不仅送给我几本俄语的专业书籍和文献，并建议我尝试掌握俄罗斯在水文地质研究领域的先进科学知识和技术，为我国相关领域的发展做出自己的努力和贡献。硕士毕业后，我参加了李老师主持的国家项目“111”——干旱半干旱地区水文生态与水安全学科创新引智基地建设。期间结识了国内外很多学识渊博的专家学者，并聆听了他们的精彩报告，参加学术活动之余，我得到最多的训练是俄语翻译。李老师不仅业务水平扎实，俄语水平也相当过硬。平日里，李老师经常指导我如何以恰当的句式给俄国专家翻译、回复信件，解答我在阅读俄文资料过程中的疑难问题。渐渐地我的俄语水平提高了。我意识到这一点的时候是后来发生的一件事。记得那天我将写好的俄文信件送给李老师看，李老师说下班时再拿来。刚到12点，电话通知我到办公室去见李老师。李老师一见我就说：“下班啰，我们边走边谈吧！”于是在喧嚣的校园林荫道上，传出了叽里咕噜的俄语声，李老师让我把信的内容背了一遍，背完后正好赶到路口，李老师点点头对我说：“好啦，赶紧回去吃午饭吧，身体是革命的本钱。”我看着恩师远去的背影，突然明白了恩师的良苦用心。

2009年，我的博士学习生活正式开始。李老师对我的培养阶段进入到专业化训练阶段。入学第一周，李老师根据我的个人特长，精心布置了博士生培养计划。第一学年，李老师把自己多年的研究成果整理成册，发给我们研习，还定期举办研讨会和讲座。此外，李老师还给我安排与俄国专家通信往来和专业材料翻译的任务。一年的专业知识学习结束后，我申请到了公派赴俄留学的项目，李老师支持我以长安大学和俄罗斯国立地质勘探大学合作培养的形式赴莫斯科学习，并给我介绍了俄罗斯杰出科学家、俄罗斯自然科学院通讯院士里森科夫教授作为我的俄方导师。2010年初到莫斯科，一切都是全新的环境，不同的语言，不一样的生活习惯和完全不同的教学模式，让我感到陌生，总是回忆起在国内熟悉的场景，这样才使我虽远在万里之外，但会觉得其实离祖国不远。在莫斯科，我时常想起李老师每天辛勤工作的身影，每当此时此刻，心中就产生不断努力奋斗的意志和力量。在莫斯科学习和生活期间，我得到俄罗斯导师里森科夫教授给予的很多帮助。他为我安排了专业课程和教学实习的机会，并邀请我经常参加水文地质系的系会。我在课余时间更多地了解到俄罗斯学者的幽默和严谨的教学态度。这些都缘于恩师李佩成先生与俄罗斯学者们建立的深厚友谊和不断地合作交流。在俄罗斯学习期间，李老师依然关心我的学习和生活，经常给我发邮件信函。他常叮嘱我要努力提高俄语水平，要我重点学习国外先进科技知识，并建议我的博士论文工作能将俄罗斯先进研究方法应用到我国灌区的水文地质研究工作中来。

2011年春节那天，我收到李老师由西安发来的贺年短信，瞬间，我的眼眶湿润了，平息了很久才稳定情绪，才给李老师致电祝贺新春快乐。电话那头传来了师母初阳瑞老师的声音："你在莫斯科好吗？生活习惯吗？"我只觉心中阵阵暖流，初老师还鼓励我，希望我学成满载而归。

不知不觉，我已在莫斯科度过了两年的留学生活。回忆这几年我在科研工作中的成长和进步，每一点成绩都离不开李老师给我细心的指导。他认为科研新手在进入研究工作前，需要夯实专业基础知识、外语基础和研究技能。科研工作应切实为国家的需求服务，同时应洞察和瞄准国际前沿工作，将国内外领先的知识和技能应用到科学研究中为国家需求服务。在研究中，需要不断加强自身知识技能的储备，亦需要不断与同行交流和沟通。在研究工作中遇阻的时候，应不断钻研教材和文献，尝试换个角度和方法去解决问题，不能轻易地放弃或放慢科研工作进度。

2014年是恩师李佩成院士从教60周年暨80寿辰，藉此送上一位学生深深的祝福，祝李老师及家人身体健康，快乐幸福！

附　　录

附录1　李佩成院士年表

1935年

1月30日（农历1934年腊月二十六），出生于陕西省乾县县城。

1941年

9月，进入乾县敬业小学就读。

1943年

9月，小学三年级越级一年。

1944年

小学四年级，随打工的表哥到西北农学院参观。

1946年

7月，小学毕业，班主任赠送毛笔，笔杆上刻有“誓不当贪官污吏”的教导。

1946年

9月，进入乾县中学初中部就读。

1948年

4月，乾县第一次解放，在中共地下党员哥、嫂的鼓励下参加少年宣传队。

1949年

9月，进入乾县中学就读高中。

12月，参加中国新民主主义青年团担任分总支副书记，书记为校长赵宏道。

1951年

9月，转学于咸阳周陵中学高中部。

1952年

7月，毕业于咸阳周陵中学。

9月，考入西北农学院水利系读大学。

1956年

7月，大学毕业，毕业设计为“水工设计”；毕业后在西北农学院水利系留校任教，被选送为留苏预备生，因体检不合格未录取。

1957年

7月，因院系调整，进入西安交通大学水利系，任助教。

1958年

7月，考取了留苏预备生。

10月，进入北京外国语学院留苏预备部学习，兼任学生会主席。

1959年

8月29日，与初阳瑞结婚。

1960年

5月，因中苏关系恶化留苏遇阻，返回西安交大，随后进入西安交大调整成立的陕西工业大学水利系，任系秘书。

1961年

11月，调回北京外国语学院留苏预备部等候出国。

1962年

5月，因国家间关系，苏方又未接收。遂往中国农业科学院灌溉研究所进修，接受粟宗嵩、葛荫萱专家指导，并参加北京“打井运动”。

5月23日，大女儿李卫红出生。

1963年

6月，发表了地下水研究处女作《利用地下水灌溉的好处及其在国外的发展概况》，《中国农业科学》第六期；

10月，赴苏联莫斯科地质勘探学院水工系留学，攻读副博士学位，研究地下水非稳定渗流理论计算方法。

1964年

8月，开始地下水非稳定研究的室内试验及论文书写。

1965年

完成学位论文的初稿《排灌井群地下水非稳定渗流计算的割离井法》。

1966年

7月，攻读副博士毕业，完成学位论文答辩的准备工作，毕业论文题目为“地下水非稳定渗流解析法”（该论文的主要内容已译为中文，并于1990年由中国科学出版社出版）。

11月，因国家关系进一步恶化，与其他中国同学一起被苏方通知离苏归国。随后，返回祖国，进入陕西工业大学水利系任教。正值“文化大革命”，被下放农村，接受贫下中农再教育，参加水利建设劳动。

1967年

主持修建富平地下水库试验工程，同时参与带领教改小分队，负责泾惠渠总干渠改线工程的勘测设计工作。

1970年

在西安煤田地质研究所，主持完装了我国第一台大型水力积分仪主体部分。

3月21日，二女儿初丽丽出生。

1972年

2月，因院系调整，重回西北农学院，任讲师，完装了第一台大型水力积分仪。

1973年

1月19日，儿子李怀宇出生。

2月，合作主持研发黄土辐射井获得成功，在乾县向全国推广。

3月，发表论文《人工“引渗”建立“地下水库”》，中央及地方电台、报刊多次报道，推动了我国地下水人工补给工作。

《三水统观统管治水方略》问世。

1974年

与黄万里教授受邀对河北南宫地下水库进行评估。

1975年

《辐射井》一书出版。

《关于水源问题及其解决途径的商榷》发表，深化了“三水统观统管”理论，推进了我国水事研究理论。

1976年

《谈谈地下水库》发表。

1978年

“黄土辐射井研发”获全国科学大会奖。

1980年

《从渗流原理谈井的合理尺寸确定》发表。

1981年

任西北农学院副教授。

1982年

发表论文《认识规律　科学治水》，首次提出水的自然规律、水的经济规律，强调出现“水荒”的可能性及其防治措施。

6月，赴日本考察水资源开发管理及地下水资源开发利用。

首次提出宝鸡峡灌区防治渍涝要“增井减渠，以（井）灌代排”方针，改良土地54.8万亩，挽回损失并增加收益共计15.7亿元。

首次提出“水与经济，水与社会，水与生态”的综合治水理论。

1983年

在西北农业大学完装了我国第二台大型水力积分仪。

1984年

任西北农学院科研处处长。

4月，《试论干旱》发表，文章用大量数据和事实回答了人们对干旱与旱灾发生的原因有什么规律，概念的混淆……等一系列模糊不清的问题，作者鲜明的观点，极具影响力。

1985年

任西北农业大学副校长。

任部级实验室主任，枣子沟试验区创办，并被农业部任命担任我国第一个“干旱半干旱地区农业研究培训中心”主任。主持召开第一届国际旱农会议，经3年努力，为西北旱农研究争得WNDP无偿资助约840万美元。

1986年

“轻型井”项目获鉴定。

1987年

任西北农业大学教授。

赴美国考察干旱半干旱地区农业发展及农业资源开发研究。

1988年

8月，赴苏联列宁格勒加里宁工学院进行高级访问。

10月，赴塔什干水利及农业机械化学院、中亚水科所高访，考察了咸海灌区。

1989年

2月，返回列宁格勒加里宁工学院，整理和分析资料。

4月，回国。

12月，“轻型井”获国家发明四等奖。

1990年

获博士生导师资格。

1991年

9月，招收第一位西北农大博士生魏晓妹，毕业论文题目为《黄土原灌区地下水水位动态机理及其调控模型的研究》。

10月1日，享受国务院政府特殊津贴。

1992年

4月1日，获农业部授予的有突出贡献的中青年专家称号。

5月，陕西黄土高原综合治理研究获陕西科技进步一等奖。

8月29日，调入西安地质学院。

1993年

任西安工业科技大学勘探学院院长、巡视员、水工系主任，设立两个新专业，被聘为水利部地下水专家组专家。

10月1日，就缓解西安水荒给省市领导写信。

11月，参加农业部利用世界银行贷款农业教育科研项目的执行管理，成绩显著。

12月，黄土高原综合治理定位试验研究获国家科技进步一等奖。

12月，《黄土台原的治理与开发》出版发行。

1994年

《试论地下水研究面临的历史转变》发表。

5月，任西安地质工程勘察研究院院长。

1995年

对西安市解决水荒的建议《群峪协井，两水并用》方略获市长批示落实，西安水荒得以缓解。

《论景观水资源》于《水科学进展》第6卷第4期发表。

《论水资源的永续供给》于《地下水》杂志当年第4期发表，本文首次提出了水资源定义的“四环理论”。

1996年

4月，被评为西安市劳动模范。

6月，经地质矿产部批复创建“国际干旱半干旱地区水资源与环境研究培训中心（ICWE）（中德合作）”，任中方主任。

1997年

发表论文《建立节水型社会是摆脱水荒困境的最佳选择》。

8月，获陕西省师德标兵。

1998年

继续任陕西省决策咨询委员会委员、特约咨询委员。

发表论文《论“三态”平衡》。

12月，获陕西优秀博士生导师。

1999年

主持科技部批准设立的西部专项“中国西北地区再造山川秀美关键技术研究与试验示范”项目。

11月，发表论文《中国能够解决自己的水资源和粮食问题——与莱斯特·R.布朗先生的商榷》。

2000年

任中国生态学会理事。

6月，群峪协井、两水并用，西安市中近期供水最佳方略研究获陕西科技进步三等奖。

指导的博士冯国章论文《水事活动对区域水文生态系统的影响研究》获2000年全国百篇优秀博士学位论文奖。

2001年

1月，《论新时期地下水开发利用与管理的新使命》发表；《关于再造西北地区山川秀美的哲学思考》发表。

5月，获全国优秀科技工作者荣誉称号。

2002年

获全国先进科技工作者称号。

任国际水文地质学协会（IAH）中国国家委员会委员。

2003年

1月，“中国西北地区山川秀美科技行动计划前期研究”通过国家验收。

2月，主持国家重点项目“中国西北不同生态地域山川秀美试验示范区建设与重大科技难题研究”。

12月，被评选为中国工程院院士。

2004年

1月，“113553”规划开始实施，规划是指在被评选为中国工程院院士以后的10年时间内，从2004年开始，再头脑清醒10年，到80岁，保持健康的身体，争取不糊涂，不虚度，清清楚楚跟党走，勤勤恳恳再奋进，向组织表示要实现“113553”规划。

2月，西安市供水水资源系统优化调配研究获西安市科学技术奖二等奖。

9月，获全国师德先进个人称号、获陕西师德标兵。

2005年

发表论文《治水的哲学思考》。

9月，重现“八水绕长安”盛景工程研究获陕西水利科技进步一等奖。

9月，陕西省交口抽渭灌区水源污染对灌溉影响及治理对策研究获陕西水利科技进步二等奖。

2006年

获中国科协授予的西部开发突出贡献奖。

6月，重现“八水绕长安”盛景工程研究获陕西省科学技术奖二等奖。

6月，陕西省交口抽渭灌区水源污染对灌溉影响及治理对策研究获陕西省科学技术奖三等奖。

7月，李佩成等主编《陕西省生态环境建设与再造山川秀美战略研究》在陕西人民出版社出版。

9月，2006年黄土台塬区三水转化机理及水资源最佳调控模式研究获陕西水利科技进步一等奖。

9月2日，应邀给中共陕西省委常委、省政府、省人大、省政协领导作了《陕西水资源的严峻形势及解决对策》的报告。

2007年

2月，黄土台塬灌区三水转化机理及水资源最佳调控模式研究获陕西省科学技术奖二等奖。

8月，《关于气候变化的哲学思考》的论文发表。

2008年

向中央及陕西省政府提出7条建议：

1月，提出《应对金融危机拟应做到“三坚持”》的建议。

5月，《关于在省委、省政府座谈会上的发言》中提出的三项建议；提出《避祸增福、择安而建》的建议；提出《关于灾区重建要走科学发展之路》的建议。

7月，提出关于《提防2008年我国南方水灾的建议》。

10月，《关于气候变化的哲学思考》一文，获赵乐际书记肯定的批示。

10月9日，“干旱半干旱地区水文生态与水安全学科创新国际会议及其揭牌仪式”在长安大学举行。

10月，《致陈宝根市长的一封信》。

11月，《关于尽早建设张家山引泉供水工程，解决我省泾、三、高农村百万人饮水安全的建议》。

2009年

承担的阿拉善SEE生态协会基金资助项目“阿拉善盟腰坝绿洲地下水资源承载力及可持续利用研究”通过验收。

2010年

6月，《关于气候变化的哲学思考》被中共陕西省委科技工委、陕西省科学技术厅作为“送阅件”传阅。

8月，“阿拉善盟腰坝绿洲地下水资源承载力及可持续利用研究”获阿拉善盟科技进步一等奖。

10月，李佩成等《干旱半干旱地区水文生态与水安全研究文集》（一）在陕西科学技术出版社出版。

12月，与山仑院士共同主持中国工程院农学部重点科研项目“防旱抗旱确保粮食及农村供水安全战略研究”。

《论跨国水体及其和谐开发》发表于《水文地质工程地质》第4期。

2011年

5月27日，向中国工程院政策研究室提出了院士建议《关于落实2011年中央1号文件，加快水利改革与发展的几点建议》，由中国工程院报中共中央、国务院有关领导、中共中央办公厅、国务院办公厅、全国人大、全国政协；送中共中央和国务院有关部委、各省、自治区、直辖市、计划单列市、中国科学院、中国社会科学院、国家自然科学基金委员会；中国工程院、工程院主席团顾问。

6月，《论建设生态文明灌区》发表在《中国水利》。

11月，在西安长安大学主持召开了"防旱抗旱确保粮食安全战略研究高层论坛"。

11月25日，由陕西省科协、省教育厅联合举办的陕西省高校"科学道德和学风建设宣讲教育活动"启动仪式暨首场报告会在西安曲江国际会议中心举行，李佩成院士作了《在科学实践中培养良好的科学道德与学风》的报告。

2012年

3月，云南旱灾，李佩成率团赴云南等地区调研并向中国工程院书写了调研报告。

5月，《水科学理论研究与工程实践——李佩成文集》论文集在科学出版社出版。

11月2日，给西安市委讲师团作了《论人与自然和谐相处及八水润西安》的报告。

2013年

5月，李佩成等《干旱半干旱地区水文生态与水安全研究文集（二）》在陕西科学技术出版社出版。

6月，由李佩成主持的中国工程院农业学部重大咨询项目"防旱抗旱确保粮食及农村供水安全战略研究"结题验收。

6月，《论灌区水文生态禀赋及建设生态文明》发表在《中国水利》。

12月5日，被俄罗斯国立地质勘探大学聘为荣誉教授。

2014年

5月，“113553”规划实施结束，向长安大学党委书记、校长等各位领导汇报了该规划的完成情况。

8月，李佩成等《干旱半干旱地区水文生态与水安全研究文集》（三）在陕西科学技术出版社出版。

10月，李佩成主讲的“水与人类”课程（共五讲），被评为国家第六批精品视频公开课。

10月，当选中国科协长安大学校科协第一届委员会主席。

12月，参加了由《中国水利报》与浙江省水利厅召开的“江河文化”论坛，并作了《试论江河文化及景观水资源》的报告。

2015年

1月，参加了由水利部召开的水利部科学技术委员会会议，并作《防旱抗旱确保粮食及农村供水安全》报告。

5月，陕西省院士活动中心邀请李佩成为高新中学学生作了《为建设祖国而培养自己》的专题报告。

7月，带领团队赴新疆农垦科学院参加“绿洲农业科学与工程”会议，会后考察了新疆炮台试验站。

8月，参加由人事部和国家林业局在内蒙古乌海举办的“西部地区水土保持与荒漠化防治”论坛，并作专题报告。

12月15日，推动成立陕西科协安康学院“陕西省科协院士专家工作站”。

2016年

5月，李佩成等《干旱半干旱地区水文生态与水安全研究文集》（四）在陕西科学技术出版社出版。

12月16日，李佩成主持的陕西省水利厅项目“提高大型灌区水资源利用效益、促进社会主义新农村建设的试验与示范”项目通过结题验收。

12月30日，由李佩成主持的中国工程院农业学部重大咨询项目“干旱半干旱地区多种农业水资源合理配置及有效利用战略研究”结题验收。

附录2　李佩成院士专著及论文目录

李佩成院士专著

1. 李佩成，赵尔慧.《地下水利用》，水利出版社，1981.2

2. 李佩成.《地下水非稳定渗流解析法》，科学出版社，1990

3. 李佩成.《黄土高原综合治理开发的理论与实践》，陕西省科学技术出版社，1991

4. 李佩成.《地下水动力学》，农业出版社，1993.5

5. 李佩成，包纪祥，韩思明，高敏.《黄土台原的治理与开发》，陕西人民出版社，1993.12

6. 李佩成.《怎样建立经验公式》，西安地图出版社，1996.2

7. 李佩成，刘俊民，魏晓妹，等.《黄土原灌区三水转化机理及调控研究》，陕西科学技术出版社，1999.1

8. 李佩成.《中国西北地区生态环境与再造山川秀美》，陕西科学技术出版社，2002.7

9. 李佩成，王文科，裴先治.《中国西部环境问题与可持续发展国际学术研论会论文集》，中国环境出版社，2004.5

10. 李佩成，李启垒，史高领.《陕西省生态环境建设与再造山川秀美战略研究》，陕西人民出版社，2006.7

11. 李佩成.《中国西北地区再造山川秀美战略研究与试验示范》，科学出版社，2007.2

12. 李佩成，李启垒.《干旱半干旱地区水文生态与水安全研究文集》（一），陕西科学技术出版社，2010.10

13.李佩成.《水科学理论研究与工程实践——李佩成文集》，科学出版社，2012.5

14.李佩成，李启垒.《干旱半干旱地区水文生态与水安全研究文集》(二)，陕西科学技术出版社，2013.5

15.李佩成，李启垒.《干旱半干旱地区水文生态与水安全研究文集》(三)，陕西科学技术出版社，2014.8

16.李佩成，李启垒.《干旱半干旱地区水文生态与水安全研究文集》(四)，陕西科学技术出版社，2016.5

李佩成院士论文

1.李佩成.利用地下水灌溉的好处及其在国外的发展概况，《中国农业科学》，1963(6)：45–48

2.李佩成.人工“引渗”建立“地下水库”，《陕西水利科技》，1973(3)：18–26

3.李佩成.谈谈地下水库，《陕西水利科技》，1973(3)

4.李佩成.关于井群规划中渗流计算方法的探讨，《水文地质技术方法》，1975(1)：18–56；《陕西水利科技》，1975(1)：9–39

5.李佩成.关于水源问题及其解决途径的商榷，《灌溉科技》，1975(3)：10–20

6.李佩成.从渗流原理谈井的合理尺寸的确定，《地下水科技通讯》，1980(6)：18–30

7.李佩成.试论西北农业现代化中的水源问题，《西北地区农业现代化学术讨论会论文选集》第二卷，1980：54–161

8.李佩成.“三、关于地下水资源评价问题”——西北干旱地区地下水资源学术讨论会综合报道，《水文地质工程地质》，1981(2)

9.李佩成.测算潜水含水层渗透参数的“割离井法”，《西北农学院学报》，1981(4)：57–70；《地下水资源评价理论方法的研究》，1982：127–132

10.李佩成.认识规律　科学治水，《山东水利科技》，1982（1）：7–12

11.李佩成.含水层的“滞流作用”与边界条件的处理，《地下水资源评价理论与方法的研究》，1982：122–132

12.李佩成.试论干旱，《干旱地区农业研究》，1984（2）：4–18

13.李佩成.试论承压地下水弹性释放学说及其局限性，《地下水》，1984（2）：1–7

14.李佩成.地下水的定义、种类、来源和形成条件，地下水科普讲座第一讲，《地下水》，1984（3）：50–54

15.李佩成，王纪科.地下水的物理性质与化学成分，地下水科普讲座第二讲，《地下水》，1984（4）：57–62

16.李佩成，王纪科.地下水的运动，地下水科普讲座第三讲，《地下水》，1985（1）：55–59

17.李佩成，王纪科.地下水的渗流计算（上），地下水科普讲座第四讲，《地下水》，1985（3）：57–61

18.李佩成，王纪科.地下水的渗流计算（下），地下水科普讲座第五讲，《地下水》，1985（4）：58–62

19.李佩成.试论“刚性”承压含水层及其渗流计算，《地下水》，1986（1）：26–29

20.李佩成，王纪科.地下水资源评价（上），地下水科普讲座第六讲，《地下水》，1986（1）：50–53

21.李佩成，王纪科.地下水资源评价（下），地下水科普讲座第七讲，《地下水》，1986（2）：62–64

22.李佩成.农业的本质及其在国家发展中的作用，《西北农业大学学报》，1990（3）：100–106

23.李佩成，刘俊民，薛汉文等.枣子沟流域水资源的形成条件、评价及其开发利用，《干旱地区农业研究》，1990（3）：1–12

24.李佩成，包纪祥，朱德昭等.黄土台原治理开发专题研究的管理实践及几点认识，《干旱地区农业研究》，1990（3）：47–53

25.李佩成.论发展节水型农业,《干旱地区农业研究》, 1993(2): 57-63

26.李佩成.论咸海萎缩问题及其对国土开发治理中水事活动的启示,《国土开发与整治》, 1993(4): 53-59

27.李佩成.试论地下水研究面临的历史转变,《地下水》, 1994(4): 141-144

28.李佩成, 刘俊民.论黄土台原的地质与地貌特征,《干旱地区农业研究》, 1995(增刊): 90-96

29.李佩成, 薛惠锋.论景观水资源,《水科学进展》, 1995(4): 336-340

30.李佩成, 薛惠锋.论水资源的永续供给,《地下水》, 1995(4): 141-144

31.李佩成.以史为鉴　面向未来　迅速掀起陕西省跨世纪水利建设新高潮,《民意》, 1996(5): 29-31

32.李佩成.适度拓宽博士点覆盖面是学科发展与造就跨世纪人才的需要,《学位与研究生教育》, 1996(5): 22-24

33.李佩成, 冯国章.论干旱半干旱地区水资源可持续供给原则及节水型社会的建立,《干旱地区农业研究》, 1997(2): 1-7

34.李佩成.论陕西的生态环境问题及其对策,《中国生态学会通讯》, 1997(3)

35.冯国章, 李佩成.论水文学系统混沌特征的研究方向,《西北农业大学学报》, 1997(8): 97-101

36.李佩成.建立节水型社会是摆脱水荒困境的最佳抉择,《地质工程与水资源新进展》, 1997

37.李佩成, 卢玉东, 张艳杰等.再论渗流计算的割离井法及其微机实现,《灌溉排水》, 1998(1): 1-4

38.李佩成, 寸待贵, 岳亮等.再论景观水资源及其分类,《水科学进展》, 1998(6)

39.李佩成.论"三态"平衡,《西北农业大学学报》, 1998(2): 84-88

40.李佩成，曹光明，王国辉.在实施山川秀美工程中建设“两北”新粮仓，《陕西黄土高原粮食开发研究》，1998（10）：53–56

41.魏晓妹，李佩成.灌区地下水动态调控数学模型的建立及求解，《西北农业大学学报》，1999（2）

42.李佩成.论黄土塬灌区的节水与养水，CCAST“黄土高原生态环境治理”研论会，1999.6

43.李佩成，汤宝树，王德让.迎接西部大开发加速陕西水利建设的方略研究报告，1999.10

44.李佩成.黄土含水层给水度合理取值的研究，《水利学报》，1999（11）

45.李佩成，曹光明，张志杰，张益谦.强化科技研究 推进再造一个山川秀美西北地区的伟大事业，《中国西部生态重建与经济协调发展学术研究会论文集》，1999：1–8

46.李佩成.论秦岭“绿色水库”生态保护与西安市的可持续供水，陕西生态经济与农业可持续研讨会，1999.5

47.李佩成.论自流灌区的节水与养水，《灌溉排水》，2000（1）：12–15

48.李佩成.农田灌溉中节水与养水的哲学思考，《节水灌溉》，2000（1）

49.冯国章，李瑛，李佩成.河川泾流年内分配不均匀性的量化研究，《西北农业大学学报》，2000（2）

50.李佩成.试论人类水事活动的新思维，《中国工程科学》，2000（2）：5–9

51.李佩成.西部大开发要与再造山川秀美协调行动，《科学时报》，2000（3）

52.李佩成，张益谦.试论新时期大西北国土建设的新思维，《资源、产业》，2000（3）

53.李佩成.关于西部大开发的哲学思考，中国自然辩证法研究会地学哲学委员会第八届学术年会，2000.11

54.李佩成.论新时期地下水开发利用与管理的新使命，《地下水》，

2001（1）

55.李佩成，张林，段联合.关于西部大开发的哲学思考，《地球信息科学》，2001（2）

56.李佩成，寇宗武.试论西部大开发的命脉——可持续供给的水，兼论黄土塬灌区的节水与养水，《黄土高原地区历史环境变迁与治理对策国际学术研讨会论文集》，2001.6：12–19

57.李佩成.关于再造西北地区山川秀美的哲学思考，《中国西部资源环境与社会可持续发展问题研究》，2001.10

58.李佩成，寇宗武，王德让，冯国章.论西部开发与再造山川秀美中的水资源问题及其解决对策，《加快西部生态环境建设　推动区域经济协调发展——中国西部地区科技与社会发展论坛专辑（五）》，2002.7

59.李佩成，毕研光.灌区节水要把农业措施置于重要地位，《灌溉排水》，2002

60.李佩成，易秀.中国发展农业的特殊背景及相应要求，《西北农林科技大学学报》，2002（3）

61.李佩成.论中国西北地区的生态环境与再造山川秀美，《陕西水土保持》，2003（1）：18–20

62.李佩成.再造山川秀美是“三个代表”在西北地区的伟大实践，《陕西日报》，2003.2

63.周维博，李佩成.干旱半干旱地域灌区水资源综合效益评价体系研究，《自然资源学报》，2003（3）

64.李佩成.论中国农业水土工程面临的新问题及其历史使命，《沈阳农业大学学报》，2004（1）

65.李佩成.“农家信鸽”飞临“神州五号”，《西北农林科技大学学报》，2004（1）

66.李佩成，李启垒，王玮等.陕北能源重化工基地及其建设中的水资源问题，《地下水》，2004（10）：1–4

67.李佩成.试论人与自然和谐相处及再造西北山川秀美，《地球科学

与环境学报》，2005（3）

68. 李佩成，刘燕. 以史为鉴，团结治渭，为在黄河流域构建和谐社会而努力奋斗，《中国水利》，2005（4）

69. 李佩成. 治水的哲学思考，《水与经济发展的相互影响及作用——全国第三届水问题研究学术研讨会论文集》，2005.12

70. 李佩成，刘燕. 减灾增益，强化地下水的研究和人才培养，《地下水》，2006（3）

71. 李佩成. 发展地球科学，推进人与自然和谐发展，《西北地质》，2007（1）

72. 李佩成. 治水的哲学思考，《陕西环境》，2007（4）

73. 李佩成. 地下水的管理与科学研究，《中国水利》，2007（15）

74. 李佩成. 关于气候变化的哲学思考，《中国工程科学》，2008（11）：7-13；《地球科学与环境学报》，2008（12）

75. 李佩成. 关于"内在水"补给土壤水的假设与初证，《地下水》，2010（2）

76. 李佩成，郝少英. 论跨国水体及其和谐开发，《水文地质工程地质》，2010（4）

77. 李佩成. 论"人水和谐"，《中国水利》，2010（19）

78. 李佩成. 再造西北地区山川秀美是可实现的千秋伟业，《地球科学与环境学报》，2011，3（1）：10-13

79. 李佩成，郭曼，王丽霞等. 近60年来中国大陆降水、气温动态及其相互关系的初步研究，《中国工程科学》，2011（4）：29-36

80. 李佩成. 对我国水利改革发展的认识与思考——在第二届辽宁现代农业发展论坛上的报告，《沈阳农业大学学报》（社会科学版），2011（4）

81. 李佩成. 贯彻中央1号文件精神强化地下水管理与科学研究——李佩成院士在陕西专题报告，《地下水》，2011（5）

82. 李佩成. 论建设生态文明灌区，《中国水利》，2011（6）：66-67

83. 李佩成. 论水文生态学的建立及其历史使命，《灌溉排水学报》，

2012，2（1）：1–4

84.李佩成.论实行最严格地下水资源管理,《地下水》，2012，5（3）：2–5

85.李佩成，李启垒，王金凤等.论灌区水文生态禀赋及建设生态文明,《中国水利》，2013，3（6）：10–12

86.李佩成.发挥生态文明建设中的“水”能量,《中国水利报》，2013（3）

87.李佩成.论人与自然和谐相处及生态文明建设,《中国国土资源经济》，2013，8（8）：5–9

88.李佩成.追求人与自然和谐相处是历史发展的必然,《科技导报》，2014（10）

89.李佩成.引汉济渭是陕西当代水利建设的一项杰作,《中国水利》，2015（7）：51–53

后　记

因有宋健名誉主席为院士传记作总序，《李佩成传》便没有邀请他人作序。但我和这部传记的撰写颇为有缘，作者确有话想说，故而不惜笔墨，赘言几句。

产生为李佩成作传的想法，最初是在20世纪80年代后期。当时我与时任咸阳市作协主席的沙石先生撰写一部描写农业科学家的报告文学集《生命的使者》，并得到时任西北农业大学副校长李佩成教授的鼎力相助。之所以为农业科学家写书，是因为当时的作家们都把目光集中在企业老板或工业战线改革开放涌现出的风云人物上，而农业科学家却很少有人问津。况且，农业科学的科研成果效益显现相对滞后，动辄一个新品种从培育到推广需要几年或十几年才能成功。比如，优良小麦“小雁6号”经历了二三十年的培育才获成功，培育“秦冠”苹果的陕西省农业科学院果树研究员黄智敏女士历经30年奋斗才获得成功。可见农业科学家为了一个新品种，会把一生的精力奉献给科研事业。正因为这样，才拨动了沙石先生和我崇敬与感怀的心弦。我们花费了一个月时间，先后采访了16位陕西农科城的专家、教授、研究员，出版了《生命的使者》这本报告文学集。

文集中收编的《为了梦中之水神》这篇短文就是由我执笔撰稿的。也就在那个时候，我萌发了为李佩成教授作传的想法。然而李佩成教授当即婉言谢绝，原因是：“我没什么可以作传的。”

事隔15年后的2004年，李佩成早已调至长安大学，并光荣当选为中国工程院院士，我在向李佩成院士致贺的同时，又提起为他作传的事，一向低调不善张扬的李佩成依然谢绝了我的请求。他说：“当选院士只是新的起点，我要再奋斗10年到80岁。”他还为自己制定了“113553”十年规划。

就在李佩成院士为他的“113553”十年规划奋力拼搏、忘我工作时，2007年夏天，他因心脏病发作住进了医院，并安装了心脏人工起搏器。2011年夏天，他又因身体不适住进了医院。我去探望时，再次提出为李佩成院士作传的事，他思考片刻后说：“可以考虑。”

有了这个简单的口头约定，我的采访工作便拉开序幕。从2011年10月开始，采访工作一直延续到2012年7月。随着对近30人的采访，我愈来愈认识到李佩成院士的不平凡之处，他确实称得上中国水利界的“大家”！

2013年3月收到了《中国工程院院士传记》编辑出版办公室的约稿函，真是喜从天降，李佩成传记的出版工作终于尘埃落定，人们担忧的一系列有关科学家的弘扬与传承事宜终于有了着落！

这里，我要特别感谢的是接受我采访的李佩成的同事、同学，和他一起战斗过的朋友、学生以及他亲自培养的博士生、硕士生。是他们不厌其烦地向我提供了大量翔实的历史资料。在这里尤其让我感谢的是K.D.巴克（德国）以及郑飞敏、王子天，为书稿付出了大量劳动，打印稿件、组编图片。另外，因为郑飞敏女士和闫卫疆先生多次周到细心的接待，才使我顺利愉快地完成了艰难的采访。

从2011年11月19日开始采访，到2016年12月定稿，历经5年才完成了初稿的撰写。这期间的酸甜苦辣、创作的激情与兴奋、伏案的辛苦与劳作，都是我从未体验过的。特别是采访李佩成的每一次，都让我享受了一位科学家成长与成功的快乐人生的点点滴滴，从而使我感动不已，受益匪浅。最使我受感动的是李佩成院士对书稿的严格把关和审读，真的是一丝不苟。据我回忆，5年中他至少将初稿审阅了近十遍，每一遍都看得认真仔细，并亲手修改，而且还邀请了他的同事和朋友反复审读，严格把关，以杜绝任何人物和事件的不真实性。5年内，我不知去了多少趟长安大学，真有些无奈的感觉。然而直到最后定稿，我才真正感到李佩成院士对待任何事情的严谨和专注、认真且负责，他的这种科学家的风范和严谨作风，让我又一次深受教育。更让我没想到的是就在初稿完成当月，收到了李佩成的助手郑飞敏发给我的邮件："由于李佩成院士的突出学术贡献，经俄罗斯国立地质勘探大学学术委员会决议，聘请李佩成校友为莫斯科地质勘探大学荣誉教授，并向李佩成院士颁发了证书及奖章。"邮件还写道："俄罗斯国立地质勘探大学校长瓦西里·伊万诺维奇·利索夫、副校长瓦吉姆·阿列克桑德罗维奇·卡西扬诺夫等一行4人专程到中国西安的长安大学访问并宣布这一决议。决议中写到：'俄罗斯国立地质勘探大学自1918年成立95年以来，曾授予5位校友荣誉教授，李佩成院士是第6位。'"其授予荣誉教授的原因是近50年来李佩成教授在水文地质、工程地质及水资源与环境科学研究方面取得了卓越成就！这一喜讯，对李佩成传记的出版增添了许多光彩，也更加证实了我执意为李佩成院士作传的正确选择。

令人可喜的是这一喜讯恰恰发生在李佩成院士80岁生日的前两个月。本来我就想把李佩成传记作为生日礼物奉献给他，恰逢好事成双，幸哉！幸哉！

仲棋　2017年1月于咸阳

图书在版编目（CIP）数据

李佩成传 / 杜仲棋著. —北京：中国农业出版社，2018.1

ISBN 978-7-109-23515-1

Ⅰ. ①李… Ⅱ. ①杜… Ⅲ. ①李佩成－传记 Ⅳ. ①K826.16

中国版本图书馆CIP数据核字（2017）第275161号

中国农业出版社出版

（北京市朝阳区麦子店街18号楼）

（邮政编码 100125）

责任编辑 贾 彬 徐 晖 吴洪钟

文字编辑 耿增强

中国农业出版社印刷厂印刷 新华书店北京发行所发行

2018年1月第1版 2018年1月北京第1次印刷

开本：700mm × 1000mm 1/16 印张：23.25 插页：8

字数：368千字

定价：70.00元

中国工程院院士传记

刘守仁传

胡宗奎　著

中国农业出版社
人民出版社

图书在版编目（CIP）数据

刘守仁传 / 胡宗奎著. —北京：中国农业出版社，2018.3

（中国工程院院士传记）

ISBN 978-7-109-22535-0

Ⅰ. ①刘… Ⅱ. ①胡… Ⅲ. ①刘守仁－传记 Ⅳ. ①K826.3

中国版本图书馆CIP数据核字（2017）第008161号

中国农业出版社出版

（北京市朝阳区麦子店街18号楼）

（邮政编码 100125）

责任编辑 汪子涵 徐 晖 吴洪钟

中国农业出版社印刷厂印刷 新华书店北京发行所发行

2018年3月第1版 2018年3月北京第1次印刷

开本：700mm×1000mm 1/16 印张：16.5 插页：6

字数：270千字

定价：65.00元

刘守仁　中国工程院院士

1961年，刘守仁（左二）走进经验丰富的老牧工家中，虚心地向他请教

1961年，紫泥泉种羊场技术员刘守仁在艰苦、简陋的条件下，认真检查羊毛的质量

1972年，刘守仁在查看自己培育出的第一代军垦细毛羊

刘守仁（左二）早年在牧区进行羔羊鉴定

1972年，北京农业大学蒋英教授（左二）来到紫泥泉种羊场考察刘守仁培育的军垦细毛羊

1982年，澳大利亚的绵羊专家来到了紫泥泉种羊场，看到刘守仁培育出的中国细毛羊竖起了大拇指

澳大利亚细毛羊专家来到紫泥泉与刘守仁（右二）交流绵羊育种技术

刘守仁在紫泥泉种羊场工作了30余年

刘守仁院士（左）参加紫泥泉的赛羊大会并致辞

2001年，刘守仁（左一）在当选中国工程院院士之后，仍然深入基层和老牧工交流养羊的经验，科学严谨的态度可见一斑

刘守仁院士探望老朋友作家丁宁（左一）

B品系后备母羊群

中国美利奴（新疆军垦型）

无角品系种公羊

强毛型品系种公羊

刘守仁院士（左一）在养羊现场观摩会上与专家们相聊甚欢

刘守仁院士在实验室指导研究生

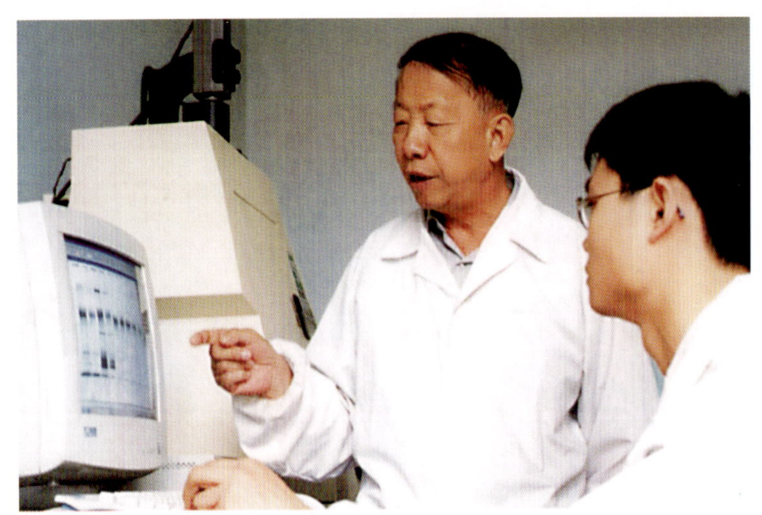

刘守仁院士在实验室检查多胎基因检测结果

每年清明，刘守仁院士都要去南山的牧羊陵为已故牧工扫墓

刘守仁院士和家人欢聚一堂

刘守仁院士80岁大寿

生活照

中国工程院院士传记系列丛书

大力繁育和提高中國美利奴羊品種促進優化新疆羊群

王恩茂

一九八八年六月二日

中国兵科院（新疆军垦科学院）是几代农垦人共同创造的宝贵财富，愿农垦人继续发扬艰苦奋斗精神，加大科研力度，攻克高、深、精、尖技术，再攀细毛羊种高峰，为实施西部大开发战略，做出更新更大贡献。

刘宇仁

2000年3月

总　序

20世纪是中华民族千载难逢的伟大时代。千百万先烈前贤用鲜血和生命争得了百年巨变、民族复兴，推翻了帝制，击败了外侮，建立了新中国，独立于世界，赢得了尊严，不再受辱。改革开放，经济腾飞，科教兴国，生产力大发展，告别了饥寒，实现了小康。工业化雷鸣电掣，现代化指日可待。巨潮洪流，不容阻抑。

忆百年前之清末，从慈禧太后到满朝文武开始感到科学技术的重要，办“洋务”，派留学，改教育。但时机瞬逝，清廷被辛亥革命推翻。五四运动，民情激昂，吁求“德、赛”升堂，民主治国，科教兴邦。接踵而来的，是大革命、土地革命、抗日战争、解放战争。恃科学救国的青年学子，负笈留学或寒窗苦读，多数未遇机会，辜负了碧血丹心。

1928年6月9日，蔡元培主持建立了中国近代第一个国立综合科研机构——中央研究院，设理化实业研究所、地质研究所、社会科学研究所和观象台4个研究机构，标志着国家建制科研机构的诞生。20年后，1948年3月26日遴选出81位院士（理工53位，人文28位），几乎都是20世纪初留学海外、卓有成就的科学家。

中国科技事业的大发展是在中华人民共和国成立以后。1949年11月1日成立了中国科学院，郭沫若任院长。1950—1960年有2 500多名留学海外的科学家、工程师回到祖国，成为大规模发展中国科技事业的第一批领导骨干。国家按计划向苏联、东欧各国派遣1.8万名各类科技人员留学，全都按期回国，成为建立科研和现代工业的骨干力量。高等学校从中华人民共和国成立初期的200所增加到600多所，年招生增至28万人。到21世纪初，高等学校有2 263所，年招生600多万人，科技人力总资源量超过5 000万人，具有大学本科以上学历的科技人才达1 600万人，已接近最发达国家水平。

中华人民共和国成立60多年来，从一穷二白成长为科技大国。年产钢铁从1949年的15万吨增加到2011年的粗钢6.8亿吨、钢材8.8亿吨，几乎是8个最发达国家（G8）总年产量的两倍。20世纪50年代钢铁超英赶美的梦想终于成真。水泥年产20亿吨，超过全世界其他国家总产量。中国已是粮、棉、肉、蛋、水产、化肥等世界第一生产大国，保障了13亿人口的食品和穿衣安全。制造业、土木、水利、电力、交通、运输、电子通信、超级计算机等领域正迅速逼近世界前沿。"两弹一星"、高峡平湖、南水北调、高公高铁、航空航天等伟大工程的成功实施，无可争议地表明了中国科技事业的进步。

党的十一届三中全会以后，改革开放，全国工作转向以经济建设为中心。加速实现工业化是当务之急。大规模社会性基础设施建设，大科学工程、国防工程等是工业化社会的命脉，是数十年、上百年才能完成的任务。中国科学院张光斗、王大珩、师昌绪、张维、侯祥麟、罗沛霖等学部委员（院士）认为，为了顺利完成中华民族这项历史性任务，必须提高工程科学的地位，加速培养更多的工程科技人才。中国科学院原设的技术科学部已不能满足工程科学发展的时代需要。他们于1992年致书党中央、国务院，建议建立"中国工程科学技术院"，选举那些在工程科学中做出重大创造性成就和贡献、热爱祖国、学风正派的科学家和工程师为院士，授予终身荣誉，赋予科研和建设任务，指导学科发展，培养人才，对国家重大工程科学问题提出咨询建议。中央接受了他们的建议，于1993年决定建立中国工程院，聘请30名中国科学院院士和遴选66名院士共96名为中国工程院首批院士。于1994年6月3日，召开了中国工程院成立大会，选举朱光亚院士为首任院长。中国工程院成立后，全体院士紧密团结全国工程科技界共同奋斗，在各条战线上都发挥了重要作用，做出了新的贡献。

中国的现代科技事业比欧美落后了200年。虽然在20世纪有了巨大进步，但与发达国家相比，还有较大差距。祖国的工业化、现代化建设，任重道远，还需要数代人的持续奋斗才能完成。况且，世界在进步，科学无止境，社会无终态。欲把中国建设成科技强国，屹立于世界，必须持续培养造就数代以千万计的优秀科学家和工程师，服膺接力，担当使命，开拓创新，更立新功。

中国工程院决定组织出版《中国工程院院士传记》丛书，以记录他们对祖国和社会的丰功伟绩，传承他们治学为人的高尚品德、开拓创新的科学精神。他们是科技战线的功臣、民族振兴的脊梁。我们相信，这套传记的出版，能为史书增添新章，成为史乘中宝贵的科学财富，俾后人传承前贤筚路蓝缕的创业勇气、魄力和为国家、人民舍身奋斗的奉献精神。这就是中国前进的路。

宋健

序　言

刘守仁，1934年出生于江苏靖江，我国著名绵羊育种学家。1999年当选中国工程院院士。曾当选为中国共产党第十二次、第十三次全国代表大会代表，中华人民共和国第九届、第十届全国人民代表大会代表。历任新疆生产建设兵团石河子紫泥泉种羊场场长、绵羊研究所所长、新疆维吾尔自治区副总农艺师、兵团第八师总畜牧师、新疆农垦科学院院长。现任新疆农垦科学院名誉院长、新疆维吾尔自治区科学技术协会名誉副主席，南京农业大学教授、石河子大学终身教授。

刘守仁1955年毕业于南京农学院畜牧兽医系，同年主动要求到新疆，从此扎根新疆60余年，毕生致力于绵羊育种事业。在极其艰苦的条件下，先后育成军垦细毛羊和中国美利奴（新疆军垦型）2个新品种和9个新品系。曾两度主持“细毛羊繁育体系”“北羊南移”国家工业性试验项目。在长期的科研实践中创立了“血亲级进”“品种品系齐育并进”“综合特培”等一系列育种方法，使细毛羊育种由传统的“三步走”变为“二步走”，进而变为“一步走”；组织创建了中国第一个细毛羊三级繁育体系工作和管理模式，提高了繁育推广的效率。这一系列的科研创新理论，加速了科研和育种周期，为丰富我国细毛羊种质资源做出了重大贡献。成果先后获得全国科学大会重要贡献奖，国家科技进步奖一等奖2项、二等奖1 项，省部级科技进步奖11 项。被授予“全国劳动模范”等多项国家级荣誉称号。其成果为社会创造了巨大的效益，仅种羊就向25个省份输送32

万多只，创造经济效益34亿多元。

刘守仁毕生治学严谨，理论联系实际，不断探索，勇于创新。近半个世纪以来，人们提起刘守仁，就会想到美利奴羊；提起美利奴羊，就会想到刘守仁。因此，人们尊称他为“军垦细毛羊之父”。

虽然已功成名就，但已84岁高龄的刘守仁并没有忘记他与“羊”的那份感情，如今他仍然专注于多胎肉用羊新品系的培育工作。生命不息，探索不止。

目　录

第一章

家世和少年时代

童年心灵的烙印

1934年3月21日，刘守仁出生于江苏靖江县孤山镇。上有三个姐姐，下有三个妹妹，他排行老四，是唯一的男丁。

他出生时家庭兴旺，爷爷刘明甫是晚清的秀才，是靖江最大的地主，也是当地有名的教育家、实业家和慈善家。祖上很重视文化、重视教育，是书香门第。爷爷有很强的爱国思想和民族意识，终身主张教育救国。他不惜重金，倾其所有，创办了靖江第一所现代学校——惜阴中学，学校涵盖小学一年级到高中，是一所完整的国民教育学校。

学校办学宗旨是：珍惜光阴，奋发图强，卫我中华。入学子弟，有教无类，为国培养人才。

父亲刘文渊，早年毕业于南通纺织学校。南通纺织学校是中国民族工业的摇篮，全国有名。当时上海许多科技人才和实业家都出自南通纺织学校。父亲毕业后，一生致力于民族纺织工业，曾任苏州最有名的苏纶纺织厂总工程师、资方代表，苏州市政协委员。

母亲朱淑芳，上过私塾，识文断字，是新女性。她勤俭、善良，待人宽厚仁慈，是一位非常贤淑的家庭主妇，她把一生的心血都倾注在儿女身上。

刘守仁出生后，饱读四书五经的秀才爷爷，对中国传统文化有很深的研究，认为要成大事者先要做人，仁爱是做人的根本，也是儒家道德的核心。“爱人利物之谓仁”，老先生认为孙子的名字，要突出一个“仁”字，于是爷爷给他起名叫“守仁”。

在刘守仁童年的记忆中，父亲常年在外工作，家中里里外外全由母亲操持。日子过得有条不紊，在小镇上，刘守仁家的为人处世、声望都很不错，赢得了镇上人的喜欢和尊敬。

家风好坏，往往影响一个人的一生。

母亲诚信做人、认真做事、勤俭节约、宽厚善良的品德，在刘守仁幼小的心灵中打下深刻的烙印。

慈母严父的家风，养成了刘守仁外柔内刚的坚强性格。

爷爷和父亲都经过反封建新文化运动的洗礼，提倡男女平等，反对君君臣臣、重男轻女的封建礼教。对刘守仁和他的三个姐姐、三个妹妹都一视同仁，严格要求。

人们常说隔代亲，爷爷非常喜欢刘守仁这个孙子。刘守仁到读书年龄，爷爷亲自安排他到惜阴中学读小学。

爷爷常给他讲鸦片战争等近百年来中国遭受西方列强侵略的历史，小小年纪的刘守仁懂得了读书图强救国的道理，学习刻苦，上学前，就可阅读英文的童话故事，爷爷高兴地捋着胡子对人夸耀说："看，我家守仁这孩子多懂事，将来必成大器。"

鸦片战争过后还不到一百年，日本借卢沟桥事件发动了全面侵华战争。旧中国因国力衰弱、科技落后，上海"八一三"淞沪抗战之后，刘守仁的家乡沦陷了。日本侵略者在刘守仁家乡杀人放火，无恶不作，在学校宣传"大东亚共荣""中日亲善"，教唱日本歌，进行文化渗透和文化侵略。

爷爷是位有民族气节有血性的爱国知识分子，他决定停办学校。

在日本侵略者的铁蹄下，国无宁日，校无宁日，家无宁日，刘守仁在惜阴中学上到小学三年级就被迫辍学了。

日本侵略者打破了刘守仁一家平静幸福的生活，在工厂当总工的父亲也来到乡下避难。

家中生活失去经济来源，一家人生活在水深火热之中。他愤恨日本人，在他幼小的心灵打下了深深的烙印。

活泼勤学的少年

日本投降后，刘文渊又回到苏州苏纶纺织厂继续当总工程师。经过战乱，刘文渊更加珍惜家庭，为了家人团聚，孩子上学有出息，他把一家人都接到苏州的工厂。工厂老板非常尊重和爱护刘守仁的父亲和他的家人，工厂专门腾出两间房屋供刘守仁一家居住，就连生活都是老板给安排的。

刘文渊是位非常正直、廉洁的人，他不想给工厂增添麻烦，一家人搬到工厂不久，他花了3 800元，买下了沿街面一栋500多平方米的楼房。当时刘文渊的月薪是800元，买楼房花费了不到半年的薪水。

搬到苏州后，刘守仁上学就成了大事。这时，刘守仁的3个姐姐都是在上海上学。离苏州苏纶纺织厂较近的吴县有所中学，刘文渊到吴县中学一打听，吴县中学不设小学部，入学的新生从初中一年级读起。父亲如实向学校讲了刘守仁的情况，学校明确告诉他："小学三年级要直接上初中，恐怕很难跟上学习，我们学校也从来没有这样的先例。真要在我们学校上学，我们欢迎，不过学校有个不成文的规定：语文、数学、英语三门主课，两门考试及格方可升学，如果不及格就必须留级。你回去跟孩子商量商量，商量好了就到学校来报到。"

父亲从学校回来后，心理压力很大：附近没有小学，吴县中学离家近一些又没有设小学。

父亲跟刘守仁商量怎么办？刘守仁想了一会儿后坚定地对父亲说："爸爸，我到吴县中学去上学，请您给我报名吧！"

"你只读到小学三年级就辍学了，现在猛一下，连跳三级，到初中一年级上学能行吗？你要是觉得上吴县中学有困难，咱们再找别的小学，现在我想听听你的想法。"

"爸爸，我哪里也不去，就到吴县上中学！"

"能行吗？"

"行！我想我一定会行的。"

"你可要想好，三门主课两门不及格就要留级。"

"我想好了，先争取语文、英语考试过关，数学过不了关，再一步步地往上赶。"刘守仁对父亲说。父亲知道刘守仁的英语底子好，别人的孩子刚学ABC，刘守仁已经在阅读英文的地理和数学课本了。

听了刘守仁的回答，父亲高兴地说："好，有志气。"

刘文渊是搞自然科学的，深知科学来不得半点儿虚假，尤其数学，是一个完整的链条，差了任何一个环节都不行，要环环相扣，循序渐进，能不能跟上学习，就看刘守仁有没有决心和毅力。

"爸爸，您放心，相信我会跟上班级的学习的。数学今年这学期不行，下学期一定可以赶上的，您就给我在吴县中学报名吧！"

决心和实际相差太远，上第一节数学课，刘守仁像听天书一样，老师讲的东西根本听不懂。

放学回家后，父亲看到刘守仁垂头丧气的样子，早就知道他的心事。

"是不是数学课听不懂？"父亲问。

刘守仁"嗯"了一声，再也没有吭气。

"听不懂是因为你底子差，要想撵上去，就要从小学三年级的数学开始学起，不要操之过急，只要把数学的基础打好、打扎实，追赶是不成问题的。"

父亲的一席话，使刘守仁茅塞顿开，上数学课时，认真听讲，听懂听不懂一课不落，下课不懂就问，认真做好作业，放学后，抓紧钻研小学数学，晚上学到深夜了还不休息，父亲心疼地说：“守仁，时间太晚了该休息了。”

“爸爸不急，我做完这道题就休息。”

在吴县上学时，父亲不论工作多忙，每天都要仔细检查刘守仁的功课。

爱玩是孩子的天性。凡和刘守仁共事和打过交道的人，对他的评价是：平易近人，谦虚谨慎，办事认真，诚实守信，性格温和，稳重可靠，尊重人，帮助人，关怀人，是一个一辈子做好事、善事的好人。

谁也想不到刘守仁小时候，竟是一个思想开放，活泼好动，不墨守成规，点子多，好玩淘气的孩子，为此他没少挨父亲的责打。

上小学时，一次因和小朋友在小河里比赛摸鱼，耽误了上学，刘文渊知道后大怒，并以“养不教，父之过”自责。刘守仁从来没见过父亲发过这么大的火，吓坏了，在母亲的求情下，又在刘守仁做出再不重犯上课迟到早退的保证下，父亲才原谅了他。

刘守仁在吴县中学，上到初中一年级下半学期，数学的成绩有很大进步，但还赶不上班级的水平。

初一马上就要升学考试了。刘守仁看到语文老师成天穿着长袍马褂与众不同，每次上课不站着授课，总是撩起长袍，坐定后才开讲，样子很可笑。一天上语文课时，同学们在教室坐得整整齐齐，老先生还没来，刘守仁一时兴起，走上讲台，在老夫子每课必坐的椅子上面，画了个活灵活现的大乌龟。

老夫子走进教室，发现今天教室的气氛跟往常大不一样，同学们一个个怪模怪样的，他用眼睛余光扫了一下他授课坐的椅子，怎么在椅子上活灵活现画了大乌龟。知道这是同学们搞的恶作剧，他借机来个假戏真做。

“同学们，既然大家都喜欢乌龟，这一课我就专门讲一讲乌龟的故事，你们说好不好？”

"好！好！"

"乌龟是个吉祥物，可是个好东西。我椅子上的这只乌龟画得很传神。乌龟是一种爬行动物，种类很多，在世界各地分布很广。乌龟的腹背都有硬甲，遇到危险时，头尾和脚都能缩入甲壳中，起到很好的自我保护作用。适应环境的能力特别强，它在水中和陆地都能生活，而且还耐饥渴，一二个月不吃不喝照样活得好好的，寿命达百年、几百年以上。乌龟还是大补的药膳，龟甲是很好的药材，可以说乌龟浑身都是宝。"

老夫子说着走到黑板前用粉笔写了一个"龟"字，转过身来问同学们："请哪位同学站起来给大家讲一讲，这个'龟'字有几种读法？"课堂一下鸦雀无声，你看看我，我看看你，谁都不开口。

"老师，这个字和乌字组合起来叫乌龟，龟和兹组合起来又是另一种叫法，就是我国古代西域的国名——龟兹国，是唐代在西域设的安西四镇（军镇）之一，叫'龟兹都督府'，在新疆的库车县境内。"

"守仁同学说得对，龟字另一个发音叫'丘'，就是'龟兹'，是古代地名。"老师最后总结："这节课上得很好，老师和同学们共同互动研讨，学到了新的知识，也开阔了我们的眼界，现在下课。"

姜还是老的辣，大人比小孩还是老谋深算得多。

"乌龟"事件，看不出老师对这件事有什么不满，刘守仁没想到语文老师竟是一只水上的鸭子，看起来纹丝不动，可两只鸭掌不停地在水下做小动作。

下课后，语文老师把班长叫到办公室问："你知道不知道这只乌龟是谁画的？"

班长知道刘守仁是在全班同学众目睽睽之下画的，想保密也保不住。

"老师，是刘守仁画的，您总不会去处分他吧？"

"你想到哪里去了，我是老师，怎么和同学去计较呀，我不过随便问问，这事到此为止，回去不要给同学讲我问你的事。你别说，这个刘守仁小小年纪还懂得不少地理知识。”从老师的讲话口气看，还很欣赏刘守仁的，班长这样想，一切风平浪静，像什么事也没发生过一样。

在期末初中升学考试时，刘守仁对自己语文的答卷还很满意，他和班里语文答卷好的其他同学一起对题，觉得及格不成问题，班里公布成绩时，刘守仁语文成绩不及格，这时他才知道得罪老师的下场了。不过他不怕，身正不怕影子歪，我考得好就是考得好，你给我个不及格，我到教务处去查卷子真相就大白了。

刘守仁想，自己人微言轻，谁也不会理你。他只好请父亲出面。

“爸，期末考试成绩下来了，我考得不好，语文和数学都不及格。”

“语文不是一直还可以吗，怎么没有及格呢？是不是你做题时不认真，你是怎么搞的？”

看父亲生气的样子，刘守仁赶忙说：“我和别的同学对题，我的考试成绩肯定及格，可能是老师判错了卷子，您要是不相信到学校查一下考卷就知道了。”

刘守仁把画乌龟的事隐瞒了下来，他如果说了，肯定会挨一顿暴打。

两门主课不及格这不是小事，不及格就得留级，那会影响孩子的前途。

父亲不得不找到学校教务长反映情况，学校很重视家长来访，何况是苏州城有名的纺织专家，教务长不敢怠慢：“刘总，您放心，我现在马上去查考卷，一定给您个交代。”

教务长查了刘守仁的数学和语文试卷，数学考分不及格，语文、英语考得都不错，是判卷的语文老师做了手脚，家丑不可外扬，如果把真实情况告诉家长，就会给学校造成很坏的影响，今后这个学校还怎么办？想到这，教务长不得不装老好人。只见他一进门就乐呵呵地对刘文渊说："刘总啊，我到班级老师那里了解了一下，您公子在学校表现得很好，这次虽说语文没有考好，但平时语文考试成绩都不错，从全面看升学考试没考好，但不影响公子升学。"

至于他去查考卷查得怎么样，教务长只字不提。

刘守仁父亲是何等聪明的人，也不戳破"西洋镜"，马上顺水推舟地说："谢谢教务长的关照，下一学期一定让守仁好好学习，再不给学校添麻烦。"

现在中国人的文化生活可说是丰富多彩，电视的普及率达到90%以上，看电影也不算高档消费。

可是在当时，中国许多老百姓还不知道电影、电视这个概念。只有生活在大中城市的人们，才有可能享受到看电影的精神生活。

那时的苏州苏纶纺织厂就已经有电影院了，对普通老百姓来讲看电影是很奢侈、很稀罕的事情。

有一个星期天的下午，工厂电影院要放电影，刘文渊是厂里的总工，厂子给他发招待票时，发票的办事人员笑呵呵地说："刘总，您家的公子今天星期天休息，也送他一张招待票，这是厂里的福利。"

"不行！他不是厂里高层管理人员，不能享受这个待遇。"

"刘总，就这一次，下不为例。"

刘守仁也有了一张不要钱的优待电影票。那些工人子弟出身的同学，要看电影就得掏腰包自己买票，一张电影票的价格可以买到1斤*米，连肚子也吃不饱，谁还舍得花钱看电影。十来个同学围着电影院急得团团转。

刘守仁来到同学跟前说："你们是不是真的想看电影？"

"我们没钱买票，把门的人怎么会放我们进去呢？"

"这倒是，不过我有个好主意，一定让你们不掏腰包也能看上电影。"

* 斤为非法定计量单位，1斤=0.5千克。

“你吹吧，除非你请客给大家每人买张票，否则你再有能耐也没有用。”

“过来，过来，听我说，你们都到太平门前等着，那里没有人，我拿票进去后，我把太平门打开，你们赶快往里面跑，你们进来后我再把门关上。”

“好，这是个好办法，守仁，你真够哥们！”

刘守仁拿着电影票堂而皇之地进了电影院，他来到太平门前，乘人不注意打开了太平门，小朋友一拥而上进了电影院。

来看电影的大多是社会名流和不为衣食生计犯愁的公子、小姐。电影院里的工作人员发现刘公子放进来一班学生，怕引起混乱，就没有清场查票。

看完电影后，电影院负责人就向刘总工程师讲了他公子放一班学生进电影院看电影的事。

“对不起，真对不起了。”刘文渊听后，连忙道歉说。

“刘总，您别太在意，小孩子顽皮是常有的事。”

“守仁放进去几个同学？”

“一共14个。”

“这14个孩子的电影票钱我付了。”刘文渊说着就掏出了三块大洋递给了电影院的负责人。

“刘总这使不得，使不得，再说14张电影票也要不了三块大洋。”

“叫你拿着，你就拿着，买票剩下的钱就算是罚款。”

回家后，父亲问刘守仁：“听别人说，今天下午你带了一班人去抢劫别人的财物，有没有这回事？”

“爸爸，我怎么会干抢劫别人财物的坏事，那是造谣，下午我去电影院看电影，有好多同学可以为我作证。”

“你们同学看电影买票了没有？”

“他们没有买票。”

“没有票，他们是怎么进电影院的？”

刘守仁一下惊呆了，放同学进电影院的事怎么这么快让父亲知道了，坏了，只好实话实说。

“是我从太平门放他们进去的。”

“不买票看电影，就是抢夺别人的财物，你说，这种行为和强盗有什么区别。”

接下来是一顿暴打，刘守仁一声不吭，任凭父亲出气。

挨打后，刘守仁站起来拍打了身上的尘土，站在父亲面前，向父亲深深地鞠了个躬：“爸爸，我知错了，你教训我是为了我学好，往后我再也不带着人混吃混喝了，不抢不占别人一分钱便宜。”

父亲看刘守仁认错了，心头的怒气才消了下去。

刘守仁上初中时，买了一把精致的弹弓，口袋里经常装着小石子，放学后看到电线杆上的鸟就打，常常和同学进行打鸟比赛，他弹无虚发，只要他弹弓一出手，鸟儿就会被击中落地。

打鸟也有特殊情况，打鸟打多了，小鸟也学精了，看到他们拉弓待发时，小鸟扑簌簌地一下就飞走了。有一天，放学回到工厂区，看到理发店门前电线杆子上一只麻雀在东张西望，刘守仁掏出弹弓，用劲向麻雀射了过去，麻雀早有防备，等他发射时已飞走了。麻雀没有打着，由于发力过猛，石子从电线杆上反弹了回来，啪的一声，把理发店窗户上的玻璃打了个大洞，整个玻璃也碎了。鸟未打着，刘守仁就扫兴地走了。

刘守仁的一举一动理发师看得一清二楚。玻璃打坏了，也没拉住刘守仁让他赔。刘守仁把打坏玻璃的事早忘得一干二净。

世上的事情说来也凑巧：刘文渊到理发店理发，看到好好一块玻璃怎么就成这个样子了，并建议理发师傅尽快更换。

“嗨，没有事，这玻璃就是你家的公子用弹弓打鸟时打坏的，我想打坏了就打坏了，不换新的了，就这样凑合着，反正不碍什么大事。”

“这不行，师傅，损坏东西要赔，这是天经地义的道理，我现在就买一块玻璃给你安上。”刘文渊买回玻璃请匠人给理发店装好。

玻璃装好后，刘文渊还专门来到理发店向师傅道歉。

刘文渊是个很正直的人，是非分明，宽厚待人，严于律己，对子女影响很大。刘守仁就是在这样的家风中成长起来。

在苏州市，只上过小学三年级的刘守仁，因吴县中学没有小学，他从小学三年级直接跨入初中一年级的门槛，连跳小学四年级、五年级、六年级3级，父亲和老师都担心他跟不上，没想到刘守仁在上初中二年级时，各门功课门门过关，初二之后学习更是鼓满风帆，一路顺风，最终以优异的成绩从吴县高中毕业，为考取大学打下了良好的基础。

刘守仁在念高中时，家乡已经解放，德高望重的刘文渊当时已是苏州最大纺织企业的领导，他的爱国、报国之心，获得大家的充分肯定，被选为苏州市政协委员。

1951年，17岁的刘守仁面临大学考试和职业选择，父亲认为：好男儿志在四方，他不赞成子承父业学纺织，除学纺织外学什么都行。一个偶然的机会，父亲的一位朋友来家中做客，聊起新中国未来的建设时，说中国要富强起来必须要走工业化、大生产的路子。在聊到西方的工业化，谈到英国最初开采煤矿，竟是用马把矿井下的煤运出来，既提高了产量又降低了矿工的劳动强度。中国要改变落后，要强大，也必须工业化，将来采矿业发展也离不开大量用马来充当运输工具。

说者无心，听者有意，在父亲实业报国思想影响下，刘守仁最终做出了报考畜牧专业的决定。学养马，将来为我国的矿业发展服务，为新中国的工业强国贡献力量。父亲对刘守仁的选择并没有表示不同的意见，他认为，选什么专业并不重要，重要的是选定了就要喜欢它并为它坚守一辈子。

1951年，刘守仁考入了浙江大学畜牧系。在大学学习期间，成绩在班级里一直名列前茅，得到老师和同学们的赞许，还当过班长。

1952年，国家对高校进行了一次大规模的院系调整，浙江大学畜牧系并入南京农学院，刘守仁便成为南京农学院的学生。浙江大学和南京农学院的老师个个都有深厚的造诣，当时的系主任余振镛老师就是留美生。老先生教书很认真，不仅向学生传授专业知识，还注重启迪学生做人做事的道理，给学生留下很深的印象。刘守仁怎么也不会忘记的一课是，余老师带学生到内蒙古奶牛场实习，同学们面对奶牛围成一圈听老师讲解，这时奶牛排便了，稀里哗啦拉下一大片，在场的同学们都不由自主地往后躲，怕牛粪溅到自己身上，衣裤上溅上牛粪的同学懊丧不已，而老师对自己裤子沾满了牛粪却不以为然，不紧不慢地说："搞畜牧的，还能怕牛粪吗？我要告诉你们的是，什么时候你们闻着牛粪是香的时候，就是你们走向成功的起点。"余老师的这句话对刘守仁震动很大，更让他在今后几十年的畜牧生涯中受益无穷。在中国美利奴羊的育种攻关阶段，每当在冰天雪地的毛毡房里将刚出生的湿漉漉的小羊羔裹在棉衣里贴在怀中时，刘守仁就会不由自主地想起老师当时这些话。

苏州苏纶纺织厂是当时最大的民营企业，上海解放时，纺织厂老板严萘不了解党的政策，因为害怕而扔下工厂出走，走时把工厂交给刘文渊管理。中华人民共和国成立后，刘文渊是苏纶纺织厂资方代理人、第二厂长，1958年改任工程师，1962年退休，任苏州市政协委员。刘文渊非常开明，拥护中国共产党的领导。中华人民共和国成立后他的工资400元，为了支持政府恢复生产，发展经济，每月从400元工资中拿出280元借给国家，只留120元维持家庭生活*。父亲的爱国情怀，对刘守仁影响很大。

很快就到了大学毕业分配时刻，刘守仁征求父母意见，母亲希望唯一的儿子留在身边，刘守仁当然也愿意在苏杭一带从小就习惯

* 刘文渊工资是在刘守仁档案中查到的，他是资方代表，工资要高于教授。

的环境中生活，刘守仁把母亲和自己的想法告诉了父亲，父亲沉吟了半晌，说出了可能是他早就思考过的意见，父亲说：“你是学畜牧专业的，留在城市能搞出什么名堂来？我看还是哪里草多，牲畜多就去哪里，大西北的新疆，土地面积占到全国的六分之一，人少草多，有许多天然牧场，水草丰茂牛马羊成群，是我国重要的畜牧业基地，学畜牧专业到那里可以大有作为，是你建功立业、报效国家的理想去处，到新疆去，是你最好的选择。”父亲亮出了自己的观点。父亲一席话，坚定了刘守仁服务大西北的决心，于是毅然报名到新疆。

第二章

在光辉兵团成长

一碗特供大米饭

刘守仁大学毕业后，填报的3个志愿都是新疆。在他的再三要求下，组织上终于同意分配他到新疆工作。

父亲告诉刘守仁说："新疆是我国最西部的一个省份，比江苏省大五六倍还不止，面积占全国的六分之一，人口却不到江苏省的三分之一，地广人稀，你要做好吃苦的思想准备。"

母亲对刘守仁说："听说新疆有座大山叫天山。天山，天山，远在天边，那里连刷牙的牙膏也没有。"儿行千里母担忧，临行前母亲一下子给他买了20多支牙膏，还买来好多饼干、糖果和好吃的糕点。

"妈，新疆那地方有没有人烟？"

"有人，没有人咋能叫新疆，听人说那里还很落后，出门走远路全靠骑毛驴、马和骆驼。"

"新疆人能在那里生存，我同样可以，除牙膏以外吃的东西我一概不要，你帮我把书装到两个红柳箱子里，什么衣服穿戴的东西一件也不带。"

母亲按刘守仁的要求给他打理行装，偷偷在柳条箱子底下放了棉衣、单衣各一套。

中华人民共和国成立初期，新疆还没有通铁路，那时的火车只通到兰州。从甘肃的兰州再到新疆的乌鲁木齐市，交通工具只有汽车。没有柏油马路，更没有今天的高速公路。路况坑坑洼洼，汽车像行驶在大海之中的小船，颠簸得很厉害，坐一天汽车，浑身像散了架一样难受。

刘守仁在汽车上整整弹来弹去地颠簸了十来天才到达新疆的首

府乌鲁木齐。

在前往新疆的长途跋涉中，他没有见到“天苍苍，野茫茫，风吹草低见牛羊”的北国草原风光。见到的只是千里鸟飞绝，一眼望不到尽头的大漠戈壁和光秃秃的、寸草不长的、黑黝黝的高山。这时他想起古人说的：“劝君更进一杯酒，西出阳关无故人”，以及“过了嘉峪关，两眼泪不干”的凄凉传说。

啊，新疆真大，尽管汽车轮子不停地转，八天、十天都走不出新疆。江苏、浙江两省合起来也没有新疆大。戈壁、高山那里可能埋藏着采不完的煤炭，畜牧专业在新疆大有用武之地。新疆和家乡相比真是别开生面，另有洞天。到了新疆，人一下子变得豪气冲天，胸怀广大，志向也像大漠高山连成一片，变得志向高远，浑身是胆，无拘无束，雄赳赳，气昂昂。刘守仁经过长途跋涉，自己也融入了西部的大漠之中，变成了一个真正的西北汉子。

中华人民共和国成立初期，新疆百废待举，要从事农业和畜牧业，急需农业及畜牧业技术人才，位于乌鲁木齐的新疆八一农学院（现在的新疆农业大学）是新疆最高学府。新疆八一农学院是培养人才的摇篮和孵化器，组织上决定把刘守仁分配到新疆八一农学院任教。

刘守仁不留江南到边疆，目的就是到畜牧业生产的第一线。刘守仁想，在新疆八一农学院教书还不如留在南京农学院。工作2个月之后，他再三要求到畜牧业生产第一线去，到有牛、羊、马的草原去的愿望终于实现。人事组织部门最终同意他到离乌鲁木齐240公里外的新疆生产建设兵团农八师石河子紫泥泉种羊场工作。

紫泥泉种羊场（以下简称种羊场）是新疆生产建设兵团农八师管辖的一个以养羊为主的农牧团场。

新疆生产建设兵团（以下简称兵团）是一个很特殊的社会组织，它最大的优势是令行禁止，上下一致，能集中力量办大事。

新疆生产建设兵团是在新疆原国民党十万起义将士的基础上组建的。1949年9月25日，原国民党新疆警备总司令陶峙岳和副总司令赵锡光二位将军，为了祖国的统一、国家领土的完整，使边疆各族人民免受生灵涂炭之苦，举起义旗，投向光明，通电和平起义。

起义部队改编后，列入中国人民解放军二十二兵团序列，陶峙岳任兵团司令员，王震同志兼任兵团政委，赵锡光将军任副司令员兼第九军军长。1950年春，整编后部队随即开赴准噶尔盆地的玛纳斯河流域，铸剑为犁，一手拿枪，一手拿镐，掀起了戈壁惊开新世界，惊天地泣鬼神的屯垦戍边建设社会主义新新疆的热潮[①]。

在玛纳斯河流域屯垦戍边中，陶峙岳司令员总揽全局，二十二兵团副司令员赵锡光全权负责建造石河子军垦新城工作。

陶峙岳司令员雄才大略，高瞻远瞩。1953年，他到远离石河子80公里外的紫泥泉草原考察。紫泥泉地处内陆山区，是典型的高寒大陆性气候，是理想的山区草原，是兵团发展畜牧业的好地方。考察中，陶司令员拜访了哈萨克族牧工哈森别克。哈森别克说："紫泥泉是发展养羊的好牧场，这里是北疆最好的牧场。"

"好，我们就在这里办一个种羊场，名字就叫紫泥泉种羊场。"陶司令员给种羊场的任务是："逐年供给兵团各经济羊场以高度生产性能的种用羊，以改良本地羊群，同时为育成毛肉兼用细毛羊新品种打基础。"

在紫泥泉访问哈萨克族牧工哈森别克的归途中，想到未来种羊场的美好前景，陶司令员诗兴大发，即兴咏得：

碧草清风紫泥泉，天山白首望大川。

今日问计毡房客，他年羊群遍草原[②]。

---

① 部分引自新疆大学出版社出版的《投向真理的将士们》中的《陶峙岳自述》一文，部分引自《新疆生产建设兵团史料选辑》（第二辑）中的《向新疆进军前后》一文，作者是张仲瀚。

② 陶峙岳司令员这首诗引自紫泥泉种羊场编委会编写的《紫泥泉种羊场志》，由新疆人民出版社2000年出版。

1951年春，新疆军区直属合作社绥来分社派干部王奉先、战士王福忠、常进玉、哈萨克族雇员奴科满，拉着3只骆驼来到紫泥泉。他们在大榆树下搭起窝棚，建立了草原上第一个商业点。拿出砖茶、布等日用品卖给山里的哈萨克族兄弟，同时收购羊只、马匹，雇工放牧，建起畜牧场。不久，二十二兵团直属合作社的羊群和马群相继进入，建立了牛圈子种马场、大牛牧场。1953年，上述单位合并，在兵团统一领导下开发经营。兵团司令员陶峙岳将军从发展军垦事业的远大构想出发，给该场定名为“紫泥泉种羊场”。规定办场方针和任务。他还亲自谋划，多方筹措，先后调入从苏联进口的阿尔泰毛肉兼用细毛羊51只、新疆羊104只，为良繁和杂交育种奠定基础。从此，沉睡万年的山沟飘起袅袅炊烟，寂寞千载的草原萌发出欣欣向荣的生机。

1955年深秋，新疆生产建设兵团农八师石河子，天高云淡，秋风飒飒，21岁的刘守仁从新疆八一农学院，接受第二次分配，来到他向往的石河子。他从乌鲁木齐坐上道奇大卡车，一路颠簸来到石河子。开车的司机说：“到了，这就是师部招待所。”把他两大捆行李往招待所20米远的地方一撂，汽车一溜烟地开走了。两大捆东西自己怎么提也提不动。

正在刘守仁无可奈何时，从招待所走出一位女服务员：“同志，你是到我们招待所住宿的吧？”

“对，我是来这里投宿的。”听招待员的问话，刘守仁接着说。

“走吧，你跟我来，东西我给你掂上。”说着轻轻一掂就把两大捆行李提了起来。

妈呀，这么大的力气，真厉害。刘守仁吃了一惊。

“你是从南方来的吧？”

“同志，你怎么知道我是南方人？”

“我不但知道你是南方人，还知道你是南方哪个省的。”

“你怎么知道我是南方人？”

“嗨，我是这里的招待员，我们兵团的人来自五湖四海，全国各省啥地方的人都有。我是山东人，在招待所工作，哪个省的人都接触过，只要开口一说话，听口音就知道是什么地方的人。你身子单薄，从小没有出过大力，一看就是读书人。”

刘守仁觉得阿姨不简单，还有识人的本领，他心里暗暗地想。

“同志，你准备到哪里去？”

山东服务员很热情地问他。

“我到紫泥泉种羊场。”

“去探亲还是工作？”

“我是分配到种羊场工作的。”

“到种羊场还有一天的路程，现在没有车，明天肯定有拉木头的车，到时你可以搭他们的车进山。”

“谢谢阿姨的关心。”

“有啥可谢的，互相帮助是应该的。”说着服务员给他安排好房间就走了。

刘守仁回想来新疆几个月的所见所闻，并不像在苏州时他想的那么艰苦，那么可怕，他觉得为自己买20多支牙膏可笑。刘守仁到了新疆一看，不是那么回事，比想象的好很多。新疆和南方比，他喜欢新疆的粗犷、大气。说天这里晴空万里，说戈壁一眼望不到边，说山不是小巧玲珑的假山，而是重峦叠峰，壁立千仞，直插云端；说土地这里几百亩、几千亩连成一片，种地不是二牛抬杠，而是轰轰隆隆的拖拉机。看天看地都是气势雄伟，在这样的环境里，大自然激发人的壮志凌云，刘守仁一下子喜欢上了新疆，喜欢上了兵团的石河子。

兵团人办事干脆利索，不拖泥带水。

刘守仁分配到种羊场的消息，农八师政治部马上通知了种羊场，叫他们来人赶到师部招待所接人。

场长陈永福听说要接的是个大学生，对通讯员说：“我亲自到师部去接。”

刘守仁一看来接他的人，30岁出头的年纪，浑身散发着英姿勃勃的朝气，有着军人雷厉风行的作风。

陈永福见到刘守仁的第一句话就是：“你是分配到我们紫泥泉种羊场的大学生刘守仁吧？”

刘守仁在陈永福的气势下，没有回答，咬着嘴唇，点了点头。

“我是紫泥泉种羊场场长陈永福，今天我接到师部通知专程赶来接你。我们种羊场没有汽车，只有马车，我们只好搭南山拉木头的大卡车进山。”陈永福介绍后，前前后后把刘守仁打量一番，心想：这位大学生身子骨太瘦弱单薄了，前面分来的几个大学生，身板都比他壮实，结果吃不了苦都走了。人不可貌相，海水不可斗量的古训提醒了他。于是他热情地说：“我代表紫泥泉种羊场全体官兵，欢迎刘守仁同志到我们那里工作。目前我们那里条件是有些艰苦，我们会改善的，请相信今后的紫泥泉一定会更加美好。”刘守仁被陈永福的热情和豪气感染了。

艰苦算什么，别人不怕我更不怕，我来到边疆不是来享福的，而是来改变这里的环境条件的，想到这儿，刘守仁向陈永福说：“陈场长，什么苦我都不怕，有你们在，我什么苦都吃得了，请场长放心。”

陈永福听了很高兴，他就喜欢有志气的青年人。

在那个年代，陈永福也算是有文化、有见识的知识分子。

陈永福出生在青海一个农民家庭，早年毕业于西宁师范学校，曾在西宁当过小学教员。1940年，23岁的陈永福投笔从戎，怀着报国图强的满腔热情，报考了黄埔军校兰州分校，在国民党军队先后担任过排长、教育副官、连长。1944年随陶峙岳将军进驻新疆。1949年9月25日起义后参加了中国人民解放军。

陶峙岳率部屯垦戍边，把最得力、能干的将士放到建城、开发农场、兴办工业、发展畜牧业的第一线担任行政长官。种羊场办得好坏，决定着今后整个兵团畜牧业的兴衰，陶峙岳派陈永福担任紫泥泉种羊场的场长。

陈永福不负厚望，身先士卒，以身作则，要求别人做到的自己首先做到，做出好样子，让干部战士向他看齐，他严于律己，一身正气，大公无私。他以人为本，把尊重人、关心人放在一切工作的首位，受到种羊场干部战士的真心拥护和爱戴。

刘守仁和陈永福搭了一辆美式道奇大卡车往南山进发。11月份的天山山脉已是银装素裹，皑皑白雪，把偌大的天山包得严严实实，一眼望去，白雪连天，到处白茫茫一片，像进入了银白色的海洋，分不清哪是高山，哪是峡谷，“啊！多壮观的北国风光！”刘守仁身不由己地喊出了心中的感叹！

冰天雪地的美景使刘守仁顿觉心旷神怡。他哪里知道，这愉快的感受是要付出代价的。

刘守仁之前从未体验过寒冷是啥滋味，可现在刚到山区，到种羊场的路才只走了一小半，他就冻得瑟瑟发抖，缩成一团。这咋挨到种羊场？到不了种羊场就冻成冰棍了。他正在发愁，怎么样才能迈过眼前这个坎？

“来，小刘把这件老羊皮大衣裹上，不然会冻坏的。”

陈永福接刘守仁时，就知道南方人初来乍到新疆，不知道这里严寒天气的厉害。地处新疆北坡的天山山区，这里四季气候并不分明，感觉只有夏天和冬天。

刘守仁冻得瑟瑟发抖接过陈永福给他递过去的老羊皮大衣，尽管很脏，膻气刺鼻，为了御寒，刘守仁不管三七二十一，把老羊皮大衣紧紧地裹在身上。说来奇怪，皮大衣虽然气味难闻，裹在身上立马感到浑身暖暖的，真舒服，再天寒地冻，也奈何不了刘守仁。

刘守仁还没有工作，就感到：兵团的人真好。

来到种羊场，刘守仁看不到地面上的房子。陈永福把刘守仁领到一处半截露出地面的“房子”，说声：“我们到了。”他们沿着楼梯式的土台阶，一阶一阶往下走，走到第六个台阶，面前一个门帘挡住了去路，场长把门帘一掀，一扇用钉子钉的木板门展现在眼前。门一推开，热气扑面而来。房子里摆了一张木板床，床上放着绿色的军用被子，还有一个小木桌，房子面积不到20平方米，地上铁皮做的火炉，炉中的煤炭烧得正旺。苏州的楼房从来不烧火取暖，大冬天的也没有暖气，想起来真还有点儿阴冷，这里虽说东西都很原始，土得掉渣，但比南方过冬要实惠和舒服得多。

“小刘，来这里感觉怎样？还习惯吗？在你眼里这不叫房子，你猜对了，我们叫它‘地窝子’。住‘地窝子’的最大好处是冬暖夏凉，这可是我们军垦战士的一大发明创造。”

“不错，真不错，我喜欢这里。”

“小刘，我们现在是创业时期，什么都不能跟你们南方比，各方面条件是差一些，我想过几十年后一切都会好起来的。你洗个脸，就去食堂吃饭，出门向右拐第一个‘地窝子’就是食堂，我们这里的干部战士都吃食堂，过的是军事化的集体生活。”

“场长，你忙了一天了，你忙你的事情吧，我收拾一下，就去吃饭。”

刘守仁一看这铺，这炉火，都是特意为他准备的。他把这一切都牢牢地记在心间，暗下决心，用实际行动报答军垦战士对他的关心。

刘守仁第一次来到食堂，大师傅一眼就看出他是新来的大学生，就热情地打招呼：“你就是新来的小刘同志吧，陈场长通知我们你要来吃饭，叫专门蒸了一碗大米饭。”说着把热腾腾香喷喷的大米饭端了过来。

刘守仁一看周围的人吃的都是馍馍，种羊场不产大米，怎么给我单独蒸的大米饭？

“同志，他们都吃馍馍，怎么让我吃大米饭？”

“这是场长下的命令，叫我们专门为你蒸大米饭。叫你吃，你就吃，这也是命令。”

深山沟里来了名大学生，这在当时还真是件稀罕的新鲜事，牧工们都想看看大城市来的大学生是啥样子。

吃饭时，几个牧工在食堂里见到刘守仁。

牧工们看他身体单薄，个子矮小，弱不禁风的样子。牧工们用瞧不起的口吻笑着说：“他就是从南方来的大学生，你看他细皮嫩肉，白白净净的书生样子，他能吃得了苦吗？山里的风像刀子一样，过不了多久，就会把他的脸划得像塔松的树皮一样，我看他迟早要滚蛋。”

“我看也是，他和我们不是一路人。”

刘守仁把这些话听在耳里，牢牢地记在心上。

新疆生产建设兵团是一个特殊的社会组织，肩负着保卫边疆、建设边疆、造福边疆各族人民的伟大使命。它是军队没军费，是农民入工会，是政府要纳税，是企业办社会，实行的军事化管理体制，组织纪律严明，集体观念强，个人欲望少，有一种朴素的忘我奉献的献身精神。在这个集体中一人有困难，大家都帮忙，人人为我，我为人人，成为团队的核心价值观。

陈永福为人正直，阅历丰富，对祖国赤胆忠诚，更热爱屯垦戍边的伟大事业，他对新来的大学生刘守仁，则是另外一种眼光。他不看体质弱小的刘守仁的外表，他从刘守仁不留南方到边疆，不恋边疆高等学府主动请缨到种羊场山沟“自讨苦吃”，看出他是一棵不畏风雨和严寒的“好苗子”，说不定他在种羊场真能搞出点儿让国人惊叹的大名堂来，种羊场的希望就在像刘守仁这样有文化、有抱负的一代知识分子身上。

他对刘守仁关爱有加。他知道刘守仁来自南方，吃不惯北方的馍馍、面条，他向食堂安排：“给刘守仁每顿特例蒸一碗大米饭。”

“我们一年四季，只有春节这样的大年才能吃顿大米饭，场长这样特殊，别的干部战士会不会有意见？”食堂的大师傅说。

陈永福说：“如果你是大学生，也同样享受这样的待遇，给刘守仁蒸大米饭这是命令，要是有人有意见让他直接来找我好了。”食堂师傅再也没有什么话可说。

特殊的君子协定

陈永福把刘守仁当成了种羊场的宝贝疙瘩。

当天晚上，刘守仁吃过饭，刚回到自己住的“地窝子”，就听到从外边传来一个既温暖又威严的声音：“小刘，你在家吗？”

这声音既熟悉又陌生，熟悉的是父亲每次找他总是这种腔调，陌生的是来人说的兵团人流行的普通话，一点儿没有南方口音。

刘守仁打开小门，进来的是陈永福。陈永福背了一大包东西，径直走到小床边一放。

“这可是我们种羊场的三件宝：毡筒、老羊皮大衣、狗皮帽子，有了这三件东西，你就可以和牧工打交道了。”

刘守仁一时不明白，和牧工打交道，和这三件“宝物”有啥关系。

陈永福看出刘守仁的心思，哈哈一笑说：“在南方，春夏秋冬四季分明，而在我们新疆北疆的山区，半年时间是冬天。正如唐代著名边塞诗人岑参在《白雪歌送武判官归京》的诗中描写的那样：

北风卷地百草折，胡天八月即飞雪。

忽如一夜春风来，千树万树梨花开。

…………

轮台东门送君去，去时雪满天山路。

山回路转不见君，雪上空留马行处。”

“八月就下雪，是不是太夸张了。”刘守仁听了岑参的诗后说。

“一点儿也不夸张，据考证，岑参确实在新疆生活过，反映了边塞真实的情况。阴历八月，新疆天山北部下雪很正常。现在还不到12月份，紫泥泉的气温已到零下30多摄氏度，最冷超过了零下40摄氏度。”陈永福进一步证实说。

“零下40摄氏度，超过了人的体温极限，那怎么还能外出放牧？”刘守仁不可思议地说。

“牧工跟着羊群走，以羊为中心，羊到什么地方，那个地方就是牧工的‘家’。牧工居无定所，爬冰卧雪。毡筒、羊皮大衣、狗皮帽子，这三件宝贝就成了冰天雪地里的护身符。”陈永福向刘守仁讲了毡筒、羊皮大衣和狗皮帽子对牧工在野外寒冷的大山里生存的重要性。

种羊场的牧工和建城部队的工匠，与开发农场的军垦战士一样，完全实行的是军事化管理，过着集体生活。起床、吃饭、工作的时间，整齐划一，分秒不差，没有个人的随意性、集体观念强，事事都是令行禁止。

第二天，刘守仁按规定时间准时起床，推门时发现大雪把门堵住了，使劲推开门一看，军垦战士正拿着扫把、推板，清理昨晚下在地面和“地窝子”房顶的积雪。

他不甘落后，操起一把芨芨草扎的扫把，加入到清扫积雪的行列，不到5分钟，手冻僵了，耳朵冻得像刀割一样，南方带来的厚厚的大棉袄穿在身上，轻得像纸一样薄，到处进寒风，浑身冻得瑟瑟发抖。

“小刘，你赶快进屋换衣服，再拖5分钟真的要冻病了。”陈永福看他只穿着南方人穿的棉衣和戴的棉帽子，命令他进房子换衣服。

刘守仁这时才发现，扫雪的其他人都戴着狗皮帽子，穿着到膝盖跟前的长腰毡筒，身着老羊皮大衣，嘴里冒出的热气，在大衣领子上结成了冰块，干得浑身冒汗，这时他才真正体验到了毡筒、羊皮大衣和狗皮帽子的好处。

陈永福像刘守仁这样的年岁时，一腔热血投笔从戎报效国家，追随陶峙岳将军起义后，被委以重任，当了紫泥泉种羊场的场长，他虽是军人，说到底也是一个文化人，他熟悉中国历史，他知道历朝历代靠马上打天下，但没有任何一个朝代是靠马上治天下的。武功文治，要建设文明繁荣富强的社会主义新中国，要靠知识，要靠科学，要靠有文化的读书人。他对刘守仁礼贤下士，高看一眼，特别尊重。晚上常在刘守仁小屋的豆油灯下说古论今，谈天说地，两人无话不谈，两人越说越融洽，越说越投机。刘守仁惊奇地感觉到陈场长不仅有丰富的人生阅历，而且有丰厚的文化积淀和较高的文化素养。他从内心佩服这位比他大近10岁的场长大哥。

陈永福和刘守仁的话题，三句话不离本行，谈话句句不离羊。共同的理想，共同的目标，共同的追求，把他们紧紧地连在了一起。

为培育出优良品种的羊，陈永福不仅把国内绵羊育种资料，就是外国的书籍、杂志和外文资料，凡能收集到的尽可能帮刘守仁弄到，他鼓励刘守仁认真阅读研究。

有一天，刘守仁正在阅读一本翻译的《遗传学及选种原理》，陈永福极为高兴："啊，这书对我们种羊场来说太重要了。"他懂得，搞育种离不开遗传学，育成绵羊新品种必须具有这方面的知识。

在隆冬风雪的夜晚，陈永福和刘守仁在油灯下侃侃而谈，从米丘林、李森科的"外界生活条件论"谈到孟德尔、摩根等人的"基因学说"和达尔文的《物种起源》。从生物进化学说，到种羊场的绵羊育种，无话不谈。

两人交谈，说一千道一万，说来说去都是围绕育种这个话题。

陈永福介绍紫泥泉草原情况时说："紫泥泉草原的哈萨克族牧民，他们世世代代过着游牧生活。一家为一个生产单位，一顶毡篷、一群羊。他们的羊叫哈萨克羊，它们在天山生天山长，风里来，雨里去，生性泼辣，不畏暑寒，只只都是登山健将，一声唿哨能攀上几千米的高山。现在整个紫泥泉草原，只有哈萨克羊这唯一的家族，祖祖辈辈，一代又一代，一成不变。主要是哈萨克羊耐粗饲，适应性强。它的优点突出，缺点也非常明显，要改变这种状况，就是大胆地对当地的哈萨克羊进行改良。哈萨克羊个儿太小，杀了也没有几斤几两；毛粗、色杂，产毛量低，况且剪下的羊毛，只能捻粗绳、擀土毡。"

说到这里，陈永福很风趣地说："你我千里来相会，全凭陶司令一线牵。他要不决定办这个种羊场，我们天各一方根本不可能在茫茫人海中照面，更不要说在一块共事。"

说起陶峙岳，陈永福精神为之一振地说："我们司令真乃大将风度，有胆有识，1953年他到紫泥泉考察，搞羊的良种繁育，品种改良，在兵团、自治区把发展畜牧业的事当成头等大事来抓。陶司令员在石河子成立了兵团第一个机械化农场，为全兵团培养拖拉机驾驶、修理的机务人才，为兵团全面实现农业机械化打下了良好的基础。为了推动兵团的绵羊育种事业，亲自拍板决定成立兵团紫泥泉种羊场，并从苏联引进20多只阿尔泰细毛羊，希望对当地的哈萨克羊进行改良。"

"阿尔泰细毛羊，体格大，毛细，产毛量高，一只阿尔泰细毛羊超过了两只哈萨克羊。可惜引进的阿尔泰细毛羊，好看不中用，它上不得山，下不得谷，胆子小，山上滚下块石头，哈萨克羊早已逃之夭夭，它们却吓得一步也不敢动；气候稍有变化不是感冒，就是肺炎，冷了热了都不行，十分娇气，无法适应天山山区多变、复杂的气候，难以生存。"

刘守仁听了后说："我们种羊场育种的第一步，就是要想方设法，把引进的阿尔泰细毛羊的皮毛‘披’在哈萨克羊的身上。”

陈永福听了高兴而肯定地说：“对，说得太对了，你的设想和我们办种羊场的目标一致，我们就是要培育出形像阿尔泰细毛羊，神像哈萨克羊的兵团军垦型细毛羊！使二者优化组合。”

高兴之余，陈永福忧心忡忡地说：“早在40年代就有人做过这个试验，最终失败了，关键的问题是‘返祖’现象解决不了，培育出的细毛羊又变成了粗毛羊。”

“返祖问题是育种的拦路虎，我想只要我们有决心、有信心，一定可以打掉这只拦路虎。”刘守仁信心十足地表态说。

“好，说得好！有志气，我们兵团人就要敢为天下先。科学实验需要时间，更要付出痛苦和磨难，世界上每一项发明和创造都不是一帆风顺的。我们拿出10年的时间，联手来攻克这个难题怎么样？”

“只要场长有决心，我更有信心。”

陈永福听了刘守仁的表态，高兴地心花怒放。“好，就这样说定了，我们击掌为誓，签个君子协定。”两个人的手掌拍击，发出“啪”的一声响声。

刘守仁庄严地说：“我保证在10年内半步不离开种羊场，一心一意搞育种。”

“舍命陪君子，我紧紧陪伴你10年，育种上有天大的事由我陈永福担当解决。”

紫泥泉种羊场绵羊育种工作的序幕，就这样拉开了。

刘技术员“佳克斯”

刘守仁到紫泥泉种羊场的第三天，陈永福正式宣布任命他为种羊场畜牧兽医技术员。宣布决定后陈永福对刘守仁说："小刘，技术员这个头衔仅靠行政任命是不行的，最重要的要让全场的各族牧工认可才行，只有大伙认可了，你才能真正担得起技术员的称谓。"

陈永福转业搞畜牧之后，他认真学习，刻苦钻研养羊理论和技术，经过几年的磨砺，在养羊上已经很有一套。他把种羊场的希望寄托在有文化的年轻人身上，种羊场先前也分来过几位大学生，体质都比刘守仁健壮，最终吃不了苦，一个个离开了种羊场。刘守仁身板瘦弱，他能不能吃得了种羊场这份苦，能不能终身与羊打交道？陈永福时刻用心留意观察刘守仁。有一天，山里的一个羊群要产羔，陈永福带着刘守仁连夜骑马顶风冒雪跑几十里*山路赶到母羊产羔的"冬窝子"，这时刘守仁突然看到，离"冬窝子"不到100米的地方，一只母羊在野外产下一只羊羔，刘守仁翻身下马，边跑边脱下自己身上的棉衣，小心地把寒风中出生的羊羔包好，飞快地向产羔的"冬窝子"跑去。陈永福把眼前发生的这一切记在心上，从这一刻起，打心眼里喜欢这棵"苗子"，并认定这个文弱书生将是紫泥泉种羊场的希望。

1956年2月，天山仍然一派严冬的景象，丝毫没有一点早春的温柔，而各羊群已临近产羔期，陈永福为了使刘守仁尽快了解牧工的生活和放牧情况，熟悉养羊的每一个生产环节，特意带他骑马翻山越岭巡视每一个放牧点和冬夏牧场。

气温还在零下30摄氏度至零下40摄氏度，种羊场出门就是山，到处是冰天雪地，看不清前方的道路，怕马打滑受惊，陈永福就给刘守仁牵着马的缰绳，骑马不到半天工夫，刘守仁就觉得两腿酸痛难忍，他依然坚持，不叫一声苦。

他们终于到了一座大山山脚下的放牧点。离得很远便看到一个用三片毛毡搭起的帐篷，紧贴在山跟前，孤零零地摆放在那里，周

* 里为非法定计量单位，1里＝500米。

围白茫茫的雪原，看不到一点人类活动的迹象。

“到了，我们下马去看一看。”陈永福说着下了马，走近帐篷一看，里边空无一人。这时天已经快黑了，还不见人和羊的影子。

刘守仁想：找不到人，也没见着羊，走了快一天的路，一停下来肚子开始闹革命了，现在可能要打道回府了。

不想陈永福像到自己家一样随便，往毡篷里一坐说：“来，坐下，咱们开饭。”说着他从褡裢里掏出一块馕，掰给了刘守仁一半，他自己带头啃了起来，吃完馕到毡篷外的雪地上抓了一把雪往嘴里一塞，用手把嘴巴一抹，这顿饭就算吃好了，刘守仁照着陈永福的样子，狼吞虎咽也吃了晚餐。

陈永福看着刘守仁吃馕的样子，脸上露出了满意的笑容。

陈永福对刘守仁说：“牧工们找到了好牧场，今夜是不会回来了。”

刘守仁半信半疑地问：“天寒地冻的他们夜里宿在哪里？”

“偌大的天山，哪儿不是牧工的家！走到哪，哪就是家。”

茫茫天山夜，风雪怒吼，只一顿饭的工夫，刘守仁的手脚都冻麻木了。帐篷里没有半点儿火取暖，到处都冻得硬邦邦的。只听陈永福命令道：“睡吧，明天一早还要赶路。”

荒郊野外的咋睡？他学着陈场长的样子，就地把老羊皮大衣放在地上铺开，蜷着身子躺在上面，然后裹紧老羊皮大衣。不一会就听到陈场长均匀的鼾声。

这一夜刘守仁睡得真香，等陈永福叫他起来时，他才揉揉眼醒了过来，伸伸手脚，怎么好好的，一点也没有冻着。

第二天，他们在雪地里继续向深山进发，到中午时分，发现皑皑白雪的一个山坳，有块地方的积雪，露出一片被压倒的野草。

“小刘，你来看，这就是我们的牧工昨夜睡觉的地方，他们就在附近放牧。”陈永福用肯定的语气说。

陈永福和刘守仁一口气骑了3天马，跑遍了百里以内的羊群。

3天下来，刘守仁两腿的内侧磨起了紫泡，一动就疼得钻心，但他装着若无其事的样子，照样和陈永福谈笑风生。陈永福却始终没有发现，还风趣幽默地说："小刘，你真行，骑了3天马，你已经锻炼成一名真正的哈萨克族骑士。"

一天夜里，刘守仁睡在哈萨克族牧工苏来曼的毡篷里。苏来曼的外号叫黑胡子，他患有严重的关节炎。夜半，风雪呼啸，毡篷似乎要被腾空拔起，他被惊醒了，摸摸身边的苏来曼，他的老羊皮大衣不见了，这样的冰天雪地，寒风刺骨，人到哪里去了？他穿上老羊皮大衣到帐篷外寻找苏来曼，眼前白雪如昼，只见雪地上被压出一趟车辙般的深痕。原来苏来曼担心羊遭受狼的袭击和被寒流冻坏，忍着关节的剧痛跪着爬到羊圈打更守羊。

苏来曼的身世很苦，父亲给牧主放了一辈子的羊，临死只留给他一条赶羊的鞭子。他长大了，又拿起那鞭子给牧主放牧，常年爬冰卧雪，后来两腿得了严重的关节炎，被狠心的牧主赶出了门。人世间的一切不幸加到了他的身上，直到中华人民共和国成立，他才觉得自己是一个真正的人。刘守仁睡在苏来曼身边，觉得像靠着一盆火。

天没放亮，刘守仁就起来用雪在脸上搓了几把，就算是洗脸了。他帮苏来曼把外面的雪装了满满一锅，放在用3块石头搭起的锅灶上，点燃树枝，雪水化开后，又在大铁壶里沏上像干树枝叶的砖茶。

这时苏来曼开始和面做饭，让刘守仁到外边捡了一大堆干牛粪，苏来曼叫他把牛粪点燃，待牛粪烧完后，只见苏来曼把和好的面拍成饼子的形状，埋在燃烧尽的牛粪里面，不到半个时辰，扒开牛粪，金黄金黄的烤饼露出了笑脸。

有茶，有在牛粪里烧烤的馕饼，这对牧人来说，就是很美的早餐了。起初刘守仁见了不敢正视，只见苏来曼啃着馕饼，喝着热茶，吃得真香甜。

苏来曼看刘守仁还愣在那里，就说："刘技术员，这可是好东西，在场部是很难吃到的。"说着递给了刘守仁一个金灿灿的馕饼，样子真好看。为了不使苏来曼难看，刘守仁鼓起勇气，学着苏来曼的样子大嚼的时候，突然感觉到馕饼是那么的香美。

刘守仁到紫泥泉种羊场3个月后的1956年3月，迎来了产羔、接羔的大忙季节，他来到了红山沟牧羊组长刘自成的绵羊产羔的产房。一天几十只母羊同时产羔，牧工们给新生的小羊羔剪脐带，编号码，称体重，填卡片；给羊妈妈喂水、喂食，给病羊打针服药。最重要的是，不能弄乱羊的母子关系，谁是谁的“儿女”，谁是谁的“妈妈”，必须记录在案，搞得一清二楚，不能有丝毫的差错。刘自成组长忙得不可开交，一群母羊360多只，要在20天之内产完。在产羔房里，有用、管用就是真理，什么技术员不技术员的，不看这些头衔。

产房里到处是母羊产羔的血水、胎衣、泥浆、羊粪、羊尿、羊屑，满屋子散发着冲鼻的恶臭和膻味。走进产房，刘守仁问自己“我做什么？”他这个技术员自觉有名无实，眼前的一切，书本上没有学过，课堂里老师没有教过。不管怎么样，来到产羔房就是帮忙干活的，不是来添乱的，于是，打水、做饭、放羊、打扫羊圈，白天忙一天，晚上还争着打更守羊。总之在刘守仁眼里有干不完的活，凡事都抢着干，不要人指点什么，不问、不说，只是埋头干、认真干，干啥就把啥干好。有一天，他正在放羊，一只母羊在雪地上产下一只羊羔，立刻呼叫组长，刘自成听到呼唤，厉声命令他：“快抱回来！”他接到命令后，毫不犹豫地脱下棉袄把那只满身带着黏液的小羊羔包好，飞快地抱了回来。就这么一点微不足道的小事，却深深地打动了刘自成：“我们这个刘技术员还真不简单。”

产羔的母羊，有的体弱脾气犟，竟不认自己的孩子，不给奶吃，饿得小羊羔咩咩地叫。刘守仁便抓住母羊，一手挤奶，一手托住小羊羔靠近乳头。有的羊，母爱特别重，产下的羊羔死了，很悲伤，通宵达旦，凄凉地哀叫，多么令人同情！刘守仁和牧工一齐动手，把死去羊羔的皮剥下了，披在另外一只缺奶吃的小羊羔身上，伤心的母羊闻一闻气味，相信它是自己的孩子，便化悲为喜，那只小羊羔也得到了母爱。20多天下来，刘守仁的胡须蓬乱，头发变长，双颊凹陷，如同山洞里的野人。

刘守仁不怕苦、不怕脏，苦干、实干，不摆知识分子和技术员的架子，最终赢得了牧工的信任，紫泥泉草原和各族牧工伸出大拇指佩服地说："我们的刘技术员佳克斯*！"

老师就在牧工中

刘守仁从大学畜牧专业毕业了，可是刚到紫泥泉种羊场那阵，不会骑马，不会放羊，不会接羔，不会识别牧草，就连绵羊人工授精都没见过。虽然陈永福场长任命刘守仁是技术员，其实那时，他只是聋子的耳朵——摆设。在草原通行的法则是"有用"就是真理，你"有用"，我们接纳你、佩服你，"没有用"，你就靠边稍息一边待着去。

刘守仁认识到一个好的畜牧技术员，不仅要向书本学习、向实践学习，更要向优秀的各族牧工学习。哈萨克族牧工世世代代和羊打交道，积累了丰富的养羊经验，科学就在牧民中。

群众是真正的英雄，社会是真正的人生大学。

在紫泥泉，刘守仁学到了许多在学校里、书本上学不到的知识。有很多优秀的牧工，他们热情、诚恳，能吃大苦，耐大劳，不怕任何艰难困苦的精神，够他学一辈子，就凭他们长期放牧积累的经验就是一座宝库，只要你肯用心，从中就可能挖掘出丰富的宝藏来。

* 佳克斯是哈萨克族语言，是"好"的意思。

打开这座丰富宝藏大门的钥匙就在牧工手上。在社会这座大学校里，要想出点成绩，最好的老师就是经验丰富的牧工。

1957年秋天，刘守仁提出了越冬母羊“先远后近，先上后下，先阴（坡）后阳（坡）”3个放牧原则，但放牧组长刘自成根据自己的经验，认为半阴半阳比先阴后阳长膘快。刘自成用这种方法放的羊，到产羔时果然生长匀称、膘肥奶多病少。这是怎么回事呢？刘守仁对阴坡和阳坡的牧草作了分析后才发现：原来两个坡生长的牧草不同，它们含的养分不同，半天吃阴坡，半天吃阳坡，对羊只的发育果然有益。

一次刘守仁来到刘自成羊群向他请教时，只见一个哈萨克族牧工上气不接下气地跑来说：“刘技术员，不好了，出大事了，我们300多只羊吃了带露水的野苜蓿，肚子胀得快要死了，你快给想想办法吧！”

治这种病，教科书上说用灌肠的办法可以治好，可是在这荒郊野外，没有地方灌肠，即便是在养殖场，这么多羊一时半会儿也灌不过来？急得刘守仁一筹莫展。刘自成却不慌不忙地站起来说：“走！刘技术员，咱们过去看看。”

他们来到那个羊群，刘自成扫了一眼肚子胀得像锅一样的羊群，从牧工手中接过鞭子，“叭！叭！”几鞭子，把羊赶得漫山遍野拼命奔跑，不到一袋烟的功夫，刘自成回来了。

“没啥事了，咱们走吧。”看刘自成若无其事的样子，刘守仁沉不住气了。

“刘组长，那群羊现在到底怎么样了？”刘守仁疑惑不解地问。

“现在羊好好的，你要不放心就过去看一看。”

刘守仁有点不相信地跑过去一看，只见羊的大肚子一个个瘪了下去，正低着头啃食鲜嫩的牧草，好像刚才什么事也没有发生过似的。这一切，书本上都没有现成的答案，老师就在牧工之中。

一天，刘守仁专门去拜访放牧高手哈赛因。这时哈赛因和李培国正在进行一场有趣的比赛：条件是看谁的羊长得壮、产羔多。要让刘守仁给他们当裁判。刘守仁断定这场比赛李培国肯定赢定了，他知道李培国放牧的红石沟牧场草的密度大，长得好，产量高，而二道沟牧场蒿草多，长得稀稀拉拉，不如红石沟茂盛。最后比赛的结果，大出刘守仁的意料之外：哈赛因胜过了李培国。这真令刘守仁百思不得其解。

哈赛因的家族世代都住在天山。哈赛因在天山生、天山长，没进过学堂念过书，却有一颗聪敏的心，他了解天山一年四季的气候变化，熟悉天山的一草一木，并对它们的特性了如指掌。

比赛结果出来后，哈赛因对刘守仁谦逊地笑了笑说："刘技术员，我们比赛，李培国输在他的红石沟草场上，他的草场好比白面馍馍，样子好，羊吃得香，我放牧的二道沟草场的草，好比红鸡蛋，馍馍虽大、虽好，可抵不过鸡蛋的营养成分高。"

刘守仁决定暗暗拜哈赛因为师，背上行李一住就是十几天。他跟着哈赛因放牧，发现哈赛因放牧很有讲究：羊群并不撒开满世界跑的"满天星"，而是有规矩地放牧，由外而内，分块分批放牧。什么时候在阳坡，什么时候在阴坡都有一定规矩。

为了解开哈赛因放牧的科学道理，他在牧场的羊群中紧盯着一只羊，一边观察，一边拔草，从早上一直到日落，最后计算出这只羊的采食量。然后他又来到别的"满天星"放牧的羊群，继续跟着羊群奔跑。经过一个星期的观察对比，他得出了结论：哈赛因放牧的羊群，因为跑路少，采食次数多，每天的采食量要比"满天星"放牧的羊群高出1倍，日增体重提高了10%以上。

肖发祥是种羊场有名气的养羊土专家。紫泥泉草原上100多种牧草，他都能说出名字来，并熟悉各种草的营养和特性。

刘守仁非常热爱紫泥泉草原，热爱从事的育种事业，他知道牧草对羊的重要性，来种羊场一年多时间，他已采集了170多种牧草，作为标本收藏了起来。一天，他来到肖发祥放牧的草场，随手采集了一株青蒿请教肖发祥。

肖发祥被刘守仁诚恳好学的精神感动了，他指着青蒿说："刘技术员，你手上拿的这种草，我们叫青蒿。别看这青蒿不起眼，它可是我们紫泥泉草原上的一个宝，随着季节的变化，它本身的特性也在变化。这种草春天是甜的，羊爱吃，吃了长膘快；到夏天就要变苦了，羊不爱吃，勉强吃了就要拉稀；到了秋季二道霜后，又不苦了，味道变得平和，羊又爱吃了。蒿子由于营养成分高，羊吃了膘长得也实在。"

想不到不起眼的一种草，竟然有这么多的道道。肖发祥一句话，刘守仁对这位饱经风霜的老牧工有了更深层的了解，佩服、敬重之情油然而生。

进入夏季，夏牧场的草品种齐全，长势茂盛，生机盎然，可羊不但没有增膘，相反还掉膘了。唯独肖发祥放牧的140只公羔，不仅没有掉膘，而且在入夏3个多月的时间里，每只羔羊净增重24.6千克。70只出场的种公羊中，就有48只为特级羊。

刘守仁来到肖发祥的放牧点，牧场上不见一只羊的影子，原来肖发祥放牧的100多只种公羊，在山沟里的榆树林中乘阴凉。他对肖发祥说："老肖，榆树沟这个牧场您选得好啊，说明您很有眼力。"

"你也看出我选的榆树沟这块牧场好，这就很不简单。陶司令员和你都叫我管理好种公羊，种羊场，种羊场，没有好的种公羊，还是种羊场吗？"

"为了伺候好、管理好种公羊，尽快培育出咱们中国的细毛羊，我把牧场选在榆树沟。榆树沟牧场占尽了天时地利：这里冬暖夏凉，冬天西北风吹不进来；春、夏、秋三季沟里榆树成林遮天蔽日，而且风向对头，凉风畅通；草场牧草品种齐全，营养成分高，青蒿、羊茅、紫花苜蓿、蒲公英、薹草、鹅冠草、珠芽蓼、高山蓼应有尽有；第三个好处是山沟地势平坦，羊不用爬高山、下低谷就能吃到足够的饲草。"

“选择草场还有这么多名堂。”刘守仁听了更是受益匪浅，对探求夏季牧羊不仅不掉膘，反而增膘的秘密更加感兴趣。

“我怎么也弄不明白，我们种羊场几十群羊，夏季羊普遍掉膘，而您管理的公羊羔子不但不掉膘反而还增膘，而且在20天的时间内，几百只羊平均每只羊增膘10斤以上，您是怎样做到的？”

肖发祥哈哈一笑：“天热了人都往阴凉处跑，何况是细毛羊。细毛羊毛细，毛的密度大，不透风，夏天天气一热羊受不了，就挤成一团顾头不顾腚的‘扎堆’。越热越‘扎堆’，你使劲地赶也赶不开，它的命都难保，哪还会增膘。”

停了一下，肖发祥把放牧增膘的秘密毫无保留地抖搂给了刘守仁。

“白天热，我叫羊在大树林里乘凉休息，晚上天凉我再出去放牧。早、晚出去放牧，让羊填填肚子，垫垫底，主要抓好夜间放牧。山区昼夜温差大，太阳一下山，天气马上就变得凉爽了起来。晚上天凉，羊的心情好，不烦恼，一心一意喜欢吃草，草场的利用率也非常高；晚上放牧时间长，羊吃草时没有外界干扰，羊自然只增膘不掉膘。”

肖发祥的话，解开了刘守仁关于夏季羊为何掉膘的谜团。为了找到科学依据，刘守仁把白天、晚上草地利用面积、羊采草率、行走速度做了比较，并得出这样的结论：晚上天凉，放牧时间长，羊儿增膘快。经过几年的试验结果表明，1只羊每天夜间放牧不但没有掉膘，反而增膘半斤重。

刘守仁发现，肖发祥放牧的经验，是一部各类学问都有的百科全书。他背着行李卷和肖发祥住在一起，一住就是10多天，虚心学习，认真观察，他把肖发祥的放牧经验概括成人人一听就懂的7个字：“撵草、撵水、不撵站（居住点）”，外加全身心投入的责任感。肖发祥的放牧经验推广后，种羊场上万只羊，个个膘肥体壮，第二年的母羊繁殖率增加了1倍，创下了紫泥泉种羊场建场以来的最高纪录。

凭着对绵羊育种事业的执着追求，刘守仁调查整理了6万多个数据，为解决品系繁育中的疑难问题积累了第一手资料。他跑遍方圆数百公里的草场，收集了170多种牧草样本，为培育新品种打下了坚实的基础。

第三章

土羊摇身变“金羊”

用故事宣传育种

1953年10月，陶峙岳司令员为种羊场正式定名为紫泥泉种羊场，并确定办场方针和任务。

1956年8月，在新疆农业科学院兽医研究所黄异生所长协助下，紫泥泉种羊场拟定了1956—1961年第一个五年计划。具体议案是："在纯种系列阿尔泰细毛羊、新疆羊，不断提高其生产性能的同时，用阿尔泰细毛羊、新疆羊分别对哈萨克土种羊进行杂交改良以提高生产性能，为培育新种创造条件"的育种方针*。

"听说刚来三天半的那个又瘦又弱，很不起眼的大学生，要改良哈萨克羊。哈萨克羊可是我们哈萨克族的命根子，我们祖祖辈辈都全靠哈萨克羊过日子，我们绝不答应。"

"他这是要哈萨克羊断子绝孙，我们哈萨克羊大祸临头了，我们不能等死，走，找那个大学生和场领导去！"

哈萨克族牧工群情激愤，想不通，把满肚子的怨气撒到刘守仁身上，天天找领导告状，说刘守仁这不是，那不好，可不能由着他胡来。

陈场长、班政委苦口婆心地向他们讲："改良当地的哈萨克羊，并不是要哈萨克羊消失、灭种，而是让哈萨克羊变个身，通过品种改良，哈萨克羊变得个头更大了，肉和羊毛更多更好了，这是多么好的事，我们应该支持刘守仁，用科学的方法，使哈萨克羊变得更加强壮，我们共产党人就是为各族人民谋幸福的，请

* 引自紫泥泉种羊场编委会编写的《紫泥泉种羊场志》，由新疆人民出版社2000年出版。

大家相信改良土种羊是为了大家过上更加富裕、更加美好幸福的好日子。”

场领导和刘守仁向哈萨克族牧工“说破了嘴”，到各毡房“跑断了腿”，就是说不通。

刘守仁坐下来细想，光靠说教解不开哈萨克族牧工的心结，要让哈萨克族牧工自己教育自己，肯定效果就大不一样。

哈萨克族牧工哈赛因，人称“黑胡子”，在牧工中威信很高，有一呼百应的号召力。如果把哈赛因的工作做通了，搞改良育种的思想障碍就会云消雾散，一路顺风。

刘守仁到哈赛因放的羊群，想和他好好聊聊改良育种的事，想不到离毡房还有100来米，突然蒙古包旁边蹿出一条又高又大的黑狗，连吼带叫向刘守仁直扑过来，刘守仁被这突如其来的情况吓蒙了，直挺挺地站在原地不动，狗不管你动不动，朝刘守仁纵身扑了过来，刘守仁心想：这下完了。在这千钧一发之际，只听到：“虎子！回来！”虎子听到哈赛因的命令，掉头朝主人跑去，再也不管刘守仁的事，刘守仁惊魂未定，只听哈赛因笑呵呵地说：“刘技术员，今天你怎么有空到我羊群来，快进房子。”虎子跟着主人迎接刘守仁，还摇着尾巴做出欢迎的姿态。

刘守仁刚坐定，哈赛因就端上一碗酥油茶，这是哈萨克族的待客之道。不管认识不认识，只要你到毡房都是客，拿出最好的东西招待你。

“刘技术员，你还真行，你见虎子朝你扑过去，你一动不动，真勇敢，如果今天你要撒开腿跑，虎子非要从你身上撕下几块肉不可。”

“你给我说说，为啥我不跑，你虎子就不咬我了？”

“狗是很聪明，也是很有灵性的动物，它看到你跑，说明你怕它，它的胆子就更大了，非咬你几口不可；它看到你不跑，一动不动，在咬你之前它也胆怯了，于是放慢了进攻速度。”

“想不到还有这么一说。”刘守仁听了松了一口气。

说到狗，哈赛因就来劲了。“我的一个亲戚是养羊大户，为了保护羊群不受狼的威胁，专门养了一条藏獒，我这条虎子，就是我们那条母狗，同藏獒相配后下的狗娃子，虎子同其他牧羊狗相比，野性大，天不怕地不怕，狼来了都敢跟狼拼命，这两年自从有了虎子，狼再也不敢到我的羊群骚扰了。”

“噢，还真有这样的事。你的虎子是公狗还是母狗？”

“是母狗。你看，地下跑的那个狗娃子就是它下的，现在已经一个多月了。”

“你这条母狗还没去找藏獒公狗配种？”

“没有。这只小狗，就是我家这条母狗同刘自成羊群那只公狗配上种下的。”

“这条小狗像不像它的狗妈妈？”

“小狗可温顺了，从小看大哩，它绝对赶不上狗妈妈那么厉害。”

“虎子厉害归厉害，可有记性还通人性，你要到我房子里来上一次，对它好，你下次来，就再不会咬你了。”哈赛因接着说。

哈赛因顺手递给刘守仁一块煮熟的羊肉说：“你把这块羊肉给虎子吃，吃完后，你用手慢慢摸摸它的头，然后在它的身上用手到处捋一捋，它会让你捋个够。”刘守仁按照哈赛因说的做了，这一招果然很灵。刘守仁在虎子身上捋着捋着，虎子就躺下肚皮朝天，让刘守仁尽情地捋，越捋虎子越舒服。

刘守仁从哈赛因说狗，想到了羊的改良和品种选育。

刘守仁到哈赛因羊群虽然受了惊吓，却因祸得福，找到了说服哈萨克族牧工改良哈萨克土种羊的金钥匙。

“你的虎子在紫泥泉是最厉害、最好的牧羊犬了？”

“那当然，在紫泥泉草原哪家羊群的牧羊犬都赶不上我的虎子。”

“你的母狗如果不同藏獒公狗相配，你今天的虎子有没有这么厉害，有没有这么好？”

"如果同紫泥泉草原的普通公狗相配，也不会有现在这么好的虎子。"

"哈赛因老兄，你说得太好，太对了，我今天找你，就是商量如何用阿尔泰细毛羊、新疆羊，改良我们的哈萨克土种羊的事。"

"改良羊的事我不懂，我帮不上你的忙，找我没有用，我大字不识一个，刘技术员你还是去找别人吧。"

"你不但懂，而且也这样做了，你养的活生生的虎子就最能说明问题。"

刘守仁看着哈赛因一头雾水的样子，又说："我们改良哈萨克羊，不是要让哈萨克羊断子绝孙、灭种，而是要让哈萨克羊变得更好，毛更细、更长、更多，个头更大，肉更多。现在我们哈萨克羊的个头太小，一只再好的羊顶破天也只有16 ~ 17千克肉，剪毛再多也就只有1.7 ~ 1.8千克。阿尔泰细毛羊个头大，一只羊宰了一般都有20来千克肉，比哈萨克羊多宰10千克肉，羊毛也比我们哈萨克羊多好几倍，而且还能纺纱、织毛布、毛毯。"

"改良育种，我们要先选种选配，选个头大、毛量高的公羊，同当地母羊相配，它产下的后代，肯定要比一般哈萨克羊强。藏獒和你的母狗相配，它们的后代虎子就比一般牧羊犬强壮。现在不少哈萨克族牧工对改良哈萨克羊抵触情绪很大，认为天山羊，天山生，天山长，一改良就把灵气改掉了。"

刘守仁说到这里改用商量的口气，征求哈赛因的意见："你说说，我们对哈萨克土种羊是改良好，还是不改良好？"

哈赛因高兴地说："改良好，我第一个举双手赞成。"

刘守仁一看哈赛因思想通了，就对他说："你带上你的虎子到各羊群转一转，你给哈萨克族牧工讲讲你虎子的故事，大家一听，心中反对改良土种羊的疙瘩自然就解开了。"

经哈赛因一一沟通，用现身说法，吹散了哈萨克族牧工对改良育种的心头乌云，牧工相信了刘守仁，刘守仁怎么要求就怎么做，从不走样。紫泥泉种羊场的绵羊改良育种工作掀开了新的一页。

草原上的新牧工

改良育种首先要改变传统的牧羊管理方式，用现代牧羊理念，全面加强对羊的科学化管理，要给每只羊建立档案，每只羊都要编号。编号是建立每只羊档案的基础，编号也是每只羊的身份标志。每只羊从生到死的日期，父母是谁，体重发育情况，剪毛量，以及疾病防疫情况都要记清楚。资料登记工作是绵羊育种科学研究的基础。

过去放羊，牧民们从来没听说过羊还有什么档案的事，更不要说给羊预防注射、驱虫检疫、药浴防病的事。羊尾巴祖祖辈辈天生是什么样，就是什么样，尿呀屎呀弄到尾巴上，整个尾巴脏兮兮的，但牧民认为羊就是这个样子，生成什么就是什么，想不到刘守仁来以后，天生不能改变的事改变了，小羊羔咩咩一落地不久，羊尾巴就被刘技术员用烧得通红的铁钳子，喀嚓一下给夹掉了，而且不流血，每只用火钳夹的羔羊，没有一只因伤口而感染的。

他们都对这一切感到很新鲜好奇，活了一辈子，放了一辈子羊的天山通哈赛因都没有经历过这些事，看来新来的那个毛头小伙子还真有些名堂。从此哈萨克族牧工对刘守仁高看一眼，从心眼里佩服这个从南方来的“尕娃娃”。

刘守仁为了更好地了解羊、熟悉羊，尽快掌握绵羊改良育种的主动权，刚来半年多，他就向陈永福提出：“陈场长，你要我改良育种，我不和羊打交道，不了解羊的习性，怎么改良？怎么培育新品种？我要自己单独管理一群基础母羊。”

“这小子有胆量、有气魄，要干成大事，没有这股闯劲不行。”陈永福想到此便痛快地说：“好！不过你要答应我两个条件。”

“只要叫我独当一面，我什么条件都答应。”

“你记住，我把360只母羊交给你放牧，第一要保护好自己，野外放牧可能什么事都会发生，一定要注意安全；第二要管理好羊群，羊群出了事不好交代。”

“场长，我把您的话记牢了，请您放心，我会用实际行动向您交上一份合格的答卷。”

“臭小子，别得意，不哭鼻子就是烧高香了。”听了刘守仁的话，陈永福说。

哈赛因得知刘守仁单独掌管360只基础母羊的消息后，为刘守仁捏了一把冷汗。现在整个羊群都要转场到天山深处的夏牧场去，夏牧场海拔2 000多米，那里有棕熊、狼、雪豹、野猪等20多种动物，而且去夏牧场要翻越4 000米的冰达坂才能到九卡因牧场。牧场上一群羊一顶毡房，谁也管不了谁，出现什么事都要自己担当，放牧、守夜打更全靠自己，他担心刘守仁出什么事，于是，他把心爱的虎子带来交给刘守仁，他说：“刘技术员，你可是我们种羊场的宝贝，可不能有一点儿闪失，我把虎子交给你，有虎子陪着你，保护你，我就放心了。”

转场夏牧场，山高路远，地形复杂，气候变化无常。刚才还是阳光灿烂的晴天，瞬间便是冰雹铺天盖地，时而这边晴，那边雨；时而这边雨，那边雪，羊群行走在崇山峻岭之间，两山之间奔腾的涧水，拍打着山体，发出震耳欲聋的响声，下面是万丈深渊，人在马上，有如腾云驾雾。海拔2 500米以上的雪线，便能清楚地看到朵朵盛开的雪莲。历经千辛万苦来到夏牧场，刘守仁像哈萨克族牧工一样，自己动手搭起蒙古包毡房。白天他手持三尺牧羊鞭，是地道的牧羊人；夜间，他在虎子的陪伴下，守夜打更，翻阅书籍，查看资料，思考，写笔记，终于弄清了阿尔泰细毛羊的几种不同类型：有的羊毛密度厚、毛很短；有的体格健壮，但羊毛粗糙；有的毛虽好，但体格小。比较好的一种是体格大，毛比较细，但如何保持这一类型的遗传稳定，需要进行艰苦的工作。刘守仁度过了一个个不眠之夜，熬干了一灯一灯的灯油，精心翻阅一位外国专家关于阿尔泰细毛羊的资料，竟查出了这批羊上溯五代的谱系，彻底弄清了它们的基本特征。这一发现使刘守仁精神振奋，对改良哈萨克土种羊充满了必胜的信心。

一天夜里凌晨3点多钟，刘守仁听到虎子突然狂叫着向羊群方向扑去，他操起早已准备好的木棍一跃而起，跟着虎子冲了出去，发现虎子截住了扑向羊群的一只独狼。狗仗人势，虎子一看主人也前来助阵，不等独狼反应过来，扑上去一口咬住狼的后腿不放，气恼的狼扭头一口深深地咬在虎子的肚皮上，活生生地撕了一块肉，虎子倒在了地上，刘守仁不知从哪里来的胆量和天不怕、地不怕的勇气，他听牧工说，狼是钢头铁脖子，狼的软肋在腰上，就照准狼腰举棍砸了下去，独狼看到刘守仁举棍向它打来，不闪不躲纵身向刘守仁扑来，已咬住了刘守仁的衣服，在这千钧一发之际，只见虎子从地下一跃而起，向狼扑来，狼一分神，刘守仁的木棍已重重地打在狼的后腰上，狼的凶劲全没了，只好夹着尾巴摇摇晃晃地逃走了。刘守仁看看胸前的衣服被狼撕掉了一大块，才感到后怕。

刘守仁管理的360只基础母羊，从选羊到配种，事事自己动手，积累了许多实践经验，为他今后改良当地哈萨克土种羊打下了坚实的基础。不过，他在夏牧场遭狼袭击的事很快传到了陈永福那里，陈场长立马亲自带牧工去接管了他的羊群。

刘守仁经历了这件事情，紫泥泉种羊场的哈萨克族牧工更佩服、更想念他了。哈赛因很真诚地说："刘技术员，你干的事我们都看到了，科学育种这玩意儿我们不懂，但就凭你这勇气和认真劲，我相信天山也会把打开科学大门的钥匙赐给你的，今后怎么干我们全听你的，我们哈萨克族说话唾沫星掉地砸个坑，说一不二。”

政委请客指迷津

育种计划做出后，陈永福在刘守仁小土屋里的小油灯下，就如何培养出优良品种的羊，一谈就是通宵，两人在一起有说不完的话。刘守仁认为：人类社会是在人们不断认识世界，不断打破自身历史局限中不断前进、不断发展，人们认识世界无局限，因此社会的发展进步也无局限。陈永福非常赞成、支持刘守仁的观点，只有不断解放思想，才能突破前人的研究成果。冰出于水而寒于水，青出于蓝而胜于蓝，这就是历史发展的规律。

在谈育种时，刘守仁对陈永福说：“现在世界上关于绵羊育种的理论很多，这是他们对育种工作的科学总结。这些理论有正确的，那就必然会有错误的，只有通过我们的亲身经历和实践，才能加以鉴别，哪怕是正确的东西，也只有在工作实践中得以理解，对外国和别人的东西我们不能照搬、照抄，跟在别人后面永远也走不出自己新的育种路子来。”

绵羊育种的历史告诉人们，要搞出一个新品种，少则几十年，多则上百年。刘守仁心里反复想，人的一生也不到百年，搞一辈子，也搞不出个新品种来，这太让人失望了。不行，我就不信这个邪，一百年太久，在我有生之年说啥也要育出一个绵羊新品种来！

历史是人创造的，规律是前人实践的科学总结，但不应当成万古不变的教条。他认为，中外关于绵羊良种的教科书中，都没提及近亲繁殖，原因是他们更多地注意到近亲繁殖会使物种退化和变异的一面，而近亲繁殖还有强化遗传因子的一面，我们完全可以用择优去劣的手段，扬长避短，控制其变化的方向，从而缩短新品种育成的周期。对人类繁衍来说，这种做法不可行，是因为有悖于伦理道德，而对于家畜育种来说，将其视作禁区的理由并不充分，想到这里，刘守仁破除近亲繁殖的思想障碍，大胆设计出远亲、近亲、血亲繁育，血亲就是绵羊的兄妹相配到绵羊的父亲同女儿相配的杂交育种方案，这个方案的核心是运用不同品种的祖系形成杂交后代，再有计划地运用隔代近亲繁殖优选，使祖系双方的品系优势在较少的世代中得到强化和巩固。

近亲杂交育种，这一方法在理论上的突破和在实践中的不断成功，得到绵羊育种界的肯定。

刘守仁第一次在绵羊育种上设计出了远亲、中亲、近亲到血亲的育种方法，打破了绵羊育种的“杂交—横交固定—提高”三步育种的常规模式，大胆采用亲缘繁育，将横交固定安排在杂交阶段同步进行，“边杂交、边横交、边固定”，变常规三步走并成二步走，使新品种育成的速度超乎寻常地加快。培育一个新品种，不要上百年、几十年。绵羊育种在刘守仁新观念、新思想、新理论指导下翻开了崭新的一页。

1957年春天，紫泥泉第一代杂种羊在红山沟诞生了。人们像观看新发现的奇珍异宝，喜不自禁。新生的小羊，毛细如丝，有白色的、黄色的，身上都像涂了一层油脂，这是真正的细毛羊！有的咩咩地叫两声，声音细小而清脆，充满了喜悦与欢乐。人们用红绸条，系在它们的脖子上做标记，看它们跑，听它们叫，高兴得像母亲聆听婴儿的第一声啼哭。这是新品种的祖先。

陈永福得到消息后连夜骑马赶来，看看羊，又看看刘守仁，似乎没有什么话好说，一切尽在不言之中。

在产羔房里，泥浆、血水、羊粪、草屑，散发着冲鼻的腥膻味儿，这就是20世纪50年代天山深处的产羔房。刘守仁就在这儿滚爬。360只母羊，20天之内产完。这里的忙乱，令人头晕目眩。给新生的小羊羔剪脐带，编号码，称体重，填卡片；给羊妈妈喂水喂食，给病羊打针服药。最要紧的，不能弄乱羊的母子关系，谁是谁的孩子，谁是谁的母亲，必须记录在案，一清二楚。

刘守仁在产房连续工作1个多月，常常一口气干18小时、20小时。困乏不支，就和衣倒在产房的一角打个盹儿。他觉得一切都充满了乐趣，刘守仁陶醉在美的音乐和新生命的歌唱中。

肥美的牧草、香甜的山间泉水使小羊一天天长大，越来越兼有双亲的特点：它们毛细如父，泼辣、耐寒像母亲，杂交不杂交，羊的状况大不一样，这样的羊正是刘守仁梦寐以求的。可是这批杂交一代的羊，长大后毛色不纯。这是"返祖"的征兆，如果"返祖"现象解决不了，细毛羊就又会变成粗毛羊。

陈永福告诉刘守仁：早在20世纪40年代有人就做过这个育种改良实验，最终解决不了"返祖"问题，而宣告失败。

陈永福又接着说："小刘，育种是门科学，你经过刻苦学习和钻研，已经弄清了阿尔泰细毛羊的几种不同类型，还查出了这批羊上溯五代的谱系，这为解决'返祖'问题打下了重要基础，只要理论上有所突破，'返祖'现象就会彻底解决。"

"返祖"是中外绵羊育种史上常见的现象。怎样破解"返祖周期率"，育出更优良的第二代？一些外国专家在育种上一向反对亲缘繁殖的方法，理由是防止退化。刘守仁不拘泥于书本上的现成知识，根据自己掌握的可靠数据，不摒弃前者，也不拒绝后者，采取边杂交边横向固定的方法，按照自己提出和设计的"血亲级进"的方法，大胆进行亲缘繁殖，让实践检验一切。

1958年，是考验刘守仁意志和耐力的一年。这年2月，刘守仁日思夜盼的第二代杂交细毛羊幼羔在宁家河西边的草场冒着春寒咩咩落地。这些羔羊像人类的新生儿，粉嫩娇弱，满身的细皮嫩肉，肉眼几乎看不见细毛。刘守仁忙上忙下，白天夜晚都泡在羊的产房里，连吃饭的时间都腾不出手。有时刚拿起馒头啃上几口，一只羊又要生产了，他丢下馒头急着去接羔，接完羔满手的羊水来不及擦一下，再接着吃。

刘守仁万万没有想到，可怕的布鲁氏菌，通过饮食和其他渠道潜入了他的身体，加上连日的操劳，他病倒了。这种突然发病就如同疟疾，高烧常达40摄氏度。

刘守仁浑身像火烧的一样，极需要降温。

"雪，雪，快给我一把雪！"

有人很快挖来一茶缸雪，刘守仁抓起雪，大把大把往嘴里塞。

"刘技术员怎么啦？怎么啦？"牧工急忙提着马灯，朝刘守仁照了照，只见他原来苍白的脸变得通红通红，全身不停地在发抖。

"刘技术员发高烧了！他患上了布鲁氏菌病！"有经验的牧工断定。

多么不幸，刘守仁竟得了难缠的布鲁氏菌病。

刘守仁吃了雪，心里顿觉清凉了许多，他对围着的牧工说："不碍事，我得了布鲁氏菌病，给我拿片四环素，服了就没事了。"

服了四环素，高烧渐渐退了，他忍着浑身酸痛，又忙着接羔子去了。

早春二月，天山依然板着冷冰冰的一副面孔，寒风刺骨，冰雪连天，一点儿不见春天的影子。

产房里，刚出生的小羊羔横七竖八躺了一地，它们不吃、不喝，只是发出微弱凄惨的咩咩叫声，奄奄待毙。衰弱的羊妈妈自顾不暇，哪能顾得上它的孩子？刘守仁抱起羊羔，奶嘴塞到嘴里又吐了出来，根本喂不进去，眼看着可爱的小羊羔在他怀里死去。刘守仁伤透了心。

死神无情地降临到刚出生的羊羔身上，羊羔1只、10只、20只、50只、上百只，死亡率达到出生羔羊的40%！每死一只羊羔，刘守仁像自己身上割下一块肉，他的心被撕碎了，他神志恍惚，找不出死亡的原因，刘守仁认为自己闯下了大祸。

紫泥泉种羊场政委班维钧来了，环视现场，神色严峻，然后把视线转向刘守仁："你是技术员，死这么多羊，为什么事先没想到？"

是啊，假若事先想到，就不会发生这样的惨剧！

刘守仁沉默不语，他心里反复质问自己："为什么？这到底为什么？"

他知道军人出身的陈永福一向赏罚分明，这下出了这么大的乱子，刘守仁等待陈场长更加严厉的批评。陈永福看了现场的死亡情景，脸上没有严厉的表情，望着刘守仁一言不发，在两人的对视中，却流露出了深切的同情和宽容。

刘守仁在煎熬中度过了一天，第二天继续去产房接羔，正在接一个羊羔出生时，突然一个牧工给他捎话："刘技术员，政委让你到他家去一趟。"

"啥事？"

"啥事，我不知道，政委没有讲，只说叫你一定去一趟。"

"看来又要挨训了。"刘守仁中午硬着头皮来到班维钧家。

只见班维钧家中的桌子上摆着热腾腾的奶茶、油果子，还有炒鸡蛋和三碟小菜，嘿，午餐还怪丰盛的。

刘守仁见到班维钧迫不及待地问："政委，您找我有什么事？"

班维钧指着饭桌乐呵呵地说："有事，有大事！来，坐下说。"

"政委，有事你只管讲，如果没有什么大事，我还回去接羔去。"

"今天我请客，专门请你吃饭，吃饭这就是大事，这是命令，叫你吃，你就坐下吃，吃饭也是革命工作。"

刘守仁不情愿地执行了班维钧的命令。

班维钧是1937年参加革命的老八路，对做人的思想工作很有一套，他请刘守仁吃饭，就是想在一个宽松环境中，解开刘守仁心中憋闷的疙瘩。

"来，你刚从外面来，喝碗奶茶暖暖身子。"说着给刘守仁斟了满满的一碗奶茶。

几口奶茶下肚，刘守仁紧张的神经自然放松了下来，忘了对面坐着的班维钧的身份，喝着奶茶，吃着油果子，越吃越香。

“慢慢吃，还有狗扯羊皮。”“狗扯羊皮”是形似新疆人吃的拉条子一样的面食，比拉条子面稍微宽一些，吃起来特别鲜美，是紫泥泉草原哈萨克族牧民特有的美食。

一大碗香喷喷的“狗扯羊皮”，让人一看就垂涎欲滴，刘守仁端起大碗，风卷残云般地吞下了肚。

班维钧看火候到了，才转到话题：“小刘，刚才我说，咱们吃饭也是革命工作，今天我特意找你来，就给你说说育种的事，昨天我对你的态度不好，现在我诚恳地向你道歉。育种这事，也和我们当年打仗一样，哪能每次都打胜仗，吃了败仗，遭到挫折，我们及时总结经验教训，最后终于打败了不可一世的日本鬼子。今天我们搞育种，也是同一个道理，不要怕失败，失败了我们要总结经验教训，千万别闷着头去苦想，应当到牧工中间去走一走，看一看，多听听他们的意见，别看他们没有进过正规的学堂，可他们有丰富的放牧经验，育种的事要找他们多扯扯，兴许能找出羔羊死亡的原因。”

班维钧的一席话，拨开了刘守仁心中的迷雾。是啊！我怎么没有想到。刘守仁从政委家出来，欢天喜地直奔哈赛因羊群。

第二代细毛羊羔一下死亡40%，在紫泥泉草原有羊以来的历史上，从没有听说过，刘守仁认为自己闯下了大祸，一下子就被击蒙了，他绞尽脑汁怎么也找不到死亡的原因，心中一直在捣鼓：肯定是“基因”在作祟。他一头扎进那个神秘“基因”的怪圈里，左冲右突，怎么也无法从这个怪圈中突围出来。

班维钧为刘守仁指点迷津：到牧工中去，多和牧工扯一扯，什么天大的难题都可以迎刃而解。班维钧的一席话，使他拨开迷雾见太阳，心中一下豁然透亮。

刘守仁又一次来到哈赛因羊群，主动为这位德高望重的“天山通”牧工打工。

见到刘守仁，性格豁达开朗的哈赛因，上去就紧紧和他拥抱在一起，高兴地说：“刘技术员佳克斯！佳克斯！”。

“第二代细毛羊羔死了那么多，你还说什么佳克斯、佳克斯的，你在笑话我吧。”

只见哈赛因捋着山羊胡子笑得满脸的皱纹都开了花。“你培育细毛羊真是佳克斯！佳克斯！”接着他又解释说：“细毛羊羔个个不缺胳膊不少腿，我看了真是佳克斯！佳克斯！”说着哈哈大笑了起来。

“死了那么多羔子，我都心疼死了，你还笑得出来。”

哈赛因听了又笑了：“死了的羊羔不是你的错，那是老天爷惹的祸，不是还有一大半活得好好的吗？这是了不起的事情，说明你搞的杂交育种成功了一大半，你说值不值得高兴？”

对呀，不是还有60%的羔子活蹦乱跳地活着，哈赛因说得对，这就是胜利，而且是了不起的胜利，他隐隐约约地看到育种成功的希望。刘守仁听了哈赛因的一席话，真是高兴得心里乐开了花。

他对哈赛因佩服得五体投地，他真实地感受到在社会这所大学里，牧工群众是真正的英雄，真正的老师，不论今后做出多大的成就，在人民群众面前永远是个小学生，在任何时候都不要说大话，不要吹牛，不要自以为是，不要高高在上。

刘守仁虚心诚恳地向哈赛因请教、探求二代杂交羔羊大批死亡的原因，哈赛因直接讲：“天意难违，你得罪了老天爷，老天爷自然要惩罚你。二月份紫泥泉草原还是冰天雪地，哈萨克族有句谚语：二月天的风雪是宰羊的刀子。你把产羔出生的时间选在二月份，这不明摆着跟老天作对吗？你的二代杂交细毛羊羔，毛细、毛短，刚生下来浑身看不见一根毛，这么冷的天气，浑身无毛的羔子能受得了吗？不死才怪呢！再加上我们的产羔房不保暖、卫生条件又是脏乱差，小羊发病率自然高；最重要的原因是母羊体质差，怀上羊羔饲草不足，营养跟不上，小羊生下后奶汁少，无奶吃；活了60%，这60%羔子的妈妈身体壮、奶水多。”

哈赛因的一席话使刘守仁的心里豁然开朗：“啊！科学并不神秘莫测，科学就隐藏在人们的日常生活中，暗藏在自然界的各个角落里，只要去认真探索就不难发现。”哈赛因的话既是经验也是科学，是辅佐育种成功的一门重要科学——绵羊饲养管理学。

刘守仁向哈赛因取到“真经”，高兴的心情无法言表。他把哈赛因的经验一一加以认真整理，对羔羊死亡只探究“基因”，而忽略外界的生活条件，以及如何加强母羊的饲养管理，选种、配种、生产等五大环节问题，一一向场长陈永福、政委班维钧做了详细的汇报，引起了场领导的高度重视。

刘守仁把二代细毛羊羔死亡的原因向场领导汇报后，场里立即组织人买了400多立方米的木料，新建、修缮20个产羔房和“冬窝子”，种植苜蓿1 000多亩*，做越冬应急的饲草，从根本上改善了羊群冬季缺草少料的状况。

场领导采纳了刘守仁的建议，将全场母羊配种时间往后推迟两个月，使羊的产羔期避开了二、三月的严寒天气。

三进深山寻牧场

绵羊改良育种不仅仅是单纯的育种，而是一个多学科综合的系统工程，涉及水源、草场、圈舍、饲养管理等。刘守仁成功的一大

* 亩为非法定计量单位，1亩=1/15公顷。

秘诀就是办事较真，只要是认准的事，困难再大也没有他的决心大，不达目的决不罢休。第一个五年育种计划出台时，紫泥泉种羊场只有育种计划，而无“种羊”可言，白手起家，一切从零干起。为了精确测定羊毛品质，需要计算出羊身上4个不同部位1平方厘米羊毛的数量，没有精密天平，测定羊毛时就用镊子一根一根地数，1平方厘米的羊皮上羊毛最多的达到9 251根，最少的也在5 385根。细如蚕丝的羊毛，他只能用最原始的办法一根一根地数，瞪大眼睛一数就是三四个小时，数得头晕眼花，双眼酸痛，泪水直流，他坚持了下来。

刘守仁重程序、重制度、讲科学。做好鉴定工作，是绵羊育种的重要环节，来不得半点马虎。什么时候剪毛，什么时候给羊打防疫针，什么时间药浴，都按部就班，雷打不动。称体重是羊群鉴定的重要工作，5 000多只基础母羊每年都要一一过秤鉴定。刚开始称体重时，把每只羊四个蹄子一捆，两个人抬着过秤，过秤时一要看羊耳朵上的编号，二要填写体重，三要看有无疾病，拼死拼活干了一天，最多鉴定不到120只羊。刘守仁看在眼里，急在心上。“这样过秤的鉴定方法不行，5 000多只羊鉴定1个月也鉴定不完，得想个法子，加快鉴定速度。”

晚上，刘守仁和哈赛因、刘自成3人召开“诸葛亮会”，请大伙出出主意，怎样加快称体重的鉴定速度，“抓羊、捆羊、抬羊，称完体重还要解绳子放羊，要鉴定几千只羊这太费工、费时，若能不抓羊、捆羊、抬羊就省事多了。”哈赛因说。刘自成以前在营房做过木工活，人脑子很灵光，他说：“刘技术员，我有个想法不知行不行？”

“你说出来我们听听。”刘守仁鼓励刘自成。

“羊称体重在配种站的大房子称，能不能把房也一分为二，中间隔开，在过秤的地方挖一个坑，把磅秤放下去和地面持平，我做一个两头开的木箱子，木箱过秤记下重量，把每只过秤的羊赶往木箱通道，一个人挡羊不要超越木箱通道，羊过秤后，减去木箱重量，就是羊的体重。过秤的人报羊的体重，挡羊的人填资料，然后把过完秤的羊，放行到另一边。这样，过秤就成了流水作业，过完秤的羊先走，没过秤的羊排队过秤。”

刘守仁、哈赛因听了后，都说刘自成想的这个办法好，既减轻劳动强度，又节省时间，还不来回折腾羊。

刘自成连夜做好了过秤的木箱，第二天羊鉴定时就再不抓羊、捆羊、抬羊、解绳放羊了。羊的鉴定速度加快了，5 000多只羊不到半个月就鉴定完了。这一称体重鉴定羊的办法一直沿用到现在。

牧场是羊生存发展的基础，要培育出好的种羊，必须要有好的牧场。刘守仁了解到，紫泥泉种羊场200万亩牧场的地形，是由南向北垂直分布，依次为高山草甸带、亚高山草甸带、森林带、干草原带、荒漠草原带。

高山草甸带海拔3 000米以上，这里地势高，气温低，降水量大，植物低矮，生长期短，种类少，覆盖度大，为高寒草甸草场。一些阳坡海拔高达3 400 ~ 3 500米，上与高山稀疏垫状植被衔接，下连山地草甸类草场，主要植物有垂穗薹草、蒿草、珠芽蓼、仙女木等。

亚高山草甸带海拔2 300 ~ 3 000米，地势较高，稍趋平缓。雨量颇丰，植被种类多，植株较高，生长茂盛，覆盖面90%以上。主要为山地草甸带，是最理想的夏季牧场。

森林带海拔1 800 ~ 2 700米，主要生长的植物为雪岭杉，混生天山花楸、杨树、枸杞、野蔷薇、铁线莲、异燕麦、猫尾草、早熟禾等，也是夏牧场之一。

干草原带海拔1 300 ~ 1 500米，低山带阴坡及2 200 ~ 3 000米中山带的阳坡上。这里气候较温暖，雨量适中，植被生长极好。主要植物有冷蒿、青兰、蒌蒿，伴生针茅、糙苏、赖草、异燕麦等。覆盖度50% ~ 70%，草层25 ~ 30厘米，这里主要做冬季牧场。

荒漠草原带海拔500 ~ 1 300米，低山丘陵区的阴坡和半阴坡。以禾本科羽茅、羊草为主，有混生野苜蓿、黑穗莎草；阳坡和半阳坡以菊科蒿属为主，混生禾本科牧草；谷底平坦地带，以黑穗苔草为主，混生冰草，蒿属等。草层覆盖度35% ~ 55%，高度20 ~ 25厘米，是理想的春秋牧场。

刘守仁把紫泥泉种羊场草原的草场分布情况向场领导汇报后说："陈场长、班政委，我们种羊占尽天时地利，再加上人和，畜牧业发展很快，每年牲畜以2 000只（匹、头）的数量递增，现在羊已发展到1万只，从现在的发展势头看，在未来的3年内，羊的数量会成倍增长，要超过2万只以上。草场是畜牧业发展的基础，随着牲畜数量增加，要扩大增加草场的载畜量，就要对我们不熟悉的土木图和花牛沟，还有已放牧的九卡因等夏牧场做一个全面调查，提前准备，及早规划，只有这样，才能掌握发展的主动权。"

"你的想法很好，我们也正有这个打算。"陈永福场长表态说。

"我想调查几个夏牧场的事现在就来定一下，陈场长，你看派哪几个人去比较合适。"班维钧政委支持刘守仁的建议，并征求陈永福场长的意见。

"我同意政委的意见，说干就干，人选就由奴乎满、刘自成、哈赛因、刘守仁组成。政委你看怎么样。"

"陈场长想得很周到，我完全同意。小刘你通知其他3人，立即准备，准备好就启程出发，再不要请示汇报。"

刘守仁、奴乎满、刘自成、哈赛因聚在一起商量去调查夏牧场的事。

"这次我们要选六匹有耐力、又温顺听话的马，尥蹶子的千万不能要。我们一人一匹，另外两匹，一匹驮馕饼、茶叶、茶壶、铝锅，还要带上罗盘仪、海拔仪和指南针，狗皮帽子、毡筒、老羊皮大衣必不可少；另一匹马专门驮锯子、斧头、榔头、大绳、抓钉、铁锹等工具。"调查组长奴乎满做了安排，把出发前准备的任务分到了人头。

“我们去牧场，带锯子、斧头干什么？”刘守仁不解地问。

“按我说的要求去做吧，到时你就会明白的。”奴乎满笑着对刘守仁说。

奴乎满·夹凯，新疆沙湾县人，哈萨克族。自10岁起，就给牧主放羊、扛长工。1951年正式参加工作，是紫泥泉种羊场最早的哈萨克族牧工。他熟悉紫泥泉山山水水。他为人勇敢、率真强悍，还是出了名的猎手，有一次骑马放牧时，见一只大母狼窥视羊群，立即拍马紧追，一直把狼追得口吐白沫再也动弹不得，于是在马上俯身将狼抓起，重重地摔在地上，将其活活摔死。

他们第一个调查的夏牧场是土木图。土木图牧场，只是个概念，那时种羊场的牛马羊从来没有涉足过，更不要说经宁家河山口，再翻越4 000多米的冰达坂，才能到达。山高路陡，随时都有摔下万丈深渊的危险。

1958年5月12日，刘守仁一行在奴乎满的带领下沿着宁家河向河口进发。一大早动身在天黑前行程60多公里时，突然一条深不见底，宽7米多的大峡谷挡住了前进的去路。

“看来我们要在这待上几天了。你们原地休息，我去找一个过夜的地方。”奴乎满在野外生存的本领很强，他查看了周围的地形，来到一座大山的石崖下看了看，说：“这里是遮风挡雨的好地方。刘技术员，咱们今天晚上就在这里过夜。”

奴乎满指挥大家把马鞍卸下来，把马鞍下的皮垫子铺在地上，开始烧茶吃馕，睡觉时奴乎满让大家戴上皮帽子，穿好毡筒，裹紧身上的老羊皮大衣，四人紧紧地挨在一起，这种在深山老林野外露营的方法非常奇特，也很管用。刘守仁不知不觉一睡就睡到大天亮，睡得很香，很舒服，醒来一看，奴乎满他们已烧好了砖茶，砖茶里放点盐，就喝茶吃馕。

早餐后奴乎满像指挥官一样宣布：“今天我们的任务是选择最窄

的峡谷搭桥。”刘守仁这才明白，带锯子、斧子的重要性。他们这个调查组，要逢山开路，遇水搭桥，才能到达目的地，完成土木图夏牧场的调查、考察任务。

奴乎满终于找到一处只有几丈宽的峡谷：“就在这里伐树架桥。”

先用锯子锯倒一棵只有碗口粗的松树，砍掉树枝，只留不到7米长的树干，大家用绳拉肩扛，到地方后，在树干的小头系牢绳索，然后把树干竖立起来，用绳子拉着慢慢放到对岸，峡谷的水惊涛骇浪，发出震耳欲聋的轰鸣声，紧接着2根、3根、4根、6根松木搭在了河谷上。

第二天一早，又去伐树，把拉来的树砍去树枝，用大锯改成3厘米厚的木板，按桥的宽度，把锯成形的板子一块挨一块地铺在圆木上面，拿铁钉和抓钉同圆木钉在一起，使木头和木板形成一体，又用长的木头做成桥上两边护栏，一座人造天桥终于建成了，刘守仁和奴乎满等人在桥上来回走了几趟，桥很结实，人畜都可以通行。

深山的气候是娃娃的脸说变就变，晚上大伙休息时，还晴空万里，转眼之间，黑压压的乌云掩埋了整个天山，天地无光，气温急剧下降，顷刻间就下起了铺天盖地的鹅毛大雪。天连地，地连天，到处都是白茫茫的银色世界。

五月下大雪，这是百年不遇头一回，奴乎满感到了危险，现在如果不紧急撤离，恐怕一周之内都要困在深山。大雪封山，山道阻绝，人畜断粮，到时叫天天不应，叫地地不灵，马死人亡的悲剧就会发生。

奴乎满下令：“赶快撤离。”他让大家手持一根木棍探路，牵着马，跟在他后面，从原路返回，雪越下越大，积雪已达30厘米，一脚踩下，雪已到人的膝盖，走到一个山坳，人困马乏，饥寒交迫，实在走不动了。

“现在原地休息，把馕拿出来，人一口都不得吃，全部拿来喂马，只有保住马，我们才能保住命。”奴乎满下完命令就只身去宁家河河床测量水的流速和深浅。发现河道宽的地方水深20厘米左右，窄的地段也不到30厘米深，现在天气寒冷，雪一时半会儿融化不了，山洪不会马上暴发。奴乎满高兴地说：“天无绝人之路，现在咱们下河床骑马走，不管河里的水深水浅都不要停。”

大伙骑在马上沿河道而下，到天亮时，河床的水深已快到马的肚子了。水越来越深，在一处比较平坦的地方，奴乎满招呼大家上了岸，这时雪已停了。在山的阳坡积雪30厘米以上，在山的阴坡上超过40厘米。马在水中行走，骑马的人裤腿、鞋子都结了冰，硬邦邦的像盔甲。奴乎满领着刘守仁一行来到一个很大的山崖下生火取暖烘烤衣服。这时，从宁家河传来轰隆、轰隆隆的巨响，刘守仁回到河的岸边一看，惊得魂飞魄散，山洪下来了，洪水有一人多深，斗大的石头和树干在河道里来回翻滚，势不可挡，滚滚向前。他心想，要不是奴乎满，我们就再也回不到种羊场了。

陈永福很担心刘守仁一行人的安全，一早派出6名年轻力壮的哈萨克族牧工沿宁家河方向寻找奴乎满、刘守仁一行人。牧工们在途中看到他们安然无恙，两拨人聚到一起高兴地又说又笑。

奴乎满向场领导汇报说，“要不是这场大雪，我们现在已翻过冰达坂到土木图了。到土木图的牧场没有牧道，等这场雪化完后，我们再去调查，把去的线路、草场情况了解清楚后再作汇报。”

“你们辛苦了，能安全回来就是万幸。”

“奴乎满好样的，在百年不遇的大雪中，在交通阻绝的情况下，把大伙安全带回来真不简单。”陈永福和班维钧都表扬了奴乎满。

半个月过后，奴乎满又带刘守仁、哈赛因、刘自成二次探访土木图夏牧场。他们越过宁家河河口，前行不到半个小时，就来到了3 800多米高的九卡因冰达坂，达坂长300多米，终年积雪，马上达坂时四蹄打滑摔跤，把四只马蹄用布包起来还不行。只好把马放倒，人拉着马在达坂上一匹匹通过。马鞍、皮大衣、锯子等生活用品，过冰达坂前，就让刘自成做了个大爬犁，把马上卸下来的东西放在爬犁上，在冰上拉爬犁一点也不费劲。

翻过了九卡因达坂，前面一座4 000多米高的哈拉海顶达坂挡住了去路，大伙还用过九卡因达坂的办法，顺利通过了。

不经风雨，难见彩虹，刘守仁、奴乎满、刘自成、哈赛因是种羊场建场以来，第一次翻越冰达坂，看到土木图牧场的人。刘守仁登高望远，土木图牧场，天苍苍，野茫茫，风吹草低，只见马鹿、野马、野驴和野羊。此刻，刘守仁、奴乎满、刘自成、哈赛因紧紧地拥抱在一起，他们高兴的心情难以言状。这是多么美的天然牧场，四面环山，植被种类繁多、茂盛，植被丰厚，可以容纳好几群牛羊。山的阳坡冬暖夏凉，多样性植被给牛羊提供营养丰富的牧草，不仅是夏季牧场，冬季牲畜也完全可以在阳坡地带越冬。

场领导听了刘守仁和奴乎满的汇报后，立即组织一支10人的筑路队伍，整修牧道，架设木桥，经过1个多月的奋战，修通了直达土木图夏牧场的牧道，一群夏季转场的牛羊来到了土木图草场。

花牛沟夏牧场是具有传奇色彩的地方。牧人们中一直流传着，在那云雾缭绕的天山深处，有一个地方叫花牛沟，是神仙下棋的天堂。那里生长着丰盛肥美的牧草，只要牛羊吃一棵，十年不吃不喝也不饥饿，因座座大山阻隔，路途艰辛，危机重重，有去无回。说起花牛沟，人们往往谈虎色变。刘守仁经过了解确实有那么一个人迹罕至的天然牧场。他听紫泥泉种羊场一位哈萨克族老人讲：有一位已经去世的英雄牧人，也是一位十分勇敢的猎人，他天不怕地不怕，就连神仙也敬重他三分，他就单枪匹马闯过花牛沟。老辈子人都说，他能活着回来，是神仙保佑，他才安然无恙。

刘守仁向场领导提出要去花牛沟探险。陈永福告诉他，去年夏天场里就派出一支人马去寻找花牛沟草场，由于山高水深壁陡无法通过，只好望洋兴叹，无功而返。

刘守仁听了后对陈永福说：“人是活的，路是死的，夏天不行，我们就在三九腊月去，我想我们这次一定可以找到花牛沟草场。去花牛沟探险还是由我、奴乎满、哈赛因、刘自成我们四人去完成。”陈场长和班政委碰头后，同意了刘守仁请战的要求。

寒冬腊月，天寒地冰，临出发时，陈永福给奴乎满交代：“无论如何要绝对保证刘守仁的安全。”

“陈场长，您放心，麻哒没有，有我奴乎满在，刘技术员的头发也一根少不了。”

“你这样说，我就放心了。”陈永福目送他们远去，直到看不见影了还在原地瞭望，可见对刘守仁的牵挂。

一早从紫泥泉出发，行程60多公里来到老婆子沟，一座大山挡住了去路，这时天色已晚。奴乎满下马看到大山石崖下有一个可容纳8、9个人的山洞，洞很浅，只有6、7米，他看没有狼虫虎豹，就招呼大家下马：“今天晚上就在这里过夜。”他们捡来很多树枝、树干和倒地多年的干松树，堆在洞口不远的地方，树枝点燃后，老远都可以看到火的光亮。

奴乎满对刘守仁说：“寒夜生火，不仅可以取暖，而且可以预防野兽攻击，再厉害的虎豹、熊、野猪和狼都怕火。”大伙裹着老羊皮大衣过了一夜，没有一个人冻伤感冒的。

第二天一早，山路不通，他们就顺着宁家河道从冰上前行，马蹄打滑，马无法行走，就用布把马蹄子包起来，继续向深山进发。到中午时分来到大牛冰达坂，还是用过达坂的老办法把马放倒，捆住四蹄，人在达坂上轻松地拉着马，顺利地通过了大牛冰达坂。一路山高路滑，到处是冰雪，人马在冰上行走，不知摔倒多少次，刘守仁的膝盖磕得流血，摔倒了爬起来，没有一个人叫苦的。2个多小时后，来到了哈拉海顶达坂。哈拉海顶达坂海拔超过了4 000多米，因腊月天，达坂的雪多、冰厚，达坂的长度超过500米，尽管他们有过冰达坂的经验，但空气稀薄，人在达坂上拖着马走，特别费力，拖上100多米就气喘吁吁，上气不接下气，经过3个多小时苦干，人马才安全翻过4 000多米的哈拉海顶达坂。

过了达坂后，马备鞍，人提神，连续作战又一口气走了10多公里，下到了哈拉海顶的中段，突然一只大棕熊在距他们不到40米的地方，挡住了去路，正虎视眈眈直愣愣地看着他们。

“别动！”奴乎满命令人马原地不动，就这样，人和熊对峙了10多分钟，熊掉头向森林深处走去。刘守仁惊出了一身冷汗。

原来这里是野生动物的乐园，这里有雪豹、棕熊、狼、野猪、狗獾、马鹿、盘羊等。奴乎满介绍说：熊很少袭击人，见了熊马上站住不动，千万别跑，更不要动手去打，你要是一跑可就惨了，它非把你撕成碎片不可；狼，尤其是独狼攻击性很强，不仅攻击鹿、野羊，还攻击人。为了防止狼的攻击，晚上休息前，大家在森林里捡来很多枯木和树枝，在以露营地为圆心的半径40米处，用木柴围了一个圆圈，4人夜里睡在建好的“城堡”里，点燃四周的木柴，千米之外都可以看到他们宿营地的一团火球。

睡到半夜时分果然听到了狼的嚎叫声。

第二天一早起来，才发现花牛沟的山很陡，骑马根本无法通行，只好小心翼翼地牵着马步行爬山。

经过7天的艰难跋涉，一片深似海洋，无边无际的大草原呈现在4位探险者的眼前。这时刘守仁想起在塞外实习时，同学们最爱朗诵那首《忆江南》:“江南好，风景旧曾谙。日出江花红胜火，春来江水绿如蓝。能不忆江南。”心想江南大自然的景色虽美，也赶不上神秘莫测的天山奇观，如果他们来到花牛沟，也会舍弃留恋难忘的故乡。

刘守仁跟随奴乎满一行，隆冬腊月，冒着零下40多摄氏度的严寒，历时11天，行程300多公里，历尽艰险，终于找到了神秘的花牛沟草场。

人逢喜事精神爽，春风得意马蹄疾，归途一路顺利，每张紫红色的脸膛上都容光焕发，精神抖擞。场领导看他们胜利归来非常高兴，听了他们探险花牛沟草场的情况后，陈永福和班维钧当场决定：马上成立施工队，尽早修通去花牛沟的牧道。

兵团的组织形式，决定了办任何事情，只要一声令下，政令通畅，雷厉风行。牧道修通后，第二年，神仙住的花牛沟，撒满了紫泥泉种羊场的羊群。

第四章

军垦细毛羊问世

嫡亲交配破禁区

建羊舍、盖产房、备饲草，把母羊产羔时间推迟到春暖花开的4月，这一系列举措，为提高羔羊成活率提供了可靠的保障。

在这一切准备妥当之后，刘守仁还放不下心，为了抓好怀胎母羊的膘情，他跟着牧羊能手哈赛因的羊群做了整整7天的仔细调查。他从中紧盯住一只羊，观察、记录它一天中吃草的次数，采集它吃的草根，羊走一步他走一步，寸步不离。晚上羊入圈了，刘守仁趴在小屋的油灯下，认真整理这只羊一天之内的觅食里程、采食的次数、采食量及它所采集草种的比例，用数据总结出哈赛因分区轮牧的抓膘经验，并在种羊场的所有牧场推广，既节约了草场的饲草，又增加了羊的采食量，使母羊个个膘好体壮。

功夫不负有心人。1959年母羊产羔期躲过了初春的“宰羊刀”。

第三代杂交细毛羊，个个结实健壮，成活率高，人们都认为细毛羊杂交成功了，全场干部牧工欢欣鼓舞，刘守仁的心里甭提有多高兴。但过不多久杂交羊出现退化。羊腿部和腹部的毛变得稀少。

怎么办？刘守仁左思右想也理不出个头绪来，没了主见，真有些沉不住气了，总觉得自己到了“山穷水尽”的地步。

在刘守仁六神无主不知所措的关键时刻，场长陈永福、政委班维钧把刘守仁叫去。陈永福说：“你搞的杂交育种工作成绩很好，羊毛细了，羊的个头大了，这是了不起的进步。现在杂交羊出现一些退化，出现一些反复，这是极正常的事，不要往心里去，有问题再想办法解决就是了。”

"'我们的同志在困难的时候，要看到成绩，要看到光明，要提高我们的勇气。'毛主席的话说出了事物发展的规律，你想想，要是细毛羊那么容易就培育成功了，这科研院所和专家学者干什么？我们想要培育成功一个细毛羊新品种不经过失败、失败、再失败的较量，是很难成功的。越接近胜利，困难越多，关键在于再坚持一下之中。现在我们的育种工作，是黎明前的黑暗，只要咬着牙坚持下来，就能迎来胜利的曙光。"班维钧虽不懂育种工作，但世界上的万事万物都是一个道理。班维钧的话很有哲理，一下拨开了刘守仁心中的迷雾。

班维钧很实在，很善于做人的思想工作，他看刘守仁的样子，不像刚才那样六神无主，心中有了底气，就把这天叫他来的目的告诉了他："我和场长碰了头，我们决定让你到全国各地走一走看一看。古代文学家不仅要读万卷书，还要行万里路。只关门读书，不到外面增长见识是不行的，见识也是知识，而且是很重要的知识。"

临行前，陈永福说："小刘，家里的事什么都不要往心里去，放心大胆地到外面去学，有啥事，等你从外地回来，一切的一切自然都好解决。"

刘守仁上北京、奔东北、到内蒙古，从南到北，走了很多地方，看了很多细毛羊，开阔了眼界，解放了思想，增长了不少见识。

刘守仁回到紫泥泉种羊场后，在2 000多只母羊身上，进行了100多次亲缘系列实验，取得了1万多个数据。逐个调查母羊的口齿、公羊的遗传性、腹毛、胎次、体型、被毛密度、匀度、油汗等级、饲养水平、剪毛次数、药品刺激等共11个对毛产量有影响的因素，对退化问题作系统的研究分析；掌握了6 000多个综合数据，整理了大量羊毛标本，建立了标准羊群档案资料，记录了羔羊发育性能、羊毛质量微小变化等5万多个数据，终于找到了杂交羊退化的原因，走进了育种道路上的"柳暗花明又一村"。

在育种方法上，刘守仁创立了“血亲级进”育种方法：即以两个品种杂交，改革原始品种生产方向。他打破了传统方法血亲近交的禁区，大胆采用嫡亲交配，将横交固定这一环节安排在杂交阶段同时进行，改变了“杂交—横交固定—提高”的三步常规模式，三步变成两步走，加快了育种速度。

当时，苏联的一些绵羊育种专家反对亲缘交配，理由是亲缘繁殖退化，死亡率高。刘守仁根据自己掌握的数据和实践经验，大胆采用远亲、中亲、近亲（羊之间兄妹交配）直到血亲的绵羊杂交改良育种方法。刘守仁认为近亲交配防止退化，死亡率高的关键问题是：一要母羊体质好，二要营养跟得上去。只要这两条都做到了，在横交阶段运用同质选配和亲缘交配的方法，就可有效快捷地统一品种表型性状，巩固遗传性。

刘守仁在培育绵羊新品种的过程中，把“血亲级进”的育种方法运用得得心应手。1960年年底，种羊场绵羊总数20 083只，其中，阿尔泰细毛羊238只（母羊121只），新疆羊1 582只（母羊950只）。杂交改良效果明显：成年母羊共12 925只，其中杂交四代805只、三代3 307只、二代4 049只、一代3 693只。纯种繁育成年母羊平均剪毛量，阿尔泰细毛羊提高11.34%，新疆羊提高14.15%。用杂交二、三代羊群中理想型个体分别进行横交固定，导入杂交，其后代在产毛量和体重方面都超过育种计划指标。成年母羊一代、二代、三代产毛量分别为3.08千克、3.99千克和5.19千克。土种羊全部淘汰，粗毛逐步变成细毛，异质毛趋向同化，杂色毛被逐渐变成白色毛被；体型外貌逐渐趋于理想型；被毛同质性发生重大变化；杂交二代出现闭合毛丛结构，四代具有闭合毛丛结构的羊占到94.55%；成年母羊剪毛量5.56千克，达到育种指标（理想型）的母羊占47.79%，全场平均羊毛单产达到3.23千克。

1960年哈萨克羊与各代杂交羊毛色、被毛、产毛量比较表

	毛色变化			被毛结构		产毛量（千克）
	全身白色（%）	头肢杂色（%）	体躯杂色（%）	毛辫结构（%）	闭合毛丛结构（%）	成年母羊
哈萨克羊	25.00	10.80	64.20	0	0	1.30
杂交一代	30.98	30.85	38.17	100	0	3.08
杂交二代	45.21	25.80	28.99		35.00	3.99
杂交三代	68.95	22.25	8.80		69.72	5.19
杂交四代	89.36	4.29	6.35		94.55	5.56

1961年，刘守仁出色地完成了第一个五年育种计划的各项指标，终于将阿尔泰细毛羊的皮毛“披”到了当地哈萨克羊身上。羊的个头、体重、产毛量，分别比杂交改良前的羊增长了近一倍。公羊的体重达到40多千克或60多千克就相当不错了。但离刘守仁心中的目标还相差太远、太远。刘守仁为了增加羊的体重，从选羊、选配、饲养上挖空心思，使出浑身的解数，羊的体重还是上不去，体重问题成了育种道路上的拦路虎。

针对如何打掉公羊体重徘徊不前这只拦路虎，刘守仁在石河子农学院讲师李一善、新疆八一农学院讲师祝源的协同下，又编制了第二个五年育种计划（1961—1965年），确立纯种繁育细毛羊与杂交改良培育新品种同时并举的方针，制订出以杂交三代羊为主，选择三、四代理想型杂种横交的复杂杂交育种方案。选种具体指标：体重，公羊90千克，母羊50千克；剪毛量，公羊8千克，母羊5千克；净毛率45%以上，毛长7.5厘米以上，细度60～64支。

1961年7月，兵团绵羊育种工作现场会在紫泥泉种羊场召开，会议总结了第一个五年育种计划的完成情况，并批准实施第二个五年育种计划。

同年，紫泥泉种羊场与北京农业大学签订关于育种和草原改良

技术合作合同。1962年起，北京农业大学畜牧系教授、著名的养羊专家汤逸人，副教授蒋英、贾慎修、叶其铿，讲师张伯洪等轮流来种羊场协助工作。

1960年，种羊场党委确定了“以牧为主，绵羊育种为纲，农牧结合，粮草并举，多种经营全面发展”的经营方针，把绵羊育种工作提到全场各项工作首屈一指的位置。在这天时、地利、人和的大好形势下，1964年，紫泥泉种羊场绵羊育种及草原改良站成立了。刘守仁任站长，设立实验室。绵羊育种及草原改良工作与北京农业大学、新疆八一农学院、石河子农学院及新疆农业科学院协作进行。至此，紫泥泉种羊场绵羊育种科研工作得以全面展开。

实验室仪器不全，技术人员动手制作，如羊毛密度采样钳、胃盆器等；测定羊毛密度没有精密天平，就用镊子逐根抽着数。副场长王洪都改进羊断尾方法，推广火钳断尾技术，减少了羔羊发病率。高代杂种横交羊推广到兵团，自治区及青海、甘肃、河南、陕西等地。

第二个五年育种计划期间，对阿尔泰细毛羊采用了品系繁育法，延续苏联13-654和1944两个品系，纯种羊数量增加，质量提高；对新疆羊以提高质量为目的，采用导入杂交法，导入阿尔泰细毛羊血1/3，使其毛长度提高。三、四代杂种羊中出现一大批品质优良公羊，育种工作转入横交阶段。同时继续对低代杂种母羊向三、四代级进横交，组合为四代公羊配三代母羊。横交后代一岁母羊平均毛长7.7厘米，毛量4.87千克，体重30.55千克，毛长和毛量都超过理想型指标。

1965年是刘守仁培育细毛羊获得重大突破的一年。一是这年4月，全场杂交羔羊成活率达到98%。二是出色完成了“纯种繁育细毛羊与杂交改良培育新品种同时并举”的第二个五年育种计划。全场24 491只羊中，杂种母羊三、四代横交后代占绵羊总数的73.7%，二代羊占26.3%，低等羊被淘汰。

刘守仁用了12年时间完成了国外育种需要几十年甚至上百年才

能完成的壮举，终于把从苏联引进的阿尔泰细毛羊的羊毛外衣披到了毛质粗劣的哈萨克羊身上。这种改良后的杂交羊既保持父本阿尔泰细毛羊个大体硕，毛质优良的特点，又保持了母本哈萨克羊耐粗饲，能爬山下谷，还具有适应恶劣气候和山地环境的能力。

1965年年底，全场杂种母羊三、四代横交后代占全场绵羊总数的73.7%，二代羊占26.3%，低等级羊被大量淘汰，但羊毛长度偏短，羊毛品质仍不理想。高代杂种横交羊的毛长、毛量都优于一般羊。紫泥泉种羊场的高代杂种横交羊，受到内地一些省份的欢迎，1964—1965年先后推广到兵团，自治区及青海、甘肃、河南、陕西等地。

绵羊育种及草原改良站成立后，建立了先进的分区轮牧制度，草场载畜比自由放牧提高了65%，增膘羊群增加了2.6倍。

我要加入党组织

刘守仁从外地参观学习回来后，回想从事绵羊育种工作几年走过的道路，深刻认识到，育种工作离不开党的正确领导和组织上的关怀与支持，离开各级领导、科研单位的支持帮助，自己将一事无成。他产生了加入中国共产党的强烈愿望。1960年6月4日，他正式向紫泥泉种羊场党委递交了入党申请书。

我自愿加入中国共产党，在党的旗帜下当一名战士，为实现共产主义献出自己的一切，包括生命。

我认识到中国共产党是马列主义毛泽东思想武装起来的政党，是为广大人民谋幸福，是引导人们为共产主义事业奋斗到底的党，是伟大光荣的党。

一个人的一生到底为什么？是做一名无产阶级战士，还是做一个自私自利的人，我愿以实现共产主义事业为自己的奋斗目标。坚决执行党的政策和决议，工作中鼓足革命干劲，对党忠诚，服从党纲党章，捍卫党、国家和人民利益。向一切危害党、国家和人民利益的行为作斗争，积极参加党的生活，积极交纳党费。

请组织考验我，我愿意接受组织的任何考验。

申请人：刘守仁

1960年6月4日

接到刘守仁入党申请书后，种羊场党委研究决定，由党委副书记王文章和党委常委、副场长梁朝富作为刘守仁入党介绍人，同意刘守仁为中共预备党员，考验期为两年。1962年6月26日，刘守仁向党组织递交了转正申请书，6月29日，紫泥泉种羊场党委批准刘守仁为中国共产党党员。

在兵团，英雄不看出处，不看门第，以现实表现识英雄、论英雄，兵团给每个人提供了公开、公平、公正竞争的大舞台。艰苦奋斗，吃苦耐劳，无私奉献，是兵团人唯一的通行证。

别看刘守仁是大城市来的大学生，在兵团这所大学校里，他“考试”也得第一。他和牧工一起放牧，产羔时节接羔，忘掉技术员的身份，脏活、累活抢着干，晚上给羊打更守夜，接羔不怕母羊的血水和圈舍的粪便，爱羊如爱自己的生命，他先做合格的牧羊娃，而后才是当好畜牧兽医技术员。

在兵团实实在在做事、踏踏实实做人的人吃香，兵团要的是真抓实干的，而对巧言令色、坐而论道的敬而远之。

以现实表现识别人、区分人、论英雄，抓住了事物的本质，牵住了大发展的“牛鼻子”。兵团汇聚四海英豪，网罗天下人才。

刘守仁入党时，种羊场党委书记班维钧这样说：“刘守仁同志，欢迎你加入中国共产党，你是我们种羊场的大学生中第一个和牧工工作结合的知识分子，你和牧工打成一片，和牧工一样不怕吃苦耐劳，做到了知识分子劳动化、工农化。”

1960年，刘守仁26岁加入中国共产党，风华正茂，令多少人羡慕不已。刘守仁决心做一个合格的好党员。党组织的信任、领导的关心关怀、同行和牧民的帮助支持，让刘守仁倍感温暖，他对培育出绵羊新品种的信心更足，决心更大了。

羔羊特培传神力

刘守仁做梦都在想如何培育出体型大、产毛量又高又好的细毛羊，但公羊的体重仍然没有大的突破，怎么也迈不过突破公羊体重这一关。

科学需要想象力，但想象力必须建立在前人研究的基础上，建立在对日常工作生活的细微观察上，从中得到突破的灵感，创新来自实践，来自做生活中的有心人。刘守仁就是生活中的有心人。当咩咩叫的羊群从刘守仁身前簇拥而过时，他一眼便认出哪只羊是最好的，好坏都躲不过他的火眼金睛，问他是怎样练出这一本领的，刘守仁轻描淡写地回答：“主要是看得多了，没有什么技巧。”其实每年鉴定1万、2万只，鉴定每一只羊，认真再认真，仔细观察，用心去鉴定，所以每一只羊的好、坏都逃不过他的眼睛。

刘守仁说：分辨羊的好坏，是绵羊育种上最基本的功夫。他的老师有两个，一个是大学讲台上授业解惑的学者，另一个是种羊场里终生与羊为伴的牧工，在学者那里学到了千锤百炼的理论知识，在牧工那里学到的是活生生的实践经验。

老牧工张仁祖是随陶峙岳将军起义的老兵，后来在种羊场当了一名牧工，他把热爱新中国，热爱社会主义的满腔热情，都倾注到所放牧的每一只羊身上，把羊群中每一只羊的细微变化一一记在心上，他放牧管理的羊群个个膘肥体壮，他是种羊场最优秀的牧工之一。1958年9月中旬，中国农垦部展览代表团到越南河内参加展出，紫泥泉种羊场张仁祖、王殿文带22只纯繁细毛羊随团展出。展览结束后，把细毛羊赠给了越南。

在羔羊分群时，刘守仁来到张仁祖的羊群，发现一只羔羊的个头比所有羔羊高出了一头，一过秤鉴定，其他的羔羊普遍只有十来千克，最重不超过20千克，而那只特殊的羔羊体重超过了45千克。这样的奇迹是怎样发生的？张仁祖向刘守仁介绍说："刘技术员，这只羔子长得快、长得大，原因是吃两只母羊的奶，两只母羊供养一只羔羊。事情是这样的，4月产羔时，一只母羊的羔羊产下后便死了，母羊很悲伤，这时另一只大胆的羔羊跑去吃奶，这只母羊认定是自己的羔羊，于是这只羔羊吃两只母羊的奶，一直到断奶为止。"

"张组长，你要好好照料这只羔羊，到秋天再看这只羔羊的体重。"刘守仁给张仁祖做了安排。

不到1年的时间，这只羔羊体重猛增到115千克，真是个奇迹。张仁祖对刘守仁说："刘站长，我们公羊体重上不去，原因是按一般常规管理方法，如果我们有意让两只体格健壮的母羊只带一只各方面都比较好的羔子，优中选优，情况会是什么样子。""你的设想很好。我自从见了两母带一羔的那只羔羊，心中就有这个打算。现在这只羔子不到1年时间，体重就超过了100千克。实践证明，两母带一羔的特培方法是增加羔羊体重，提高羊生产性能的有效方法。下一个产羔期，就从你的羊群做起，选好的公羔和体型好的母羊实行两母带一公羔的扩大工作。"刘守仁肯定了张仁祖两母带一羔的设想，并要求示范推广。

第二年产羔期，张仁祖在他的羊群按刘守仁的安排和要求，大胆推行两母带一羔的示范试验。凡两母带一羔的羔羊，120天断奶体重比一母一羔的羔羊重1倍，当年的羔子当年就能配种。两母带一羔的羔羊特培方法，不仅打破了公羊体重徘徊不前的瓶颈，而且破天荒地实现了当年羔子当年配种，育种工作由两年一个世代，缩短为一年一个世代，加快了育种进度，为血亲级进育种插上了腾飞的翅膀。

刘守仁和肖发祥的关系，亲如父子，早被人们传为美谈。刘守仁离不开肖发祥，肖发祥少不了刘守仁，在育种工作中，他们亲密合作，相得益彰。刘守仁把选中的种羊，从小羔分群后，便交给了肖发祥饲养管理，一经肖发祥的手，羊就变得与众不同。他的羊，不论体重或毛的产量，都是首创纪录。

肖发祥是紫泥泉种羊场有名的牧羊土专家。他工作不怕苦，天当被，地当床，一片毡子三根棍，就是他的住房；一把茶壶，一个大白瓷铁皮缸子，就是炊具。他60多岁了还未成家，不少人给他介绍老伴，他总是一句话："等培育出细毛羊再说。"他视羊和草原如命。他口尝百草，心系羊群，熟悉一百多种牧草的特性，为放好刘守仁交给他的种公羊，积累了丰富的经验。他虽大字不识，但抓住一切机会向兽医学习，苦心钻研兽医技术，在放牧中留心观察每只羊的状况，只要羊群从他身边经过，一眼便可看出哪只羊是最好的，哪只羊有什么疾病，都逃不出他的火眼金睛。及时对发病的羊只进行治疗。他总结出自己的一套放牧经验："羊吃好，备好草；羊长膘，水泡草；放牧背药包；回家勤扫圈。"1961年，他放牧的102只公羔，8个月平均体重达60余千克，月增体重8千克。1963年8月，场里有11只公羊病弱的不行了，刘守仁建议场领导："把这11只病羊交给肖发祥管理，啥事都没有了。"场领导采纳了他的建议，把这11只羊交给肖发祥饲养。奇迹出现了，仅1个月时间，就有8只病羊痊愈。1972年，刘守仁把两母带一羔特培的30只公羊羔羊交给了肖发祥。71岁高龄的肖发祥知道这批公羔对育成细毛羊，加快细毛羊繁育的重要性："刘站长，你交给我的任务一定把它完成好，饲养出你满意的种公羊。"

在肖发祥的精心养育下，30只周岁的公羊羔子，平均体重达91.85千克，最高体重达114千克。平均产毛量14.07千克，最多达18.5千克。当年羔子就能当年配种。培育种公羊由两年一个世代，缩短为一年一个世代。有了这样的种羊，就可以迅速繁衍出更多更好的后代，不仅可以破解"返祖"周期率，而且可以缩短育种周期，为培育新品种打好基础。

两母带一羔的特培公羊，最高体重达到130千克。甘肃省武威市一位领导在紫泥泉种羊场看到牛犊似的种公羊，感叹地说："科学就是科学，你不服不行，这公羊简直就和我们甘肃的毛驴差不多。"

羔羊特培，大大提高了羊的生产性能，为培育细毛羊新品种创造了条件。

在育种问题，当时世界上存在不同的看法，到底是应该先培育品系作为一个品种，还是先培育好一个品种再去分品系。刘守仁提出的方法是品种和品系同时培育。刘守仁独创的品种品系齐育共进的育种配套技术，大大缩短了培育品种的时间，过去几十年、几百年都培育不了一个品种，在刘守仁品种品系齐育共进理论指导下，现在培育出一个新品种不超过10年。

按照品种品系齐育共进的育种理论，1966—1967年，两次引进波尔华斯种羊30只、23只。刘守仁在原阿尔泰细毛羊高代杂种基础群羊中导入12.5%的波尔华斯血液，建立起A型类羊群。技术员丁宜生在育种群中导入1/2 ~ 3/4的波尔华斯血液，建立起B型类羊群。

1968年，紫泥泉种羊场细毛羊新品种在北京的全国农业展览馆展出。

1969年3月，紫泥泉种羊场向中国人民解放军总后勤部呈报关于育成新的细毛羊品种的报告。

1970年8月，经农垦部鉴定，紫泥泉种羊场培育的毛肉兼用细毛羊新品种被命名为"军垦细毛羊"。

1973年4月26日，兵团绵羊育种工作会议在紫泥泉种羊场召开，大会总结了兵团20余年的绵羊育种工作，肯定紫泥泉种羊场军垦细毛羊育种工作成就，并对该品种进行鉴定。

军垦细毛羊培育方法*

军垦细毛羊由改良品种——阿尔泰细毛羊、新疆细毛羊、波尔华斯等毛肉兼用细毛羊作父本，被改良品种——哈萨克羊作母本，通过复杂育成杂交方法培育而成。

（一）级进杂交　即以两个品种杂交，改变原始品种生产方向。从第一代杂种开始，以后各代杂种所产母羊都用改良公羊交配，到3~5代，其后代生产性能基本与改良品种相似。在培育过程中，采取阿尔泰细毛羊对哈萨克羊级进杂交方法，在杂交改良初期，新疆公羊亦参与杂交过程。

（二）横交固定　又称自群繁育，是育成杂交的延续，以巩固遗传性，稳定其理想性状。军垦细毛羊培育过程中，第二代中出现个别较好个体，一面横交，一面级进杂交。实践证明，二代羊横交后代理想型太少，三、四代羊中出现大批优良个体，四代羊最优。横交以四代公羊为主，母羊不过分强调杂交代数，严格选取不同代数的理想型杂种，横交后代生产性能基本一致。在横交阶段，运用同质选配和亲缘交配的方法，可有效快捷地统一品种表型性状，巩固遗传性。在横交初期，对非理想型个体可继续用改良品种杂交，后期则完全采用横交方式固定优良性状。对于体质细弱，羊毛品质差的个体，坚决予以淘汰。

（三）类群繁育　即品系繁育，在杂交和横交过程中分化出既有共性，又具不同特点的A、B、C（毛长）及无角、多胎等5个新品系的类群，通过选种选配、定向培育和亲缘交配等手段，能有效控制品种内部矛盾的发展，丰富品种结构，巩固、积累和发展某些个体和群体的优良性状，达到发展提高的目的，同时又能较长时间保

* 引自《紫泥泉种羊场志》。

持品种的旺盛生命力。

军垦细毛羊基本特征*

（一）外貌特征 军垦细毛羊体质结实，结构匀称，体形大小适中，头平直，背腰宽平，胸宽而深，体躯呈长方形，四肢端正，颈部有横或纵褶皱，体躯有小褶皱，多数头毛着生到下眼线，前肢毛至膝关节以下，后肢毛至飞关节以下，羊毛紧密，闭合良好。

（二）羊毛细度 军垦细毛羊羊毛细度，成年公羊羊毛细度为（24.23± 4.59）微米或60支纱，成年母羊羊毛细度为（22.28±5.08）微米或64支纱；一岁公羊羊毛细度为（19.8±4.04）微米或70支纱；一岁母羊羊毛细度为（21.50 ±4.24）微米或64支纱。套毛各部位细度均匀。

（三）军垦细毛羊净毛率及羊毛品质 成年公羊净毛率为45.59%（范围41.72% ~ 47.59%），一岁公羊净毛率为48.12%（范围44.68% ~ 50.43%），一岁母羊净毛率为50.12%（范围47.0% ~ 57.33%）。军垦细毛羊羊毛光泽柔和，弯曲清晰而较大，羊毛弹性良好，油汗多白色和淡黄色。1972年上海第十毛纺厂，1973年陕西第一毛纺厂用该羊毛试制出口的花呢、直贡呢、隐格凡尔丁和毛涤纶等产品被评价为颜色花型好，手感光泽好，质量基本达到国外同类水平。

军垦细毛羊羊毛与“澳毛”品质对比表

羊毛	细度		长度		短毛率（%）	重量不匀率（%）	含油率（%）	毛粒（粒/只）	草层（克/只）	净毛率（%）
	平均（微米）	离散（%）	平均（厘米）	离散（%）						
军垦64	22.08	24.48	8.678	32.58	2.01	1.89	0.74	2.7	0.2	49.63
澳毛64	22.00	21.56	8.857	33.7	2.48	2.00	0.57	1.2	0.15	52.00

注：此为上海第十毛纺厂1972年资料。

* 引自《紫泥泉种羊场志》。

（四）军垦细毛羊体重和产肉性能　体重：成年公羊20只，平均体重126.8千克（范围95 ～ 146千克）；成年母羊1 241只，平均体重53千克（范围48 ～ 72千克）；一岁公羊547只，平均体重51.84千克（范围28 ～ 108千克）；一岁母羊838只，平均体重38.33千克（范围25 ～ 63千克）。产肉性能：测定一岁羯羊5只，平均活重55.94千克，胴体26.12千克，屠宰率46.69%。测定成年羯羊5只，平均活重64千克，胴体重30.5千克，屠宰率47.66%。测定成年母羊5只，平均活重57.5千克，屠宰率47.13%。

（五）军垦细毛羊繁殖能力　母羊产羔率：在正常饲养条件下，每100只母羊每年可产羔羊130 ～ 140只。1974年，育种群产羔率达138.2%。公羊配种能力：繁殖能力良好，平均射精量1.0 ～ 1.5毫升，其中393号公羊一个配种期（36天）交配母羊3 233只，受胎率达97.8%。

军垦细毛羊适应性强，能经受长途跋涉，可在海拔2 500米高山草场抓膘放牧，冬季能在30 ～ 40厘米厚积雪下扒雪采食，夏能忍受炎热气候。在半荒漠地带抢茬放牧，无论在山区常年放牧或农区长期舍饲，均表现较高的适应性（军垦细毛羊的血液成分，具有比阿尔泰细毛羊、新疆羊、波尔华斯羊多得多的红细胞和高得多的血色素含量）。河南、贵州、陕西等省份引进后，体重与毛量有较大提高，对改进当地粗毛土种羊效果显著。

军垦细毛羊羊毛密度测定表

性别	测定（只）	年龄	肩部（根/厘米^2）		股部（根/厘米^2）	
			平均	范围	平均	范围
公	3	成年	5 031	4 719~5 325	4 412	3 061~5 332
公	5	一岁	7 127	5 301~8 454	6 351	4 485~7 908
母	5	成年	6 991	5 281~9 019	6 495	5 242~6 574
母	5	一岁	8 460	6 903~9 251	7 635	6 120~8 446

紫泥泉种羊场培育的军垦细毛羊虽具有体格硕大、产毛量高、腹毛好等优点，但与世界上优秀细毛羊品种相比，仍存在羊毛长度偏短、光泽差、油汗黄、净毛率偏低等缺点，有待改进提高。

刘守仁在绵羊育种事业中，解放思想，大胆创新、创新、再创新，经过12年的奋斗，引用苏联阿尔泰细毛羊杂交改良新疆当地的毛质粗劣的哈萨克羊，成功地培育出蕴含着屯垦戍边含义的全新绵羊品种——军垦细毛羊。

在世界各国的绵羊育种史上，要育成一个新品种，通常需要几十年上百年。而刘守仁仅用了12年的时间，军垦细毛羊这一全新的品种就在紫泥泉草原的山沟中问世了。军垦细毛羊具有体格大，毛质好，适应当地自然环境和饲养条件的特点，生存能力强，产毛量比哈萨克羊高出4.5倍，经济效益超过了40倍以上。

科学大会获重奖

1978年3月上旬的一天，种羊场接到上级电话，让刘守仁赶快到石河子，农八师石河子市党委书记刘丙正找他有重要事情要谈。刘守仁从山区赶80多公里的路程到石河子，已经是下午，刘守仁见到刘丙正有点紧张。刘丙正这位“三八”式（1937年参加革命）老八路见刘守仁进来，立马起身，十分兴奋地说：“小刘，请坐。”说着给刘守仁沏了一杯茶，端着放在茶几上，顺势和刘守仁坐在一排沙发上，刘守仁慌忙站起来说：“刘书记，您找我有什么事？”“不用站起来，坐下，坐下。”刘丙正拉刘守仁坐定后高兴地说：“你为我们新疆、为石河子，乃至我们国家增了光，争了气，你培育的毛肉兼用的军垦细毛羊在即将召开的全国科学大会上获重大科研成果奖，今天我找你来，就是特意通知你，要你去北京参加3月18日召开的全国科学大会，我代表石河子市党委、市政府向你表示祝贺！”说着紧紧地拉着刘守仁的手。

刘守仁听了这个意想不到的惊人喜讯，激动地流下了幸福的热泪。

刘丙正说：“小刘，这次是中华人民共和国成立以来首次召开的全国科学大会，意义非常重大，我们国家要实现现代化，离不开人才和科学，科学是实现现代化最关键的因素。我今天找你来，一是通知你准备参加全国科学大会，二是我们党委决定，让你担任种羊场党委常委、种羊场副场长。现在你什么都不要考虑，只考虑如何开好全国科学大会。副场长的事，你从北京回来再上任。组织上让我征求你对安排有什么意见，尽管提出来。”

“我是共产党员，坚决服从组织安排，叫我干什么，我就干什么，一定不辜负组织上对我的关怀和信任。”

刘守仁紧赶慢赶，回到种羊场已经是夜里十二点钟了，他顾不上休息，急忙来到陈永福家。

陈永福听到刘守仁半夜来敲门，心想肯定有什么紧急的事情，他急忙打开门，看到刘守仁满脸喜气洋洋的样子，心中的疑问解除了：“小刘，快坐，你怎么来了？”

“陈场长，有个天大的喜事，我不告诉你，今天晚上就睡不着觉。”

“什么喜事，我怎么一点也不知道？”

“今天，刘丙正书记叫我去了一趟石河子，他告诉我，这个月的18日，中央要在北京召开全国科学大会。点名要我去北京参加全国科学大会，我们经过12年培育出的毛肉兼用军垦细毛羊，被科学大会确定为重大科研成果，听说还要给颁奖。”

“这是真的？”

“千真万确。”

61岁的陈永福激动地一下紧紧抱住刘守仁说：“当年我们定的

君子协定，用10年的时间拿出一个新品种，结果我们用了12年时间，终于把阿尔泰细毛羊的毛皮‘披’到哈萨克羊的身上，现在军垦细毛羊又得到全国科学大会认可和肯定，我陈永福这一辈子没有白活，陪着你终于育成了一个绵羊新品种。来，小刘，咱们先庆祝一下。”说着拿了一瓶二锅头，一包花生米，两人对饮起来，真高兴，真痛快，刘守仁很晚才回到自己的小屋。

第二天，刘守仁把他将要去北京参加全国科学大会的喜讯告诉了远在苏州80多岁的父亲。他想父亲听了后一定会很高兴。没想到父亲只是很平静地说：“我相信，只要坚守，一定会出成果的。关键是一旦选择了你的事业，就一定要坚守到底，要坚守一辈子。”

“爹，我记住了，我一定会坚守到底的。”

“有志气才有出息，你在新疆好好工作，不要为我们操心、分神，我们在这里很好。”

刘守仁想：父亲是文化人，看问题总是想得很远，对儿女的疼爱是放手让他们干自己喜爱的事业。当年大学毕业时，父亲支持他到艰苦的大西北牧区工作，后来，南京的母校希望他回校工作，父亲得知消息，给他来信坚决反对，理由是他是学畜牧的，离开了牧区能干出什么事业呢？他听父亲的话，坚守大西北不动摇。现在回想起来，父亲太伟大了，他为有这样的父亲而骄傲。

刘守仁把自己喜爱的中山装洗得干干净净。他穿着整齐、朴素、大方的中山装，走进了全国科学大会的会场。

刘守仁和大多数中国的知识分子一样，时刻都在关心国家的前途命运。北京召开全国科学大会的消息，使他敏锐地感觉到，中国历史的车轮已驶在大变革、大转折的节点上，一场前所未有的思想大解放潮流正如暴风骤雨般地到来，谁也无法阻挡滚滚前进的历史车轮。

全国科学大会的报告中明确指出：“知识分子是工人阶级的一部分”“科学技术就是生产力”，会场群情激昂，雷鸣般的掌声像海浪，一浪高过一浪。刘守仁拼命地鼓掌，手掌心拍红了、拍疼了，还在发疯地使劲鼓掌。掌声释放出压在知识分子心头的沉重，大有拨开迷雾见太阳的感觉，人人平等，尊重劳动，尊重知识，尊重科学，尊重创造，将成为社会的共识。

科学的春天来到了，科学的春天真的来到了！就在这次大会上，刘守仁被评为“在科学技术研究中做出重大贡献的科技人员”。

刘守仁在全国科学大会上，接过“新疆毛肉兼用细毛羊的培育和提高”科研课题的奖状和证书时，心情万分激动，他暗下决心，用全力努力培育出更好、更优的绵羊优良品种，为国争光，造福各族人民，让中国的绵羊种质资源名列世界前列，一定会做到，也一定能做到，用实际行动报答党和各级领导对自己的关心和培养。

第五章

中国有了“美利奴”

再攀育种新高峰

军垦细毛羊培育成功后，刘守仁没有被取得的成果冲昏头脑，相反，他更加清醒地认识到，科学进步无止境，人类社会发展无止境，绵羊育种事业无止境，要跟上时代前进的步伐，只有不断解放思想，不断进行理论创新、实践创新，才能不断进步，不断前进。

军垦细毛羊确实好，那是和自己的过去比，但同“细毛羊王国”的澳大利亚优良羊种相比，还差一大截。

军垦细毛羊，体格硕大，像一头小牛犊，产毛量是当地土种羊的好几倍，谁看了谁都感到骄傲和自豪。但在上海几家生产高档毛料的大型毛纺织厂试纺时，军垦细毛羊的羊毛长度、细度却赶不上进口的澳大利亚羊毛，不能纺高档毛料，通过这次试纺，刘守仁首次了解到由于国内羊毛品质较差，为了生产高档毛料，国家每年要花上千万美元购买澳毛。

军垦细毛羊的羊毛和澳大利亚羊的羊毛品质差距，使刘守仁感到十分震惊和内疚，想不到我们同世界先进的绵羊比竟有这么大的差距。

刘守仁憋了一口气，一定要赶上世界先进水平！让那些一谈细毛羊，就言必澳大利亚的人看看，我们中国人也一定能搞出和澳洲美利奴媲美的细毛羊。

在赶超世界绵羊育种上，有人主张采用“拿来主义”的办法，将引进的澳洲美利奴羊扩大生产。但异国他乡的“洋种”，很难适应中国北方的环境和条件，它娇气十足，终日“养尊处优”，最终后续难继。刘守仁坚决反对“照办照抄”的“拿来主义”，他要走自己育种的道路，不跟在别人后面爬行，决心依靠科技创新，攀登世界绵羊育种新高峰。

据查，400多年前，在气候温和、牧草繁盛的西班牙，最早育成了优质细毛羊——美利奴。西班牙的统治者为了垄断羊毛贸易，严禁美利奴出口。科学技术是人类的共同财富，岂有永久独霸之理？1765年，德国育成自己的美利奴，接着法国、阿根廷、俄国、澳大利亚也相继育成了美利奴。其中以澳洲美利奴最为出众，成了拥有良种细毛羊的佼佼者，并保持了数十年的垄断地位。两千多年来，沿着丝绸之路，从中国输往世界各地五彩缤纷的丝绸，不知绕了地球多少周，可是，来往于东西方的浩浩荡荡的商队却未能把良种细毛羊运进中国，直到20世纪50年代，中国人民还穿不上国产羊毛制成的毛料衣服，西洋人则奇货可居，控制着国际市场，对美利奴实行技术封锁。

在20世纪70年代，北京为一个在世界上以产优质细毛羊著称的国家举办农业展览会。刘守仁不远千里前来参观，希望能找到一些国际上著名的良种羊。但是这个国家只带来4只公羊，3只阉过了，一只结扎了输精管。刘守仁问他们为什么这样做，外商耸耸肩，以该国法律不准出口种公羊为托辞，摊开了双手。

刘守仁气愤难忍："有什么了不起，你们能我们也能，中国人不比外国人笨。"他下定决心要为祖国争光，为中国人争气，一定培养出具有世界先进水平的中国美利奴，"把美利奴羊皮披到军垦细毛羊的身上"。

国家非常重视绵羊育种工作，从澳大利亚专门引进澳洲美利奴种公羊，培育中国自己的美利奴。当时，育种工作由农林部畜牧局科技处统一领导，傅寅生是科技处处长，绵羊育种专家。接受任务后，他想把全国的绵羊育种资源整合在一起，形成合力，成立联合育种组织。傅寅生第一次召集吉林、内蒙古、新疆三家开会，讨论研究整合资源，培育良种细毛羊问题。兵团紫泥泉种羊场没有参加。

第二次育种会议，参加的有内蒙古、吉林、新疆生产建设兵团、北京等地区的种羊（畜）场、高等院校、科研单位。刘守仁在会上表现非常积极，坚决支持傅寅生的想法，赞同育种资源共享，表示要对军垦细毛羊进一步改良提高，尽早努力培育出中国美利奴细毛羊新品种。会议结束后，紫泥泉种羊场分配到国家从澳大利亚引进的澳洲美利奴种公羊2只，并得到50万元的攻关课题费。

1972年，刘守仁在兵团范围内以紫泥泉种羊场为中心，与新疆、内蒙古、吉林、北京等地区的3个种羊场和高等院校共同进行新型细毛羊新品种培育工作。刘守仁把2只澳洲美利奴种公羊交给肖发祥精心呵护，加强饲养管理，为扩大覆盖面，常年制作冷冻精液，配种季节公羊使用强度达到1只相当于2 500 ~ 3 000只。获得澳洲美利奴羊和军垦细毛羊杂交一代母羊后，继续用澳洲美利奴种公羊级进杂交的同时，也使用含1/2 ~ 3/4澳血公羊配种。采用公母羔当年配种、母羊同期发情技术，选取40只澳军一代母羊，运往新疆巩乃斯种羊场与澳洲美利奴公羊交配，由此增加群体的多态性，丰富遗传基础。刘守仁仔细打量这两只公羊，叹羡不已。它雄壮、健美、毛长而密、大弯曲、白油汗、净毛率高，堪称“细毛羊国度”里的“阿波罗”。他暗下决心，一定要好好利用这两只公羊，育成中国自己的美利奴。

1976年，三代获得了不同澳血含量的细毛羊2 487只，出售周岁含1/2 ~ 3/4澳血的公羊728只，母羊265只。

高强度使用澳洲美利奴公羊和澳美军垦（澳洲美利奴和军垦细毛羊杂交后代）二、三代横交自繁形成了独具风格的全新类群。

1980年7月，紫泥泉绵羊研究所成立，下设育种站、草原站、兽医站。所长由种羊场场长刘守仁兼任。随着育种工作的深入发展，刘守仁感到自己培育的细毛羊虽然可以和澳羊媲美，但总觉得腹部毛较少，他决定出访养羊王国——澳大利亚，实地探个究竟。

刘守仁一行每到澳大利亚一地，都要把羊放倒在地，看羊肚子底下的羊毛情况，陪同考察的外国人感到很奇怪，为什么这些中国人看羊都要把羊放倒看羊肚子下面，不理解。其实澳大利亚羊的羊肚子下面毛也少，这是因为羊常年卧倒休息，肚子底下的腹毛自然赶不上其他部位的羊毛好。只是外国人的理念跟我们不一样。他们剪羊毛时，两推子下去把羊肚子推下的脏羊毛放到一边另外处理。羊经常睡卧，再好的羊肚子下面的毛也不行，又脏、又短。我们看重这点点毛，剪毛时把坏毛和好毛混在一起，好毛也卖不上好价钱。外国人把好羊毛和不好的羊毛分开处理分级卖，价格大不一样。

刘守仁先后两次考察澳大利亚，对培育出中国美利奴细毛羊更加充满了信心。

刘守仁进一步对自己的"血亲级进"两母带一羔的羔羊特培方法进行总结和完善，大胆采用单系选择封闭育种，引血改良、封闭育种，抓住优势个体确定系祖，采取近交，迅速增加畜群亲缘系数，使群体遗传性在杂交阶段稳定下来。

羔羊特培加快了培育新品种的进度，两母带一羔的羔羊特培使仅仅只有4个月的公羔，竟比羊妈妈还高出一个头，10个月的羔羊体重达到50多千克，12个月体重达到103千克，比普通羔羊的体重高出几乎50%，7个月就可以配种，实现了当年羔羊当年配种，把世代间隔2年缩短为1年。

在传统的育种过程中，一般的规律是先育成品种，再育品系，没有人突破这一育种的传统模式，刘守仁又一次向传统育种方式提出挑战。他的"血亲级进"育种方法再一次在绵羊育种实践中获得非凡的成功。他用"血亲级进"理论，设计出"品种品系齐育并进"法，即先育成品系、后构成品种的育种方法，在培育新品种的同时，在保持其品种优秀特性的前提下，同时再分别形成各有所长遗传品质的新品种。其品系繁育和品系固定工作经历了由量变到质变的复杂过程。

A、B品系闯新路

1981年，紫泥泉种羊场培育出中国美利奴（新疆军垦型）A品系，并通过部级验收鉴定。

A品系鉴定意见：经过对紫泥泉种羊场A品系成果介绍材料的审查鉴定，专家组认为："该品系介绍材料符合实际情况，品系羊群具有个体大、产毛量高等特点，抽样鉴定的品系羊体重、毛长和资料记载的产量等指标均达到良种细毛羊鉴定标准的特等指标，符合该品系选育标准。品系群体类型、特征基本一致，生产特性较明显，表明系祖及继代公羊遗传性比较稳定。经工业试纺，羊毛品质基本达到同类进口澳毛水平，同意建立品系并建议报请主管部门批准。专家组还认为该品系对提高军垦细毛羊体格、改进外形和羊毛品质，为毛纺工业生产高档产品提供优质原料有一定的积极作用。紫泥泉种羊场在培育品系过程中，在吸收澳洲美利奴羊毛品质优点的同时，保持了军垦细毛羊体格大、产毛量高的特点，其经验在科学上也有一定的参考价值。希望今后应积极扩大品系数量和利用范围，同时进一步纯化性状、稳定遗传性，改进品系中个别个体存在的浅黄油汗等缺点。"

A品系特征：该品系以含75%澳血的40004号公羊为系祖，经过多年培育，于验收时已有优秀子代和孙代继承公羊及1 200余只品系母羊。品系羊具有良种细毛羊体躯长、体格大、毛产量高的突出特点。在正常饲养条件下，12个月毛长10厘米，成年公羊平均活重113.5千克，净毛量7.41千克；成年母羊平均活重56.46千克，净毛量4.35千克，品系各类羊生产性能达到良种羊特等标准。

品系群体类型一致，羊毛品质优良，血缘一致，遗传性稳定。与国内其他细毛羊品种杂交能提高后代体重和毛量。近年已向全国5个省份推广种羊1 000余只，中国美利奴（新疆军垦型）A品系培育工作，得到北京农业大学、石河子农学院协助，由刘守仁主持，丁宜生负责。1981年5月通过部级鉴定。优秀牧工杨保明、肖发祥、苏永和、杨恒生、李子典、马登礼及技术员张仁祖做了大量工作。该成果获部级一等奖。

A品系羊头部平直，体躯宽广，胸宽深，股部丰满，体躯呈长方形，四肢端正，体质结实，公羊有螺旋形的大角，母羊无角，颈部有褶裙或发达的纵褶，体躯有小皱褶，头毛着生至眼线，前肢绒毛着生至膝关节，后肢绒毛着生至飞关节。

体重和体尺。初生重：品系羊初生重略高于军垦细毛羊和澳什羊（澳洲羊与其他羊交配的后代）。相比单胎公羔体重为澳什羊的119.01%，母羔为116.90%，双胎公羔为112.07%，双胎母羔为124.62%。离乳体重：品系羊断乳公羔58只，平均每只体重（34.03 ± 5.13）千克，母羔102只，平均每只体重（28.96 ± 3.17）千克，和军垦细毛羊相似，是澳什羊公羔的116.10%，澳什羊母羔的111.94%。一岁羊和成年羊体重：测定结果，品系羊比澳什一岁公羊、母羊平均高出46.0%和22.01%，成年公羊、母羊高出9.05%和11.77%，但略低于军垦细毛羊。成年公羊体尺：剪毛后测定体尺，品系羊比澳什羊大，尤以体长和体高为突出；和军垦细毛羊比较，体尺数较小，但胸围、胸深较大。

剪毛量和羊毛品质：品系羊污毛产量较军垦细毛羊低，但较澳什羊高。净毛产量以品系羊为最高，成年公羊比军垦细毛羊高0.25千克，比澳什羊高0.66千克；成年母羊比军垦细毛羊高1.64千克，比澳什羊高0.66千克。羊毛细度：品系羊毛细度以64支为主，匀度很好，不匀系数为8% ~ 15%。羊毛油汗：品系羊毛油汗在毛干分布均匀，大多为乳白色，污毛油脂含量为15%左右。卷曲：大多为中弯，一部分为小弯，卷曲清晰、整齐。密度：肩部每平方厘米有羊毛5 000 ~ 8 000根，较澳什羊密，较军垦细毛羊稀。羊毛长度：品系羊较澳什羊略短，较军垦细毛羊有明显提高，品系羊羊毛伸长率达40%以上。

A品系羊、澳什羊、军垦细毛羊剪毛量和净毛率比较表

品种	性别	成年羊				
		只数	平均污毛量（千克）	范围（千克）	净毛率（%）	净毛量（千克）
A品系羊	公	5	13.88	12.60 ~ 17.90	53.39	7.41
	母	104	7.48 ± 1.3	4.50 ~ 10.40	58.16	4.35
澳什羊	公	6	12.32	11.00 ~ 13.60	54.79	6.75
	母	121	6.31 ± 0.94	3.50 ~ 9.20	58.48	3.69
军垦细毛羊	公	15	15.7	10.00 ~ 19.00	45.61	7.16
	母	51	5.72	3.80 ~ 14.10	47.38	2.71
品种	性别	1岁羊				
		只数	平均污毛量（千克）	范围（千克）	净毛率（%）	净毛量（千克）
A品系羊	公	72	6.65 ± 0.80	4.50 ~ 10.00	51.13	3.40
	母	166	5.30 ± 0.80	3.00 ~ 7.50	57.55	3.05
澳什羊	公	71	5.65 ± 0.71	4.1 ~ 6.8	52.39	2.96
	母	250	4.42 ± 0.87	2.6 ~ 8.5	56.33	2.49
军垦细毛羊	公	14	9.94	7.8 ~ 11.0	37.63	3.74
	母	50	5.42	4.6 ~ 6.3	42.62	2.31

适应性：A品系羊适应大陆性干旱气候，冬季能扒雪采食，夏天能翻越海拔4 000米的达坂，在天山深处放牧，也能在炎热的垦区抢茬抓膘。

军垦细毛羊B型类群，该型类群含有60%波尔华斯羊血液，具有毛长、品质好、净毛率高等特点，但毛密度和毛被闭合性较差。

由于毛丛裸露部分过多，造成沿背线两旁有大面积羊毛油汗丧失殆尽，强伸度大幅度下降，俗称“棉花状羊毛”。1972年，选用527、547号澳美公羊配种，1979年又选用339号新西兰澳洲美利奴公羊配种，产生二、三代澳军羊；再选择优秀澳军三代公羊进行横交自繁，形成B品系。B品系羊于1982年5月12日通过鉴定。

中国美利奴（新疆军垦型）B品系羊在紫泥泉种羊场二连育成，主要技术人员王德成，哈萨克族牧工库尔曼巴依、丁三白克、胡斯曼、苏不汗、吾师等在放牧及管理中，都做出了贡献。

1983年12月，“B品系和B型羊毛的性能研究”获农牧渔业部科学技术进步一等奖。获奖人员刘守仁、郭功骑、蒋英、丁宜生、王德成、隆鑫森、唐玉芳、李芙蓉。

B品系特征与性能见下表。

B品系羊各部位羊毛长度表

类别	部位	毛丛长度（毫米）			毛尖长度（毫米）			毛光率（%）
		平均	均方差	离散（%）	平均	均方差	离散（%）	
成年公羊	侧	100.2	5.23	5.25	10.74	3.78	35.21	10.72
	肩	96.9	7.08	7.31	8.61	2.98	34.60	8.89
	背	89.25	6.50	7.28	12.84	2.59	20.19	14.39
	腹	86.35	7.38	8.54	6.46	2.25	34.76	7.83
	股	91.50	7.18	7.83	9.92	2.71	27.36	10.84
成年母羊	侧	86.55	3.79	4.38	12.52	3.26	24.13	15.62
	肩	87.17	4.75	5.45	10.61	4.21	41.43	11.65
	背	78.70	4.96	6.30	19.35	4.70	24.28	24.51
	腹	79.25	6.34	8.25	9.73	3.82	39.27	12.27
	股	82.8	5.56	6.71	11.74	3.07	26.14	14.18

剪毛量：1981年，测定成年公羊11只，污毛产量每只平均

（13.71 ± 1.83）千克；成年母羊300只，平均（6.02 ± 0.19）千克；1岁公羊188只，平均（6.09 ± 0.82）千克；1岁母羊952只，平均（4.59 ± 0.69）千克。折合净毛量分别为7.54、3.49、3.23和2.78千克，比良种细毛羊一级标准高出0.54、0.49、0.23和0.28千克。

剪毛前羊毛自然长度：12个月体侧部羊毛自然长度，成年公羊11只，平均长度（11 ± 0.96）厘米；成年母羊416只，平均9.97厘米；1岁公羊281只，平均（9.93 ± 0.99）厘米；1岁母羊1 075只，平均（9.89 ± 0.95）厘米。均超过良种细毛羊一级标准。

体重：初生重：1981年资料，单胎公羔332只，平均每只初生重（5.05 ± 0.68）千克；单胎母羔357只，平均每只重（4.65 ± 0.58）千克；双胎公羔152只，平均每只重（4.11 ± 0.619）千克；双胎母羔145只，平均每只重（3.8 ± 0.69）千克。断乳体重：公羔165只，每只平均断乳体重（28.49 ± 3.64）千克；母羔397只，平均每只重（24.72 ± 3.47）千克。1岁羊和成年羊体重：品系羊体重和国家良种细毛羊一级标准比较，品系羊成年公羊体重比一级标准高41.6%，成年母羊高9.92%，1岁公羊高15.37%，1岁母羊高7.66%。

羊毛细度：B品系羊的羊毛细度以64 ~ 66支为主，平均毛丛长度达90毫米，较71型澳毛长，和64型澳毛相似，卷曲波形明显，一般为每厘米4个。

外貌：B品系羊的头部平直，体躯宽广，股部丰满，四肢端正，体质结实，公羊有螺旋形大角，母羊无角，颈部有褶裙或发达纵褶，头毛着生至眼线，前肢绒毛着生至膝关节，后肢绒毛着生至飞关节。

繁殖率：在正常饲养管理条件下，繁殖率120%以上，B品系羊有较理想的继承公羊和其他母羊配种对改进后代羊毛品质效果显著。

适应性：良种B品系羊群适应大陆干旱气候，冬季能在严寒雪地扒雪采食，夏天能翻越海拔4 000米冰达坂，在天山深处放牧，能在炎热的垦区抢茬抓膘。

B品系羊的羊毛在新疆、上海、北京、陕西等地的一些研究院（所）、毛纺厂进行羊毛理化性能测试和工业验证，普遍认为该羊毛品质较好，特别是羊毛长度，已能满足工业生产要求。纺纱性能良好，断头率低，达到同类澳毛水平。B品系羊的羊毛试制的实物，其物理指标、外观质量均和外毛产品相似，已和外毛同类产品一样外销出口。

B品系评审结论：紫泥泉种羊场B品系羊约1 500只，血统来源于澳洲美利奴羊60.25%、波尔华斯羊13.4%。羊群祖代亲缘关系来自澳洲美利奴627、647号公羊，现有继承公羊47031、47103、15008等，遗传性能稳定，羊毛品质优良，已基本形成品系。

近两年生产性能：成年公羊平均体重92.04千克，母羊41.77千克；成年公羊平均产污毛13.71千克，折净毛7.54千克，成年母羊平均产污毛6.09千克，折净毛3.49千克。各项指标达到并超过国家规定的良种细毛羊一级标准，经随机抽样15%验证，符合事实。

B品系羊羊毛经5次试纺及工业验证，其羊毛特征、纺纱性能及毛纺织品质量均与进口澳毛64型相似。羊毛品质中毛长、细度理想、乳白油汗、大中弯曲、柔软光泽，深受毛纺工业欢迎。

建议加大选育强度，重视改善饲养管理条件，注意腹毛着生，减少腹毛高弯曲。虽羊群个体体重已达到国家良种细毛羊一级标准，但仍应进一步提高体重，为将来进一步提高良种细毛羊质量创造条件。

亲切关怀给动力

1956年3月，正是紫泥泉种羊场产羔的大忙季节，一群360多只母羊，一天有几十只同时产羔。刘守仁在充斥着血水、胎衣、泥浆、粪尿和腥膻味儿的产房内昼夜忙碌着，给新生的小羊羔剪脐带、编号码、称体重、填卡片；给羊妈妈喂水、喂食，给病羊打针服药。不怕脏、不怕苦，俨然一名地道的牧羊人，外人根本看不出他是刚来紫泥泉还不到半年的大学生。

这天，新疆生产建设兵团农八师政治部宣传科的新闻干事陆振欧，随师领导来种羊场检查春季母羊产羔情况，在产羔房，陆振欧看到这个又黑又瘦，年龄不到20岁的小青年（实际刘守仁已满22岁），接羔、剪脐带、填卡片、给小羊喂奶等工作，干得认真、熟练，就对种羊场的场长陈永福说："这位小青年干得真不错。""是的，你可别小看他，他可是从南京农学院分配来的大学生。"听了陈永福的介绍，师领导连声说好样的，我们兵团事业太需要这样有理想、有志气的大学生。来自华南军政大学的新闻干事陆振欧有很强的新闻敏感性，回到师部后，马上就报道了扎根牧民之中的大学生刘守仁的事迹，报道在师里办的小报和兵团机关报《生产战线报》上发表，在社会上引起很大反响。农八师把刘守仁树为知识分子同工农结合的典型，不久，兵团的《生产战线报》以及《新疆日报》《光明日报》《工人日报》《农民日报》及新华社相继做了宣传报道。《人民日报》在1963年6月18日第2版头条刊登了《哈萨克草原的新牧人》的长篇通讯，深度报道了刘守仁扎根新疆牧区的事迹，就连《时代报告》杂志和《名人传记》都详细报道了刘守仁的先进事迹。

1957年，刘守仁当选为共青团新疆生产建设兵团委员会委员，1960年刘守仁加入中国共产党，成为一名光荣的共产党员。在他培育细毛羊的道路上，每走一步都得到各级党组织和领导的关怀支持，得到牧工的无私支持和帮助。

刘守仁在培育中国自己的细毛羊的岁月里，在艰难的科研过程中，许许多多的人给了他无微不至的帮助和关怀，扶持他一步步走向成功。军垦细毛羊这个新品种是在众人的相助下，团结一心，齐心协力育成的。

俗话说得好："一个篱笆三个桩，一个好汉三个帮"，在培育细毛羊漫长、艰难的岁月里，刘守仁得到了兵团各级领导和紫泥泉种羊场各族牧工无微不至的关怀和帮助。老场长陈永福怕他生活不适应，为他特意安排南方的特殊伙食，种羊场党委书记班维钧、副书记于树才全力为他排忧解难；老牧工肖发祥向他讲述养羊经验；为了使刘守仁更好地完成培育细毛羊育种任务，组织上先后让他在种羊场担任技术员、畜牧股股长、绵羊研究所所长，151团副团长、团长、党委书记（紫泥泉种羊场在兵团序列里编为151团），农八师总畜牧师兼种羊场党委书记、场长，新疆农垦科学院院长等职务。

1999年，刘守仁当选为中国工程院院士，先后当选为中国共产党第十二次、第十三次全国代表大会代表，中华人民共和国第九届、第十届全国人民代表大会代表。先后获得全国科学大会重要贡献奖，2个全国科技进步一等奖，8次获得部级一等奖、二等奖。党和国家领导人都曾认真了解过细毛羊育种情况，自治区领导也多次到紫泥泉种羊场考察指导工作；当地党委、政府、全国同行、科研院校、区内外专家学者给予了刘守仁无私的帮助，甚至连国外友人联邦德国国务秘书冷格乐、澳大利亚科学研究中心畜牧室主任常党先生也到紫泥泉种羊场实地考察，给予了刘守仁无穷的力量。他被评为全国劳动模范，农业部、新疆维吾尔自治区、新疆生产建设兵团优秀科技工作者。

党中央和各级领导的关怀，给了他无穷的力量。

洋专家刮目相看

新疆军垦细毛羊新品种培育成功，激发了广大科技人员、畜牧工作者的劳动热情和振兴、发展养羊业的聪明才智。

1972年，我国第一次进口澳洲美利奴种公羊，分配给紫泥泉种羊场2只，在兵团范围内以紫泥泉种羊场为中心开展良种细毛羊培育工作，随着澳洲美利奴羊和军垦细毛羊杂交后代的不断发展，改良工作在石河子垦区内外展开。

全国科学大会，特别是党的十一届三中全会之后，军垦细毛羊改良工作全面展开。1979年年末，紫泥泉种羊场已有细毛羊17 019只，其中良种细毛羊8 095只。

1982年8月，秋高气爽，天高云淡，美丽神奇的天山以好客博大的胸怀迎接世界各地的客人。一天，澳大利亚遗传育种学博士帕克先生来到紫泥泉草原，当他看到葱绿的榆树林中一片白云似的绵羊，便加快脚步朝羊群赶去，到近前仔细观看：那些羊，只只体大膘肥毛儿细长，色泽光亮；公羊的脑袋两边，盘着螺旋形大的角，如美人的发髻，脖子上的裙褶，就像围着几层厚厚的围脖，头上的绒毛，直达眼线，宛如娃娃的刘海儿。真是雍容华贵，气质不凡，神采飞扬。帕克先生乍看，似乎在梦中一般，不相信自己的眼睛，惊讶地说："我仿佛感到我就在澳大利亚，想不到中国能有这么好的羊！"帕克先生的确感到不可思议，目前在世界上，只有风景绮丽，水草丰盛的澳大利亚，才是拥有良种羊的佼佼者，可怎能想到，在中国白雪皑皑的天山，竟也奇迹般地出现了足以达到国际先进水平的好羊。

帕克先生的惊讶并不奇怪，我们中国以前确实没有这种羊，连看也没有看见过；现在，不仅有了，而且在短短的时间内，已经在全国各地的草原上落户繁殖，形成了一个显赫的家族，有了第三代、第四代子孙了。它的名字，就叫做"中国美利奴（新疆军垦型）"。

中国美利奴（新疆军垦型）是中国新疆生产建设兵团石河子紫泥泉种羊场培育成的。更令洋专家惊奇的是，创造育种传奇神话的人，就站在离他不远处，一声不吭，矮了他半截身子的刘守仁。洋专家知道后，急忙上前，紧紧握住刘守仁的手："奇迹，真是奇迹！见到您非常荣幸。"

联邦德国国务秘书冷格尔、澳大利亚科学研究中心畜牧室主任常党先生也到紫泥泉种羊场实地考察，他们对中国能育成如此水平的细毛羊深为叹服："你们的羊完全可以和澳大利亚羊媲美。"

内蒙古自治区的领导考察了紫泥泉种羊场的军垦细毛羊，也由衷地发出感叹："科学就是科学，这羊就是浑身不长毛也是好羊！"

细毛羊选育成功

中国美利奴羊的培育，系国家"六五"期间科技攻关项目，紫泥泉种羊场参与了培育工作。1983年，根据国家科技攻关项目合同规定，制定了1983—1986年紫泥泉种羊场育种进度，并确定以刘守仁为兵团项目负责人。

1985年4月，紫泥泉种羊场在国家及自治区有关部门的关怀和指导下，在农牧渔业部畜牧局科技处的统一领导下，在内蒙古、吉林、新疆、北京等地种羊（畜）场、高等院校、科研单位协同努力下，提前一年完成良种细毛羊选育攻关任务，培育良种细毛羊1.1万余只，其中成年母羊6 100余只，特一级母羊为2 800余只。

紫泥泉种羊场绵羊研究所向有关部门提供良种细毛羊选育工作报告，要求对攻关课题进行鉴定。

国家经济委员会组成的良种细毛羊选育鉴定委员会于1985年12月19日，对全国良种细毛羊选育进行鉴定。鉴定委员会认为，良种细毛羊课题设计合理，技术路线正确，验收数据充分、可靠，课题进展迅速，成绩显著；鉴定和检查结果与各育种协作组的育种工作报告相符，并完成了各项专题研究。培育出的良种细毛羊具有被毛密度大、毛长、白色和乳白色油汗、大弯曲、腹毛好、净毛率高的特点。羊毛经过试纺，达到国际上优质毛纺原料的同等水平。羊群血源、类型、外貌基本一致，遗传性稳定，适应性强，已具备新品种条件。良种细毛羊的育成是国家一项重大科研成果，达到国际先进科学技术水平。但今后还有许多工作要做，必须迅速增加数量，建立繁育体系和进一步提高品种质量，大量推广。因此，建议继续列入国家“七五”科技规划，重点解决羊毛光泽、弹性问题，并从财力、物力上给予支持。

1986年3月6日，国家经济委员会正式将良种细毛羊命名为中国美利奴。紫泥泉种羊场培育的良种细毛羊为中国美利奴（新疆军垦型）。

良种细毛羊选育成功后，国家给了15个评选有功人员名额和一定数量的奖金。为了总结育种工作经验，表彰先进，农牧渔业部畜牧局科技处处长、副研究员（苏联评的职称）傅寅生把会议地点放在紫泥泉种羊场，原因有两点：一是向国家有关部门提供良种细毛羊选育工作报告，要求对攻关课题进行鉴定的是紫泥泉种羊场绵羊研究所。二是良种细毛羊选育鉴定是在紫泥泉种羊场。在“良种细毛羊选育”攻关中，紫泥泉种羊场培育的细毛羊头数多，而且羊的生产性能好。

会议听取了各组织单位的汇报后，在评选15名有功人员时，傅寅生提出评选额度不超过15人，有15人就评15人，没有15人，也不要硬凑15人，总之要坚持实事求是，一切从实际出发。他提议让刘守仁先拿个候选人名单出来，让大家酝酿讨论，评选本着公开、公平、公正、透明的原则，充分发扬民主，按贡献大小排出名次，看大家有什么意见。大家听后，都同意刘守仁拿出一个评选名单，这个方法好。

傅寅生私下对刘守仁说：“我的意见是你排第一，你们紫泥泉培育的良种细毛羊头数多，生产性能好，育种工作名列前茅，你排第一当之无愧。”

“傅处长，这个我心中有数，请你放心。不过工作我可以干，这个第一我不当，第一还是让别人来当。”刘守仁诚恳地说。

刘守仁总共拿出了14个人的排名名单，第一是傅寅生，第二是新疆巩乃斯种羊场的杨尔济，吉林省名列第9位。刘守仁说：“傅处长排第一，名副其实，没有他组织领导、协商良种细毛羊选育工作就很难顺利进行。”大家听了热烈鼓掌，讲到杨尔济，刘守仁说：“杨尔济1953年从西北农学院畜牧系毕业后，就来到新疆巩乃斯种羊场，工作比我早两年，在巩乃斯种羊场勤勤恳恳、兢兢业业30多年如一日，一直在坚持搞细毛羊的培育工作，他排第二比较合适。”刘守仁自己不当第一、第二，却把自己排在了第三，大家都没有话讲。

分奖金牵扯到各自的利益问题，怎么分总是免不了还有意见，这次分奖金参加单位都有份，傅寅生亲自来分也不好，他想到刘守仁办事公道，大公无私，由他来分配奖金，大家肯定不会有什么意见。

在分奖金的会议上，傅寅生宣布：“这次奖金就由刘守仁来分。”话音一落，大家以热烈的掌声表示同意。

“承蒙大家厚爱，这次我就当一回家。良种细毛羊选育攻关成功，大家都出了力，功劳最大的是农牧渔业部畜牧局，奖金总数的20%留给畜牧局，大家有没有意见？”

“没意见。”

“好，一致通过。”

刘守仁说：“这80%的奖金就是我们大伙的，我想奖金分配就不搞三六九等，大家平分。”

傅寅生看名次也排了，奖金也分了，而且排名和分奖金，排出了风格，分出了团结，增进了友谊，感到非常欣慰，拍着刘守仁的肩膀说：“你这个人真行，做人做事都是好样的。这次排名次、分奖金，你确实做得相当好。”

回到北京后，有人提出国家给了15个名额，大家只评选了14个，浪费1个名额太可惜了，大家议来议去又增补了对中国美利奴育种做了很多工作的北京农业大学的张伯洪讲师。

第六章

三级繁育开先河

刘守仁回顾这一生最值得骄傲和自豪的是：他创造性地做了两件大事。一件是两母带一羔的“羔羊特培”，另一件大事是建立国内绵羊育种、繁育推广的三级繁育体系。要提高羊的生产性能，就搞“羔羊特培”，要迅速扩大羊的种群头数，就搞三级繁育体系。

三级繁育的建立

1985年，种羊场育成的良种细毛羊，通过国家鉴定，正式定名为中国美利奴（新疆军垦型），石河子紫泥泉种羊场成为国家四大绵羊育种基地之一。

中国美利奴（新疆军垦型）育成引起国家高度重视。1985年，国家经济委员会以社科〔1985〕1590号文件下达由农牧渔业部主持、新疆生产建设兵团实施的中国美利奴（新疆军垦型）繁育体系国家工业性试验项目，农牧渔业部第〔1985〕269号文件批准项目实施方案。兵团成为良种细毛羊中国美利奴（新疆军垦型）繁育体系实施单位，良种细毛羊繁育与推广工作在兵团农牧团场、科研单位全面展开。兵团农八师总畜牧师、紫泥泉种羊场场长、绵羊研究所所长刘守仁担任该试验项目执行负责人、技术组组长。

兵团立即在紫泥泉种羊场召开中国美利奴（新疆军垦型）推广现场会，并将任务分解到各科研单位和农牧团场。

为使科研成果迅速转化为生产力，1984—1989年，刘守仁在主持国家重点工业性试验项目“中国美利奴（新疆军垦型）繁育体系”的过程中，创造性地建立了快速推广扩繁的三级繁育体系。

三级繁育的特点

三级繁育体系是由一级、二级、三级3个不同级别功能组合而成的工作体系，它是在家畜新品种、品系培育中的一项行之有效的措施，也是在推广某一优良品种或传导某一优良品质时既好又快的手段。

刘守仁创建的细毛羊三级繁育体系分布于石河子、奎屯两大垦区的27个农牧团场。

一级场：以紫泥泉种羊场为育种龙头，又可称为核心场或母亲场。一级场在繁育体系中的功能级别位于最高层次，在种质资源上它应当而且必须是该体系中最优秀个体的集中区，在科研和技术上它应当而且必须是该体系最具实力的，它应当与时俱进地采用最先进的科研和技术手段，引进、保持并有目的、有计划地进行繁育，改良、提高已有资源品质。一级场把培育成功、遗传稳定的优秀个体作为种羊，负责供应到二级和三级羊场，从而提高下级羊场的群体品质。

一级场建立的条件：①有与工作目标相适应的，而且能随现代科技进步而进步的科研队伍和技术力量。②有稳定的工作场所及配套的软、硬件基础设施。③有与工作目标相适应的优良种质资源的储备和新品种、品系的培育能力。④一级场是在育种中具有基础性、战略意义的、长期价值的建设，不能把它视成获取短期效益的工具，所以它应得到地区或企业行政力量的支持和投入，纳入地区经济发展之中，它的发展成败在一定程度上取决于地区行政领导的战略眼光和主管部门的积极性。

二级场：以农七师129团，农四师76团、77团为中试扩繁推广基地，又可称为繁殖场和女儿场。

二级场在繁育体系中的主要功能是“承上启下”，它接受一级场提供的种羊，积极使用高新技术，最大限度地增加一级母羊的数量，并做到品质的一致性，还要不断向下面的三级场提供优质种羊；它是新培育的品种、品系通向大规模生产的中间试验环节，检验各类科研技术的有效性和实用性并向科研开发的源头进行反馈；不断完善养殖技术和管理技术，严格选配和鉴定整群，组装繁殖、饲养、疫病防治等一系列配套措施，做好技术档案，总结经验，进行优质品种和成熟技术的辐射推广。二级场既是一级场科研工作的继续，又是新产品和新技术的中试区与示范区，还是三级场的种羊主要供应地。

从二级场所担负的功能我们可以得知它建立的条件：①具有一定规模，能够进行绵羊扩繁的软、硬件建设。②有一支适应承上启下功能的管理人员、技术人员和职工队伍，能承担科研课题的中间试验，有能力提供出足够数量的种羊以满足三级场大规模生产的需要。③除了向三级场输送种羊外，还能为市场生产所需的商品以提高企业自身的经济效益。

三级场：在石河子、奎屯和伊犁3个垦区的23个农牧团场进行大面积生产，又可称为生产场。

三级场利用一级场和二级场提供的种羊与技术进行更大规模的商品生产，以满足市场需求。三级场即基层生产单位，既可以是农牧企业，也可以是农牧户较为集中的农牧区，它最好具备以下条件：①具有绵羊生产的自然条件和生态环境。②有产品销售的市场渠道。③能较为便利地接受一级场和二级场提供的种羊资源与技术支持。

为了实现科技成果的转化，刘守仁接受任务，于1989年、1994年两度主持国家重点工业性试验项目——“中国美利奴（新疆军垦型）繁育体系”“U系羊繁育体系”建设。在此之前，我国还没有完整的细毛羊繁育体系，即使在国外也只有少数国家由若干牧场自发地形成松散的组织。刘守仁充分利用新疆生产建设兵团的特殊体制，可集中力量办大事的优势，创造性地建成细毛羊三级繁育体系。它由一级核心场纯种繁育，保证原种资源的巩固和提高，二级育种场作为原种数量放大器进而向三级生产场推广，形成生产规模。这犹如投石激浪，辐射满地，最终形成了由科研院校及兵团27个农牧团场组成的牧、科、教三结合的互动合体，并向新疆及全国8个省份输送种羊10多万只，取得巨大的社会效益和经济效益。

三级繁育的实践

新疆生产建设兵团石河子紫泥泉种羊场继20世纪70年代完成了新疆军垦型细毛羊后，80年代初参与了农业部“中国美利奴羊新品种培育”的国家重点科技研究项目，紫泥泉种羊场在引进2只澳洲美利奴公羊、20只波尔华斯母羊的基础上，经过不懈努力，取得突破性进展，于80年代中期成功育成中国美利奴（新疆军垦型）新品种和两个新品系，完成新品种头数15 975只。为了在较短的时间内迅速扩大中国美利奴的数量，兵团受农业部委托承担了国家重点工业试验项目——细毛羊繁育体系建设，在长期的绵羊育种和推广过程中，经过不断实践和总结，终于探索出适合我国国情和地域特点的三级繁育体系，5年内中国美利奴（新疆军垦型）由1.5万只增加到40万只，建成了由石河子、奎屯和伊犁三大垦区27个农牧团场所组成的细毛羊三级繁育体系。其中：

一级场：以石河子紫泥泉种羊场为育种的龙头，有1.5万只，占体系总头数的3.75%。

二级场：3个团场进行繁育、推广，有羊3.5万只，占8.75%。

三级场：23个团场大面积生产，有羊35万只，占87.5%。

三级繁育体系的完成，迅速扩大了中国美利奴品种的数量，对改变原有细毛羊品质起到了极大的作用。繁育体系统一了标准，不断在牧场间合理地分配利用种公羊，加强科研、教学和生产的结合，充分发挥了科学技术和成果向生产力转化的作用，社会效益、经济效益达到10 043万元。该成果1991年获得国家科技进步奖一等奖。

三级繁育的优势

刘守仁创立三级繁育体系有以下五大优势：

一是统一技术标准。参加繁育体系的农牧场是一个联合体，有着共同的任务，须把各场执行的技术方法及去劣留优统一到一个标准上。如1986年春季组295名技术人员对体系内的主要羊群进行按标准鉴定，鉴定人员鉴定前集中学习统一认识，鉴定中新老配合，分片包干，一次就鉴定绵羊85 798只，鉴定后按等级严格整群，解决了十几年来羊群混乱的现象。牧场之间也不断进行技术交流，竞相采用先进技术，如二级、三级场到一级场学习后备羊培育，资料收集和整理，一些技术很快便在生产育种中得到应用。

二是评比检查。分工不同的27个农牧场，尽管很多条件基本相似，但绵羊饲养管理、繁殖育种等有明显区别。通过不同形式不同内容的评比检查，各场可以找出自己的差距，互相取长补短，不断开拓新局面。

三是分配和利用种公羊。绵羊生产性能的提高在很大程度上取决于优秀公羊的利用。技术组每年4月组织各团场技术人员到一级场鉴定公羊，挑选出优秀个体按繁育体系要求计划分配，集中最优秀种公羊在一级场饲养，配种期再分配到二级场配种。这样既降低了一级、二级场的饲养成本，又保证了种公羊在配种期有旺盛的精力，每只公羊配种数达1 000只以上。配种前技术组到各场检查公羊膘情和选配计划执行情况，及时纠正重体格大、性欲旺，轻羊毛品质等偏向，使优秀公羊得到充分利用。另外，每年还制作冷冻精液30 000～50 000粒，有计划地选点使用，这对提高羊群品质起到了积极作用。

四是加强协作。有关科研、教学和生产部门密切协作，充分发挥专家教授的作用，大力普及科学知识，培训技术骨干，推广实用技术。繁育体系为科研单位和农业高等院校提供科研实习条件，农业高等院校围绕繁育体系到生产中承担研究课题，推广应用成果，并举办学习班，培训技术骨干。

五是二级场为三级场做示范。二级场利用自己的优势，积极推广新技术，研究新课题，主要包括：①牧草引种，人工草场的围栏规划、放牧和刈割利用。②不断完善技术档案，严格选配和鉴定整群，快速增加一级母羊头数。③选择和培育优秀种母羊。二级场提供种公羊5 330只，母羊3 079只，已初步形成小型种羊场。

为了加快细毛羊的扩繁力度，将科研成果转化为生产力，刘守仁率先运用先进科技大胆推广冷冻精液的应用。1985—1988年，在非配种季节利用优秀中国美利奴羊和澳美公羊的精液制作冷冻颗粒31.5万粒，向二级、三级场无偿提供21万粒。三级繁育体系，最终形成了由科研院校及兵团27个农牧团场组成牧、科、教三结合的互动工作合体，并向新疆及全国8个省份输送种羊10多万只。短短4年内，使40万只细毛羊的品质及羊毛工业生产性能大幅度提高。细毛羊1988年比1984年增长5倍多，净毛率提高7.5%，毛长平均增加1.28厘米。

品系的繁育

近年来，羊肉、超细毛成为市场的供需热点，为了顺应市场变化，改善人民群众的生活，维护民族工业的安全与发展，选育优秀的肉用羊和超细毛品种是调整养羊业的结构，发展养羊业的关键措施之一。2000年承担了国家发展和改革委员会“现代农业超细毛羊及肥羔生物工程高技术产业化示范工程”和新疆生产建设兵团重大科技攻关项目“中国美利奴肉用、超细毛、多胎肉用新品系的培育”课题，在项目设计和执行过程中，重新调整和改建了三级繁育体系。

核心育种场（一级）：以新疆农垦科学院（以下简称农垦科学院）实验羊场、石河子紫泥泉种羊场、奎屯五五种羊场为“初试纯繁平台”，培育和提纯新品系资源，检验新技术的有效性及可行性。

繁育场（二级）：组成以农八师151团，农七师129团，农四师76团、77团为“中试推广平台”，扩繁肉用、超细毛和多胎肉用新品系的种羊及基础群的数量。

生产场（三级）：迅速将新产品和新技术向核心育种场、繁育场周边的垦区农牧团场、自治区农牧区及自治区内外辐射推广。

在三级繁育体系和科技创新的协同作用下，经过5年的努力，育成了3个新品系。其中：肉用品系群体规模3万只（核心母羊群2 400只）。成年母羊平均体重60千克，屠宰率48.32%，羊毛细度70支，毛长9.1厘米。主要生产性能均超过德国美利奴标准，超细毛品系群体规模8.4万只（核心母羊群1.2万只），羊毛细度16微米为主（最细12.4微米），平均毛长8.5厘米，毛量4.9千克，羊毛强度、白度超过澳大利亚超细毛羊；多胎肉用品系群体规模2.2万只（核心母羊群1 200只），周岁母羊产羔率190.2%，6月龄公、母羔体重分别比同龄中国美利奴羊提高51.85%和24.01%，羊毛细度64 ~ 66支。此品系由于汇集多胎、肉用、毛用的特点于一体，性能突出，极具市场竞争潜力。

3个新品系分别以农四师76团、77团、67团和农七师129团为中心，建成了4个新品系羊产业示范基地，向周围农场和乡镇农户扩散，杂交羊总数超过136万只，同时向东北、内蒙古、山东等地推广。总计经济效益1.16亿元。

2007年该成果获国家科技进步奖二等奖。

实践证明，三级繁育体系是育种和推广极为有效的方法，是细毛羊产业化的有力措施。

中外繁育的异同

澳大利亚、新西兰等国家的三级繁育场（母亲场、儿子场和经济场）主要是为了提高某一生产性能，由若干个牧场组织的简单的育种工作结构。他们在工作中互相配合取得效果，如为了提高繁育率组建的三级繁育场：初期由各个牧场选出繁育率最高的公羊、母羊优秀个体提供给一级场，次等的给二级场，剩余的给三级场。经过一个生产周期，然后反过来，每年一级场把最高繁殖率的公羊和剩余的母羊优先提供给二级场，满足二级场后，再提供给三级场。同时二级场也可以向三级场提供种公羊和母羊，同时二级场要把当年繁殖力最高的母羊个体3 ~ 5只返回给一级场，三级场把繁殖力最高的个体返回给一级场和二级场。这样不断双向互动，循环往复，使得一级场繁殖力很快得到提高，出场种羊的遗传力稳定，同时也很快地提高了二级场、三级场的繁殖性能。

我国三级繁育体系种羊由上级羊场向下级羊场单向输送	国外三级繁育法种羊是自上而下和自下而上往复双向输送

澳大利亚一级场主要的育种手段是亲缘杂交：首先建立核心群（100只母羊），第一年放置两只最好的公羊进行自然交配，第二年在核心群后代中选出两只最好的公羊更换原来的两只公羊。以后每年从核心群后代中选两只最好的公羊替换上一年的两只公羊。至于公羊的血缘等不进行考查也无从考查。母羊则每年从核心群后代中选取20只进行更换。

我们的一级场也是采用亲缘杂交育种，区别在于每只羊都有严格的血缘档案记录，在繁殖设计上进行个体有计划地父女相配、子母相配、子女相配，这样更易于遗传及变异的控制，而且缩短周期，我们把它命名为“血亲级进”育种法。

三级繁育的作用

三级繁育体系是在长期的细毛羊育种科研和生产实践中探索出来的一种有效的组织架构和工作模式，在科研成果形成和转化中的作用是不言而喻的，它不是工作的目的而是工作的组织流程，它更具管理学的意义，三级繁育体系是科研生产的外壳，科研生产是三级繁育体系的内容。在肉用羊、超细毛羊、多胎肉用羊的3个新品系培育中我们这样来构建它们之间的关系：

（1）三级科研工作平台。

一级科研平台：农垦科学院基因实验室、胚胎实验室。其功能为育种科研及高新技术开发。

二级科研平台：农垦科学院试验农场、紫泥泉种羊场、五五种羊场。其功能为新技术初试和新品系纯繁。

三级科研平台：农八师151团，农七师129团，农四师76团、77团。其功能为成果中试和新品系规模化推广。

（2）三级繁育体系。

核心育种场：农垦科学院试验农场、紫泥泉种羊场、五五种羊场。其功能为培育优质种羊。

繁育场：农八师151团，农七师129团，农四师66团、67团。其功能为新品系扩繁辐射及产业化基地示范。

生产场：兵团垦区、自治区农牧区、外省（市、地区）。其功能为大面积推广转化成果。

三级科研工作平台和三级繁育体系结合示意图

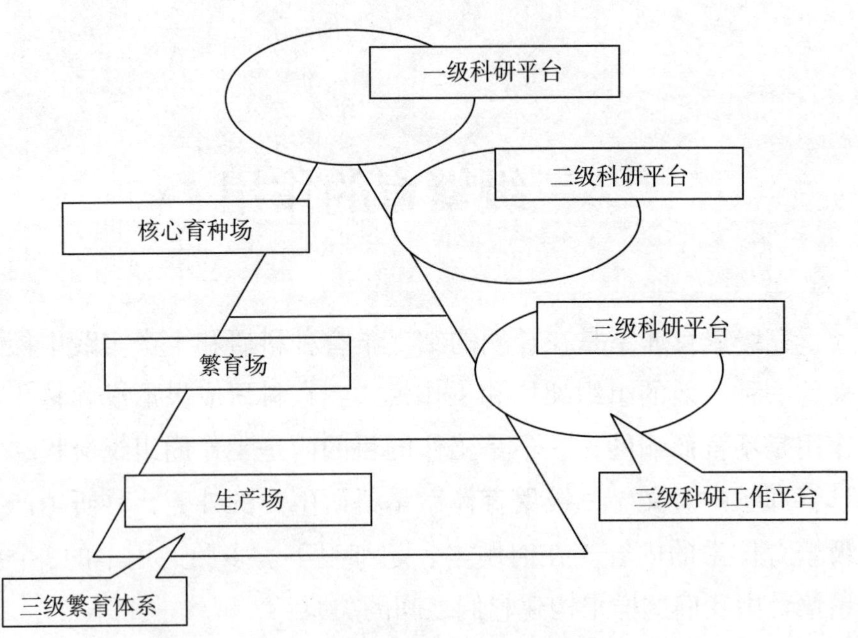

三级繁育体系是我们在科研生产实践中的创新，而三级科研工作平台与三级繁育体系的建设和结合使科研成果转化效率得到进一步提高，科研是生产力，管理也是生产力，两者互相配合，相得益彰，促进养羊产业化的进展，其优点在于：

（1）三级繁育体系是养羊业发展的基础性建设，其宝塔形的工作结构具有稳定的特性，而单向输送种羊的方式又具有高效的特点，一方面它能够有效地引进、改进、储备、保护好已有的种质资源不受市场无序变化的冲击，这从细毛羊历史上几经大起大落，而新疆生产建设兵团的细毛羊资源始终如一地保持着全国的领先地位中得到验证。另一方面它又能顺应市场变化的需要，以较快的速度调整种羊资源的供应，这在中国美利奴肉用、超细毛、多胎肉用羊新品系的繁育和推广中得到检验。

（2）以科研、院校为龙头的科研平台建立，加速了高新技术的开发和推广应用，3个新品系的育成过程就是分子生物工程基因定位技术、基因芯片技术、大规模子宫角深部输精等高新技术的开发和应用过程。其中的二级、三级科研平台的工作，使高新技术与常规技术得到新的组装和应用。

（3）三级科研工作平台和三级繁育体系交互作用，它既保证了新的种质资源在扩散中品质的统一和推广的高效率，又促进了新品系选育和应用同步协调进行；它能很好地为科研院校提供不同层级的实验平台，也使其新生成果较好地顺应市场而得到推广。

（4）三级繁育体系的建立，其中就包含着产业化基地建设，包含科研所、院校、企业和农牧户的协同工作，促进了细毛羊产业化的进程。

（5）三级繁育体系和三级科研工作平台在其他家畜新品种培育和推广中应当具有借鉴意义。

各级领导的大力支持，保证了细毛羊三级繁育体系项目的顺利进行。原国家计划委员会科技司的领导亲自考察新疆生产建设兵团养羊业生产及育种科研工作，拨给大量经费；农业部主管部门对细毛羊三级繁育体系项目从可行性研究、任务设计到具体实施都给予了明确指导和帮助。项目前期工作开始后，农业部农垦局先行拨款，保证了工作及时顺利开展。农业部科技教育司、畜牧业司一直关心兵团中国美利奴羊育种工作。原纺织工业部物资局和新疆科学技术厅、毛纺原料公司等对项目工作也给予了很大支持。除领导部门重视外，新疆维吾尔自治区内外很多院校的教授专家对繁育体系建设也给予了大量帮助和指导，也是项目工作取得成功的一个重要保证。

2001年，农业部、科技部在"十五"国家科技攻关计划中专门安排了畜禽规模化养殖技术体系产业化示范，细毛羊三级繁育体系就是其中之一。以中国工程院院士刘守仁为首席专家的新疆农垦科学院畜牧所的科技人员，建立以紫泥泉种羊场、农四师76团和77团为龙头的高档优质羊毛生产基地，运用AFLP遗传标记、胚胎移植等综合生物技术联合攻关，在兵团3个师的协作下，充分利用三级科研开发平台，经过不懈努力，成功超额完成了攻关计划中的各项技术经济指标。

2003年，江苏阳光集团对项目区生产的5 050千克超细毛试纺显示，产品品质与澳毛几近相同。

2004年4月28日、29日，科技部、农业部组织专家赴兵团相关项目建设单位，在实地考察现场、审核评估后认定，3年来，通过新品种培育和规模化养殖产业化示范，该项目已累计培育超细型种公羊250只，细型种公羊3 500只，组建核心群母羊3 000只，育种群母羊6 550只，扩繁优质细毛羊20万只，生产优质细羊毛8 000吨，改良低产低支羊200万只，累积增加经济效益达1.55亿元。该项目的成功实施，带动了项目区养羊技术的提高，促进了当地产业结构的整体优化。还在新疆建起了我国第一批超细毛羊种群和生产群，生产的优质羊毛填补了国家超细羊毛空白。

第七章

基因育种新时代

基因是控制生物性状传递、变化、发育的遗传单位。主要存在于细胞核内的染色体上。

刘守仁创立的“基因先决”育种法，使遗传和选择进入到分子领域，人工控制能力空前提高，加快了培育绵羊新品种的过程，使基因育种进入新时代。

为适应市场对毛纺织品轻、薄、冬暖夏凉的高品位要求，1994年，刘守仁繁育出新一代羊毛品质更好的“U”系羊，经农业部组织专家鉴定，新羊种达到国际先进水平，使我国绵羊的资源品质赶上澳大利亚。国家计划委员会“U”系羊繁育体系工业性试验项目的实施，使100万只羊导入“U”系羊基因，净毛率提高10%，毛长增加1.2厘米，羊毛单产增加1千克，羊毛品质和工业应用水平得到新的提高，我国的绵羊种质资源跻身世界前列。这一成果获得兵团科技进步一等奖。

为提高养羊综合效益，刘守仁带领他的科研团队继续创新。2000年，由刘守仁主持国家发展和改革委员会下达的“超细毛羊肥羔生物工程高技术产业化”示范工程项目启动。在三级繁育体系的基础上，建立了以基因工程实验室、胚胎工程实验室为技术支持的三级科研工作平台。在多胎品系育种过程中，率先采用血清白蛋白基因型、基因定位的育种方法，首创绵羊“基因先决”育种法。过去选种公羊完全靠眼睛，看羊的个头，毛的密度，1只羊要选4个部位的1厘米^{2}的羊毛根数，要用镊子一根根的数，八九千根羊毛数得头昏眼花，两眼直流泪。现在选种公羊则依据基因检测。“基因先决”育种法在我国绵羊育种史上开启了基因育种的先河，这是绵羊育种方法借助于高科技手段的又一次创新。在项目执行过程中，新疆农垦科学院抽调精干的科研人员，成立了胚胎工程实验室和基因工程实验室。两年间，基因工程实验室与东北农业大学合作，成功研制出超细毛羊多胎主控技术，在羊的育种上取得了重大突破。

2002年，兵团农八师151团应用此项技术，在初生羊羔的耳朵上取下一小块组织，24小时就准确断定出常规需2年时间才能确定的此羊是否含有多胎纯合子基因的难题。“将2只具有多胎基因的羊配种后，可产2～3胎，大大提高了羊的繁育率，经济效益显著增加。”刘守仁说。应用此项技术，也大大加快了培育新品种的进程。

刘守仁在兵团三级繁育体系的基础上，建立了以基因工程实验室、胚胎工程实验室为技术支持的三级科研工作平台。在多胎品系育种中，首创绵羊“基因先决”育种法，在国内首先报道*BMP-IB*基因是控制中国美利奴羊多胎品系和湖羊高繁殖特性的主效基因；采用Fec^B位点标记基因诊断技术，成功建立了快速、准确的多胎性状分子标记鉴定方法；自主研制出Fec^B基因诊断试剂盒，进而研制出绵羊多胎性检测基因芯片，对绵羊多胎性状遗传标记主效基因单核苷酸多态性（SNPs）进行规模检测，成功建立了中国美利奴羊多胎肉用育种核心群。这些新技术在我国绵羊育种中都是首次应用。这是绵羊育种方法借助高科技手段的又一次革新，它的每一步都是首次应用。先利用基因定位的办法，选择出具有育种目标基因的公羊、母羊进行“血亲级进”繁殖，快速固定和强化目标品质，因此把这一技术创新命名为绵羊“基因先决”育种法。如果说刘守仁20世纪70年代创立的“血亲级进”育种法使绵羊育种由常规的“三步变成二步走”，那么基因工程技术使遗传和选择进入到分子领域，人工控制能力空前提高，绵羊“基因先决”育种法的创新应用，又使“两步变成一步走”。在短短的5年内，就成功培育出中国美利奴多胎肉用品系。“基因先决”育种法丰富和创新了绵羊育种科学的理论和实践。

在育种核心环节实施的“种羊特培”，使1岁种公羊的体重由45千克提高到62千克再提高至86千克，后代的肉、毛产量随之不断提高，大规模采用子宫角深部输精技术，培育出“中国美利奴肉用、超细毛、多胎肉用”3个新品系，成为比从国外直接引进更具多用性，更适应不同生态环境下饲养放牧的绵羊新品系资源。其中肉用品系：体大毛多，具优秀肉用性能的同时兼毛用特点，成年母羊平均体重60.0千克，屠宰率47.52%，羊毛细度64 ~ 66支，毛长9.10厘米，肉、毛性能超过世界著名的德美羊标准。超细毛品系：立足工业高支精纺需求，细度100支纱以上，平均毛长（8.50 ± 0.90）厘米，产毛量（4.96 ± 0.89）千克，在新疆昭苏地区超细毛羊不但细度好而且在饥饿痕和光泽度方面优于澳毛，达世界领先。多胎肉用品系：当年母羊配种产羔率179%，周岁母羊产羔率190.20%，同时兼具肉用和毛用，公羊6月龄、8月龄体重分别比中国美利奴羊提高51.85%和64.56%，母羊提高24.01%和27.19%，产毛量（3.47 ± 0.56）千克，羊毛细度64 ~ 66支。科技创新，这种集多胎、肉用、毛用3种优秀性能于一体的绵羊资源，在国内外尚属首例。项目执行期间，建立了4个示范基地，育成肉用品系羊2.0万只、超细毛羊品系羊12万多只、多胎肉用品系羊0.5万只，杂交改良羊136.2万只。分别推广到兵团垦区、伊犁哈萨克自治州等4个地、州，远至吉林、内蒙古，并协助山东省农业科学院大面积推广，实现直接经济效益1.2亿元。

在3个新品系培育过程中，绵羊育种科技创新提升到前所未有的高度，在进一步加强完善三级繁育体系的基础上，建立了以基因工程、胚胎工程为技术支撑的三级科研工作平台。率先采用MAS技术进行绵羊多胎生产性状的定向培育。突破育种核心环节的“种羊特培”，其后代的肉、毛产量随之提高。大规模应用MOET技术，加快了品系羊的扩繁。

3个新品系成果水平国内领先，其中部分研究达到世界领先水平，2006年获兵团科技进步一等奖，2007年获国家科技进步奖二等奖。

2008年4月，刘守仁主导的科技部的国家高技术研究发展计划（863计划）项目两个：“羊分子细胞工程育种技术创新与优势性状新品系培育”和新疆兵团的“牛羊优良品种高效养殖和产业化技术集成示范”，在新疆、吉林、甘肃、内蒙古等省份进行细毛羊和超细毛羊培育与扩繁，累计达550万只，推广优质种公羊8 500只，生产优质细羊毛8 800吨，获直接经济效益3.52亿元。

在项目执行期间，建立了4个示范基地，育成肉用品系羊20万只、超细毛品系羊5.50万只、多胎肉用品系羊3.50万只，推广到兵团的南北疆垦区，伊犁哈萨克自治州等地、州，远到吉林、内蒙古、山东等地区，实现杂交改良羊436.2万只，成果获新疆生产建设兵团科技进步一等奖。

2008年，在新疆农垦科学院实验大院里，培育出两只活泼可爱的小黑羊羔，这是全国首例带有人肝细胞再生增强因子的转基因克隆羊。从人的肝脏寻求治疗严重肝病的有效物质，一直是人们的梦想，两只黑羊羔引起科学界的极大关注。

以刘守仁为主导的新疆生产建设兵团畜牧专家，试图通过研究带有人肝细胞再生增强因子的转基因克隆羊，找到有助于人体肝脏再生或修复的有效途径，刘守仁介绍说，把从人的血液基因组织中得到的、带有人肝细胞再生增强因子的基因片段“融”进“供体细胞”，是将转基因与克隆技术联合应用于转基因克隆动物生产的有益尝试。肝病患者如果从羊奶中得到含有人肝细胞再生增强因子的物质，可促进受损伤肝细胞的修复和再生，这不失为一种安全、可靠、有效的治疗人类肝病的方法。

第八章

北羊南移闯新路

20世纪80年代，随着市场经济体制的建立和发展，国家对毛纺工业生产工艺提出了新要求：国产羊毛的细度、长度已超过澳毛。但美中不足的是，国家细质羊毛的每根纤维粗细不匀，有待继续解决，使中国毛纺业能早日超过世界先进水平。

这是一个新课题，也是刘守仁曾经探究过的课题。他心里有数，这是因为绵羊四季营养不足所致。在新疆季节性较强，夏秋水草丰美，羊的膘情好，毛长得也正常；而春冬季羊儿缺水、缺饲料，膘情下跌，羊毛也就变得较细，两头粗中间细，这叫"饥饿痕"现象。要解决这一课题谈何容易。

刘守仁出席了中国共产党第十三次全国代表大会归来后，心里豁达敞亮了许多，他的思维也在高速旋转着：让中国美利奴细毛羊走向全国，为什么只让它在大西北的新疆培育呢？我国地大物博，气候多样，与澳大利亚四季常青相似的地方有的是，比如长江以南的许多省份，并不比澳大利亚差，春夏秋冬，羊都有肥美可口的青草可吃，何不来个北羊南移呢？他的脑海中顿时闪现出一道亮光。北羊南移计划出现在他的蓝图上，绵羊越冬的饲草问题也将迎刃而解。

刘守仁向国家申报了北羊南移工程项目计划，在申报中提出要在我国南方开辟细毛羊生产发展新基地，充分利用南方山地丘陵的自然资源，既能解决羊毛的净毛率低、纤维均匀度差等北方无法解决的难题，又可促进区域生态、资源利用和致富山区农民，这是利国利民的大好事。

北羊南移项目很快获得国家的批准支持。

当时，刘守仁任兵团农八师总畜牧师、农八师151团（紫泥泉种羊场）党委书记、团长（场长）。他马上向新疆生产建设兵团副政委、农八师石河子市党委书记刘丙正作了汇报。刘丙正听说北羊南移计划获得国家批准立项的消息后，高兴地说："我们培育出的军垦细毛羊到南方安家落户，真是太好了，我们农八师石河子市党委坚决支持北羊南移的工程项目，你要钱给钱，要人给人，需要什么我们支持你什么。我们兵团、农八师一定做好北羊南移的后勤保障工作，你就放心大胆地去干、去闯吧，为国争光，为兵团争荣誉，为国家做出更大的贡献。"

刘守仁挑选了6名精明强干的科技人员，不怕艰难险阻，一路跋山涉水，深入江西、浙江、湖北、四川、云南5个省份的山区实地考察，行程上万公里，光鞋就磨破了几双。他们每到一地，都同当地政府签订建立细毛羊生产模式示范区。5个省份的示范区都是统一模式、统一标准。示范区合同规定：示范区饲养、放牧场地，由当地政府提供，并支付紫泥泉种羊场125 000元，购买一群300只改良母羊；紫泥泉种羊场随羊派出两名优秀牧工，无偿为示范区饲养、放牧，管理羊群1年，负责羊群的疾病防治、羊群的配种，直到来年母羊产羔，实现百羊百羔。羔羊产下2个月后，待一切正常时，这2个牧工方可离开。牧工在1年的服务期限内，要搞好"传帮带"，教会当地人员如何饲养、放牧、人工授精配种，母羊产羔时如何剪脐带、编号等以及羊群饲养管理的整套技术，而且派出的人是无偿服务的，不增加当地任何负担。

南方有广阔的山地、丘陵，有大面积的可以供绵羊饲养繁育的草地。建立细毛羊生产模式示范区，由开始的试点到逐步推广北羊南移这一工程为我国畜牧业发展展示了广阔的前景。

湖北省宣恩县地处山区，是土家族比较集中的贫困县，在这个县建立细毛羊生产模式示范区有着十分重要的意义。刘守仁特别重视，专门选派了紫泥泉种羊场养羊经验非常丰富的牧羊标兵张仁祖父子俩，随羊群来到了宣恩县。他们父子俩来到湖北后，带当地徒弟精心放牧，精心饲养管理，300只母羊个个健壮，无一死亡，而且母羊受胎率高达94%，成活率超过97%，达到了百羊百羔的目标。

刘守仁向刘丙正汇报了湖北宣恩县北羊南移示范区的情况，刘丙正决定到湖北宣恩县细毛羊示范区看望张仁祖父子。刘守仁陪同刘丙正一路风尘仆仆来到宣恩县示范区，看望了张仁祖父子和他们放牧的300只母羊。刘丙正高兴地一一同张仁祖父子亲切握手问好，说："帮助各族人民，特别是土家族乡亲脱贫致富，是我们兵团的责任和义务，你们父子一定要把羊饲养管理的好办法、好经验，毫无保留地传授给土家族兄弟，使军垦细毛羊尽快地在宣恩县发展壮大起来，成为致富当地群众毛肉兼用的'羊银行'。"

第二年春天，张仁祖父子放牧管理的300只母羊，产羔率和成活率都达到97%以上，圆满完成了北羊南移示范区的各项指标任务，返回到紫泥泉种羊场。

宣恩县的戴县长认为张仁祖父子不辞辛苦，从北方来到南方，在北羊南移的示范区，不仅自己精心放牧，更重要的是为宣恩县培养出了会养细毛羊的羊把式，他应当亲自到新疆去看望才对。

戴县长从湖北专程来到新疆紫泥泉种羊场看望张仁祖父子，张仁祖非常感动，专门宰了一只最好的羯羊，招待戴县长，刘守仁和种羊场领导作陪，气氛非常热烈。

目前，生长在内地的军垦细毛羊，不仅解决了细毛羊的高热、高湿地区生长的难题，还在技术上解决了羊毛粗细不匀的问题，羊毛洗净率也提高到70%（国家标准为40%），达到了国际先进水平。

南移中国美利奴母羊繁殖规律调查研究*

刘守仁　杨永林（执笔）　倪建宏　皮文辉　石国庆　曾培坚
（新疆农垦科学院畜牧兽医所　石河子）
吴启洲（湖北省宣恩县畜牧局）

【摘要】 中国美利奴（新疆军垦型）南移至今，表现出较好的适应性，但繁殖性能与原产地不尽相同。经1993年和1994年测定，中国美利奴（新疆军垦型）母羊在7月上旬就有少数表现发情，7月下旬至8月中旬大都表现发情，适宜配种在10月中旬，配种季节的情期受胎率很高（93.9%），繁殖成活率较高（97.3%），但所测定的成年母羊双羔率却很低（0.9%）。

【关键词】 中国美利奴；南移母羊；繁殖性能

中国美利奴（新疆军垦型）南移成功后，保持了本品种特征，在生态条件不同的南方山区表现出较好的适应性。在此期间我们对中国美利奴（新疆军垦型）南移母羊在南方的生产性能进行了跟踪测定，特别是在繁殖性能方面进行了初步研究探讨。

1　饲养地区的自然条件及试验羊

1.1　原产地自然条件概况

中国美利奴（新疆军垦型）是在新疆紫泥泉种羊场培育成功的。该场位于北纬44°，天山北麓，准噶尔盆地南缘古尔班通古特沙漠边缘，海拔1 034 米，为典型的大陆性干旱、半干旱气候，年降水量440毫米，无霜期178天，极端气温−42.2 ~ 39.8摄氏度，平均气温6.6摄氏度，草场为真草原和荒漠草原，枯草期长达180天。

1.2　南移地区自然条件概况

湖北省宣恩县土鱼河种羊场地处武陵山区，位于北纬39°，海拔1 350米，年降水量1 500毫米，平均气温13 ~ 15摄氏度，最高气温31摄氏度，最低气温 −8摄氏度，无霜期245天，相对湿度80%，草场大多为山地丘陵

* 刊登在《中国养羊》1995年第6期。

草丛草场和灌木林，疏林草场，属亚热带季风气候。

1.3 试验羊

测定羊只均为紫泥泉种羊场运往湖北省宣恩县土鱼河种羊场，饲喂至今的中国美利奴（新疆军垦型）母羊。1993—1994年，连续两年对210只次羊的发情季节、发情率、发情周期、发情持续时间、情期受胎率、多胎性能、羔羊初生及断奶体重、繁殖成活率等繁殖方面的性能进行了测定。

2 结果

2.1 发情季节、发情率

中国美利奴（新疆军垦型）母羊南移后，发情季节变化不大。母羊一般在断奶后45～60天开始出现发情。土鱼河种羊场3月为牧草生长期，因此10月上中旬配种对母羊育羔很有利。1994年对南移后的中国美利奴（新疆军垦型）母羊实行提早断奶、适当补饲精饲料的方法，观察母羊发情季节的变化。随机抽出的30只带仔母羊在羔羊2月龄时（5月10日）断奶（比正常断奶提早60天），同时给供试母羊每日补精饲料0.5千克到发情配种。试验结果，母羊最早出现发情在7月上旬（占10%），7月中旬有53.3%的母羊发情，8月中旬有33.3%的母羊发情，从断奶到开始发情间隔天数为70天左右，这与正常断奶但不补饲的大群母羊差异不大，即主要集中在秋季发情。秋季配种时（9月底、10月初）正值牧草茂盛期，母羊膘情好，发情率为80%～85%，母羊发情较集中。此时配种，次年产羔时正好为牧草生长期，对产羔育幼等工作带来很多方便。

2.2 发情周期

发情持续时间通过观察测定，30只母羊发情周期为（17±0.5）天，发情持续时间为1～1.5天（24～36小时），与原产地紫泥泉种羊场差异不大。

2.3 情期受胎率

紫泥泉种羊场1986—1990年测定1 200只母羊5年平均情期受胎率为76%±5%，南移后的中国美利奴（新疆军垦型）母羊情期受胎率明显高于原产地，据1993年和1994年200只母羊的统计，第一情期发情母羊共164只，第一情期的受胎率达到93.90%。

2.4 母羊的多胎性能

南移的中国美利奴（新疆军垦型）母羊在配种季节营养状况良好，双羔率却很低。1993—1994年两年的双羔率仅为0.9%（$n=200$），大大低于同龄羊在原产地的双胎率（37.25%，n = 1 200，1986—1990年资料）（$P<0.01$）。

2.5 羔羊初生重、断奶重

由表1可以看出，羊南移后所产后代羊的初生重与原产地接近，而断奶重却显著低于原产地同龄羔羊。

表1 羔羊初生重、断奶重比较

项目	年份	性别	只数	初生重（千克）	断奶重（千克）
土鱼河种羊场	1993	♂	36	4.40 ± 0.80	23.9 ± 2.60
		♀	42	4.30 ± 0.39	26.3 ± 2.20
	1994	♂	39	4.29 ± 0.69	26.5 ± 2.30
		♀	35	4.19 ± 0.38	24.9 ± 2.60
原产地	1989—1991	♂	302	4.30 ± 0.82	31.6 ± 6.10
		♀	330	4.14 ± 0.69	29.7 ± 3.93

2.6 繁殖成活率

南移的中国美利奴（新疆军垦型）母羊繁殖成活率较高，为97.3%。生产母羊和羔羊很少有病或不适反应，成年母羊繁殖情况良好，羔羊生长发育正常。

3 讨论

（1）北羊南养在环境条件差异较大的南方山区饲养驯化很成功，但对其生产性能也产生了一些影响，并引起生殖生理规律的变化，如受胎率高，双胎率低，成活率高，死亡率低等。

（2）中国美利奴（新疆军垦型）成年母羊的繁殖性能还受年龄因素影响，如原产地成年母羊在繁殖年限内其双胎率随年龄的增大而增加，而南移后成年母羊的双胎率这种变化倾向不明显，同时增加营养对南移母羊繁殖季节改变影响不大。

（3）中国美利奴（新疆军垦型）引入南方新区后，仍以放牧为主，同时冬春适当给予补饲。母羊膘情良好。为避开枯草期和早春连绵阴雨或降雪对产羔的不利影响，配种应选在10月中旬开始较为合适。关于成年母羊双胎率低的原因尚有待进一步调查研究。

第九章

培育肉羊惠民生

进入21世纪以来，由于科学技术日新月异的发展，社会文明的进步，人民生活水平得到很大提高和改善，国内外市场的需求发生了很大的变化，人民不仅需要中国美利奴超细羊毛，更盼望培育出多胎、体重、肉多的细毛羊。市场需求，人民的企盼，就是绵羊育种的发展方向。

刘守仁把培育多胎、肉用细毛羊，作为他今后育种科研的重大课题，决心用尽生命的最后一刻时光，也要培育出市场需求，人民希望的肉用细毛羊。建立多胎基因实验室，在近几年内培育出“新疆白”多胎肉用细毛羊，服务人民大众。

2001年，刘守仁到内蒙古、北京、山东等地考察了解细毛羊的生产情况后，把培育改良多胎、肉用羊的重点放到了山东。同山东省农业科学院建立协作关系，帮助他们改良选育多胎、肉用羊。

绵羊育种是新疆农垦科学院的强项。山东省农业科学院第一批羊的胚胎移植就是刘守仁帮助他们做的。从2001年到2005年的5年时间里，刘守仁采用血清白蛋白基因型、基因定位和“两母带一羔”的两月羔羊特殊培育等方法，精心培育鲁西黑头多胎、肉用羊新品种，培育工作非常成功，羊羔的多胎率达到130%，每只羯羊多产肉10千克以上。鲁西地区的老百姓十分欢迎。

鲁西黑头多胎肉用羊验收鉴定时，培育鲁西黑头羊的王金文一定要刘守仁打头，说：“你不打头这项成果就无法上报验收。”“从内心来说我不想打这个头，既然你说了为了验收叫我打头就打头。”刘守仁同意了王进文的要求。鲁西黑头羊选育，顺利通过省级验收鉴定，获得山东省科学技术二等奖。刘守仁感到纳闷不解，这么好的羊为什么只得省级二等奖。他问王进文：“为什么没有拿上一等奖？”

“我写验收报告时，只说了达到国内先进水平，而没有说国际先进水平。如果由国家出面鉴定，就可能拿到一等奖。”王进文说。

2016年春节前，刘守仁还挂念山东鲁西黑头羊的事。他对科研团队说：“春天去山东一趟，好好鼓励一下，把血清白蛋白基因型、羔羊特培、品系品种齐育、三级繁育推广等配套技术和方法都用上，把羊群好好整顿一下，并按兵团季度各羊场进行评比，发奖品、奖金，开展‘比学赶帮’的竞赛活动，鲁西黑头羊很快可以发展到几百万只，羊的生产性能好，产羔、产肉多，可以致富人民群众，缓解羊肉供需不平衡的矛盾。用不了3年时间，羊的生产性能和种群头数都上去了，这样鲁西黑头这个新品种，在齐鲁大地就叫得响了。”

2009年8月，上海崇明岛白山羊场的场长谷红伟提出要与刘守仁合作，在发展白山羊的同时，也想试养绵羊，刘守仁很高兴地答应了他们的要求，亲自去上海几趟。上海崇明岛有两个白山羊场，刘守仁给每个羊场送去毛肉兼用的良种细毛羊公羊2只，母羊20只。

上海人也吃羊肉，不过他们喜欢吃的羊肉是山羊肉，只烫毛不剥皮，连皮一起吃，不像大西北的人，先剥皮，后吃肉。

崇明岛白山羊场的谷红伟就上海羊场发展中国美利奴（新疆军垦型）一事写了专题报告，最后没有成功，细毛羊在上海没有扩大。

刘守仁为在上海崇明岛发展中国美利奴（新疆军垦型），摔断了右腿。那是2010年10月刘守仁在上海同谷红伟谈关于合作发展白山羊和中国美利奴（新疆军垦型）的事后，要返回新疆，那天下大雨，刘守仁拉着旅行箱到机场，因雨大路滑，一不留神，摔了一跤，这一跤摔得很厉害，右腿的胯骨摔断了，120救护车把他送到上海中山医院开刀做手术，在住院期间，得到父亲病逝的消息，他躺在病床上不能前去看父亲最后一眼，心中悲痛万分。手术后15天他就可以下地慢慢走路，出院后返回新疆。

刘守仁为了绵羊育种事业，先后两次摔断了左、右两条腿，上海摔断右腿这是第二次。第一次是在紫泥泉种羊场，摔断的是左腿，那还是20世纪80年代的事情。

1998年3月5日，中华人民共和国第九届全国人民代表大会第一次会议在北京召开，刘守仁出席大会，参会前，刘守仁再一次来到刘自成羊群当面再三交待："刘组长，你这群母羊，都是含75%澳血的40004号羊，经过几代良种选育产生的后代，这些羊都是孙子辈的，这次直接用40004号公羊进行祖孙交配，特别是3895牌号的母羊，当时配种时我选的是最好高代母羊。羊马上就要产羔了，我真想看一看，高代后代到底是什么样子，像不像它的父亲，可惜，我要到北京去开会，走之前是看不到了，只好等我开会回来再看。但是你要记住：3895牌号母羊产羔后，你在第一时间告诉我。我到北京后，把房间电话告诉你。"

"好的，团长我记住了，第一时间我就立马告诉你。"刘自成组长说。

3月15日晚上8点多钟，刘守仁房间的电话响了，电话里传来了刘自成熟悉又兴奋的声音："团长，3895牌号的母羊产羔了，产下的羔羊体格非常健壮，活蹦乱跳，着实非常可爱，和它的父亲就像是一个模子里倒出来的一样，长得各方面都一模一样，可心疼人了。"

"好，我知道了，谢谢刘组长，我回去后专门到你的羊群去看。"刘守仁听了十分高兴地说。

"团长，我等你回来。"

会议3月19日结束，3月21日刘守仁回到了紫泥泉种羊场。刘守仁心里一直想着刘自成羊群的羊，特别是他选种选配的3895牌号的母羊，这是他的心血和成果。

这天上午，他什么都不想，什么事也不干，一心就想着去看刚产下不久的羔羊。他来到刘自成羊群，看到所有羔羊长得一个赛过一个，当他见到3895牌号母羊产下的羔子时，把羔羊抱在怀里左看右看爱不释手，用嘴轻轻地亲了又亲，最后把脸紧紧贴着羔羊的身子，嘴里喃喃自语地说："你长得太像你的父亲了，乖乖，好好，快快地长大，你们可是我的心肝宝贝。"

3月中旬的北疆大地，春光无限美好，大地早已耕耘播种，可是地处山区的紫泥泉的不少地方冰雪还未完全消融，冬天的影子时不时地在人们眼前晃来晃去。在从羊群回来的路上，天空突然飘起了雪花，大地白茫茫一片。刘守仁心情特别高兴，只顾大步流星地往前走，当走到紫泥泉种羊场新华书店下坡的地方，突然脚下打滑，重重地摔倒在地上。原来这个地方的冰没有融化完，下的雪把地下的冰层盖死了，刘守仁根本没有想到还会有冰，这一跤摔得实在太厉害了，把左胯骨摔断了。整整在医院躺了3个月才好，在医院他成天想的还是绵羊育种的事。

经过3个月的治疗，腿好了，出院时左腿比右腿短了2厘米，不知内情的人看不出来。

2001年，在查阅大量文献的基础上，联合东北农业大学查晖教授，针对多胎基因Fec^{B}位点开展研究与攻关，成功获得了多胎标记分子。通过对标记位点的检测，就可快速预测羔羊或基础母羊的产羔能力。这一重大发现，为加快培育肉用羊奠定了坚实的基础。

多胎基因的发现，引起了科研院校的高度重视。山东青岛农业大学专门派了人到新疆农垦科学院学习。

多胎基因的发现，再次激发了刘守仁创新的欲望和梦想，也更加坚定了培育多胎、肉用羊新品种的信心。

这时，刘守仁培育多胎、肉用羊新品种，已不再需要反复试验、探索，培育军垦细毛羊和中国美利奴（新疆军垦型）的成熟套路和方法，再加上"基因定位"和"基因先决"育种法的建立，对培育多胎、肉用羊新品种可谓如虎添翼。

2011年，用国外引进的白头赛父克种公羊，配当地的毛用羊，产生的后代母羊，再用澳洲白头公羊相配，再产生的后代用祖孙相配、兄妹交配的方法，经过三代后，“新疆白”肉用新品种就培养了出来。从目前选育的情况看，一只“新疆白”肉用细毛羊，不仅双胎多，双胎率达130% ~ 135%，而且产肉多，每只羊多屠宰10 ~ 15千克的肉。

用“基因定位”“基因先决”育种法的现代科技手段，培育出一个绵羊新品种不用上百年、几十年，只需5、6年时间就足够了。而且想培育什么绵羊新品种，就能在短时间内培育出来。新品种肉用羊三代后，就能稳定遗传性能。再加上三级繁育扩大体系的全面启动，两三年时间，新品种的种群数量成几何式增长扩大，成为一个显赫的大家族。

为了加快“新疆白”肉用羊的繁育和推广，2013年，刘守仁又建立了以新疆农垦科学院牧场为核心育种场，以新疆西部牧业股份有限公司种羊场为繁育场，以第八师各农牧团场为生产场的三级繁育体系。

刘守仁肯定地说：“‘新疆白’肉用羊2017年秋申请兵团验收鉴定，到时请作者参加；2021年之前，‘新疆白’肉用羊申报农业部验收鉴定。”透露这一信息，刘守仁胸有成竹，信心满满。

谈到“新疆白”多胎、肉用羊新品种时，刘守仁神采飞扬地说：“现在我们新疆有生产母羊5 300万 ~ 6 000万只，如果能有50%以上的母羊产下双羔、三羔，1年可多增加2 500万 ~ 3 000万只羔羊。目前新疆大农业正在调结构、转方式、去库存，大力发展以牛羊为主的畜牧业，给绵羊育种带来了前所未有的大好机遇，我们要牢牢抓住机遇，机不可失地大力发展‘新疆白’多胎、肉用羊，这是一个利国利民、致富各族人民群众的好事、善事。”有人问刘守仁：“‘新疆白’肉用羊育成后，你是否可以安享天伦之乐，颐养天年了？”刘守仁摇摇头说：“只要我的心脏跳动一天，我就将带领科研团队，加紧研究羊的生长激素基因、胚胎移植和克隆，同时抓好

20万只超细毛羊（12 ~ 18微米）基地和20万只肥羊羔基地建设。”

2014年，就如何培育发展多胎肉用羊，刘守仁专门给兵团畜牧处写了报告。报告说：不要兵团各师出钱，1个师只选派1名高中以上文化程度的年轻人，到新疆农垦科学院参加生产多胎肉用羊学习班。刘守仁想从自己的科研经费中出钱，购买测定仪器设备。参加培训班的同志回去后，可以以师为单位，只要按学习班培训的方法去办，多胎肉用羊就能遍布兵团各师。每个师不说多，在原来产羔的基础上，多增加羔羊10% ~ 20%以上；1只羊多屠宰肉10 ~ 15千克。兵团只要给各师下个文件，多、快、好、省增加多胎肉用羊的事就可以办成，等到今天，兵团也没有回应。

谈到此事，刘守仁笑了，他说：“我们常说不见兔子不撒鹰，这句话很有道理，你拿不出让人耳目一新、眼睛放光的肉用羊，只是空口说白话谁信，原先我们把事情想得太简单了，欲速则不达，我们做任何事情，水到渠成就好办。现在我们不要找兵团下什么文件，到明年，‘新疆白’多胎肉用羊，只要通过兵团验收鉴定，到那时，你不找兵团，兵团也要找你，各师自然会争先恐后地繁育扩大多胎肉用羊，你有什么要求，有什么建议，只要有利于肉用羊的扩繁，兵团都会支持的。”

想育种第三次摔断腿

2016年2月8日，这天早起刘守仁心情特别愉快，早晨7点多钟已经起床了，他盘算着大年初一怎么过，过完春节之后许多绵羊育种的事等着他去做。他上卫生间时还在想着今后的育种工作，一不留神，卫生间地滑，突然猛的一下摔倒，把2010年在上海时摔断的右胯骨再次摔断，需要在石河子大学医学院附属医院做手术。刚上手术台，刘守仁突然全身一会儿发热像掉进了烤炉，一会儿又冷得全身打战，像掉进冰窖。血压直速下降，医生向家属报了病危，他的妻子李芙蓉把正在外地上大学的女儿刘纯紧急呼叫回来，同刘守仁见最后一面。

刘守仁心想，这下完了，可能走到了人生的尽头，在有生之年没有建立起多胎基因实验室，没有完成培育“新疆白”多胎肉用细毛羊，他感到万分遗憾。

在万分危急的紧要关头，刘守仁心头突然闪过一个念头：会不会是布鲁氏菌在捣鬼。因为大腿胯骨摔断，而且一个地方两次摔断，疼痛难忍，饮食大减，身体的抵抗力严重下滑，身体受损，抗病能力减弱，布鲁氏菌就会乘虚而入。医生一时也六神无主，治病要对症下药，不化验，不透视，不做检查，医生也不能胡乱用药。诊断、检查需要时间，而时间就是生命，血压继续下降，心脏就会停止跳动，生命就会终止。

刘守仁明白自己血压急速下降的病因后，对医生说：“血压下降是布鲁氏菌在作乱，快给我拿6片四环素来。”刘守仁一次服下6片四环素后，血压不再下降，4个小时后，又服4片四环素，血压逐渐恢复了正常。刘守仁在“鬼门关”走了一遭，又回来了。

刘守仁成功地躲过了这一劫，他说：“老天爷给我完成使命的机会，在我有生之年成立多胎基因实验室，培育成功‘新疆白’多胎肉用细毛羊、新品系、新品种，再在兵团把发展多胎肉用细毛羊这件事鼓动起来，我就不留遗憾地入土为安了。今后的事交给后来人干吧。科学是无止境的，你再能干也不可能把所有的事干完，一代人只能干一代人的事情。江山代有才人出，绵羊育种工作的接力棒自有后来人。”

第十章

呕心沥血育团队

竭尽全力育新人

刘守仁在科研实践中，把精力放在发现人才，培养人才上，呕心沥血打造科研团队。

20世纪80年代初，刘守仁到农八师任总畜牧师后，把目光放在关心牧工子弟成长的百年大计上。他想老一代牧工手握牧羊鞭，因历史条件的局限，大部分没文化、没学历。不能再让老牧工的子弟继续走前辈没文化、没知识的道路，要让他们做新时代有文化、有知识的新牧工。他与石河子农学院交涉、协商，让种羊场牧工子弟中高中毕业的，到石河子农学院畜牧系进修学习，取得专科学历，石河子农学院同意一次选送的10多个牧工子弟入校学习。这些牧工子弟中就有杨恒杰的儿子杨永林。杨永林高中毕业后没有考上大学，留在种羊场学兽医，刘守仁特意指名让杨永林到石河子农学院畜牧系进修学习。

杨永林在石河子农学院经过两年的带薪脱产学习，取得畜牧系大学专科的学历证书后，又回到了种羊场，成了畜牧兽医技术员，后担任畜牧连的连长。

杨永林在单位工作认真负责，大胆泼辣，刻苦钻研兽医技术，是畜牧连有文化、会管理的骨干。1989年，杨永林当了种羊场一连核心羊群的副连长，1年后提升为连长，刘守仁看他是个好苗子，1991年，刘守仁将杨永林调到新疆农垦科学院工作。

刘守仁没有看错人，杨永林没有辜负刘守仁对他的期望，他特别刻苦，特别用功，不仅取得了大学本科学历，2005年又考取了在职研究生，2008年取得硕士学位。新疆农垦科学院的王立铭1991年调到山东农业科学院工作，2001年山东农业科学院和新疆农垦科学院建立科研协作关系。绵羊育种是新疆农垦科学院的强项。山东农业科学院第一批羊的胚胎移植就是刘守仁帮助他们做的。一次杨永林和刘守仁坐飞机要去山东，杨永林突然感觉到心脏不太好，刘守仁说："小杨，你心脏不好，我们在西安下飞机，改乘火车，这样可能会好一些。""不了，刘院长，我能坚持，再有1个多小时就到山东了，还是坐飞机吧。"杨永林到山东，第二天就住进了医院。杨永林工作不怕苦和累，在紫泥泉二大滩做胚胎移植实验，半个月在野外工作，没叫一声苦，直到出色完成任务为止。2006年杨永林被评为研究员，同年享受国务院政府特殊津贴，还当选为石河子市政协第九届委员会委员。

看着杨永林的进步和成长，刘守仁非常高兴，非常满意。

1988年，刘守仁当新疆农垦科学院院长时，偌大一个科学院没有一个博士生，就是硕士也要从外面引进。任航行是从石河子大学引进的一名硕士，引进双方合同规定，引进时新疆农垦科学院首付3万元安家费，引进人员在引进单位服务满5年后，留去自由，3万元的安家费归引进者本人所有，如服务不满5年离开者，3万元如数追回。

任航行在新疆农垦科学院只服务了2年，他考上博士生走了，新疆农垦科学院要追回引进费3万元，刘守仁知道后说："年轻人也没有啥积蓄，考上博士走了就走了，他的3万元由我来付。"他自己掏腰包给任航行付了3万元的引进费。

刘守仁认识到，引进人才是必要的，但还是自己培养牢靠得多。现任新疆农垦科学院畜牧兽医研究所所长的周平，是农垦科学院自己培养的第四位博士。

1998年，周平毕业于四川畜牧兽医学院，毕业后来新疆农垦科学院在杨玉福课题组工作，只工作半年杨玉福就退休了。杨玉福退休后，周平没有什么课题，只好到处"打游击"。1999年年底，刘守仁当选中国工程院院士，任新疆农垦科学院名誉院长，刘守仁觉得周平这样“晃荡”下去不行，就与内蒙古大学校长旭日干联系，让周平到他那里学习深造。刘守仁同旭日干院士私人关系很好，对一些问题的看法、观点相同，很谈得来。刘守仁向旭日干提出：让新疆农垦科学院的年轻人到内蒙古大学去读博士深造。

“深造完全可以，但起点必须是硕士。”旭日干跟刘守仁说。

周平不是硕士，只是在职的研究生。入内蒙古大学学习，从硕士开始，学习了近7个年头。学习期间，假期从内蒙古到新疆的来回路费也由新疆农垦科学院给报销。入学半年后，每月1 000元的生活补助费停发了。带薪学习的全额工资从2000年年底发到2006年下半年。2006年下半年，院里停发了周平的工资，每月只给借500元的生活费。这时，每月1 000元的生活补助费还正常发放。刘守仁知道这一情况后，又同院里沟通给周平要回了停发半年的工资，扣除了每月预借的500元。

周平在内蒙古大学先读硕士，而后又读博士。7年中周平好学上进，学业扎实，人又肯积极钻研，学校想让周平留校工作。旭日干院士同刘守仁交换意见时，刘守仁对旭日干说：“旭日干校长，我们之间私人关系归关系，感情归感情，这个人我不能给你，新疆的发展很需要人才的支持，请你多多谅解。”

周平回新疆农垦科学院后，暂时没有课题，刘守仁借钱每月给周平发放生活补贴1 000元，并一次拨款60万元装修实验室，购置科研仪器花费4万多元，另外又给周平10万元的实验费。2007年年底立项普通克隆羊转基因试验，2008年4月，两只克隆羊出生。刘守仁为使学成归来的博士、硕士安心、舒心地工作，2009年12月的一天，天空下着鹅毛大雪，刘守仁让周平给兵团司令员华士飞打报告，申请500万元资金给博士盖20套楼房，刘守仁顶风冒雨到兵团要回资金500万元现款。

周平深有体会地说：“我很幸运，从四川来到新疆农垦科学院，在茫茫人海中，遇到了刘院士，随刘院士工作，干得舒心，苦得乐意。”

周平踏实肯干、能干，他是畜牧兽医方面的学科带头人之一，刘守仁看到周平的进步和学科上取得的成绩很欣慰，认为自己为周平所做的一切值得，心血没有白费。

刘守仁为培养人才到了呕心沥血的地步，他培养开门弟子石国庆的故事感人肺腑，在新疆农垦科学院传为佳话。

1982年8月，石国庆在新疆农业大学畜牧专业毕业后，被分配到新疆农垦科学院，刚来时在王立铭老师的科研团队里从事绵羊冷冻精液的研究。研究的主要目标是采取冻精配种，强化培育等综合技术措施，实现当年羔羊当年配种，使绵羊世代间隔由2年缩短为1年。另外，以适应毛纺工业应用为目标，有目的地提高羊毛的质与量。

绵羊冷冻精液受胎工作要到牧区做试验，牧区条件艰苦，在那里呆1、2个月，一次澡也洗不成。他和他的同伴，就睡在羊圈旁边的小屋里，跳蚤、虱子咬得身上都不知道痒了。

蹲点试验回来，浑身散发着羊膻味，衣缝里都是虱子和白花花的虱子卵，衣服又舍不得扔，就只好用开水烫，用药水泡上几天再穿。

1987—1990年，石国庆在巴里坤草原一干就是4年。在4年中，他克服了多少常人难以想象的困难。在蹲点做试验的日子里，石国庆与当地的哈萨克族牧民、技术人员同吃同住搞试验，不分你我，不分彼此，和牧民成了同甘共苦的知心朋友。当地牧民亲切地称石国庆“寨木斯技术员佳克斯”（哈萨克语：胖子是技术员好）。

最终冷冻精液研究取得成功，使40万只细毛羊品质及羊毛工业生产性能大幅度提高，细毛羊产量增长5倍多，净毛率提高7.5%，毛长平均增加1.28厘米。

1991年2月，石国庆的老师王立铭调到山东省农业科学院畜牧兽医研究所任所长。

王立铭1964年毕业于山东农业大学畜牧系，毕业后分配到新疆农垦科学院工作。在新疆农垦科学院工作的20多年里，他了解兵团、熟悉兵团，继承了兵团人的好传统、好作风，是兵团一代有文化的老军垦。石国庆是兵团老军垦的后代，继承了父辈们的好品德，干工作不怕苦，不怕累，有什么困难自己担当，始终把工作放在第一位，爱岗敬业。石国庆跟随王立铭近9年的科研历程中，王立铭发现石国庆是好样的，在年轻人里面是最棒的。

临别时，王立铭舍不得师徒情义，对石国庆说："你好好干，我走了别人照样会赏识你，只要踏踏实实地干，你一定会大有作为的。"

王立铭到山东农业科学院3个月后，刘守仁作为新疆农垦科学院的院长，时常想着王立铭在山东的工作情况，心里老是放不下，就到山东找他，看到王立铭在山东农业科学院很开心、干得很顺心，刘守仁的心才放了下来。

刘守仁千里迢迢来看王立铭，王立铭非常感动，刘守仁重情重义，不讲职务高低，只讲工作友情。王立铭的心和刘守仁的心紧紧地贴在一起，两人在一起又说又笑，无话不谈。他们谈得最多的还是新疆农垦科学院的研究课题和从事课题的研究人员，在交谈中，王立铭向刘守仁介绍了石国庆的情况，并说："刘院长，石国庆是个好小伙子，你只要好好带带他，我相信，他一定会有所作为的。"

刘守仁来自基层，当过技术员、副股长、股长、副场长、场长、党委书记、农八师总畜牧师兼种羊场场长、新疆农垦科学院院长，他经历了许许多多的事。石国庆究竟怎么样，刘守仁不是只听王立铭说一说，而是自己要亲自见识见识，而后再决定收不收这个开门弟子。

1989年、1994年，刘守仁两度主持国家重点工业性试验项目——中国美利奴（新疆军垦型）繁育体系、"U"系羊繁育体系建设，利用胚胎移植技术培养"U"系羊的研究，用澳大利亚羊搞胚胎移植。1991年4月，刘守仁率领科技人员在奎屯的农七师124团、125团2个团场，1个团场挑选2 000只，共4 000只受体母羊，把挑选出的母羊全部接回新疆农垦科学院。9月在澳大利亚专家的指导下学习内窥镜胚胎移植技术。

澳大利亚的专家走后，刘守仁从广州买回1台腹腔内窥镜仪器，这时，刘守仁团队的人就会使用胚胎移植的腹腔内窥镜仪器了。1992—1994年，冷冻胚胎移植的妊娠羊成功率为45% ~ 50%，达到国际先进水平，开始大力推广。2000年，冷冻胚胎移植5 000多只，成功率达到55%，达到国内领先、国际先进水平。

2001年，刘守仁从国外引进特细的细毛羊，制作冷冻精液颗粒采用子宫角内窥镜输精技术，对军垦细毛羊进行进一步改良，在40多天时间里，石国庆等6位科技人员在伊犁的高山草原搭建4个帐篷，为兵团第四师74团、76团、77团的3个团场的8 500多只母羊做了子宫角输精，极大提高了羊群的品质。

每只羊做子宫角内窥镜手术，要消毒、缝合。每2个人1组，共分3组，每组1台内窥镜。每组1天要做300只羊，晚上做饭的师傅把饭做好了，又凉了，还没见石国庆他们回来吃饭，这样的事几乎天天如此。

任务出色完成后，刘守仁和北京农业大学的张伯洪教授专程赶到伊犁，在山上的帐篷里见到了石国庆等人，刘守仁和张伯洪都很高兴，刘守仁说了两句话："晒黑了，人也胖了，看来做饭师傅营养搭配很好。"

石国庆接受任务，从7月开始做准备，8月5日正式开展工作，到9月10日结束，连续工作整整36天，天天起早贪黑，没有休息一天，也没有洗过一次澡，每天都拼上命的干。来回共42天，圆满完成了任务，8 500多只母羊子宫角输精情期受胎率达76.56%。

刘守仁给石国庆等6人每人重奖1万元，共奖励6万元。

1999年12月，刘守仁当选为中国工程院院士，2000年开始担任南京农业大学博士生导师。当时，偌大的新疆农垦科学院却没有一名博士。

石国庆在跟着刘守仁近10年时间里，刘守仁给他压担子、交任务，不管多艰巨的任务，石国庆都能出色地完成；不论多重的担子也没有压垮石国庆。经过种种的考验，实践证明石国庆是好样的，是合格的开门弟子人选。

2001年9月，刘守仁对石国庆语重心长地说："我们新疆农垦科学院需要高层次的研究人员，没有高层次、重量级的研究人员，我们农垦科学院在人们心目中就没有分量，就很难适应时代的发展，在对外学术交流时，不能在同一条板凳上平起平坐，就矮人半截，被人看不起，无论从国家层面、兵团层面，我们新疆农垦科学院的层面，都急需高层次的研究人员，我想马上送你去南京农业大学读博士，我是你的博士生导师，你是我的开门弟子。"

石国庆身体好，特别能喝酒，最多时一次喝了两瓶酒，也没有醉意。刘守仁对他说："不要喝那么多酒了，哪像个科学家，倒像个大企业的总经理。古往今来，哪一个科学家都不是喝酒喝出来的。"刘守仁劝石国庆喝酒适可而止，尽量少喝，喝多了，只有坏处，没有好处。

2003年，石国庆还在南京读博士，12月25日是圣诞节，年轻人对西方的节日也挺喜欢，大家欢聚一堂，石国庆只喝了一小杯，就感到头晕目眩，天旋地转，醉得很厉害，也没有在意。

12月30日，学校考完试，他就赶到山东东营做胚胎移植手术，连续做了十几天。2004年1月回到新疆，石国庆身体感到明显不适，觉得有什么毛病。春节还没过完，农历正月初八这一天，他到石河子大学附属医院做检查，医生告诉他，他患了肾癌，需要做手术。刘守仁坚决地说："到上海去做手术！"

从医院出来后，石国庆立马买了两天后去上海的飞机票，石国庆的爱人沈涓陪同他一块去上海中山医院就医。

2004年12月19日上午一大早，刘守仁给将要做手术的石国庆打电话哭着说："国庆，工作需要你，家庭需要你，你必须安全回来啊！"70岁的刘守仁在电话中哭得泣不成声，就连病房的小护士听了，都伤心地痛哭起来。

当时刘守仁身体不好，重感冒，布鲁氏菌病又犯了，动不了身，不然他一定会陪着石国庆去上海就医的。

石国庆的手术非常成功，第二天，石国庆哭着给刘守仁打电话说手术非常成功，说着泪水像断了线的珠子哗啦啦地流了下来，小护士赶忙上去给石国庆擦眼泪。人间的真情，感人肺腑，天若有情，连老天爷也会感动得泪雨纷纷，何况是有血有肉、有情有义的石国庆。

手术后7天，石国庆出院。他到学校上完课才回到新疆，刘守仁去家里看望石国庆，叮嘱他不要急于上班，把身体养好再说，今后工作的时间还长。石国庆回新疆后只休息5天，又上班了。

石国庆家住六楼，没做手术前，液化气罐只用一只手一提，就轻轻松松地上了六楼，可手术后，扛个液化气罐感到特别费劲，一楼扛到六楼也要休息上一两次才能上得去。刘守仁知道后非常心痛，他担心石国庆的身体状况。这时正好院里有位副院长调走了，这位副院长住二楼，房子的楼层正合刘守仁的意，他同院里协商，让石国庆搬到这位副院长住的二楼，院里有争议，争议焦点是一个所长住院领导的房子，级别不够，不合适。刘守仁讲，在新疆农垦科学院要打破级别限制，对特殊人才要特殊对待。刘守仁最终自己掏腰包买下了那套副院长的二楼住房，把房间钥匙交给了石国庆。石国庆没出一分钱，就搬到二楼，直到今天，石国庆还住在二楼副院长级的房子。

现在新疆农垦科学院畜牧兽医研究所有12个博士，其中有8位是刘守仁培养出来的。为了提高研究人员的待遇，刘守仁亲自给时任兵团司令员的华士飞打报告要回500万～600万元，盖一栋博士楼，只要在新疆农垦科学院工作的博士，都有资格住进博士楼。

2007年，石国庆在刘守仁院士的带领下完成的“绵羊育种新技术——中国美利奴羊肉用、超细毛、多胎肉用新品系的培育”项目，获得国家科技进步奖二等奖。

石国庆谈起今天自己取得这么多的成就和荣誉时，总是怀着一颗感恩的心说：“我今天取得的一切都离不开恩师刘守仁院士的栽培和提携，没有刘院士，就没有我石国庆的一切。我作为刘院士的开门弟子，我只是接过了刘院士传给我的接力棒，卯足浑身的力气向前冲、冲、冲！在科学的道路上永不止步，勇往直前，用一生的努力报答恩师刘守仁对我比山高、比海深的恩情。”

石国庆满怀深情地创作了《院士风范》《草原的醉汉》《生命的夙愿》等三首诗。

院士风范*

你像雄鹰翱翔在白云间，
你像骏马奔驰在草原。
你像天使把温馨带给人间，
你像百灵把歌声传遍。
一缕炊烟飘过春秋冬夏，
一件衣袄饱经了雨雪风寒。
沐浴着六十年的日落日出，
陪伴着日月星辰早出晚归。
啊哈，院士的风采，院士的风范，
你引领我们把科学登攀，
院士的风采，院士的风范，

* 此诗为刘守仁院士引领科技工作者为中国的养羊事业无私奉献的精神而作。白云比喻细毛羊羊群。

你把青春都献给了草原。
你的汗似泉水在天山流淌，
你的血似暖流使鲜花绽放。
你的心似炉火使牧民激荡，
你的情似海深让草原兴旺。
走过了多少万水千山，
饱尝了多少苦辣酸甜。
印记着天山之子的曲谱，
拨动着生命信念的琴弦。
啊哈，院士的风采，院士的风范，
你引领我们把科学登攀，
院士的风采，院士的风范，
你的一生都留在了人间。
啊哈，院士的风采，院士的风范，
你的一生都留在了人间。

石国庆说："人生的酸甜苦辣，我都尝个遍，我从不后悔当初定下的许诺，羊是我一辈子的研究题目。"《草原的醉汉》和《生命的夙愿》两首歌词，表达了他人生的情怀。

草原的醉汉

南山草原夜不归的醉汉，
秋雨梦远马背上的摇篮。
这里有百鸟相依的清泉，
这里有牧草丛生的山涧。
这里是千军固守的家园，
这里是万马奔腾的边关。
冰霜让空气在这里搁浅，

大风将白云撕成了碎片。
千万里沙漠已成了草原，
自然将美丽留给庄稼汉。
草原让太阳露出了笑脸，
醉汉让草原守住了情缘。

唱首山歌对生灵的礼赞，
跳段舞蹈对荒原的祭奠。
赶群绵羊是草原的呼唤，
喝杯烈酒是幸福的期盼。
生命在马背上变得平淡，
人生在旅途上变得坦然。
啊！
人醉了，心碎了，星月点点。
风静了，夜深了，草原依然。

生命的夙愿

寂静的夜晚，
我把风呼唤。
走南汗不干，
东奔心也酸。
雪花片片寒风依然，
长长感叹苦苦思念。

爬上了天山，
离天还很远。
穿越戈壁滩，

电话已断线。
触摸那礁石的温暖，
体味那小河的凄惨。

冰霜送考验，
暴雨留泥潭。
本能个寒颤，
已泪流满面。
工作生活缺少平淡，
心灵深处无法释然。

天色已晚，归途也难。
轻轻地拥抱自然，
才是生命的夙愿。

这三首诗充分反映了紫泥泉草原牧工和新疆农垦科学院科技人员，对刘守仁的热爱和崇敬之情。

刘守仁在新疆生产建设兵团屯垦戍边近60年的伟大历程中，用他毕生的心血和智慧，不断大胆解放思想，不断进行理论创新和实践，成功培育出中国美利奴（新疆军垦型）新品种2个、新品系10个，使我国绵羊育种资源品质进入到世界的前列，创造了“血亲级进”“品种品系齐育并进”“综合特培”“三级繁育体系”“基因先决”等一系列创新育种法，为育种理论和技术创新、细毛羊种质资源的提升与产业化发展做出了重大贡献。

1968年以来，刘守仁培育的种羊已向全国25个省（自治区、直辖市）输送了32万余只，创造的经济效益达34亿多元。他的科研成果，创造了和正在创造着巨大的经济效益。由他主持的课题先后获国家、部级、省级科技进步奖14项，其中：1978年获全国科学大会重大贡献奖，国家科技进步奖一等奖等2项，二等奖1项，部、省级科技进步奖二等奖以上10项，获联合国技术信息促进系统中国国家分部“发明创新科技之星奖”，何梁何利基金科学与技术奖。被授予全国革新能手，全国劳动模范，农业部、自治区、兵团优秀科技工作者等多项国家、部级、省级荣誉称号，并代表新疆生产建设兵团出席了中国共产党第十二次全国代表大会、中国共产党第十三次全国代表大会，连续两届当选为全国人民代表大会代表。1999年当选中国工程院院士。发表论文40余篇，出版有《军垦细毛羊》《羊毛与羊毛品质》《绵羊学》《中国美利奴（新疆军垦型）的育成》等多部专著。作为省部共建重点实验室首席专家，先后指导培养出博士后1名，博士5名，硕士20名，研究员4名，副研究员15名。其中有9名科研人员先后荣获国家特殊津贴专家、人事部突出贡献专家、农业部突出贡献专家的称号，基本形成了研究应用技术配套、人员结构合理的科研创新团队。

如今80多岁的刘守仁仍坚守在工作岗位上，正意气风发地带领他的科研团队，一面抓好新疆兵团现有全国领先的绵羊优势资源的保质和储备，为我国细毛羊业可持续发展和提升国际竞争力预存潜在的空间，另一方面抓紧生物工程应用的科技攻关，更好更快地培育出肉用羊新品系，同时积极组织新疆与其他省份多胎肉用羊推广和兵团300万只多胎肥羔羊生产示范基地的建立，为我国畜牧业经济振兴再创辉煌。

第十一章

扎根天山终不悔

留在内心的愧疚

新疆生产建设兵团“屯垦戍边”的伟大事业，吸引了全国各地的优秀青年，他们发出共同的心声：到边疆去，到祖国最需要的地方，建设边疆，保卫边疆。一个18岁的上海知识女青年，融入了建设边疆的洪流。她叫朱智敏，1956年来到紫泥泉种羊场，分配到场部的生产股工作，后来种羊场办养鸡场，她积极要求到养鸡场养鸡。她性格开朗、大方，天性活泼好动，喜欢和咯咯叫的鸡为伍做伴。

那时，大家一心为了建设边疆，对工作不挑肥拣瘦，需要到哪里就到哪里，踏踏实实工作，叫干啥就把啥干好。朱智敏是养鸡场见过大世面的好姑娘。

刘守仁是畜牧技术员，养鸡场也是他为鸡防病、防疫、治病的服务对象，养鸡场几千只鸡，他不敢马虎，三天两头得往养鸡场跑。

一来二去，养鸡场的人都熟悉了，大家见了面不再陌生，养鸡场的姑娘们常跟刘守仁开玩笑。

一天上午，养鸡场的鸡刚喂过食，刘守仁来到养鸡场。

“哟！我们的刘大技术员，今天你到我们养鸡场来是看鸡啊还是看人，你要看鸡我领你去，你要看谁，我愿意给你跑腿。”朱智敏说着大方地迎了上去。

刘守仁一听这姑娘讲的是上海话，心里想，她也是来自南方水乡，和自己是老乡。在他乡遇老乡、听乡音，感到格外亲切。想和她多聊几句，可是嘴不由己地说：“你们好好的，有啥好看的，你们要是真的有病，也该找医生，我是兽医，看不了人的病。”

“我们好好的，就不值得你来看一看，真是个小气鬼。”说着，朱智敏留下了咯咯的一串笑声，一溜烟就跑得不见了人影。

朱智敏的泼辣大方、热情、开朗给刘守仁留下了很好的印象。

朱智敏比刘守仁晚一年支援边疆建设，比刘守仁小4岁。在20世纪50年代，姑娘们找对象只看重家庭出身，是不是工人、贫下中农，有没有文化则很少过问，只要两人对眼就行。

朱智敏来自大上海，她的恋爱观：心中的白马王子必须识文断字，受过高等教育。刘守仁来自江南，是同乡，又受过良好的教育，正是她梦寐以求的如意郎君。

一天，朱智敏鼓足勇气对刘守仁说："刘技术员，我喜欢你。"

"喜欢就好，我也喜欢，所有种羊场的人我都喜欢。"刘守仁随口说道。

朱智敏一听：这个书呆子，他怎么就不懂得女孩子的心。于是直截了当地说："你真听不懂还是假装听不懂，我说我喜欢你，就是我爱你，爱你一辈子。"

"你爱我干什么？我的职业就是成天跟牛、马、羊这些牲畜打交道，你跟我可过不了安稳的日子。"

"你别说了，再苦、再累我愿意，我选择你，就决心一生一世陪伴着你。"说着偎依到刘守仁怀里。

刘守仁看着朱智敏坚定的目光，再也没有说什么，从内心深处接纳了她。他们的爱情深沉而热烈。

爱情的种子在他们心中发芽、开花、结果。婚后第二年一个男孩来到了这个世界，又一年第二个男孩出生了。有了孩子，刘守仁的小屋充满了欢乐。

欢乐和苦难是一胎孪生兄弟。1960年7月，天山连下几天几夜的暴雨，百年不遇的山洪，像脱缰的野马，以排山倒海之势，向紫泥泉种羊场劈头盖脸倾泻而来，洪水淹没了家禽场，养鸡场的鸡舍积水达1米，5 000余只鸡被淹死。自然灾害本身就给人们带来极大的生存困难，恰在最困难时期，朱智敏得不到什么营养，又得了乳腺炎，孩子不能吃奶，孩子饿得哇哇直哭。孩子昼夜啼哭，妈妈没有足够的睡眠。这时，妻子多么需要刘守仁在身边，端一杯水，或说一句温存的话。绵羊产羔季节又到了，刘守仁必须留在羊群，接羔、喂羔，日夜忙个不停，他实在无法尽一个丈夫和父亲的责任。

每当刘守仁带着一身的羊膻味，回到妻子身边，妻子总是理解地说："你快忙你的，别惦记我们，家里有我，育种是大事可耽误不得。"

朱智敏成天带着两个孩子，又忙着工作，每天担水、劈柴、做饭、洗衣，常常忙得头顾不得梳，脸也没时间洗，年纪轻轻就得了一身的病，就连高血压这样的"老年病"也找到了她头上。刘守仁可怜妻子，责怪自己没有尽到做丈夫、做父亲的责任。

为了减轻妻子的负担，刘守仁同朱智敏商量："再这样下去，你怎么受得了，干脆把两个孩子送回苏州老家，让爷爷奶奶照看，你看这样行不行？"

朱智敏沉默了半天："也只好这样了，让孩子去找爷爷奶奶，两位老人早就想见孙子了，我不走，我留在新疆陪着你！"

夫妇俩终于下了决心，把两个可爱的儿子送回了苏州老家。

朱智敏心想，这下我可以一心一意、无牵无挂地陪伴丈夫，实现他培育中国细毛羊的人生梦想。想到这，心情放松，脸上挂满了少有的笑容，咯咯的笑声在小屋中来回荡漾。

就在刘守仁夫妻向往平安、向往美满幸福生活的时刻，突然风云突变，祸从天降，史无前例的"暴风雨"铺天盖地袭来，一顶"资产阶级反动学术权威"的大帽子硬扣在刘守仁头上。

刘守仁家庭出身"资产阶级"，他长期待在羊群里，"不问政治"，是典型的"白专道路"，他经常查阅外国书刊，更是"反动学术权威"。他的血汗，他的成就，全部变成了他的罪状。

紫泥泉一切都混乱了，好与坏，正确与错误，美好与丑恶，一切都被颠倒了，羊群没有人管了，生产母羊被偷、被宰、被卖，刘守仁的心里在流血。

一班人气势汹汹地冲进他的小屋，又扔资料，又翻东西，像犯人一样看待他们，他贤惠的妻子吓蒙了，精神受到极大的刺激，一个个惊恐接踵而来，使她留下的最后一点希望之火也熄灭了。既然照顾不了丈夫，就回老家教养两个儿子吧，留下只有痛苦与寂寞。刘守仁没有阻拦妻子，他们默默地分开了。妻子临行，搁下一句话："我在家乡等着你。"

爱妻走了，给刘守仁心中留下了一生一世的愧疚。

誓为育种献终身

场长陈永福、政委程义成了场里"走资本主义道路的当权派"，是"无产阶级专政对象"，被送到农业连队的"老牛班"劳动改造，一些技术干部成了"臭老九"，也通通接受改造。

奇怪的是"反动学术权威"刘守仁竟然留了下来。有人指着刘守仁说："我们需要的不是你的劳动力，而是你的技术！"

啊，原来还想到了技术。

陈永福要走了，经过多少次的批斗和游街"示众"，人一下变得苍老得不成样子，他的腿动过大手术，拄着双拐，赶到连队"老牛班"劳动改造，走时，谁也不敢送，谁也不敢帮，刘守仁不理那个茬，公然对抗"划清界限"的命令，去陈永福家帮助捆绑东西，看到陈永福拄着双拐还来回拿这拿那的，立即跑过去扶他在路边一块大石头上坐下："场长，这些事我来替你干，看你被他们折腾成啥样子，你快歇息歇息，养养神。"

说是搬家，家里除了两床被子、锅碗瓢勺别的什么物件也没有了，刘守仁眼尖，看到小院里还有过去垒鸡窝的红砖，也一块一块地搬到了马车上，对陈永福说："这些红砖看起来不起眼，到那艰苦的地方，也许会用得着，我都给你装上。"

分别时，一向铁骨铮铮不掉一滴眼泪的陈永福紧紧拉着刘守仁的手说："记住，就是天塌下来，育种工作都不能停，只要还有一口气，就要把育种工作坚持搞下去，你一定要挺住，坚持、坚持、再坚持……"陈永福老泪纵横，把育种的一切希望都寄托在刘守仁身上。

刘守仁心中装着育种的坚定不移的信念，他又回到了羊群，回到了牧人中间。老牧工像迎接亲人般地接待他，端来金黄金黄的油果子，香喷喷的酥油茶，还有热腾腾的"狗扯羊皮"特殊面条。人世间的欢乐都聚集在这里。

他的小屋被遗忘了，院子里他和妻子亲手栽种的一棵苹果树，春天开花，秋天果实累累，看一眼实在叫人高兴。现在家被抄了，妻子也默默地离开走了，可怜的苹果树再没有人为它浇水、施肥，成了没有人疼爱的孤儿，叶落了，枝也枯了。看着这一切变故，刘守仁不仅没有灰心丧气，反而更坚定了育种的意志，同牧工的心贴得更紧，同牧工的感情更深，牧工更加相信他、支持他。

牧工们有颗金子般透亮的心，是非曲直分辨得一清二楚，不看刘守仁身上"资产阶级"的烙印，不看头上戴的"资产阶级反动学术权威"帽子，只知道刘守仁是他们牧工的好兄弟，是他们尊敬的技术员，有啥事都乐于找他。

"刘技术员，快救救我们的羊吧！"几个羊群的牧工都向刘守仁发出呼喊。可怕的痢疾正在羊群蔓延，二连的4群羊，连同刚产下的小羊羔，1 000多只都染上了痢疾，已有几百只羊羔死去。刘守仁心急如焚，那批母羊正是育种的基础羊，如果死了，不仅在经济上给国家造成重大损失，而且直接影响整个的育种工作。

不行，救羊要紧，他去说服、动员正在接受批斗的技术人员一同去抢救。有人说："守仁啊，现在保命第一，没有命了，怎么保羊，怎么育种，行了吧，你头上戴的帽子就够重的了，干吗你还要折腾。”刘守仁感到痛心，背起喷雾器，跋山涉水，到各羊群消毒、打针，给病羊喂药，其他连的兽医、技术员被刘守仁的精神所感动，也都勇敢站出来，到各羊群同痢疾病菌作斗争，经过5天5夜的奋斗，终于把一场可怕的灾难扑灭了。刘守仁觉得防治痢疾病菌的事并没有完，事后他和一同参加抗病救灾的同志，总结经验，共同撰写了一篇关于预防、治疗绵羊痢疾的论文。

在那段岁月里，刘守仁记着陈永福的嘱咐：“天塌下来，育种工作也不能停。”他一头扎进绵羊育种的科学研究中，只要还有一口气，不管外面风吹浪打，都无法动摇他绵羊育种的决心。

失败、探索，再失败、再探索，从不言败。

鉴定羊毛的数量和质量，必须按照标准进行测量，刘守仁没有测量羊毛密度的钳和烘箱，也没有精密的天平，他便因地制宜，用竹片做成1个1厘米^{2}的小格子，插入羊体的毛内，然后把格子里的毛剪下来数清有多少根。每只羊必须测定4个不同的部位。

经过多少个不眠之夜，刘守仁掌握了丰富的第一手资料，积累了几万个数据。经过前后9年时间的不懈努力，他硬是把阿尔泰细毛羊的皮“披”到当地哈萨克羊的身上。新品种的育成蕴含着老一代军垦人的心血，承载着陶峙岳将军、陈永福场长和广大军垦牧工的心血，新品种取名——军垦细毛羊。1968年，紫泥泉种羊场培育的军垦细毛羊在北京的全国农业展览馆展出。种羊场一鸣惊全国。

在这全场欢腾的幸福时刻，刘守仁首先想到还在“老牛班”改造的老场长陈永福，他特意买了1斤花生米和1瓶北京二锅头，要和陈永福同庆祝、同欢乐。

刘守仁把紫泥泉培育的新品种在北京的全国农业展览馆展出的消息，用激动得有些颤抖的声音告诉陈永福：“场长，我们成功了，我们终于成功了！”

他扑到陈永福怀里失声痛哭起来。

他们紧紧地抱在一起，陈永福这个硬汉子也无法控制内心的喜悦，流下了幸福、欢乐的热泪。

两人感受到对方的体温，感到对方蹦蹦直跳的心。

“我当‘老牛’值了，这一辈子总算没有白活。”陈永福说。

“来，场长，咱俩一起来庆祝庆祝。”说着刘守仁拿出了北京二锅头和花生米。

第一杯酒，陈永福端起来一仰脖子就下肚了，刘守仁又很恭顺地给满上第二杯，陈永福也没谦让又一口饮下了肚。

“你酒量不行，不要和我比，你慢慢喝，我今天真高兴，真痛快！12年前，我俩订的君子协定：用10年时间培育我们自己的新品种细毛羊，把阿尔泰细毛羊的羊皮‘披’到哈萨克羊身上。从1956年到1966年，我们培育出了细毛羊新品种，现在又得到了国家的正式认可，并称誉为‘军垦细毛羊’。‘军垦细毛羊’这个名字起得好，包含着陶峙岳司令员对种羊场的重托，包含着军垦人的希望，更包含着我们紫泥泉种羊场科技人员、广大牧工和全体军垦人十余年来不断追求、顽强拼搏的心血，军垦细毛羊的育成为我们兵团屯垦戍边的壮丽事业助了威，争了光。”陈永福把一肚子的话，一股脑儿地倒了出来。

陈永福一高兴喝了几杯，但头脑非常清醒。他慈祥地用父辈的眼神看看刘守仁说：“守仁，你可不能自满，要知道天外有天，科学是永无止境的，你要不断努力，不断进步，不断前进，才能使我们的绵羊育种事业跻身于世界民族之林。”

“请老场长放心，我不是鼠目寸光之人，我一定盯着世界绵羊最先进的目标，努力追赶，哪怕再大的困难，也挡不住前进的步伐，一定让我们的育种事业走出兵团，走向全国，进入世界先进行列。”

刘守仁又一次大胆解放思想，坚持创新理念，采用自己的“血亲级进”“品种品系齐育并进”“综合特培”“基因先决”等一系列创新理论、创新育种方法，用澳美种公羊与军垦细毛羊杂交。

1978年，刘守仁用自己与集体的智慧和血汗，迎来了思想的大解放，迎来了科学的春天。他参加了全国科学大会。在这次大会上，他被评为“在科学技术研究中做出重大贡献”的科技人员。

刘守仁在和羊打交道中，染上了布鲁氏菌病，一被雨淋，他就要犯“波浪热”，忽而冷得发抖，忽而高烧不退，阴天下雨，腰也阵阵作痛。

“你身体这样子，还是回来吧！我们这里需要你。”他在南方工作的老同学几次这样动员他，浙江农业大学向他发出热情的邀请，南京农业大学也希望他回母校工作。而且他的父母在南方，他的妻子由于身体的原因，无法继续留在新疆，在1972年带着孩子回到了苏州。

教授头衔多么的诱人，天伦之乐又是多么的温馨！但他舍不得新疆，舍不得紫泥泉草原，丢不下绵羊育种的事业，更离不开长期同甘共苦的淳朴的牧羊人。他的事业在边疆，祖国和边疆各族人民需要他。他不能一走了之，置育种事业不顾，最终他选择留在天山，留在了紫泥泉草原。

远在苏州的朱智敏，日思夜想，盼望丈夫早日回家，告别两地分居的痛苦，安安稳稳地过平常人的日子。一天，苏州某单位的一个同志请朱智敏填写一份夫妻两地分居登记表，她喜出望外。马上给刘守仁寄了航空挂号信，她高兴地写道：“守仁，是不是你和我们这边的单位已经说好了，你要回来我真高兴。”

刘守仁很快回信：“智敏，你说某单位要调我回苏州工作一事，我根本不知道，现在科技人员吃香了，可能是苏州想要网罗科技人员吧。但是边疆需要我，育种工作需要我，我不能回去，必须留在紫泥泉种羊场！”

接到回信，朱智敏大失所望，痛哭一场。刘守仁非常理解妻子的心情，非常同情她，但他无法满足她“夫妻双双把家还”的合理要求。

自古忠孝不能两全，刘守仁的父亲非常理解刘守仁，支持刘守仁留在新疆的选择。80岁高龄的老人家看得很开，看得很远，放手让刘守仁在边疆建功立业。刘文渊这位一心实业报国的老人，精忠报国的爱国观念根深蒂固，他坚决反对刘守仁回苏州工作。刘文渊写信说：“你虽然有千条万条理由回苏州工作，回苏州没有什么不好的，但我劝你不要回来。到苏州除了离我们近一点，还有什么好处？你是学畜牧的，离开了牧区能干出什么事业呢？”

刘守仁被深明大义的父亲的来信感动了，他扎根天山的决心更坚定了。他离不开天山，离不开兵团，离不开紫泥泉草原，离不开风雨同舟、患难与共的各族牧工兄弟，更舍不得绵羊育种的火红事业，他决心为中国的绵羊育种事业奋斗终生。

刘守仁1999年底当选为中国工程院院士之后，兵团党委又给他换了房子，配了车子。刘守仁说：“这些对我来说都是次要的，但这也体现了领导对我的关怀。到如今，我仍然觉得没有什么成就。因为一个人的力量是有限的，一个科研成果是集体智慧的结晶，我只是其中一分子，所以不敢有半点儿马虎和松劲，在这自我加压的科研过程中，我深切地领悟到幸福的真正含义。”

天山、天山，神秘莫测的“天赐之山”，它拥有无穷无尽的宝藏。在刘守仁的心目中，天山是房子，天山就是祖国、就是人民。他离不开天山，离不开天山牧场，更离不开天山无尽的羊群。他依恋着天山的牧人，对牧羊人的感情刻骨铭心，不能忘记同他们在一起的那些痛苦和欢乐的日日夜夜。刘守仁扎根天山终不悔，决心献身祖国绵羊育种事业。

第十二章

感恩图报一世情

刘守仁与肖发祥

刘守仁在培育细毛羊的岁月里，和紫泥泉的牧工风里来、雨里去、摸爬滚打在一起，同命运，共患难，互相帮助，携手前进，结下了深厚的友情。刘守仁知恩、感恩、报恩，对各族牧工的恩、牧工的情，一生一世难忘怀。

肖发祥和刘守仁的关系超过了父子关系，早已成为紫泥泉种羊场的美谈。刘守仁离不开肖发祥，肖发祥离不开刘守仁，他们谁都离不开谁。

肖发祥是紫泥泉种羊场的一名普通牧工，他和刘守仁一个出生在北方，一个出生在南方，年龄相差33岁，他们一不沾亲，二不带故，没有任何血缘关系。

绵羊育种的科学事业使他们相识、相知，走到了一起，结下了一生一世的、感人肺腑的生死父子情谊。

刘守仁在育种的实践中感悟到：有了好的种公羊，就能有效控制遗传变异和返祖现象的发生。在开始育种前他在小群培育的基础上选出最好的公羔，托付给肖发祥管理。肖发祥50多岁了，还孑然一身，光棍一条，不少人给他介绍老伴，都被他拒之门外，他总是摇头，“要那累赘干啥，等培育出细毛羊再说吧”。他把所有的爱和全部心血倾注到了小公羊身上。羊放到哪，哪里就是他的家。

肖发祥视公羊为生命，认真、认真、再认真，努力、努力、再努力，一心一意管理好种公羊，为刘守仁用新的育种理论培育细毛羊做出了重要贡献。

1953年9月，兵团从苏联引进20多只阿尔泰细毛羊。这些羊是兵团发展畜牧业的希望。司令员把引进的阿尔泰细毛羊当宝贝一样看待。

陶峙岳把羊交到了肖发祥的手上并语重心长地说："羊可是我们的宝贝，一定要尽心伺候好，千万别出什么纰漏。"

"请司令员放心，我一定按照您的命令，把羊照顾好。"肖发祥牢记司令员的命令，爱羊胜过爱自己，羊成了他生命的重要组成部分。

他伴随着阿尔泰细毛羊走过了一辈子，直到生命的最后时刻，心中放不下的还是那些魂牵梦绕的羊。

1958年冬天，在春节前，寒冷的北风刮得天山都在打颤，铺天盖地的鹅毛大雪，把整个天山包裹得严严实实，雪和天连在了一起，分不清哪里是山，哪里是天。

肖发祥一年四季与羊为伍，吃在羊群，住在羊群，一个人孤苦伶仃，过年了，刘守仁说什么也要和老人在一块吃个年夜饭。大年三十，刘守仁在他小屋亲自擀了饺子皮，剁好饺子馅，来到肖发祥管理的羊群，发现羊舍门用被子堵得严严的，圈舍里有一堆麦草，那就是肖发祥过夜的地方，他只看到麦草，却不见肖发祥。一看表，这时正是人们准备吃年夜饭的时候，人到哪里去了呢？

刘守仁把饺子皮和馅放在一块小木板上，正准备着手包饺子时，随着一阵冷风，肖发祥"全副武装"地站在刘守仁面前，他脚登毡筒，头戴狗皮帽子，身穿皮大衣，手中拿着大木耙子。

"这么晚了，您去哪里了？"

"下了几天几夜的雪，羊没有草吃。雪停了我去草场扒雪、推雪，明天好让羊有草吃。"

肖发祥边说边脱皮大衣，看到饺子皮和馅惊奇地问："刘技术员，你这是干啥哩，我一个糟老头子还要你这么费心。"

"我来和您一起包饺子过大年，今天是大年三十，我们爷俩好好乐和乐和。"说着，刘守仁和肖发祥一起包起了饺子。

饺子包的大小不一，简直不成样子，毕竟是他们自己动手包的，吃起来感觉格外的香美。

“今年的大年三十，是我57个春秋中，最开心的，有人陪伴，而且同最喜欢的人一起吃饭，真有家的感觉。中华人民共和国成立前我受人欺压，受苦受难，无依无靠。中华人民共和国成立后，我参加了中国人民解放军，陶司令员看得起我，把外国进口的宝贝羊交给我管理，这些羊成了我的命根子，我和它们朝夕相伴，相依为命，我感受到了快乐，享受到了做人的尊严。今晚我和你在一起，心里暖暖的，享受到了从未有过的天伦之乐，我太幸福了。”肖发祥笑得把吃到嘴里香喷喷的饺子也喷了出来。

“您就是我的长辈，只要您高兴我就高兴，从今以后，每年的大年三十，不管我干什么，都来陪您过大年三十。”

“使不得，使不得，场里还有那么多的事等着你做，你陪我有什么用。”

“我就是种羊场的儿子，每逢佳节倍思亲，我陪您过节是天经地义的，没有什么使不得的，咱们就这样说定了。”

一句承诺重千金。刘守仁说到做到，一直陪伴肖发祥年年过大年三十，岁岁年年，年年岁岁，从未间断过，肖发祥去世之后，还为他立碑尽儿女孝心。

1969年，“文化大革命”时期，新疆生产建设兵团因属于军队性质，中央军委直接派军队的现役军人担任兵团、师、团场的主要领导，种羊场也不例外。在种羊场担任场长（也叫团长）的军官叫张复才。张复才人不错，山东人，为人正直，就是阶级斗争为纲的弦绷得太紧，什么事都拿阶级斗争的观念死拉硬套。对人对事不看现实，不看全部历史，抓住一点不及其余。

此时的刘守仁早已是共产党员、种羊场畜牧股股长，种羊场以畜为主，刘守仁成了场里畜牧业生产的大拿。

一天，张复才把刘守仁叫到他办公室找他谈话。

“场长，你找我？”

“刘股长，你可是我们种羊场的名人啊，快请坐！”

刘守仁坐定后，张复才笑了笑说：“刘股长，你是种羊场的老人，我初来乍到，今后的工作，全仰仗你们来支持。”

“干好工作是我的本分，谁当领导我都一样，都会尽职尽责干好工作的，这一点请张场长尽管放心。”

“刘股长，你我都是党员，有什么话我也不见外，就直接说了。你工作是没有什么可挑剔的，现在光干好工作是不行的，我们干工作是为了巩固无产阶级政权，所以我们要时刻绷紧阶级斗争这根弦，今天我请你来，就要告诉你，我们场里劳动模范肖发祥他是个叛徒，你要跟他划清界限。”

“养羊标兵肖发祥，你说他是叛徒？我怎么从来没有听说过？”

“肖发祥1925年参加中国工农红军，1935年在甘肃古浪同马步芳军队作战中，红军指战员大部分都战死在沙场，只有他贪生怕死当了俘虏，背叛了革命。”张复才对肖发祥过去的经历如数家珍，给刘守仁历说了一遍。

“我知道你跟他关系最好，你一定要提高警惕，站稳立场，同他划清界限，今后不但不再宣传他，还要看好他。”

从来尊重人、不惹人、不骂人的刘守仁，他听了张复才说肖发祥是革命的叛徒，气不打一处来。“说肖发祥是叛徒，天下就没一个好人。”刘守仁刚走出办公室就怒气冲冲地说。

从张复才的口中，刘守仁才知道，就是这位其貌不扬的老人，竟然当过十年的红军，他对肖发祥更佩服了。

肖发祥病了，刘守仁在家里专门炖了一只老母鸡去看望他。“老肖，听说您病了，我给您炖了只老母鸡，让您补补身子。”说着刘守仁将鸡汤和鸡肉递到肖发祥面前：“快趁热吃吧。”

“刘股长，我没有什么病，他们说我是叛徒，我想不通，心里堵得慌。”

“尽胡扯些什么，说您是叛徒是扯淡！您为了育出细毛羊，不要家室，无儿无女，一心扑在公羊身上，几十年如一日，您是我们种羊场的大功臣、好模范。种羊场草原为您作证，广大牧工为您作证，您绝不是什么叛徒，种羊场相信您，我们党相信您，别听那些人嚼舌头。”

肖发祥心情舒展了，喝着香美的鸡汤，吃着诱人流口水的鸡肉，脸上露出了笑容。

1978年，全国科学大会在北京隆重召开，刘守仁获得全国科学大会重要贡献奖。

1979年，刘守仁担任了紫泥泉种羊场场长兼党委书记，获得“高级畜牧师”的职称，被选为中国畜牧业协会的理事。他还作为新疆生产建设兵团的代表，出席了中国共产党第十二次、第十三次全国代表大会。刘守仁成了兵团家喻户晓的名人。刘守仁出席大会回来，肖发祥对他语重心长地说：“你荣誉多了，地位变了，你可千万要记住：做小做小，天下去了；自己看的大，天下放不下。可不要忘记关心人、体贴人，不要在大人、小孩面前摆架子、耍威风。”

有了荣誉，有了地位，刘守仁还是刘守仁，刘守仁牢记肖发祥的话，心里装的不是地位、荣誉，他心中装的依然是紫泥泉种羊场的牧工，最放心不下的依然是肖发祥老人。

在北京开会期间，他在王府井商场为肖发祥购买了一套蓝色的衣服，又专门到烤鸭店买了1只北京烤鸭，还有1瓶二锅头。

种羊场正准备为他接风洗尘，却不见刘守仁的人影。有人说：“这会儿可能在肖发祥那里。”去人一找，果真在肖发祥的小屋里。

“刘场长，听说你从北京开会回来了，场里要给你接风找不到人，猜想你一定在这里。走吧，大伙都在等着你。”来人说。

“接什么风，我从不喜欢这一套，你去告诉他们，该干啥干啥去，我和老肖在这里说说话。”

"你现在可是大场长，我有啥好看的，你快去吧。"肖发祥催着说。

"还是我们在一起好，好长时间不见面，怪想的，今天我们爷俩好好说说话。"刘守仁说着把从北京买的衣服拿出来，"来！穿上试试看合身不合身？"肖发祥试了试："合适，挺合适，又让你破费了。"

"只要合适就好。"刘守仁拿出了北京烤鸭和二锅头，给肖发祥满满地倒了一杯，随后也给自己倒了半杯。两个人在小屋里喝着小酒，吃着北京烤鸭，刘守仁把参加中国共产党第十二次全国代表大会的盛况给肖发祥说了一番，肖发祥为刘守仁的进步和成就感到非常高兴。

"现在我也老了，不中用了，帮不上你什么忙，你还对我这样好，我心里觉得有愧啊！"

"您说些啥话，千万不能这样想，您为育种事业做出了很大的贡献，要不是您精心培育的公羊好，说心里话，我们还不知道猴年马月才能培育出细毛羊。您老是咱种羊场的大功臣，更是我刘守仁的大恩人，我今天的成绩、今天的荣誉有您的一半。您老年岁大了，我更应该照顾您、孝敬您。"刘守仁一席话，说得肖发祥心中暖暖的，他笑着流下了幸福的热泪。

1982年大年三十夜晚，刘守仁又和81岁高龄的肖发祥一起包饺子，一起欢天喜地过大年。刘守仁看着肖发祥这位满头的白发，还坚守在羊群，辛苦一辈子的老人，心想他也该好好地享享清福了，刘守仁十分恭顺、孝敬他，摸着肖发祥消瘦的脸颊和满头银发，喃喃自语地叨唠：老了，老了，头发全白了，该让老人好好享享清福了。

刘守仁拉着肖发祥的手语重心长地说："肖老，您也该好好歇息歇息了，再不要风里来、雨里去，没日没夜地拼上命地干了，羊就交给年轻人来管，我不忍心再让您受苦受累了，我决定让您退休，好好享享清福，安度晚年。”

“今年我一下子感到自己确实老了，腿脚也不听使唤了，就是想干也干不动了。我听你的，退休就退休，再不退休，就真的成了老不中用的累赘了。”肖发祥很高兴地接受了刘守仁的建议。

“刘场长，我一辈子孤寡一人，好在我的命好，遇到了你，你像儿女一样对待我、孝顺我，我心里一天到晚都觉得暖暖的，我觉得这辈子活得值。我退休后，月月拿着退休工资，有你的关心照顾，我感觉非常幸福。”肖发祥说着拿出一张600元的存款单交给了刘守仁：“我这一辈子没有啥积蓄，只有这些存款，我把它交给你，用这些钱把母羊产羔房好好收拾收拾，羔子落地就少受些罪。”

肖发祥退休后，心里装的还是羊群。

“多好的老人啊！”刘守仁被老人爱场、爱羊的那颗金子般的心感动了。

1985年，84岁高龄的肖发祥病了，躺在医院里，刘守仁急忙赶过去看他。肖发祥知道自己在这个世上的日子不多了。此时的刘守仁在两年前调离了种羊场，担任兵团农八师总畜牧师。

肖发祥拉着刘守仁的手，泪流满面：“我快不行了。”说着又失声痛哭起来，刘守仁从来未见肖发祥这样伤心无助地痛哭过。

“您会好起来的，您会好起来的。”刘守仁不管怎么安慰，老人还是泪流不止：“我知道我的病，老辈子人讲：七十三、八十四，阎王不请自己去，今年我不正好是八十四周岁，我心里知道我拖不过今年。”

“您说，您心里有什么放不下的事，尽管给我讲，我一定给您办到、办好！”听了刘守仁的话，肖发祥挣扎着让刘守仁扶他坐了起来，他有气无力地对刘守仁说：“我无儿无女，我怕死后被火烧了，被野狗吃了。”说着又哭起来。

“我就是您的儿子，您放心，您有什么要交代的，您给我讲，您难道还不相信我刘守仁吗？”刘守仁流着热泪说。

“我信，我信，你是天底下最好的好人，比自己亲生的孩子还要好。”肖发祥说：“生死是命中注定的，谁都躲不过，最后都要走这步，我死了，你给我做个松木棺材。”

“好，我一定给您做一个最好的棺材。”

“记住，盖棺时万不可用铁钉子钉，铁的东西不能要，全部用木头楔子，如果用钉子钉了，我的魂就在棺材里出不来了，到十八层地狱可就遭大罪了。”

“您老放心好了，有我刘守仁在，您的后事一定会按照您的意愿办好的。”刘守仁的承诺让肖发祥悬着的心放了下来。他面带微笑，无牵无挂地离开了人世。

肖发祥过世后，刘守仁为他特订了一副上好的松木棺材，盖棺入殓时，用钻子在棺材板打好眼，全部用木楔子钉好。下葬后，刘守仁专门制作了一个“肖发祥之墓”的石碑。刘守仁为肖发祥立好墓碑后，又在坟上添了些新土，扑通下跪到墓前，为老人磕了3个响头，斟满了1盅酒，把酒点点滴滴地洒在坟前：“您老安息吧，每年清明我都要来给您烧纸上坟的。”

2014年4月1日上午，80多岁高龄的刘守仁又来到了肖发祥墓前，为肖发祥烧了纸，敬了酒，觉得肖发祥太孤单了，他突然冒出一个念头，何尝不在紫泥泉种羊场建一个牧工陵园？以纪念那些为育种事业做出巨大贡献的牧工兄弟，肖发祥和那些牧工老伙计又可以在一起欢乐了。刘守仁想到做到，2015年上半年，他花7万余元从乌鲁木齐的市场买了特大奇石，运到种羊场并请人镌刻了“紫泥泉种羊场牧羊人陵园”，其中“牧羊人陵园”五个大字特别醒目。牧羊人陵园寄托了刘守仁对已故牧工深深的怀念和无尽的哀思。

涌泉相报牧工情

刘守仁在石河子紫泥泉种羊场，由一名普通的畜牧兽医技术员开始，当过绵羊育种站站长、畜牧科科长、种羊场场长、党委书记，新疆生产建设兵团农八师总畜牧师、新疆农垦科学院院长、名誉院长，1999年当选中国工程院院士。“官”越当越大，名气越来越响，但他的心依然在紫泥泉种羊场，心里惦记和放不下的还是那些早年与他在羊群中摸爬滚打的各族牧工。

刘守仁当选院士后的第三天，迎着冬季的风雪来到紫泥泉种羊场，心里顿觉暖暖的。见到从前跟自己在羊群里摸爬滚打的老伙计，比亲兄弟还亲，有拉不完的家常，说不完的知心话，看到库尔玛尼亚后亲热地拥抱在一起，激动地说：“好！好！看到你身子骨还这样结实，我真高兴，过去太辛苦了，现在该好好享享福，如果有什么解不开的事就给我讲，我来帮你解决。”看到老牧工李新明的遗孀，赶紧上前搀扶住老人，但他得知老人无依无靠时，刘守仁动情地说：“我和新明是好兄弟，你的困难就是我的困难，我会让你的晚年过上有儿有女的幸福生活的。”从此后，刘守仁每月按时给老人接济300元生活费。得知老人去世，特地赶到殡仪馆参加遗体告别。

老场长陈永福去世已经10多年了，陈永福的大恩大德他永世报答不完。20世纪90年代初，陈永福退休已经10多年了，身体不好，需要住院治疗，种羊场财政十分困难，拿不出住院费。此时已在农垦科学院工作的刘守仁得知后，立即去医院协商：“我是农垦科学院院长刘守仁，这个病人一定要住院治疗，无论花多少钱也一定要救治，种羊场没有钱，我们农垦科学院一分不欠地全部如数给你们结算清。”为了消除医院的后顾之忧，刘守仁让农垦科学院财务给医院写了证明。

陈永福住院治疗的一切费用，全由刘守仁个人支付。

刘守仁像尊重长辈一样尊重陈永福，孝敬陈永福，遇到重大事情都要找陈永福商量。20世纪80年代初，刘守仁是种羊场的党委书记又是场长，根本抽不开身搞科研。得选一个人当种羊场党委书记，这个人选很重要，选得不好、不准就会直接影响育种工作，到底选谁合适，刘守仁心中没有底。他来到陈永福家，征求他的意见，看选谁合适，好向上级党委建议。

陈永福是老军垦，经过多少风雨，看人、识人比较准。

“现在重视知识、重视文凭，成为一种风气，这是社会进步的表现，但捡到篮里就是菜，这种做法不可取。凡事要从实际出发，有文凭的人并不是个个都适合当领导，没文凭但有本事的人也多得是。要选党委书记，要选支持你搞育种工作的人，由他独当一面，你就可以放手大胆搞科研。我观察程义这个人可以，这个人最大优点是从来不搞阴谋诡计，遇事敢大胆管理，敢于承担责任，虽然文化程度不高，没什么文凭，我看由他出任种羊场党委书记还是很称职的。”刘守仁听了陈永福的话，向农八师石河子党委建议，让程义同志任种羊场党委书记，上级党委采纳了刘守仁的意见，程义任党委书记后，全力支持刘守仁的行政工作，坚持以育种工作为中心，紧紧围绕育种工作，推动种羊场各项事业的发展。

1983年春，刘守仁提出为了保护冬草场，各羊群要及时迁出冬窝子。当时，春草场缺水，羊群迟迟出不了冬草场。程义了解这一情况后，亲自带领二连、三连和畜牧科的负责同志到春草场查看，当场解决了5个供羊饮水的大水罐，还安排了送水汽车和拖拉机，使29群羊在很短的时间内安全转入了春草场。平时，程义和几个副场长主动把行政事务性工作揽了下来，好让刘守仁集中精力搞科研。在程义的支持帮助下，刘守仁搞科研的劲头更足了。

1994年，陈永福住院报病危，刘守仁赶到医院去看望他，刘守仁深情地说："你就好好安心治疗，你会好起来的，家中的事有我，你不用操心。"

"我知道我的身体情况，我恐怕过不了今年夏天，让你费心了，你我共事一场，我看着你培育出了给我们兵团争气、争光的中国美利奴（新疆军垦型），我这一辈子活的值了，生老病死谁都要走这一步，你可千万别太难过。"

望着陈永福消瘦的面孔和残疾的腿，刘守仁的眼睛湿润了，禁不住泪水啪嗒、啪嗒地滴了下来。

陈永福一辈子一心为公，一心为了培育出给祖国争光的细毛羊，全部心血用在支持刘守仁的育种事业上，很少顾及家庭、顾及孩子。

陈永福有两个男孩，因孩子出生后没有得到很好的照顾，老大有病，身体不好，老二陈琳生下后得了脊髓灰质炎（别称：小儿麻痹症），没有得到及时治疗，落下了残疾，两腿不能站立，要挪动身子全靠一对拐扙支撑。陈永福在弥留之际，内心愧疚的是这一辈子欠孩子太多太多，心中特别放心不下生活不能自理的小儿子陈琳。

刘守仁知道陈永福的心事："陈场长你放心，你的孩子就是我的孩子，只要我有一口饭吃，我就不能让孩子挨饿受冻，我会像照顾自己的亲儿子一样照顾他们的。"陈永福听了刘守仁的话微笑着离开了人世。

刘守仁的话打消了陈永福心中的担忧，他知道刘守仁是个讲诚信、讲义气、重感情的人，他说话算数，说一不二，说到做到，他答应照顾陈琳，陈琳往后的日子一定不会受什么委屈的。

陈永福走了，刘守仁的心里非常悲痛。老人生前最放心不下的就是小儿子陈琳，他双腿残疾，生活很难维持，往后的日子可不知怎么过啊！

刘守仁对陈永福一家三代人的情义感天惊地。送走陈永福之后，刘守仁就赶到种羊场看望陈琳一家人。临走时给他们放了200元。

陈琳说啥也不收："刘叔叔，今年春节您来看我们给了500元，钱还没花完，现在又要给200元，这钱我们不能要。"

"听话，这钱你们就收下，要让陈晓燕（陈琳的女儿）好好学习，家里有什么困难一定给我讲，一定要让孩子好好学习，只有好好学习，将来才有出息。"

1994年陈永福去世以后，逢年过节，刘守仁是陈琳家的常客。1997年，陈晓燕考入西安外国语学院，陈琳觉得压力过大，这怎么办？哪来的钱供女儿上学？

刘守仁得知陈晓燕考入西安外国语学院的消息后，非常高兴，马上给陈琳送去3 000元，并说："陈晓燕上学期间的一切费用全由我来承担，你们就别为女儿上学费用的事操心了。"

陈晓燕上学4年，每学期、每年的花费刘守仁准时如数供给。4年共花了2万多元。2011年陈晓燕大学毕业，有了自己的工作。

陈琳告诉刘守仁："刘叔叔，陈晓燕毕业已经找到了工作，生活可以自理了，我们再不能要你的钱了。"

"晓燕工作了就好，工作了就好！"刘守仁十分开心，这年秋天，他照样还是给陈琳留下了3 000元。

在陈琳的记忆中，刘守仁就像他们家人一样，他小时候，无论逢年过节，还是回家探亲，刘守仁都要给他们带很多糖果和小孩的衣服。他们长大成家立业后，特别是他的女儿陈晓燕出生以来，刘守仁就一直关心照顾他们。刘守仁给陈晓燕买的衣服真好，都是些陈琳在大山沟从未见过的服装。陈琳心里想：现在女儿工作了，这下再也不麻烦刘叔叔了。

世事难料，人世间一切事情的发生、发展，往往是不以人们的意志为转移的。

2012年秋季，不幸的陈琳又被病魔找上了门，他得肠癌住进了医院。刘守仁得知陈琳住院的消息后，赶到医院探望，医生说陈琳做手术需要开刀治疗，刘守仁说："需要动手术，就动手术，全听医院的安排。”医生误认为刘守仁是陈琳的父亲。年关做了手术，刘守仁给陈琳送去5 000元支付住院费用。

手术很成功，陈琳出院后恢复得很好，一年来再没犯过病。陈琳高兴了：我病好了，再也不用刘叔叔破费了，再破费真是过意不去。

2014年春节，大年三十刘守仁来到陈琳家，看到陈琳女儿也回来了，一家人又说又笑，心里非常高兴。问了陈琳身体恢复得怎样，晓燕的工作还好吗，你一句我一句地拉起了家常，“你们一家人，健健康康，团团圆圆，和和美美，真好，叔叔给你一家拜年了，祝你们一家人平安幸福。”说着刘守仁又掏出了5 000元的一个红包。“这些钱收下，陈琳身子还需要调养。”刘守仁把钱硬塞给了陈琳。陈琳一家人不知怎样才能报答刘守仁对他们的大恩大德。

刘守仁是个很怀旧、报恩的人，老牧工奴乎满是位优秀的民族干部，当牧工工作干得很出色，不怕吃苦，风餐露宿；当领导精忠报国、一心为公。

1973年，奴乎满任种羊场参谋长，1975年任副场长，主管种羊场的畜牧业生产。他不受“唯生产论”的干扰和影响，扑下身子抓种羊场的育种工作和畜牧业生产，他带头加强和重视民族团结，坚持汉族离不开少数民族，少数民族离不开汉族，各民族谁也离不开谁的民族大团结。1990年奴乎满已经退休了，听说二连牧民中有人闹意见，心里很着急，这时他因病不能骑马，为了化解矛盾，就坐马拉爬犁到二连。他在二连住了3天，通过摆事实讲道理，耐心细致地做思想说服工作，终于使矛盾得到圆满解决。1995年，奴乎满因病去世，终年70岁。奴乎满走了，留下了孤儿寡母。

奴乎满的妻子因家庭经济困难，拖欠了好几年的冬季取暖费，供热单位向她催要得很紧。这件事传到了刘守仁耳朵里，此时的刘守仁已从新疆农垦科学院院长的岗位上退了下来。但刘守仁重情重义，对供热单位说：“奴乎满是种羊场的有功之臣，也是我刘守仁的好兄弟，他家欠的取暖费我来交。”刘守仁一次性交清了奴乎满家几年来欠的暖气费。

奴乎满的妻子十分感动，逢人便说：“刘场长是好人，对我家老头子比亲兄弟还亲，他帮我把几年的暖气费全交了，他真是大好人。”

刘守仁热爱紫泥泉草原。草原是羊群生存发展的命脉，草多羊多，草好羊壮。他把热爱草原、保护草原看作和育种同等重要的任务来抓。搞草原站工作要有文化、有知识，那时种羊场有文化的人才奇缺。刘守仁到劳动人事股查找职工档案，发现李正春上过师范。1961年4月，他让人把李正春叫到种羊场畜牧股来，刘守仁见到李正春二三十岁的年纪，青春焕发，人很精干，很有气质，可以干成事情，他心想，我们种羊场要建草原站就靠他了。

20世纪60年代初的兵团，像日出东方，蒸蒸日上，领导和群众的心思都用在工作上，不论是谁，只要你的建议、意见有利于工作、有利于发展，就照你的办。刘守仁向领导建议调李正春到场部来搞草原站工作，领导表态：“你看谁行，我们就给你调谁。”

李正春在刘守仁的直接领导下，草原管理和建设很有起色。1966年新疆八一农学院举办草原培训班，刘守仁对李正春说：“老李，新疆八一农学院要办个草原培训班，机会难得，你去参加学习怎么样？”

“好！我去！”李正春在新疆八一农学院学习两年，回场后担任草原站站长，这时种羊场研究所下辖育种站、草原站、兽医站和一个牧羊生产队。刘守仁担任研究所所长。原来的一连主要放高代羊，因饲草、管理多种原因，一连经营亏损，为了扭转亏损局面，把一连改为生产队，直属研究所管理。刘守仁指定李正春当生产队队长，同时还继续担任草原站站长。为了合理利用草原，李正春提出冬季羊群放牧“先远后近，先阴后阳，先高后低，阴阳结合”的原则。

杨恒杰当书记、李正春当生产队长，他们两人齐心协力，抓管理、抓饲养、抓放牧，一举扭转亏损局面。在3个牧业连队中，杨恒杰、李正春领导的生产队，羔羊成活率达97%，名列第一，羊毛产量平均每只羊5.5千克，比其他两个连队多出1千克。1980年生产队人人拿奖金。1981年年底决算完，生产队又盈利了，但李正春却瘦多了，刘守仁心痛地对李正春说："生产队一年到头太辛苦了，又当站长，又干队长，再干队长把你累垮掉了、累坏了。"不让李正春当队长了，还让他只当草原站的站长。李正春在草原站为刘守仁育种工作给予了积极有力的支持，先后发表了《石河子地区主要饲用植物的调查研究》《天山北坡干旱地区建立双层草场的试验》《石河子垦区牧草营养物质含量的研究》《牧草引种实验》《兵团农八师草场饲料资源及其利用调查与评估研究》《对天山北坡低山草场生态定位研究》《新麦草及其在草场改良中应用的研究》等论文，获农八师石河子市科技进步两个三等奖和科技成果奖。

1991年，李正春还差一年就到退休年龄了。刘守仁对李正春说："老李，你在种羊场干了大半辈子，现在老了，也干不动了，你干脆到新疆农垦科学院来算了，在我这里，退休后待遇要比种羊场好一些。"

"不行，我都快到退休年龄的人了，哪个单位也不会要我。"

"我要！"

"你要我，别人会说闲话的，你调我分明是让我来养老，我不能让别人戳你的脊梁骨。"

"你为种羊场做出了很大的贡献，你老了我不能不管。"

新疆农垦科学院和种羊场是隶属关系完全不同的两个单位，在农八师调动单位只要师里同意了，调哪个单位都可以。在新疆农垦科学院则不行，新疆农垦科学院的顶头上司是兵团，要从农八师种羊场调一个人到新疆农垦科学院，无论干部、职工都必须要过兵团这一关。

刘守仁为李正春调动的事找到兵团组织部，兵团组织部干部人事科的同志说："他都快到退休年龄了，这个人不能调。"

刘守仁跟组织部的同志死缠软磨，把李正春调到了新疆农垦科学院，李正春的小儿子也进了新疆农垦科学院当警卫。

2013年，81岁高龄的李正春心脏病犯了，住进了石河子二医院，刘守仁赶到医院去看他，两人见面说不完的亲热话，说的都是紫泥泉种羊场的人和事。

20世纪80年代中期，刘守仁在农八师担任总畜牧师，这时程义年事已高，还在种羊场工作。

刘守仁对程义说："程书记，你现在太老了，在种羊场干了几十年，再待在种羊场身体受不了，该找个地方养老休息、休息了。"

"现在我这么大岁数的人了，文化水平也不高，哪个单位要我这样的人，我也想换个单位，就是没有什么合适的地方去。"听了程义的话，刘守仁说："你要想挪个窝，我给你找个地方你看合不合适？"

"哪个地方？"

"你搞了一辈子畜牧，现在我手下有个农八师畜牧公司，也是团级单位，那里书记的位置空着，畜牧公司是事业单位，待遇要比种羊场好，我想让你到畜牧公司当书记，不知你乐不乐意？"

"我愿意去畜牧公司。"程义到农八师畜牧公司任书记。

程义老伴去世后，他觉得很孤单，想找个老伴。

一天程义见了刘守仁说："你看我身体现在还马马虎虎，退休了又没个老伴，连个说话的人都没有，你看看哪里有合适的，你给我找个老伴。"

"其他的事，我可以帮你，唯独找老伴的事我无能为力，还是你自己找吧。"

牧工和同事，大到工作，小到儿孙和家庭琐事，刘守仁都看成大事，千方百计，想方设法帮助解决。

刘守仁对一同共过事的同事、牧工像亲人一样对待。他们的困难就是自己的困难，他们的欢乐就是自己的欢乐。

滴水之恩一世情，他记住紫泥泉种羊场每一个人的好处、每一个人的恩惠，重情重义，感恩图报。刘守仁情满天山，像春天的温暖阳光，温暖着紫泥泉草原的山山水水，温暖着紫泥泉的每一个人和一切生灵。

刘守仁是个有情有义的人，对牧工是这样，对做出贡献的种公羊，也是敬重有加，情感天山。928号种公羊，是为种羊场做出贡献的头号公羊。平时，一天喂两个鸡蛋，享受特殊待遇。一天，这只公羊得了病，挽救无效死了，刘守仁很伤心。这只公羊有100多千克，死羊的事是经常发生的，按惯例，只要这只羊没有传染性疾病，就剥皮吃肉，这只公羊得的不是传染性疾病，它的肉当然可以吃。刘守仁发话了："928号种公羊，我们不仅不能吃它的肉，还要隆重埋葬它，并在它的坟墓上立碑。"

一名哈萨克族老牧工对刘守仁说："刘场长，我们家祖祖辈辈在天山放牧，从来没听说过给死羊立碑的，给羊送葬立碑我还是头一回听说。"

"老同志，一个人死了，他只要对人民做了有益的事情，我们都要给他开追悼会，为他送行。928号种公羊，它为种羊场育种事业做出了很大的贡献，它的子孙成千上万，你说我们应不应该给它送葬，应不应该给它墓地立碑？"

"照你这么说，我们确实应该给928号种公羊送葬立碑。"

哈萨克族老牧工被刘守仁热爱种公羊的情义感动了，以后对羊的感情又加深了一份。

928号种公羊被安葬在紫泥泉草原上。牧工从内心深处普遍增强了对羊的热爱和尊重。紫泥泉草原也更加有了灵气。

第十三章

院士心中的丰碑

刘守仁心中的巍巍丰碑不是穷尽一生之力育成2个绵羊新品种、9个细毛羊新品系，而是紫泥泉种羊场的领导干部、科研人员和广大牧工的深情厚谊。

谈到“军垦细毛羊之父”一说，刘守仁说：“成果不是我一个人的，是所有养羊界科研人员和牧工共同努力的结果，一个人是干不成什么事的，我只是其中的一分子。广大牧工对我恩重如天山，情如涛涛奔腾不息的长江，他们的恩、他们的情我铭刻在心田，成为我奋发进取、不断前进的无穷无尽的力量。”

在细毛羊育种的功劳簿上，刘守仁如数家珍地数出郭功骑、丁宜生、王德成、隆鑫森、陈开阳、李一善、刘志文、缪礼维、王立铭、曾培坚、白梦羽、唐玉芳、张玉芬、夏汝俊、王鹏、张风林、张伯洪、王新年等，却没有王洪都、肖发祥、杨保明……其实他们也为军垦细毛羊的育种做出了贡献。

王洪都是刘守仁做人、做事终生难忘的人，是刘守仁心中的真正丰碑。

王洪都1953年毕业于兰州的西北畜牧兽医学院，被分配到新疆伊犁哈萨克自治州察布查尔种羊场工作，为了更好地为当地哈萨克族牧民服务，他买了民汉字典，虚心拜哈萨克族牧民为师，认真学习哈萨克族语言，不出一年半载，他从生活方式、语言交往表达能力，成了一个地道的哈萨克族，讲一口流利的哈萨克族语言，他和哈萨克族牧民情同手足，不久就当上了察布查尔种羊场的场长。

王洪都的父亲王缜，在农八师先后担任供销联社经理、商业处处长，很有经营头脑，人们称他是农八师的“活财神”。

农八师在20世纪50 ~ 60年代成为新疆生产建设兵团“富八师”，王缜做出了贡献。

兵团大发展急需各方面的人才，农八师出面调王洪都到农八师紫泥泉种羊场担任副场长，1963年上半年王洪都刚上任，就接受了农八师要他去伊犁接3 000只羊的任务，在伊犁，他利用良好的人际关系，不到1个月就购买了3 000只羊，并一只不少地接到了石河子。这时农八师要大力发展畜牧业，实行草田轮作，以牧促农，农八师决定要去阿勒泰购买800匹马。时任农八师副政委的刘丙正决定让种羊场副场长王洪都执行这一任务，这时已是天寒地冻的12月了，阿勒泰已大雪封山。农八师政委鱼正东说："洪都今年刚调到我们师，再说他刚从伊犁接3 000只羊回来，是不是再换一个人去？"

"种羊场没有比王洪都同志更合适的人选，叫他去还是另外换一个人去，我们还是先征求一下他父亲王缜的意见。"鱼正东同意了刘丙正的意见。

鱼正东是老红军，特别尊重和爱护起义的干部战士。鱼正东见到王缜后说："王处长，我们师决定要从阿勒泰购买800匹马，你看有没有比王洪都更合适的人选，他刚接羊回来，我想这次接马就再换一个人去，我想听听你的意见。"

"要换别人去接这800匹马我不放心，现在已是12月的天气了，阿勒泰已冰雪封山，让种羊场任何人去都没有洪都去合适。一是不懂少数民族语言，二是买牲口没有经验，我的意见还是让洪都去好。"鱼正东听了王缜的意见之后，连声说："谢谢，谢谢，只好让洪都再辛苦一趟了。"

王洪都是王缜的独生子，调到农八师紫泥泉种羊场当副场长还不到一年。王洪都对父亲十分孝顺、尊敬，他听到父亲让他去阿勒泰接马的交代后，也愣住了："爸爸，现在是寒冬腊月，冬天进阿勒泰山区接牲口，在历史上也没有的。"

"孩子，历史上没有的东西太多了。石河子建设城市、莫索湾开发，历史上都没有，可是在我们这代人手里办到了。记住，历史是人创造的。”

寒冬腊月去雪封冰冻的阿勒泰山区收购马匹可不是闹着玩的，搞得不好性命不保。王洪都走后，王缜心里很不踏实，吃饭不香，睡觉不安，成天提心吊胆。

王洪都顶风冒雪，历经1个多月的艰难困苦，到1964年1月中旬，把800匹马一匹不少地接到石河子，还多添了10多匹小马驹。师领导高兴得不得了，说要重奖王洪都。

王缜对师领导说："奖就算了，他能好端端的回来，这就是老天爷对他的最大奖励。"

伊犁哈萨克自治州察布查尔种羊场想走老场长王洪都的"后门"，请紫泥泉种羊场帮助他们，用紫泥泉的军垦细毛羊为他们的母羊配种，场领导都认为，这是加强兵团和地方联系，促进兵团和地方畜牧业发展的好事，应给予支持。场领导决定让王洪都带队，带羊去完成这项任务。王洪都接受任务后，用汽车拉了20多只军垦细毛羊种公羊赶往察布查尔种羊场。

王洪都到察布查尔种羊场，不当甩手掌柜，他亲自采精，亲自手持输精器材，往配种台上一坐，给羊人工授精，不怕脏、不怕累，一坐就是一上午，吃过午饭又继续干，一天要为500只羊人工授精，出色完成了援助任务，受到当地牧民的赞扬。

王洪都做人非常低调，和牧工关系非常融洽，关心牧工胜过关心自己，牧工亲切地称他"奶奶场长"。

王洪都对刘守仁的育种工作非常支持，他心甘情愿地在绵羊研究所给刘守仁当下手。他看到公羊采精、人工授精时，长长的尾巴很碍事，1964年5月，他刚来种羊场一年多，就改进了羊断尾技术，用烧红的火钳剪断羊尾，一是断尾不消毒、不感染，二是快捷方便，这一火钳断尾技术很快在种羊场及石河子垦区的农牧连队得到推广应用。

王洪都1963年担任紫泥泉种羊场副场长时，刘守仁是畜牧股股长。为了育种事业，他不为名，不为利，全力支持刘守仁工作，主动、自觉地为刘守仁当助手，这种思想境界，这种崇高品行，令刘守仁十分感动。

王洪都调来农八师紫泥泉种羊场之后，把他的妻子也调到种羊场学校担任校长。

他妻子王引凡是一位很不寻常的女子。王引凡1952年毕业于西北师范学院，是高才生。因王洪都分配到新疆工作，她也积极申请支援边疆建设，来新疆后，被分配到迪化（今乌鲁木齐市）第八中学，因教书育人好，受到同事和校领导的表扬，并获自治区教育厅优秀教师称号。1956年王引凡光荣地加入中国共产党，1962年调到兵团农八师中学任教务主任。王洪都从伊犁大草原调到农八师紫泥泉种羊场任副场长，为支持王洪都的工作，王引凡也来到紫泥泉种羊场担任中学校长。

刘守仁对王引凡和王洪都两人非常尊重。1964年刘守仁回家乡探亲，回来时带了衣服、毛毯、糖果等大包小包好多东西，把带来的东西分给了牧工和搞科研的同事。肖发祥放牧公羊常年在外，爬冰卧雪，刘守仁给他带来一条厚厚的毛毯。并对他讲：王引凡早年毕业于西北师范学院，是难得的教育人才，种羊场需要她，种羊场的牧工子弟更需要她，她有什么困难我们大家尽量帮助她。

刘守仁到王引凡家，给王引凡送去一件专门为她买的女式的确良衬衣，给王洪都买的好酒，给孩子们带了一包各式各样的糖果。王引凡第一次见到的确良衬衣，非常高兴地说："大老远的带东西不容易，还是给其他同志吧。"

"王校长，你可是我们种羊场的宝贝，你是搞教育的难得人才，我们种羊场离不开你，这件衣服你就留下穿吧，该给的我都给了。"

王引凡知道，刘守仁爱羊，更爱管理饲养公羊的肖发祥，他同肖发祥的关系情同父子。

"刘股长，你给肖发祥带东西没有？"

“带了，他常年在外边放牧，风餐露宿的，我给他带了一条厚厚的毛毯。”刘守仁回答了王引凡的问题。王引凡听了刘守仁的话，就放心地收下了这件衬衣。

王洪都担任种羊场副场长，分管畜牧工作，他不为名、不为利，成天和牧工在一起。他和牧工一起在产房接羔、护羔，一起为羊群打更守夜，一起抓羊配种。在配种的大忙季节，亲自给公羊采精、亲自给母羊人工授精，成天泥里来粪里去，比牧工还牧工，满身的泥水。母羊产羔时的血水，给羊授精时羊的尿水，让他浑身弄得脏兮兮的，一身的羊膻味，他全不在乎，成天乐呵呵的，心地善良、菩萨心肠，对刘守仁的育种工作非常支持，育种工作需要什么，他就积极地去做什么，从不挑肥拣瘦，一切为了育种，一切服从育种，以育种工作为中心。

王洪都的好品质、好作风，令刘守仁十分感动。刘守仁在王洪都身上学到了做人做事的许多东西：低调做人，不吹牛、不说大话、高看别人、低看自己、认真做事，诚信做人，先天下之忧而忧，后天下之乐而乐，把群众的利益、牧民的利益看得高于一切，大于一切，重于天山，牧工的事再小也是大事。这些好品质 、好作风对刘守仁影响非常大。

刘守仁了解到，王洪都在伊犁察布查尔种羊场工作10年，10年的工资没有往家里寄过，家庭的一切开支全由王引凡一人的工资维持。王洪都的钱全部用在当地牧民身上。每到牧场牧民家吃饭，一是给主人送一块砖茶，二是吃饭每餐必付钱，而且付的饭钱，比实际花费多得多，宁肯自己吃亏，也不让牧民利益受损，同牧民交往的花费自己掏腰包付钱。哈萨克族牧民把王洪都当亲人看待，他调往兵团农八师时，他的同事和许多哈萨克族牧民依依不舍，都不愿让他离开。他为农八师在伊犁买3 000只羊、在阿勒泰买800匹马，全靠哈萨克族老朋友帮忙。

王洪都在紫泥泉种羊场多次申请加入中国共产党，因父亲王缜当过国民党军官的历史，而未能如愿。党的十一届三中全会后，看人不看家庭出身，恰逢刘守仁又担任种羊场场长、党委书记，党委很快批准了王洪都的入党申请。

王洪都在伊犁察布查尔种羊场工作10年间，从未考虑过给自己搞个什么职称，在石河子农八师紫泥泉种羊场，一心忙着想尽快协助刘守仁完成培育细毛羊的任务，根本想都没想什么个人的事。党的十一届三中全会后，知识吃香，学历职称决定一个人的命运。讲学历、讲职称已是20世纪80年代的事了，这时的王洪都已年过半百。

50多岁的人还要不要职称？就是考上职称也马上到了退休年龄，他一时拿不定主意，他问刘守仁："你说我都一大把年纪的人了，考职称还有什么用？"

"无论职称对你有没有用，你都要考，一是对你的过去是个检验，二是对知识的尊重，你是中华人民共和国成立初期的大学生，为了证明你自己更要考。"刘守仁说得非常明白，非常中肯。

走出大学校门的20多年里，王洪都成天和牧工、牲畜打交道，英语不说、不用都快忘光了，考高级职称必须要英语过60分大关，他每天学英语、背单词，英语考试他终于轻松过关，取得高级畜牧师的职称。

眼看着王洪都快到退休年龄了，刘守仁一直心里惦记着王洪都 。刘守仁找到时任兵团副政委、农八师石河子市市党委书记的刘丙正。

"刘书记，王缜、王洪都父子，对农八师是有贡献的人物，现在王洪都马上要到退休年龄了，在退休之前给他安排一个好一些的单位，退休后好安度晚年。"时任农八师总畜牧师的刘守仁说。

"你说得不错，为师里做过贡献的人，我们不应忘记，王洪都应该照顾，你看安排在哪里比较合适？"

"我看就在机关给找个地方。"刘守仁提出自己的意见。

“年龄大了机关安排实职不现实，我看就在机关政策研究室当调研员怎么样？”听了刘书记的意见，刘守仁马上回答：“好，当调研员就当调研员，他这个人我了解，从来不计较什么，我先跟他通通气，而后您再出面给谈工作调动的事。”

刘守仁给王洪都讲了调动工作的事：“岁数不饶人，你50大几、快60岁的人，种羊场也跑不动、干不动了，我建议刘丙正书记给你换个工作，刘书记很念旧情，说你们父子对农八师有功，他答应把你调到政研室工作，不过没有实职，只当调研员。”

“实职不实职我不在乎，当调研员好，我去。”

“调动一事刘书记专门给你谈，我只是给你通个气。”

王洪都非常感谢刘守仁对他的关怀帮助。

王洪都刚考上高级畜牧师的职称，工资还没兑现，就调到了机关。机关公务员不拿职称工资，只拿岗位工资，辛辛苦苦的高级职称也没有用了，不过王洪都心里依然很高兴，高级职称证书是有一定学识和水平的重要标志。高级职称的取得，说明自己不是酒囊饭袋。

1998年，王洪都病了，住院期间刘守仁多次去医院探视，再三问有什么事需要他帮助的。王洪都说：“我们见见面，说说话就很开心了，想想这一辈子活的也值了，我跟你交往20多年，是我一生最幸福的岁月，我和你很投脾气，我真的很喜欢你，在紫泥泉种羊场你对我和我的家庭帮助不少，你是个有情有义的人，老天让我遇到了你，这真是一生一世的缘分，我真的非常感谢你。”

王洪都走了，开追悼会来了几百人，没想到紫泥泉种羊场竟来了100多人，追悼会结束后，刘守仁对王引凡说：“王校长，紫泥泉来的人中午一定要请他们吃一顿饭，这顿饭的饭钱我来付。”

“你太小看人了，为老王送行的人应该说啥也由我请他们吃饭，哪有你付钱的道理。”

“不是谁付钱的问题，我同你们老王共事20多年，这顿饭我请，是表示我对老王的怀念，是我最后对老王的一点心意，你要理解我的心情。”

所有参加追悼会的人都留下来吃完饭才走，这顿饭全由刘守仁掏的腰包出费用。

紫泥泉种羊场的人很憨厚，有人看事不跟着潮流跑，有人说肖发祥是“叛徒”，牧民知道肖发祥的经历后，都认为他是了不起的大英雄。王引凡是种羊场中学的校长，“革命派”老盯着她，她有点怕，到学校上班要过紫泥泉大河坝，早起河坝里没有人，过一次河坝吓得胆战心惊，肖发祥知道这一情况后，每天早晨在王引凡去学校时，他就站在河的对岸，手中摇动着牧羊鞭给王引凡传递信息：有我肖发祥在，你就大胆地过河吧。天天如此，保护王引凡的安全。肖发祥对王引凡说：“有我在，看谁敢动你，我就敢用鞭子狠狠地抽他。保护你，是刘股长给我的任务。”王引凡听了心里顿时暖暖的。

王引凡比刘守仁大5岁，王洪都走后，刘守仁时不时地去看望王引凡，一次去北京开会，回来时特意给王引凡买了一串珠子项链，王引凡戴上挺高兴。

平时，王引凡有事给刘守仁打电话，刘守仁无论多忙都要抽空赶来。王引凡搞了一辈子教育，临退休时，给她搞成企业人员，她很不开心咽不下这口气，找来找去都不能解决问题，她听说刘守仁当选为第九届全国人民代表大会代表，心情很激动，于是把她的经历、教育证书都准备好后，给刘守仁打电话，说有重要的事情委托他办理。刘守仁接到王引凡的电话后，就急急忙忙坐车赶来了。这才知道王引凡说的重要事，王引凡要让刘守仁把她改正教师身份的申诉材料直接带到全国人民代表大会上。刘守仁认真看了王引凡的材料，句句真实可靠，并马上表态：这份材料我一定把它转交到全国人民代表大会。为了加重申诉材料的分量，刘守仁当着王引凡的面在材料上签批了“情况属实”，并当场表示：“我不是畜牧代表，我是全国人民代表大会代表，人民选我当代表，我当代表为人民，人民的诉求，全国人民代表大会代表当然要关心，何况王引凡反映的情况句句属实，我签字，就是对她申诉的支持，公平、正义是全国人民代表大会代表履职的基本原则。”

在刘守仁的敦促以及有关部门领导的关心下，王引凡的教师身份被重新确定了下来。王引凡恢复了教师身份，她被刘守仁实事求是、敢于担当的精神所感动。现年85岁的王引凡说起刘守仁，感情的闸门就打开了，心情激动，有说不完的话、道不完的情，好人、大好人，认识刘守仁是她一生的造化和幸福。

凡在紫泥泉种羊场为绵羊育种事业做过贡献的人，刘守仁心里都有一本账，把他们的名字和事迹一一记在自己心中的巍巍丰碑上。

人上了年纪，睡眠就少了，刘守仁做梦和醒来，满脑子都是紫泥泉种羊场的人和事。放牧能手杨保明常常出现在他的梦中，一闭眼，杨保明一会儿叫他股长，一会儿又叫他场长，杨保明的一举一动，刘守仁都感到和蔼可亲。他想起杨保明的身世，杨保明爱羊如命的动人事迹。

杨保明，1916年出生在甘肃西和县一户贫苦农民家庭，18岁时被抓了壮丁，在国民党部队当兵。1949年9月25日随军起义，加入中国人民解放军。1953年种羊场成立时，他被调来当牧工。

1954年，种羊场将一群阿尔泰细毛羊母羊交给杨保明放牧管理，在放牧中他发现羊特别爱吃榆树的树叶，他就用手捋树叶给羊吃，刚捋时，手掌打起了血泡，他还坚持捋，渐渐血泡变成厚皮、老茧。下霜后，榆树叶子纷纷落地，每天放牧回来，不管多晚，他都去扫集树叶背回羊圈，给母羊做补育饲养，一坚持就是7年。

夏天，母羊怕热，他想方设法用凉水冲洗每只羊的耳朵，防止羊耳生蛆。

1960年，刘守仁把360只阿尔泰细毛羊母羊交给杨保明放牧，他精心放牧、精心饲养，全年无一只羊死亡，而且他放的羊，个个膘肥体壮，产毛量平均4.5千克，当年创造利润11 812元。

1962年，刘守仁又把放牧阿尔泰细毛羊种公羊羔羊的任务交给了杨保明。杨保明不负重托，用心放牧、精心照看，使当年羔羊体重达65千克。1963年，羊只平均体重达70千克，夏毛平均超产1.06千克，创造产值5 836.84元。

1963年，为了育种工作的需要，把各羊群较好的羔羊挑出来，连同阿尔泰细毛羊母羊交给杨保明放牧。为了羊儿吃好草，不掉膘，他迎着寒风，踏着阴山沟的积雪，提前赶羊进山，使整个放牧的大小羊只安全渡过了缺草、缺水难关。

为了使羊多吃草、吃好草，场里实行流动放牧，杨保明主动提出：由他一个人负责一群羊单独游牧，他带上馕，身背羊皮大衣，赶着羊群进山，羊晚上放到哪里，他就住在哪里，人跟羊走，羊跟草走。天山就是他的家，天当被、地当床，风餐露宿，饿了啃口馕，渴了喝点山间泉水，与天山为伍，与羊群为伴。1天、2天、10天、1个月，又是1个月，整整在外边游牧了74天。74天里，见不到一粒盐，没见过一片菜叶，硬是拿自己的命换来300多只羊的膘肥体壮。每天过着野人一样的生活。回到种羊场，刘守仁去看杨保明，他整个人变了形，又瘦又黑，头发长的到耳根，衣服也脏的不成样子，又破又脏，猛一见面认不出是杨保明。再看羊群，300多只羊，个个膘肥体壮，是种羊场实行游牧以来见到的最好羊群。刘守仁被杨保明爱羊如命的精神感动了。刘守仁急忙给他做饭、洗衣，看到杨保明吃着有汤有面的汤面条，刘守仁的心里才能稍微得到些安慰：啊，多好的人，多好的牧工。

长期在野外生活，饥一顿饱一顿，又吃不上热汤热饭，久而久之杨保明患了结核性胸膜炎。刘守仁多次劝说他住院治疗，他依然天天坚持放牧。

一天，杨保明在放牧途中，胸腔疼痛，呼吸困难，他去找连队的卫生员，卫生员一看这种症状吓坏了，强行把他送进医院。杨保明在医院心里还放不下他的羊群。刘守仁去医院看他时，他对刘守仁说："刘股长，你说我这是咋了，一天不见羊，我心里就发慌，我现在能下床走路了，你给医生说说让我出院吧！"

杨保明的病还没好，又急急忙忙回到了羊群，他说："我的病见了羊就好了一大半，不见羊就会闷死我、憋死我，我知道我的命在羊身上，我离不开羊群。"

杨保明在1982年66岁时，刘守仁当时任种羊场场长，说啥也不让他干了，叫他退休安度晚年，杨保明才退休。

杨保明在紫泥泉种羊场，爱羊如命，立大功、小功9次，7次被评为先进工作者、五好工人。1964年，杨保明获兵团二级劳动模范称号，这一年他参加了国庆观礼。

1988年，杨保明因病去世，刘守仁赶到种羊场参加杨保明的追悼会。在他生病期间刘守仁曾多次到医院看望，嘱咐他好好养病。

20多年过去了，杨保明和许多牧工的形象深深地刻在刘守仁的心上，时常形影相随，无法释怀。紫泥泉种羊场的广大牧工是刘守仁心中的巍巍丰碑。

第十四章

兵团成就细毛羊

说到新疆生产建设兵团，刘守仁有感不完的恩、道不完的情、说不完的话。他说："我对兵团印象非常好，很好！我也算是在兵团长大的，我一辈子大部分时间都在兵团，我在这里生活了60年。在这人生的60年里，是兵团广大职工群众教育了我，是兵团各级领导培养了我，这是我非常感谢的。寸草难报三春晖，兵团对我的恩德我一辈子也难以报答。"

自古以来，都有屯垦戍边的军人，但都是一代而终。唯独新疆生产建设兵团，开创了几千年来屯垦戍边的新纪元。兵团人以边疆为家，以苦为乐，找了老婆安下心，有了孩子扎下根。老军垦献了青春献终身，献了终身献子孙，屯垦戍边后继有人，代代相传。在兵团，七十二行，行行兴旺齐全；有城市、有工厂、有学校、有科研、有街道、有农场、有军队。

兵团是个大家庭，兵团是所大学校，兵团是个大舞台。各行各业、各种人才都可以"登台献艺"，尽兴尽情表演，可以演出惊天动地、威武雄壮的"话剧"，这就是今天的新疆生产建设兵团。

中国的细毛羊为什么会诞生在兵团，中国的膜下滴灌农业大田技术能从兵团走向全国，走出国门，与兵团能干事、能成事的环境有关，与兵团的特殊体制有关。

兵团人来自五湖四海，来自四面八方。有来自中国人民解放军的转业官兵，有来自"九·二五"起义的将士，有支边的知识青年、工人、农民，兵团以海纳百川的胸怀接纳了这些人，这些人到兵团后会怎样呢？如同20世纪60年代兵团第二政委张仲瀚在上海动员支边青年时说的那样：兵团好比乾隆年间的一锅羊肉汤，熬呀熬呀熬，最终大家都融合在了一起，变成了兵团人。在兵团这个大集体、大家庭里，你好我好，大家都好；你快乐我快乐，大家都快乐。我为人人，人人为我，一人有困难，大家都帮忙。

最可贵的是看人不翻历史旧账，注重现实表现。

在20世纪50 ~ 60年代，刘守仁不是什么标兵、模范，但他的绵羊育种事业却引起了农八师各级领导和相关部门的高度重视。1956年，农八师宣传科陆振欧同志专门到紫泥泉种羊场采访他，在农八师的《大跃进》报和兵团的《生产战线》报，报道了他扎根边疆，热爱兵团，和牧工同甘共苦的先进事迹，对他的鼓励很大。从此，《新疆日报》、新疆人民广播电台、兵团的《生产战线》报，经常出现刘守仁的名字，一次次的报道表扬更增添了刘守仁搞好育种工作的信心和勇气。1968年，深含屯垦成边意义的军垦细毛羊培育成功，在北京的全国农业展览馆正式展出。

1972年，刘守仁着手培育军垦细毛羊A品系，向世界绵羊育种的一流水平冲击。

1978年，刘守仁光荣地出席了全国科学大会，并荣获在全国科学大会上颁发的“在科学技术研究中作出重大贡献奖”的奖状和证书。

1979年，农八师党委提拔刘守仁担任种羊场场长、党委书记。

刘丙正时任兵团农八师党委书记，刘丙正是1937年参加革命的老八路、老同志，忠诚于党的事业，在党的工作重心转移的关键时期，坚决同党中央保持一致，坚持以经济建设为中心，尊重知识，尊重人才，坚决提拔刘守仁担任种羊场党政一把手，扫清绵羊育种科研的一切人为障碍。刘守仁担任党政一把手后，育种工作好开展了，但行政事务工作太多太重，影响了科研工作的开展。

刘丙正征求刘守仁的意见：“党委让你兼党委书记，就是要告诉别人，党委是坚决支持种羊场的育种科研事业。如果让你长期党政一肩挑，担子太重，你也受不了，我们党委考虑给你选配一名党委书记，书记人选问题虽说由党委决定，不过我们还是征求你的意见，你认为谁合适，你也可以提出你的建议。”刘丙正说得很婉转，选人要有利于刘守仁的育种工作。刘守仁听懂了刘丙正的意思，找陈永福商量让谁来种羊场任党委书记比较有利于工作。

陈永福阅人无数，有丰富的社会和生活经验，看人、识人很准，他想了半天说："刘书记征求你意见，你就说，选程义吧。程义是个老同志，他最大的特点是作风正派、光明磊落、不搞小动作。"刘守仁听了陈永福的意见，向刘丙正书记提出让程义担任种羊场的党委书记。

"行，职位是用来干工作的，你们的建议我们党委会认真考虑的。"刘丙正说。不久，果不其然，党委就采纳了刘守仁建议，程义同志出任了种羊场党委书记。刘守仁和程义搭档真是珠联璧合，加快了紫泥泉种羊场的育种科研工作。

成立绵羊研究所一直是刘守仁梦寐以求的大事，现在有了程义的支持，刘守仁企盼的绵羊研究所成立了，还盖了供科研人员从事科研的大楼，集中科研人员的精兵强将搞育种。1982年，A品系和B品系两个细毛羊新品系先后问世。

1982年，新疆生产建设兵团一致推选刘守仁为中国共产党第十二次全国代表大会代表。

党的十一届三中全会后，新疆生产建设兵团又重新得到恢复，各级管理机构还不健全。刘丙正已担任兵团副政委。石河子是兵团对外的窗口，是兵团的光荣和骄傲，石河子市是兵团唯一一座具有行政职能的城市。石河子垦区和石河子市实行政企合一的管理体制。地处天山北坡经济带中心，地理位置非常重要，这里交通方便，文化繁荣，经济发展，信息畅通，是兵团经济、政治、文化、社会、环境发展的第二中心，素有"戈壁明珠"的美称。不了解兵团的人，一说起兵团，认为兵团就是石河子，石河子就是兵团。造成种种误解和误会的原因是：石河子集中体现了兵团精神，展示了兵团的风貌和兵团人的风采。外界对石河子高看一眼，就是兵团在干部配备上也高配一级，农八师石河子市的党委书记通常由兵团领导兼任。

农八师石河子市以城镇化为依托，以新型工业化为支撑，以农业现代化为基础的师市合一组织模式，成为兵团在新形势下生存和发展的必由之路。

刘丙正是兵团副政委又是农八师石河子师市、政企合一体制的党委书记。农八师恢复后，缺少一个统管畜牧的总畜牧师。畜牧业是农业的重要组成部分，从某种意义上说，农业的大发展得益于畜牧业的大发展。当时农八师的畜牧业在农业这个大盘棋中是个短腿，影响了农业内部产业结构的调整，影响了现代农业的发展。刘丙正想到了让刘守仁来执掌农八师石河子市畜牧业发展的"帅印"，让刘守仁出任农八师石河子市的总畜牧师。

既要刘守仁负责全师的畜牧工作，又要促进他的绵羊育种的科研工作。1983年3月至1988年9月，刘守仁任农八师石河子市总畜牧师，这期间，刘守仁一直继续担任种羊场党委副书记、场长，1987年又改任种羊场党委书记。

刘丙正深深懂得，没有宣传便没有组织，没有组织便没有战斗力。坚强的组织保证是干成事业的先决条件。

1982年，军垦细毛羊获得农垦部科研成果一等奖。

刘守仁终于闯出我国自己培育细毛羊的新路子。

1983年，刘守仁又接受了国家"六五"攻关的新项目——良种细毛羊培育。1985年育成，经国家高级科研部门专家全面鉴定认为：达到同类进口澳毛56型标准，由此中国细毛羊跻身于世界先进之林。

1985年2月，由国家经济委员会验收，正式命名为中国美利奴（新疆军垦型），刘守仁因此而获得国家科技进步一等奖。

刘守仁在培育细毛羊新品种时，充分利用兵团的体制优势和组织保障优势，打破先育种、再育品系的传统育种模式，他大胆创新育种理论和育种方法，精心设计出"品种品系齐育并进"法，在新品种问世的同时，成功地完成新品种名下的A品系（体大、毛产量高）、B品系（毛质优良）、C品系（长毛）及无角、多胎品系等5个新品系的建系任务。

1985年，刘守仁在育成军垦细毛羊新品种的基础上，不断在绵羊育种领域进行理论创新和实践创新，终于育成了中国美利奴（新疆军垦型）。通过专家鉴定，结论是："紫泥泉种羊场，培育出具有新品种特征的良种细毛羊，其特性明显，遗传性能稳定，生产性能高，羊毛经过试纺，各项品质指标与进口的澳毛56型相似，达到国际优质毛纺原料的同等水平。""在细毛羊业中首先进行品系繁育，短期内取得突破性进展，达到国际先进的技术水平，为我国培育细毛羊新品种，建立细毛羊繁育体系做出了贡献。"1985年12月，在石家庄召开的国家良种细毛羊选育鉴定会上，石河子紫泥泉种羊场的良种细毛羊被正式命名为中国美利奴（新疆军垦型）。

国家攻关课题中国美利奴（新疆军垦型）于1987年获国家科技进步一等奖，A、B品系分别获农垦部、农业部科技进步奖一等奖。

在兵团60年的发展历史中，像刘守仁这样，又当师里总畜牧师，还兼任团场的主要领导，不是兼1年，而是整整5年，创下了干部任用、干部管理使用的先河。兵团，只有兵团，才有这样的先例。

只有兵团对刘守仁这种特殊的任用模式，一切组织形式都打破了正常的干部管理体制，一切为了培育细毛羊，一切组织形式都服从、服务于培育细毛羊。因此，兵团，只有兵团，才能培育出让世人叫绝的细毛羊。

军垦细毛羊的"军垦"二字体现了兵团人敢为天下先的创新精神，凝聚着广大兵团干部职工和科研人员的智慧和心血，是兵团人共同创造的成果。如果没有兵团人艰苦奋斗、团结奉献的精神，没有兵团集中力量办大事的特殊体制，要想在兵团育成中国美利奴细毛羊那是不可能的事。

中国美利奴（新疆军垦型）定位非常正确，尊重了兵团人的创造和兵团人的科研成果。

1999年，刘守仁当选为中国工程院院士。在鲜花和荣誉面前，他依然是那般平和，身上依然是那件蓝布衣服。在新疆维吾尔自治区、新疆生产建设兵团祝贺新当选的院士大会上，刘守仁怀着一颗感恩的心深情地说："我深深知道，今天我之所以能当上院士，并不是我个人的功绩，如果没有国家对我的培养，没有同仁们鼎立的支持，没有兵团自力更生、艰苦奋斗精神的冶炼，没有各族牧工含辛茹苦的劳动，我是永远也做不出今天的成绩。成绩不是我一个人的，单靠我一个人是干不成什么事的，我只是其中的一分子。此时此刻，我特别感谢和怀念那些曾与我朝夕相处、同甘共苦的各族朋友，是他们铺就我通往成功的路，如今他们有的已是步履蹒跚的老者，有的已长眠于天山脚下的一抔黄土之中。滴水之恩当涌泉相报，他们的恩，他们的情，我一生一世也难以报答，难以还清。每当想起这些，我就有使不完的劲，他们公而忘私、无私奉献的崇高品德，令我敬佩。他们不怕困难、不怕牺牲的精神催人奋进，我要在今后科研的道路上，快马加鞭，分秒必争，我坚信，在未知的领域里会有很多新的发现在等着我。我会努力、努力、再努力，感恩回报祖国和各级领导及广大牧工对我的厚爱。"

刘守仁当选为中国工程院院士后，兵团给他又换房子，又配车子，对这些刘守仁看得很淡，但这也体现了兵团党委对他的关怀。尽管当了院士，他仍然觉得没有什么成就。因为一个人的力量是有限的，一个科研成果是集体智慧的结晶，自己只是其中的一分子，没有什么了不起，在成绩和荣誉面前不敢有半点儿马虎和松劲儿。

刘守仁热爱兵团、扎根边疆近60年，用毕生精力培育出了中国美利奴（新疆军垦型），成为名副其实的"军垦细毛羊之父"。军垦细毛羊为屯垦戍边的新疆生产建设兵团赢得了荣誉，争得了光荣，向世界宣传、推介了中国的新疆生产建设兵团，兵团因军垦细毛羊而名扬四海。

兵团人也关心刘守仁、热爱刘守仁、尊重刘守仁的科研成果和创造发明，兵团把最高荣誉都给了他，他荣获全国技术革新能手、全国劳动模范、自治区劳动模范、兵团劳动模范称号，兵团从上到下一致推荐他为中国共产党第十二次、第十三次全国代表大会代表，兵团把刘守仁作为知识分子的典型，推荐他为中华人民共和国第九届、第十届全国人民代表大会代表。2003年又推荐他为“全国杰出专业技术人才”。

1999年，在兵团欢迎院士的招待会上，刘守仁深情地说：“我只是一名普通的科技工作者，我做出了一点成绩，兵团上上下下，就特别重视我、关心我，给了我那么多的荣誉和很高的待遇，兵团的恩，兵团对我的情，兵团就像春天阳光光芒万丈普照大地，我只是世界万物的一棵不起眼的草。‘谁言寸草心，报得三春晖？’兵团对我的大恩大德，我一生也难以报答。”

回顾过去的人生经历，刘守仁说：“没有虚度此生是我最大的收获。”谈到如何评估自己所取得的成就，刘守仁用很平静的语调说：“我从新疆农业大学要求到养羊的紫泥泉种羊场，当时只想到艰苦的第一线去，到有羊群的地方去，踏踏实实做点事，并没有想到一定要创造出什么惊天动地的业绩来，也没想将来出名，甚至当院士，只想做好育种工作。谁知一干竟是一辈子！因为我学的是畜牧专业，一到紫泥泉种羊场看到羊，就使我产生了为之献身的信念。于是，就下定决心，一头钻进了培育种羊新品种的精彩纷呈的世界里，在扎扎实实辛勤工作和刻苦钻研中，竟然做出了一些成绩，这是我始料不及的。促使我不停工作的动力是能为国家和边疆各族人民做点事。成果不是我个人的，是所有养羊界科技人员和牧工共同努力的结果。离了科技团队和广大牧工的忘我帮助，我一个人单枪匹马是干不成什么事的。对于‘军垦细毛羊之父’的荣誉我受之有愧。”

附录 | 一 |

刘守仁大事年表

1934年

3月21日，出生在江苏靖江县孤山镇。

1941年

2月，在靖江惜阴中学读小学。

1944年

学校因不满日本统治而停办，被迫辍学。

1945年

9月，在苏州市吴县中学读初中一年级。从初中到高中都在吴县中学上学。

1951年

高中毕业，考入浙江大学畜牧系。

1952年

国家对高校进行一次大规模院系调整，浙江大学畜牧系并入南京农学院，此后，刘守仁便成为南京农学院的学生。

1955年

7月，从南京农学院毕业后被分配到新疆八一农学院。

11月23日，分配到紫泥泉种羊场，任畜牧技术员。

1956年

8月，在新疆畜牧研究所所长黄异生指导下，拟定第一个五年（1956—1961年）育种计划，确定“纯种繁殖阿尔泰细毛羊、新疆羊，不断提高其生产性能，用阿尔泰细毛羊、新疆羊分别与哈萨克羊进行杂交改良，以提高生产性能，为培育新品种创造条件”的育种方针。

1958年

9月中旬，紫泥泉种羊场派张祖仁、王殿文带22只培育出的纯繁细毛羊，随中国农垦展览代表团到越南河内参加展出。展览结束后，把细毛羊赠送给了越南。

1960年

3～5月，春寒，紫泥泉种羊场死亡羔羊3 508只，死亡率

36.4%，成年羊死亡2 481只，死亡率13.1%。总计死亡5 989只，占年初羊只总数的31%。

1961年

4月，兵团农学院教师李一善、新疆八一农学院教师祝源又协同刘守仁编订第二个五年（1961—1966年）育种计划，提出“纯种繁育细毛羊与杂交改良培育新品种”的方针。

4月，紫泥泉种羊场与北京农业大学签订技术协作合同，合同内容是进行绵羊育种和草原改良。

7月，兵团在紫泥泉种羊场召开绵羊育种现场会。会议系统总结紫泥泉种羊场第一个五年计划的育种工作，批准第二个绵羊育种五年计划。

1962年

5月，经协商决定，北京农业大学教授汤逸人，副教授蒋英、贾慎修、叶其铿，讲师张伯洪等轮流来紫泥泉种羊场协助工作。

1964年

3月中旬，刘守仁、丁宜生开展育成母羊饲喂试验，每只羊每天加喂尿素5克，20天后，每只每天平均增重17.5克，怀孕母羊每日增重20克。

3月28日，紫泥泉种羊场成立绵羊育种及草原改良站，并建立实验室，刘守仁任站长。育种工作在北京农业大学、新疆八一农学院、石河子农学院、新疆农业科学院的协作下进行。

1965年

10月，由陈永福、刘守仁、丁宜生、缪礼维等人编写的《军垦细毛羊》一书，由科学出版社出版。

1969年

3月，种羊场向中国人民解放军总后勤部上报关于育成细毛羊品种的请示，呈请批示。

1970年

8月，经农垦部鉴定，紫泥泉种羊场培育的细毛羊被命名为

"军垦细毛羊"。

1973年

4月26日，兵团绵羊育种工作会议在紫泥泉种羊场召开。大会总结兵团20余年的绵羊育种工作，肯定紫泥泉种羊场军垦细毛羊育种工作成就，并对该品种进行鉴定。

1978年

3月，紫泥泉种羊场"新疆毛肉兼用细毛羊的培育和提高"科研课题在全国科学大会上获奖，刘守仁出席全国科学大会。

5月，刘守仁任151团团长（紫泥泉种羊场场长）。

11月8日，紫泥泉种羊场成立技术职称评审委员会，刘守仁任主任。

1980年

7月，经农八师党委批准，成立紫泥泉绵羊研究所，下设育种站、草原站、兽医站。紫泥泉种羊场场长刘守仁兼任所长，石庭栋为副所长兼任党支部书记。

1981年

本年，澳大利亚政府官员、养羊专家数次来场参观。

1982年

9月1日，紫泥泉种羊场场长刘守仁赴北京出席中国共产党第十二次全国代表大会。

本年，紫泥泉种羊场的良种细毛羊军垦A品系获农垦部一等奖*，丁宜生获农垦部科技成果一等奖。

1983年

7月，紫泥泉种羊场总畜牧师、场长刘守仁出席在北京召开的全国少数民族地区先进科技工作者大会。

11月，紫泥泉种羊场的"B品系和B型羊毛的性能研究"荣获农牧渔业部一等奖。

* 引自紫泥泉种羊场史志编纂委员会编的《紫泥泉种羊场志》，由新疆人民出版社2000年出版。

本年，B品系通过鉴定验收，刘守仁、丁宜生、王德成、隆鑫森、蒋英、郭功骑、唐玉芬、李芙蓉获农牧渔业部科学技术进步一等奖。

1984年

12月，紫泥泉种羊场科研大楼竣工，砖混结构，3层，建筑面积1 890米^2。

1985年

8月26～31日，国家“六五”科技攻关课题“良种细毛羊选育”总结会议在紫泥泉种羊场召开，农牧渔业部畜牧局、新疆科委、内蒙古、吉林4个协作组及北京农业大学代表37人参会。

9月，紫泥泉绵羊研究所主持的大面积提高绵羊繁育率的简易方法科研课题获兵团奖励。

10月，绵羊研究所“良种细毛羊的培育”获自治区科学技术进步一等奖。

12月9日，紫泥泉种羊场培育的良种细毛羊正式通过国家经济委员会和农牧渔业部鉴定，被国家正式命名为“中国美利奴（新疆军垦型）A、B品系”。

1986年

1月9日，鉴于紫泥泉绵羊研究所在良种细毛羊“六五”国家科技攻关中成绩显著和中国美利奴羊强毛型品系繁育成功，国家六部委加以表彰授予奖状。

1988年

5月8日，紫泥泉种羊场选育出的成年母羊和种公羊，在兵团利用外资项目办公室和中国美利奴（新疆军垦型）品种协会在石河子举办的中国美利奴羊“军垦杯大赛”中获一等奖。参赛单位有兵团农二师、农七师、农八师的25个团场。竞赛评委由全国养羊研究管理所长、高级畜牧师傅寅生等组成。

9月1日，“中国美利奴羊强毛品系的研究”获农业部科学技术进步二等奖。

1989年

5月，紫泥泉种羊场作为一级育种场参加的中国美利奴（新疆军垦型）三级繁育体系通过国家级鉴定和验收。

1990年

2月，为实现纺织工业部和农业部“北羊南移”计划，紫泥泉种羊场在湖北省老河口市付家寨建立紫泥泉种羊场鄂北分场。该分场由种羊场与付家寨人民政府共同经营，付家寨提供牧场4 000公顷，种羊场运往湖北优良母羊421只，种公羊7只。

5月6日，国家“七五”期间攻关项目“中国美利奴（新疆军垦型）毛密品系”通过自治区内11名专家鉴定。

1991年

8月31日，紫泥泉绵羊研究所的“中国美利奴羊饲料标准及配套饲养技术”科研课题获农业部科学技术进步二等奖。

1992年

11月，紫泥泉种羊场被农业部评为先进单位。

1998年

3月，刘守仁当选为中华人民共和国第九届全国人民代表大会代表。

1999年

12月，刘守仁当选为中国工程院院士。

12月，完成新疆细毛羊产区组织推广应用和产业化示范，5年时间，100万只细毛羊中的特级羊，增加5倍多，净毛率提高7.5%，直接经济效益1.2亿元。

2000年

5月，刘守仁荣获兵团科学技术进步一等奖。

2001年

10月，刘守仁获国家四部委授予的“全国农业科技先进工作者”称号。

2002年

4月，刘守仁自主研制出Fec^B基因诊断试剂盒，成功建立了快速、准确的多态性状分子标记鉴定方法。

2003年

3月，刘守仁当选为中华人民共和国第十届全国人民代表大会代表。

2005年

8月，刘守仁新育成肉用、多胎肉用、超细毛3个新品系羊。

8月，刘守仁荣获兵团科学技术进步一等奖。

2000—2005年，刘守仁完成国家发改委下达的“超细毛羊及肥羔生物工程高技术产业化”示范工程项目。

2007年

10月，刘守仁荣获国家科技进步奖二等奖和兵团科技进步突出贡献奖。

2012年

刘守仁荣获兵团科技进步一等奖。

8月，刘守仁被聘任为新疆生产建设兵团特聘专家。

12月，“基因先决育种法和克隆技术在绵羊新品种（系）培育中的创建和应用”获新疆生产建设兵团科技进步奖（一等奖）。

2015年

12月，刘守仁被评为兵团首批有突出贡献优秀专家。

2016年

11月，中国畜牧兽医学会授予刘守仁中国畜牧兽医学会奖“终身贡献奖”。

2017年

8月，中国畜牧兽医学会养羊学分会授予刘守仁“终身成就奖”。

附录 | 二 |

刘守仁的著作和文件目录

成果（项目）情况

序号	成果（项目）名称	获奖情况				主要合作者
		奖别（国家、省、部）名称	等级	排名	年份	
1	军垦细毛羊培育	全国科学大会奖		1	1978	李芙蓉
2	绵羊夏壮、秋肥、冬瘦、春死的研究	农垦部成果奖	二	1	1980	丁宜生
3	良种细毛羊军垦A品系	农垦部成果奖	一	1	1982	丁宜生
4	B品系和B型羊毛性能研究	农牧渔业部改进奖	一	3	1983	李正春
5	中国美利奴羊多胎品系的培育	新疆生产建设兵团进步奖	二	1	1984	丁宜生
6	低山草原带利用、改良、建设的研究	农牧渔业部改进奖	一	1	1985	傅寅生
7	良种细毛羊的培育（军垦型）	新疆维吾尔自治区成果奖	一	3	1987	吕维斌
8	中国美利奴羊新品种的育成	国家进步奖	二	1	1988	张伯洪
9	中国美利奴羊强毛型品系的研究	农业部进步奖	一	1	1990	陈开阳
10	中国美利奴（新疆军垦型）繁育体系	农业部进步奖	一	1	1991	陈开阳
11	中国美利奴（新疆军垦型）繁育体系	国家进步奖	一	4	1996	

论文、著作情况

序号	论文、著作名称	年份	排名	主要合作者	发表刊物或出版社名称
1	阿尔泰细毛羊的育种工作	1964	1	陈永福	中国畜牧杂志
2	中国美利奴羊多胎品系的研究	1995	1	张凤林	畜牧与兽医
3	细毛羊三级繁育体系的建立及实施效果	1991	1		新疆农业科学
4	南移中国美利奴羊繁殖规律的研究	1997	1	杨允全	中国养羊
5	全年羊毛质和量的变化	1997	1	赵全康	中国养羊
6	Building New Type of High-Quality Wool sheep of Chinese Merino by Strain Breeding	1998			第五届世界美利奴羊大会
7	生长激素作用的分子机制	1998	1		草食家畜
8	不同营养对羊毛质和量的影响	1998	1	赵全康	中国养羊
9	中国美利奴羊不同品系随机扩增多态性DNA（RAPD）分析	1998	2	高剑丰	草食家畜
10	军垦型美利奴营养需要量研究	1998	3		畜牧与兽医
11	品系间杂交在绵羊育种上的应用	1999	1	王牛	中国畜牧杂志
12	军垦型美利奴羊的血清白蛋白分析	1999	2	吕维斌	畜牧与兽医

附录 | 三 |

刘守仁主要论文目录

（1）刘守仁，三级繁育体系的建立及其应用，2009中国羊业进展论文集，2009：4.

（2）刘守仁，“基因先决”育种法在绵羊新品种（系）培育中的创建和应用，2012中国羊业进展论文集，2012：2.

（3）石国庆，刘守仁，杨永林，倪建宏，皮文辉，应用MOET培育“U”系羊新类群的研究，西部大开发科教先行与可持续发展——中国科协2000年学术年会文集，2000：2.

（4）刘守仁，养羊业技术发展回顾与展望，中国羊业高峰会暨中国畜牧业协会羊业分会成立大会会刊，2003：4.

（5）沈敏，王新华，刘守仁，钟发刚，杨华，连宏军，陈晓军，甘尚权，新疆绵羊生长激素基因的克隆及真核表达，全国首届动物生物技术学术研讨会论文集，2004：7.

（6）刘守仁，优化产业布局发展肉羊生产，中国羊业进展——首届中国羊业发展大会会刊，2004：3.

（7）刘守仁，杨永林，中国美利奴羊超细毛品系的培育，中国畜牧兽医学会养羊学分会全国养羊生产与学术研讨会议论文集，2005：5.

（8）杨华，刘守仁，李大全，赵宗胜，王新华，应用mRNA差异显示技术研究绵羊皮肤毛囊差异表达基因，2005年全国学术年会农业分会场论文专集，2005：3.

（9）刘守仁，发挥养羊协会功能依托科技进步力量促进现代养羊业的可持续发展，第四届中国羊业发展大会论文集，2007：4.

（10）高磊，许瑞霞，赵伟利，杨井泉，梁耀伟，刘守仁，沈敏，王新华，绵羊*CIDEC*基因的克隆及其在持续饥饿条件下阿尔泰细毛羊尾脂组织中的差异表达研究，农业生物技术学报（待刊）.

(11)高磊，许瑞霞，赵伟利，杨井泉，梁耀伟，刘守仁，沈敏，王新华，绵羊诱导细胞凋亡的DFF45样效应因子c基因(*CIDEC*)克隆及其在持续饥饿条件下阿尔泰细毛羊尾脂组织中的差异表达，农业生物技术学报，2015，02：227-235.

(12)宋广超，张伟，许瑞霞，赵伟利，刘守仁，甘尚权，绵羊骨骼肌特异表达miR-133前体在不同绵羊群体中的多态检测，家畜生态学报，2015，01：18-23.

(13)张伟，蒋曙光，沈敏，赵伟利，许瑞霞，宋广超，刘守仁，王新华，甘尚权，绵羊7号染色体46843356位点多态性与尾脂沉积相关性研究，畜牧与兽医，2014，04：25-29.

(14)甘尚权，杨武，张伟，沈敏，刘守仁，王新华，绵羊7号染色体46818598位点在脂臀阿尔泰细毛羊群体中的多态检测及分析，黑龙江畜牧兽医，2014，07：33-35，39，208.

(15)皮文辉，梁龙，唐红，张译元，郭延华，王立铭，向春和，周平，刘守仁，利用TALE-TFs在小鼠成纤维细胞中激活β-酪蛋白基因启动子表达载体，中国实验动物学报，2014，05：13-16.

(16)李晶，张云生，李宁，石国庆，刘守仁，柳楠，MEK-ERK信号通路调控H3K27me3甲基化酶和去甲基化酶基因的表达，中国生物化学与分子生物学报，2013，02：183-188.

(17)李晶，张云生，李宁，胡晓湘，石国庆，刘守仁，柳楠，PI3K/AKT信号通路调控*Myogenin*和*MCK*基因的表达，遗传，2013，05：637-642.

(18)梁龙，杨华，杨永林，刘守仁，皮文辉，“GoldenGate”克隆法构建靶向载体，中国生物工程杂志，2013，03：111-116.

(19)梁龙，杨华，杨永林，石国庆，刘守仁，皮文辉，应用“酶切连接”克隆法构建TALEs，石河子大学学报(自然科学版)，2013，03：306-312.

(20)甘尚权，张伟，沈敏，李欢，杨井泉，梁耀伟，高磊，刘守仁，王新华，绵羊X染色体59383635位点多态性与脂尾性状的相关性分析，遗传，2013，10：1209-1216.

（21）甘尚权，沈敏，李欢，梁耀伟，杨井泉，高磊，刘守仁，王新华，X染色体60149273位点在脂尾（臀）和瘦尾绵羊品种中的多态性及其基因定位，中国农业科学，2013，22：4791-4799.

（22）甘尚权，张伟，宋天增，沈敏，梁耀伟，杨井泉，高磊，刘守仁，王新华，X染色体一处新发现的SNP位点在脂尾（臀）、瘦尾绵羊群体中的多态检测及分析，西南农业学报，2013，05：2066-2070.

（23）甘尚权，张伟，沈敏，梁耀伟，杨井泉，高磊，刘守仁，王新华，绵羊X染色体59327581位点在3种不同尾型绵羊品种中的多态检测及分析，石河子大学学报（自然科学版），2013，05：587-591.

（24）杨华，杨永林，冯建丽，闫云峰，刘守仁，绵羊品种间部分血液免疫指标比较分析，新疆农业科学，2013，11：2118-2124.

（25）甘尚权，张伟，沈敏，李欢，梁耀伟，杨井泉，高磊，刘守仁，王新华，绵羊X染色体59578440位点多态分析及其与尾（臀）脂性状相关性研究，新疆农业科学，2013，12：2311-2316.

（26）张伟，沈敏，李欢，高磊，梁耀伟，杨井泉，刘守仁，王新华，甘尚权，绵羊X染色体59571364与59912586位点在脂尾、瘦尾绵羊群体中的多态性检测及分析，遗传，2013，12：1384-1390.

（27）杨华，周平，杨永林，刘守仁，沈敏，王新华，姬勇，转*Hoxc13*基因绵羊的羊毛氨基酸组成及含硫量和含氮量分析，西北农业学报，2012，05：37-40.

（28）代蓉，沈思军，甘尚权，毛青青，万鹏程，郭洪，孟庆勇，刘守仁，组织特异RNAi转基因小鼠模型的构建，中国科学（生命科学），2011，04：289-295.

（29）代蓉，沈思军，万鹏程，石国庆，孟庆勇，刘守仁，

Pol Ⅱ型启动子K14实现组织特异RNAi，遗传，2011，07：97-102.

（30）杨华，杨永林，刘守仁，王宁，李辉，石国庆，张永胜，冯静，中国美利奴（新疆军垦型）品系间羊毛理化性能及性状相关分析，中国畜牧兽医，2011，06：37-40.

（31）代蓉，孟庆勇，沈思军，石国庆，刘守仁，角蛋白启动子荧光素酶表达载体的构建及其表达活性分析，西北农业学报，2011，08：1-5.

（32）沈敏，王文君，杨永林，甘尚权，马春萍，何其宏，张永胜，李宁，刘守仁，利用PCR-Sac Ⅱ -RFLP 技术检测绵羊*IGFBP–3*基因多态性的研究，新疆农业科学，2010，05：849-853.

（33）沈敏，王文君，杨永林，马春萍，刘守仁，李宁，中国美利奴羊*IGFBP–3*基因内含子4区的PCR-RFLP多态性分析，中国畜牧兽医，2010，08：134-138.

（34）杨华，杨永林，冯静，徐从祥，刘守仁，*BMP4*基因作为中国美利奴（新疆军垦型）多胎性能候选基因的研究，家畜生态学报，2010，04：10-13.

（35）沈敏，杨永林，何其宏，马春萍，刘守仁，中国美利奴羊*IGFBP–5*基因外显子区的PCR-SSCP多态性分析，新疆农业科学，2010，08：1615-1618.

（36）杨华，杨永林，刘守仁，钟发刚，张永胜，何其宏，绵羊*BMPR–IB*基因单核苷酸多态性分析，西北农业学报，2010，09：7-11.

（37）代蓉，周平，沈思军，甘尚权，李宁，刘守仁，转基因克隆绵羊的亲子鉴定，畜牧与兽医，2010，11：16-19.

（38）万鹏程，石文艳，周平，代蓉，石国庆，刘守仁，绵羊体外受精胚胎培养系统优化与囊胚差异染色，新疆农业科学，2010，12：2469-2476.

（39）杨华，张永胜，何其宏，王建华，杨永林，钟发刚，王新华，刘守仁，中国美利奴羊多胎品系选育中多胎性状分离与*BMPR–IB*基因型的相关性分析，中国草食动物，2009，01：16-18.

（40）杨华，刘守仁，钟发刚，杨永林，张永胜，*BMPR–IB*基因在绵羊不同组织的表达差异性研究，中国畜牧杂志，2009，11：6-8.

（41）沈敏，杨华，钟发刚，陈晓军，甘尚权，刘守仁，王新华，绵羊生长激素基因的克隆、序列分析及真核表达，新疆农业科学，2009，03：466-473.

（42）沈敏，何其宏，张永胜，马春萍，杨永林，刘守仁，不同绵羊品种*IGFBP–3*基因的PCR-SSCP分析，新疆农垦科技，2009，04：35-37.

（43）皮文辉，杨永林，倪建宏，石国庆，刘守仁，氟孕酮海绵栓在绵羊生产技术中的应用，中国草食动物，2009，06：65-66.

（44）石国庆，茆达干，程瑞禾，管峰，刘守仁，湖羊和新疆细毛羊妊娠早期内分泌比较，南京农业大学学报，2008，01：146-148.

（45）沈敏，王文君，杨永林，甘尚权，何其宏，张永胜，王建华，马春萍，刘正山，刘守仁，李宁，*IGFBP–3*基因多态性及其与中国美利奴羊部分羊毛性状的关联性分析，遗传，2008，09：1182-1186.

（46）刘守仁，从南方养羊的一些往事谈起，草业科学，2008，09：38-39.

（47）杨华，钟发刚，王新华，刘守仁，朱滨，邢军芬，孙悦，检测绵羊*BMPR–IB*基因多态性寡核苷酸芯片的制备，遗传，2007，08：957-962.

（48）管峰，石国庆，艾君涛，刘守仁，杨利国，湖羊6号染色体微卫星标记多样性与产羔数的关系，遗传，2007，10：1230-1236.

（49）皮文辉，孙从建，宋志强，马连营，刘淑萍，白丁平，蔡宜东，刘守仁，质粒DNA的阴离子交换色谱法纯化及内毒素去除，色谱，2007，06：809-813.

（50）钟发刚，王新华，李辉，刘守仁，甘尚权，杨永林，王建华，张永胜，中国美利奴多胎品系绵羊*BMPR–IB*基因多态性与排卵数的相关研究，中国草食动物，2006，01：5-6.

（51）管峰，刘守仁，石国庆，艾君涛，茆达干，杨利国，Fec^{B}基因在9个绵羊品种中的多态性及其与产羔数和羔羊生长发育的相关性（英文），遗传学报，2006，02：117-124.

（52）刘国庆，代蓉，任航行，王新华，刘守仁，孙业良，杨利国，新疆肉羊18号染色体上与后臀肌发育相关基因的多态性分析，遗传，2006，07：815-820.

（53）黄治国，熊俐，刘振山，乔永，代蓉，谢庄，刘守仁，石国庆，刘国庆，绵羊*ghrelin*基因表达的组织分布和发育性变化（英文），遗传学报，2006，09：808-813.

（54）石国庆，刘守仁，杨永林，倪建宏，王建华，张永胜，何启宏，超细毛羊新品系的培育，草食家畜，2006，03：16-20.

（55）任航行，代蓉，张兴国，刘国庆，王新华，石国庆，刘守仁，桂东诚，吕高瑞，绵羊18号染色体微卫星多态性与后臀发育关系的研究，遗传，2006，12：1525-1531.

（56）刘国庆，黄治国，刘振山，王新华，刘守仁，杨利国，羔羊肝脏*IGF–I*和*IGF–IR*基因表达的发育性变化研究，中国农业科学，2006，12：2577-2581.

（57）管峰，艾君涛，刘守仁，石国庆，程瑞禾，杨利国，*BMPR–IB*和*BMP15*基因作为湖羊多胎性候选基因的研究，家畜生态学报，2005，03：9-12.

（58）管峰，刘守仁，程瑞禾，代蓉，石国庆，艾君涛，杨利国，绵羊*BMP–RIB*基因多态性及其与中国美利奴肉用多胎品系产羔数和生长发育的相关性，南京农业大学学报，2005，02：75-79.

（59）管峰，杨利国，艾君涛，刘守仁，石国庆，四引物扩增受阻突变体系PCR快速测定绵羊*BMPR–IB*基因型方法的建立，遗传，2005，04：579-583.

（60）钟发刚，王新华，李辉，刘守仁，杨永林，甘尚权，王建华，张永胜，何其宏，魏荣安，绵羊*BMPR–IB*基因作为多胎性能的候选基因在肉用多胎品种选育中的应用研究，中国草食动物，2005，04：6-7.

（61）刘守仁，王建华，杨永林，王宏伟，张永胜，王惠，卢守亮，万鹏程，倪建宏，石国庆，肉用公羊和多胎母羊杂交后代不同营养水平育肥试验，中国草食动物，2005，04：18-19.

（62）钟发刚，王新华，刘守仁，李辉，陈晓军，尹君亮，倪建宏，小尾寒羊和新疆多浪羊群体*BMPR–IB*基因多态性研究，中国草食动物，2005，06：15-16.

（63）刘守仁，杨永林，中国美利奴羊超细毛品系的培育，中国畜禽种业，2005，10：34.

（64）石国庆，杨永林，倪建宏，皮文辉，周平，万鹏程，刘守仁，MOET技术在绵羊育种中的应用，中国畜禽种业，2005，10：38-40.

（65）刘守仁，杨永林，中国美利奴羊超细毛品系的培育（续上期），中国畜禽种业，2005，11：36-38.

（66）王启贵，钟发刚，李辉，王新华，刘守仁，陈晓军，甘尚泉，绵羊产羔性状主效基因检测研究，遗传，2005，01：80-84.

（67）张云生，张永胜，皮文辉，万鹏程，石国庆，杨永林，刘守仁，乙醇对绵羊卵母细胞孤雌激活的研究，草食家畜，2005，01：36-39.

（68）皮文辉，石国庆，刘守仁，羊用氟孕酮阴道海绵栓的制作及使用效果，中国畜牧杂志，2004，01：41.

（69）皮文辉，张树山，倪建宏，杨永林，石国庆，刘守仁，发情羊血清、肝素对绵羊卵母细胞体外受精的影响，中国草食动物，2004，01：6-8.

（70）刘守仁，雒秋江，李柱，田笑明，聂新，谢守龙，苗启华，刘军，关于建立畜牧业灾害及突发事件饲草应急储备库的建议，新疆畜牧业，2004，01：6-7.

（71）皮文辉，张树山，白丁平，杨永林，石国庆，刘守仁，发情羊血清、肝素和BSA对绵羊冷冻—解冻精子体外获能的影响，黑龙江动物繁殖，2004，03：8-10.

（72）石国庆，杨永林，倪建宏，皮文辉，周平，万鹏程，刘守仁，卢世建，孙延星，李小平，倪黄明，近亲繁育技术在“超细型细毛羊”育种中的研究，草食家畜，2003，02：18-19.

（73）王启贵，钟发刚，李辉，王新华，刘守仁，陈晓军，绵羊*BMPR–IB*基因多态性与其产羔数的相关研究，草食家畜，2003，02：20-23.

（74）刘守仁，王新华，钟发刚，沈敏，杨华，连宏军，薄新文，绵羊生长激素（OGH）的分子克隆与序列测定，中国兽药杂志，2003，06：8-10.

（75）王新华，刘守仁，张荣兴，葛锡锐，牛病毒性腹泻病毒侵染宿主细胞的电镜观察，畜牧兽医学报，2002，05：501-503.

（76）石国庆，刘守仁，杨永林，倪建宏，皮文辉，周平，万鹏程，胚胎移植技术在优质细毛羊育种中的研究与应用，中国兽医学报，2002，04：351-353.

（77）石国庆，杨永林，倪健宏，周平，万鹏程，皮文辉，刘守仁，细型和超细型羊子宫角冷冻精液输精技术研究与应用，草食家畜，2002，02：29-30.

（78）石国庆，刘守仁，杨永林，倪建宏，皮文辉，周平，万鹏程，胚胎移植技术在优质细毛羊育种中的应用，草食家畜，2001，04：32-34.

（79）刘守仁，石国庆，世界养羊业状况，草食家畜，2001，S1：1-3.

（80）刘守仁，石国庆，我国养羊业的现状，草食家畜，2001，S1：4，19.

（81）刘守仁，缪礼维，我国养羊业技术发展回顾与展望，草食家畜，2001，S1：5-11.

（82）刘守仁，生物技术在养羊业科学研究中的应用，中国工程科学，2001，07：37-41.

（83）刘守仁，王新华，养羊业高新生物技术的应用，新疆农业科学，2001，S1：1-5.

（84）刘守仁，王新华，中国美利奴“U”系羊育种目标性状和选择性状的确定，新疆农业科学，2001，S1：6-11.

（85）赵全康，刘守仁，全年羊毛质和量的变化，新疆农业科学，2001，S1：25-27.

（86）朱飞云，余育和，缪炜，沈韫芬，王新华，缪礼维，刘守仁，利用RAPD技术分析绵羊品种间遗传关系，新疆农业科学，2001，S1：32-35.

（87）刘守仁，王新华，石国庆，皮文辉，李国庆，RomillyHills肉用细毛羊生长模型，新疆农业科学，2001，S1：48-50.

（88）刘守仁，生长激素作用的分子机制，新疆农业科学，2001，S1：51-53.

（89）石国庆，刘守仁，杨永林，倪建宏，皮文辉，应用胚胎移植培育“U”系羊新类群的研究，中国畜牧杂志，2000，03：32-33.

（90）刘守仁，王牛，中国美利奴（新疆军垦型）血清转铁蛋白分析，中国畜牧杂志，1999，01：26-28.

（91）石国庆，刘守仁，杨永林，倪建宏，皮文辉，中国美利奴（细毛型）胚胎冷冻移植试验，中国畜牧杂志，1999，03：42-43.

（92）刘守仁，高健峰，中国美利奴羊不同品系随机扩增多态性DNA（RAPD）分析，草食家畜，1998，04：1-3.

（93）刘守仁，赵全康，不同营养对羊毛质和量的影响，中国养羊，1998，03：20-22.

（94）刘守仁，邵长发，张凤林，唐玉芬，吕维斌，张伯洪，陈开阳，钟明超，中国美利奴（新疆军垦型）多胎品系的选育研究，畜牧与兽医，1995，06：246-248.

（95）刘守仁，邵长发，张凤林，唐玉芬，吕维斌，张伯洪，陈开阳，钟明超，中国美利奴（新疆军垦型）多胎品系的选育研究，新疆农业科学，1994，05：227-230.

（96）Yang H，Zhong F，Yang Y，Wang X，Liu S R，Zhu B，Sex determination of bovine preimplantation embryos by oligonucleotide microarray，Anim Reprod Sci，2013 Jun; 139（1-4）: 18-24.

（97）Wan PC，Hao ZD，Zhou P，Wu Y，Yang L，Cui MS，Liu SR，Zeng SM，Effects of SOF and CR1 media on developmental competence and cell apoptosis of ovine in vitro fertilization embryos，Anim Reprod Sci，2009 Aug，114（1-3）: 279-288.

（98）Guan F，Liu SR，Shi GQ，Yang LG，Polymorphism of *Fec*^{B} gene in nine sheep breeds or strains and its effects on litter size，lamb growth and development，Anim Reprod Sci，2007 May，99（1-2）: 44-52.

后　记

我是地道的兵团人，是兵团精神养育了我，我热爱兵团，对兵团有深厚的感情。

我和刘守仁都是新疆生产建设兵团第八师的“军垦战士”。1975年，我调到石河子宣传部工作。从20世纪70年代起就和刘守仁打交道，并和紫泥泉的许多老领导如陈永福、程义、丁宜生、缪礼维、隆鑫森、王洪都、莫沙，老牧工肖发祥、哈赛因、奴乎满等都很熟悉。刘守仁是我心中的偶像、学习的榜样。我佩服刘守仁并不是因为他是院士，而是他和牧工的关系。他重情重义，知恩图报，心中只装着牧工，装着群众。当技术员、当院士一个样，没有架子，平易近人，从不讲官话、大话、空话、套话。一是一，二是二，表里一致，实事求是，衣着朴素，对领导和群众一视同仁，见官不低，见民不高。从1955年到紫泥泉种羊场做绵羊育种工作，60年如一日，任劳任怨，兢兢业业，一步一个脚印往前走。在困难面前锲而不舍，百折不挠，不达目的决不罢休，在他的身上集中体现了兵团人的艰苦奋斗、开拓创新、团结奉献的精神。刘守仁是好人，是党培养出的好院士，是军垦牧工的好儿子。

2014年3月15日，新疆农垦科学院接到中国工程院通知，要求3个月给刘守仁写一本传记，新疆农垦科学院征求刘院士意见，由谁给他写传记，刘院士说：“我跟第八师石河子市宣传部的胡宗奎同志比较熟，你们找他来执笔。”我很高兴接受任务。我跟刘院士交谈后，为了对一些材料做进一步核实，我到紫泥泉种羊场采访，又向和刘院士共过事的一些老同志了解情况。第一稿于2014年4月20日交给刘院士审读。

书稿寄给中国工程院院士传记编撰出版办公室，常编辑看了第一稿后，从头到尾认真审读了一遍，就连多一个标点符号都一一标了出来，并打电话告诉我，书稿有两个部分需要调整，怎么调整他都用箭头标了出来，从多少页到多少页。最为感动的是他严谨的科学态度，旭日干是内蒙古大学校长，我在书稿中写成了山东大学校长，审稿时刘院士和新疆农垦科学院都没有纠正过来。为了核实这件事，常编辑专门给旭日干院士的秘书通了电话，证实周平是在内蒙古大学深造学习7年，而不是山东大学。还有一件事，那就是“中国细毛羊之父”的提法是否准确。常编辑提出这个问题后，我同刘守仁院士交换意见时，刘院士讲：“新疆各媒体、中央媒体、北大一个教授都讲‘中国细毛羊之父’，现在仔细分析，这种提法经不起推敲。中国这么大，搞细毛羊的人不少，‘中国细毛羊之父’提法不妥当。”刘院士最后敲定“军垦细毛羊之父”较为妥当，谁也无话可讲。

随后吴晓东处长又组织四位编辑进行反复审读，并写了审读意见，对需要调整改动的地方一一加以说明，中国工程院院士传记编撰出版办公室吴晓东处长和每位编辑的严谨治学态度与敬业精神，使我非常感动，受益匪浅。在这里，借此机会，我衷心感谢吴处长及各位编辑老师的多次耐心细致的指导。

在《刘守仁传》写作过程中，得到了新疆农垦科学院的大力支持和帮助，对王新华院长、尹君亮主任、院办秘书郎燕峰等人诚心诚意地一并表示致谢。

胡宗奎

2016年

作者简介

兵团人胡宗奎，对兵团有着特殊的感情。在兵团，他学会了艰苦奋斗，艰苦奋斗成为他一生取之不尽、用之不竭的巨大财富。

他在兵团浇过水、搞过植保，当过农工、老师、教务主任、团场政治处干事、农业连队政治指导员、乡镇党委书记、石河子精神文明办公室主任、宣传部副部长。

他从来未想过当什么作家。为了公平正义，2007年至今共写了六部作品（包括《刘守仁传》）。刘守仁的高尚品德和人格魅力，时时感动和鼓舞着胡宗奎，刘守仁院士的风范令他十分敬佩，于是就有了这部传记。